古代五岳祭祀演变考论

Research on the Evolvement of the Sacrifice to the Five Marchmounts in Ancient China

牛敬飞 著

图书在版编目(CIP)数据

古代五岳祭祀演变考论/牛敬飞著. —北京:中华书局,2020.6
(2024.4 重印)
(国家社科基金后期资助项目)
ISBN 978-7-101-14526-7

Ⅰ.古… Ⅱ.牛… Ⅲ.五岳-祭祀-研究 Ⅳ.K892.98

中国版本图书馆 CIP 数据核字(2020)第 070867 号

书　　名	古代五岳祭祀演变考论
著　　者	牛敬飞
丛 书 名	国家社科基金后期资助项目
责任编辑	齐浣心
责任印制	陈丽娜
出版发行	中华书局
	(北京市丰台区太平桥西里 38 号　100073)
	http://www.zhbc.com.cn
	E-mail:zhbc@zhbc.com.cn
印　　刷	三河市中晟雅豪印务有限公司
版　　次	2020 年 6 月第 1 版
	2024 年 4 月第 2 次印刷
规　　格	开本/710×1000 毫米　1/16
	印张 19½　插页 2　字数 310 千字
国际书号	ISBN 978-7-101-14526-7
定　　价	68.00 元

国家社科基金后期资助项目
出版说明

后期资助项目是国家社科基金设立的一类重要项目,旨在鼓励广大社科研究者潜心治学,支持基础研究多出优秀成果。它是经过严格评审,从接近完成的科研成果中遴选立项的。为扩大后期资助项目的影响,更好地推动学术发展,促进成果转化,全国哲学社会科学工作办公室按照"统一设计、统一标识、统一版式、形成系列"的总体要求,组织出版国家社科基金后期资助项目成果。

全国哲学社会科学工作办公室

目 录

第一章 引言 ·· 1
  一、问题的提出 ·· 1
  二、文献综述 ·· 3
第二章 从诸侯之望到天子山川：论秦汉五岳祭祀的成立 ·············· 14
  第一节 先秦山川崇拜概述 ·· 14
  第二节 秦汉五岳祭祀制度的逐步确立 ····································· 26
  第三节 五岳理念的演变与深入 ··· 43
  本章结语 ·· 49
第三章 魏晋南北朝时期五岳祭祀考论 ·· 50
  第一节 三国时代的五岳与九州 ··· 50
  第二节 十六国时期的山川祭祀 ··· 53
  第三节 北岳恒山与北魏的崛起 ··· 62
  第四节 北魏疆域开拓与五岳祭祀 ··· 80
  本章结语 ·· 99
第四章 周隋五岳祭祀制度的创新 ··· 102
  第一节 隋代行巡狩五岳礼 ·· 102
  第二节 论中古五岳祭祀时间的演变 ······································ 108
  第三节 周隋复南岳衡山 ··· 119
  第四节 隋代五岳祭祀的其他创新 ··· 129
  本章结语 ·· 137
第五章 唐宋五岳祭祀考论 ··· 140
  第一节 唐代以岳渎为首的封爵制度及祀典下行 ···················· 140
  第二节 唐宋五岳礼遇及其地位 ·· 161
  本章结语 ·· 178

第六章　唐宋五岳真君祠研究 …………………………… 182
　　第一节　五岳真君祠建立与发展 ………………………… 182
　　第二节　宋代开封的五岳观 ……………………………… 198
　　第三节　五岳信仰的下行：东岳行祠的普遍出现 ………… 211
　　本章结语 ……………………………………………… 218

第七章　明清北岳移祀考论 …………………………………… 219
　　第一节　经学遗义与岳随都定 …………………………… 219
　　第二节　北岳移祀的历史背景 …………………………… 221
　　第三节　明清北岳移祀的知识背景 ……………………… 232
　　第四节　再造传统：北岳文化变迁及其军事背景 ………… 240
　　本章结语 ……………………………………………… 265

结　语 ……………………………………………………………… 267

附录一　《晋书·礼志》补释两则 ………………………………… 270
附录二　《封禅书》"衰山"补释 ………………………………… 282
参考文献 ………………………………………………………… 288
后　记 ……………………………………………………………… 306

第一章 引 言

五岳祭祀自汉代起就被纳入朝廷礼制,位列中祀。长期以来,学术界对五岳的研究取得了丰硕成果,但主要集中在两个方面,一方面多只对一岳展开深入研究,另一方面对岳渎山川的总体性研究多为断代考察。对一岳的详尽研究固然十分重要,但容易导致对五岳总体性关照的欠缺。分析一朝一代的岳渎祭祀也十分必要,但五岳祭祀作为朝廷祀典,其规制相对稳定,它的变化发展多在朝代更替之间,断代式研究有时难见其波澜处。就具体祭祀细节而言,一般可追溯到《大唐开元礼》,笔者限于学力,故不敢再深究溯往。宋人魏了翁曾言:"岳渎牲礼视公侯,古典不存。"①此更见岳渎礼细节之难求。就宏观礼制而论,历代五岳祭祀在诸正史礼志及诸代典志中已有相关记录,研究者可通览其演变大势。基于此,本书大体以秦汉至明清为时限,来考察古代五岳祭祀的演变。

一、问题的提出

在生产力水平低下的古代社会,山川为先民提供了各种生活保障,它们对国计民生有重要意义,于是山川崇拜自上古时代就普遍流行。五岳后来成为名山大川的最高代表,五岳祭祀很早就被纳入传统礼制。《尚书·尧典》记录了舜帝巡狩四岳活动,《礼记·王制》有"天子祭天下名山大川。五岳视三公,四渎视诸侯。诸侯祭名山大川之在其地者"。先秦时代五岳观念既已流行,秦汉立山川祭祀制度自然会有所体现,至西汉神爵元年(前61年)五岳四渎之祀终于被确定为一统帝国的最高山川礼。秦汉山川祭祀布局曾短暂经历从融合东西方诸山川到突出五岳四渎的过程,研究者多在政治地理意义上对秦汉山川布局展开讨论,但山川礼演变的内在理路仍

---

① (宋)魏了翁:《尚书要义》卷2,景印《文渊阁四库全书》第60册,台北:台湾商务印书馆,1986年,第34页。

欠发掘。自西汉至东汉，五岳祭祀制度经历了从中央遣使致祭到地方长吏负责的转变，此转变较为明显，但其原因及背景仍有待探讨。

以往的山川祭祀研究，特别是五岳研究，并不重视汉唐之间的分裂时期（包括西晋短暂统一时期），这固然是因其间统治者多无暇礼制使然。但五岳象征天下一统，其既因秦汉统一而立制，那么中古分裂，异族入主中原，诸岳分散，五岳祭祀与五岳观念如何得以维持？五岳在魏晋南北朝面临的分裂状况与在汉代面临的统一状况形成鲜明对比，它们又如何与诸政权之正统塑造相联系？"事不孤起，必有其邻"，对这一时期包括五岳在内的山川祭祀活动深入研究，能更好地理解隋唐以降五岳祭祀制度的新变化、新特点。隋代结束了中古的分裂状态，在五岳相关制度上创意甚多，譬如模仿经典巡狩五岳、定五郊迎气日祀五岳等等。学界虽已注意隋代制礼作乐之事，但具体到山川祭祀，关注程度还远远不够。

隋代再次创立五岳祭祀制度后，唐宋多继承之。但唐宋五岳祭祀也有两大特点显而易见，一是五岳加爵，一是道教与五岳祭祀关系紧密。首先，对于五岳四渎等山川加爵，学界已有相关研究，但五岳加爵的意义仍有探讨余地，比如它与唐宋"祀典"下行这一重大历史趋势的关系如何？从五岳等山川加爵审视唐宋日渐风行的祠庙加额封爵现象是否能有新的发现？其次，道教自产生起就与五岳相关。至唐代，玄宗于五岳分立道教真君祠，自此五岳道教斋醮活动与官方正祀并行，此事意义重大。学界对唐代五岳真君祠的研究已相当深入，但它们的建立是归功于特定人物、特定教派还是另有历史原因，其具体落实情况如何等等，也有待补充讨论。到了宋代，皇家崇道比唐代有过之而无不及，这在五岳祭祀上有何反应？五岳真君祠的发展状况如何？学界于此着墨甚少。再次，唐宋五岳既因封爵而有帝王名号，这是否会影响到它们与现实皇权的关系？此外，在这一时期，拥有帝王爵称的五岳神祇更容易深入基层，比如宋代东岳圣帝信仰已遍布全国，其他几岳信仰亦有下行倾向，因此考察唐宋以来诸岳行祠也是题中之义。

伴随着五岳祭祀制度的演变，五岳认同也发生过一些变化，这以汉唐间南岳变化与明清北岳移祀为代表。自汉代立制开始，影响到五岳名号的两种力量便展现出来，一是拥有现实权力的皇权政治，一是拥有解释经典能力的经学学术。《史记》《汉书》在记录汉制"潜山"（霍山）为南岳的同时，都保留了南岳"衡山"这一理想"周制"，为何隋唐之际官方会舍去安徽霍山而确立江南衡山为南岳？此一思想史问题尚待解决。至于北岳移祀，既有研究已将移祀过程基本厘清，但无论汉制还是经学思想，本都以河北恒山为北岳，何以至明清会转移至山西恒山？幸运的是，因北岳移祀发生时代较晚，相关史料充足，这为研究者提供了深入研究五岳变动的机会。

二、文献综述

"四岳"、"五岳"具体产生年代已不可考，但它们大多来自儒家经典，因此从广义上讲，关于它们的研究最早可上溯至汉代经学。历代经学注疏作品对五岳的讨论是现代研究五岳问题的基础，它们以《毛诗正义·崧高》、《尚书正义·舜典》、《周礼注疏·春官宗伯》为代表。

"四岳"作为上古帝王巡狩四方所至，在理念上与"四方"有密切关系，极有可能是附会四方而生。胡厚宣据甲骨文推断商代已产生四方神乃至五方神[1]。就逻辑而言，"四岳"观念产生似应晚于"四方"，但如果认为《尚书》所记上古帝王之事并非子虚乌有，则"四岳"理念亦可能早已产生或已与四方匹配流行，两者之间的时间差有限。四岳大山理念虽较早产生，但限于条件，四岳名目或尚未固定，故在《尚书》中，仅有"岱宗"一山名[2]。四岳理念产生，而四岳之名未齐备，或可视作是先王重民事而不切责名号的朴素表现。

至于"四岳"性质，《尚书》除记巡狩四岳大山又有"四岳"辅臣。郑玄注《崧高》有"尧之时，姜氏为四伯，掌四岳之祀，述诸侯之职于周，则有甫、有申、有齐、有许也"[3]。他将四岳大山与职官、族姓联系，暗示上古四岳崇拜已与政治组织融为一体。近人顾颉刚对"四岳"探源，其据《周语》："齐、许、申、吕由大姜"，"共之从孙四岳佐之"及《左传》"谓我诸戎，是四岳之裔胄也"，指出四岳本在西方，是姜族居住地的大山，姜人以四岳神为祖先，四岳

---

[1] 胡厚宣：《释殷代求年于四方和四方风的祭祀》，《复旦学报》（人文科学版）1956年第1期。
[2] 蒋善国推断编写《尧典》的儒家人士当时只知泰山，其他三岳无山可举，并指出"一方面又可见作者时代尚没有每岳配合一山的思想发生"。参见蒋善国：《尚书综述》，上海：上海古籍出版社，1988年，第160页。
[3] 《毛诗正义》卷18之3《崧高》，（清）阮元：《十三经注疏》，杭州：浙江古籍出版社，1998年，第565页。

名号后随姜人东迁①。顾氏虽认为五岳定名在汉代,但其论上古四岳含义其实是延续郑玄思维。综合二人意见,笔者认为早期"四岳"可能确实融合了上古社会的山岳崇拜与祖先崇拜(即早期政治组织领袖的神圣化)。当然,依常理推断,当先有四岳之山才有四岳之职。

至于如何解释《尚书》"四岳"与《周礼》、《礼记》及汉代"五岳"之别,这实在是棘手问题。顾颉刚据《汉书·郊祀志》神爵元年定岳渎祭祀,认为五岳定制于西汉②,此说值得商榷。如《封禅书》载:"昔三代之居皆在河洛之间,故嵩高为中岳,而四岳各如其方,四渎咸在山东。至秦称帝,都咸阳,则五岳、四渎皆并在东方。自五帝以至秦,轶兴轶衰,名山大川或在诸侯,或在天子,其礼损益世殊,不可胜记。"③太史公指出五岳是三代以来的制度,其中学者所疑晚出的"嵩高"亦早为五岳之一。又,《诗经》称"崧高维岳,骏极于天。维岳降神,生甫及申。维申及甫,维周之翰。四国于蕃,四方于宣。"可知嵩山早有"岳"号,"四国于蕃,四方于宣"更突出周代以嵩山为天下中心的象征。再次,《崧高》一诗的内涵与周公在河洛建设"成周"的思维一致,即周人亦认同河洛乃天下中心。因此不能排除早在西汉定制之前嵩山已被视为中岳的可能。最后,在坚信《尚书·尧典》成书于先秦的前提下,可以大体推断,四岳或是先周已有理念,受五行五方思想影响,周人后来发展出中岳,这样在《周礼》、《礼记》中"四岳"就变成了"五岳"④。当然,五岳理念的形成或许更为简单,可能不必经过"四岳"再融合五行五方这一演变过程。如殷商时代已有"五山"理念⑤,战国楚简亦有"五山"祭祀⑥,这些"五山"记录是否与"五岳"理念同源尚未可知。

对"四岳"、"五岳"问题简单论述之后,现依本书主题按时间顺序对秦

---

① 顾颉刚:《史林杂识初编》,北京:中华书局,2005年,第34—45页。
② 顾颉刚:《州与岳的演变》,《顾颉刚选集》,天津:天津人民出版社,1988年,第342—346页。
③ 《史记》卷28《封禅书》,北京:中华书局,1982年,第1371页。
④ 这里还要指出,顾颉刚依据《禹贡》等记载的山川具体位置来度量五岳分布似欠妥(比如他认为华山之西的岐山更有资格作西岳),经典文献中的四岳与五岳应是围绕上古天下之中心河洛地区分布的,研究者不能简单地以周代都城镐京为中心来探求五岳。
⑤ 陈梦家:《殷虚卜辞综述》,北京:中华书局,1988年,第586页。
⑥ 《包山2号墓简册》有"祷五山",《葛陵1号墓简册》有"五主山",参见陈伟等著:《楚地出土战国简册十四种》,北京:经济科学出版社,2009年,第95页、第409页。相关研究参见晏昌贵:《简帛数术与历史地理论集》,北京:商务印书馆,2010年,第203—204页;贾海生:《周代礼乐文明实证》,北京:中华书局,2010年,第351页、第361页。

汉以来五岳及其相关研究做出回顾。秦始皇设立东、西方名山大川之祀，西汉前期似未有改动，吕思勉将诸山川之祠归入秦汉烦费的"祠祭之礼"①，此符合秦汉祠祀之盛这一历史背景。后来专门研究秦汉山川祭祀的论著较少，如陈戍国的《秦汉礼制研究》就未专门讨论山川祭祀，山川祭祀只是星散于各章节②。钱志熙曾总述先秦至秦汉的山川文化，他认为山水崇拜与山水审美是古人对待山水的两种不同行为，该文虽涉及山川祭祀但着墨不多③。王柏中在研究两汉国家祭祀系统时大体概括了秦至东汉山川祭祀的两点变化，一即神爵立五岳四渎制度，二即东汉长吏负责奉祀名山大川④。Terry F. Kleeman 指出战国以来诸岳经历了从华夏文明边缘到中心区域的历程，此间为与五行相配开始以古老的嵩山为中岳，于是原来的"四岳"变成了"五岳"；与此同时，原来作为周室象征的嵩山，其首要地位逐渐被泰山所取代⑤。而巫鸿则论证了汉唐之间五岳之长曾由泰山一度变为嵩山⑥。

田天在《秦汉国家祭祀史稿》中详尽考释了秦代诸名山大川地点，并以此为基础探讨了秦代山川格局⑦。笔者不同意其用"神圣的西方"、"被重构的东方"来夸大秦立山川之祀的东西差别⑧。此外，《史稿》在探讨西汉五岳的成立时罗列了诸种文献不同的五岳说法，发现《尔雅·释山》先言

---

① 吕思勉：《秦汉史》，上海：上海古籍出版社，2005年，第722—728页。田昌五等亦简言及之，参见田昌五、安作璋：《秦汉史》，北京：人民出版社，2008年，第600—602页。

② 参见陈戍国：《秦汉礼制研究》，长沙：湖南教育出版社，1993年。

③ 钱志熙：《论上古至秦汉时代的山水崇拜山川祭祀及其文化内涵》，《文史》2000年第3辑。

④ 王柏中：《神灵世界秩序的构建与仪式的象征——两汉国家祭祀制度研究》，北京：民族出版社，2005年。

⑤ Terry F. Kleeman, *Mountain Deities in China: The Domestication of the Mountain God and the Subjugation of the Margins*, Journal of the American Oriental Society, Vol. 114, No. 2, 1994, Published by: American Oriental Society.

⑥ 〔美〕巫鸿著，郑岩等译：《礼仪中的美术——巫鸿中国古代美术史文编》，北京：生活·读书·新知三联书店，2005年，第616—641页。

⑦ 田天：《秦汉国家祭祀史稿》，北京：生活·读书·新知三联书店，2015年。日本学者森鹿三较早从历史地理角度考察山川与政治关系，参见氏著：《晋·趙の北方進展と山川の祭祀》，《东洋史研究》1935年第1卷1号。另外，关于岳渎布局总论性文章参见唐晓峰：《五岳地理说》，《九州》1997年第1辑；唐晓峰：《王都与岳域：一个中国古代王朝边疆都城的正统性问题》，《九州》2007年第4辑。

⑧ 参见牛敬飞：《被夸大的前郊祀时代——从〈秦汉国家祭祀史稿〉对史料的误用说起》，《清华大学学报》（哲学社会科学版）2017年第1期。

"泰山、华山、衡山、恒山、岳山",后言"泰山、华山、霍山、恒山、嵩高";郑玄注《周礼·大司乐》有"泰山、华山、衡山、恒山、岳山",注《周礼·大宗伯》又有"泰山、华山、衡山、恒山、嵩高"。可惜《史稿》对此未能有效解释。其实如留意郑注并联系《史记·封禅书》和《汉书·郊祀志》,则知郑玄与司马迁、班固一样,他们对历代五岳变化多持包容态度。如司马迁、班固既认为"泰山、华山、衡山、恒山、嵩高"为上古理想之制,又在《史记》、《汉书》中照录汉制南岳"潜山"(霍山)。而郑玄既认同上古五岳,故有《大宗伯》之注,然注《周礼》又应考虑宗周地理,故郑玄注《大司乐》又以更西的"岳山"取代"华山"为西岳。《尔雅》相传为周公所作,故亦以"岳山"为西岳,以此解释诸经五岳差异,当为妥当①。总的来说,《史稿》认为五岳四渎成立与儒家观念有关,亦是抓住了问题关键。其实关于西汉祠祭大势,吕思勉已言之:"古人率笃于教,故其祭祀之礼甚烦。又各地方各有其所奉之神,秦、汉统一以后,逐渐聚集于中央,其烦费遂愈甚。经元、成之厘正,而其弊乃稍除。此亦宗教之一大变,不能不归其功于儒者之持正也。"②

藤田高夫曾考察东汉常山国元氏县《祀三公山碑》、《三公山神碑》等碑刻,他较为重视地方势力对地方祠庙的管理运作③。近期张鹤泉通过诸汉碑详细考察了东汉时期的山岳祭祀,他指出东汉名山祭祀有两种,一为定期祭祀名山,二为求雨祭山④。笔者认为非时祭祀山川的理由很多,并不一定限于求雨祭。田天有《东汉山川祭祀研究》一文,也以石刻材料为考察对象,该文亦有可商榷之处。如她把五岳四渎祭祀分北郊和地方官就地致祭两个层次的做法欠妥,北郊之中,岳渎与其他从祀郊祀诸神一样只是从祀,不是岳渎作为主神的按时正祭⑤。此外她根据东汉岳渎由地方长官负责致祭,指出岳渎之祀出现"地方化"倾向,此种中央—地方的研究逻辑在古史研究中较为常见,然问题亦颇多。以东汉山川祭祀为例,研究者看到

---

① 乔秀岩提出"结构取义"解经方法为郑学第一原理,其言郑玄解经"字词无固定所指,所指何物,因语境而定,是郑学之原则",此可辅助理解郑玄注"五岳"之不同。参见〔日〕乔秀岩:《郑学第一原理》,《首届礼学国际研讨会论文集》,清华大学中国礼学研究中心,2012年。
② 吕思勉:《秦汉史》,第722页。
③ 〔日〕藤田高夫:《汉代元氏縣の山岳祭祀》,《关西大学文学论集》1998年第48卷第2号。
④ 张鹤泉:《汉碑中所见东汉时期的山岳祭祀》,《河北学刊》2011年第1期。
⑤ 田天:《东汉山川祭祀研究——以石刻史料为中心》,第111页。

常山国诸祭山碑文如《祀三公山碑》《封龙山颂》《无极山碑》等，往往认为东汉有所谓的"地方"山川祭祀制度①。但从碑文中基层官员为各山神向朝廷"求法食"的活动来看，此种现象正是在面临中央以郊庙为中心的朝廷祀典时，地方山川包括诸封建王国仿礼经所定诸"望"山川的合法性已大大降低，它们只得继续接受来自朝廷的认定，因为只有享得中央法食才是真正的合法的"官方"祭祀。总之，东汉地方山川的"求法食"，表达的正是地方祠祀对以郊庙为中心的朝廷祀典的向往，只有进入朝廷祀典经礼官备案才算得到"官方"认可，这才是汉代定立郊庙祀典制度对周秦以来地方山川祭祀的真正影响。在研究古代中国祭祀与信仰时，我们不能泛用"中央（国家）—地方"这一对立逻辑。比如在朝廷认定祠祀合法前，研究者所说"地方祠祀"之"地方"往往指祠祀的"非法性"，这是以官方认可为标准，此是一"中央"与"地方"。在祠祀获得认可之后，研究者又因其所在地方或地方官参与祠祀继续称之为"地方"，此是以祠庙之地理分布或参与者身份为标准，此又是一"中央"与"地方"。不察合法性、地理分布、参与官员三种不同标准，用含混的"地方"概念泛言"地方祠祀"、"地方祠庙"，以与有合法性内涵的"中央"甚至"国家"相对，这实在值得反思。毕竟，就合法性而论，地方官身兼的合法性来自中央的皇帝，其所处地方再偏远也是"官方"，即就合法性而论，传统时代的"官方"是没有"地方性"的。因此在祠祀合法性上不存在研究者所谓的"地方官方"与"朝廷（中央）官方"②。当然，笔者也不建议用"国家祭祀"与"地方祭祀"相对，因为汉语"国家"一词与"地方"类似，它在不同的语境下有时指合法性，有时仅是"中央"的代名词，仅指地理的中心而已③。本书中偶尔出现的"国家祭祀"仅是就合法性而言，提到"地方祭祀"也多是就地理方位而言。

此外，汉武帝、光武帝皆曾封禅泰山，封禅开始从经典中的传说升格为"故事"，意义更加充实，邢义田就利用马第伯《封禅仪》和《续汉书·祭祀

---

① 参见田天：《东汉山川祭祀研究——以石刻史料为中心》，《中华文史论丛》2011年第1期；相比而言，张鹤泉则更强调朝廷对郡国之祀的合法性认定，参见氏著：《汉碑中所见东汉时期的山岳祭祀》，《河北学刊》2011年第1期。

② 参见田天：《东汉山川祭祀研究——以石刻史料为中心》，《中华文史论丛》2011年第1期。

③ 国家—地方这一分析模式较多应用于近现代史研究，在古代文献中，纯粹的地方性史料随着时间上溯越来越少，很难发现一个能与朝廷（国家）相对的"地方"。

志》复原了光武帝的封禅历程①。

述及中古分裂时期山川祭祀的研究较少,梁满仓在《魏晋南北朝五礼制度考论》中有专节讨论"山水祭祀"②,几为研究此时段山川祭祀的发轫之作。其论述这一时期恢复建立国家山水祭祀主要有三方面,一是利用方泽祭祀,二是派遣使臣祭祀,三是皇帝亲祭。他还对南北朝山川系统进行对比研究,发现南北方皆有五岳四渎四镇四海,它们反映了人们潜在的统一意识。当然,其观点也有值得商榷之处,比如他提到国家祭祀山水必备条件之一,即至少有相对统一的疆域,或过于严格,说诸凉政权没有祭祀山水活动亦不尽合史实③。王朝的祭祀活动与政权合法性相关,虽然对魏晋南北朝诸政权礼仪活动的研究较少,山川祭祀更少,但学界对此时段正统论的研究较多,这些研究构成了深入探讨诸政权礼制建设的学术背景。正统论相关综述可参见孔琴琴《试述魏晋南北朝时期正统论的广泛影响》(南京大学硕士学位论文,2011年)。在十六国研究中,罗君已注意到匈奴诸政权对中原礼仪的模仿,实属难得④。至于北魏礼制研究,它们多集中于郊庙。比如康乐注意到北魏西郊旧传统的影响,此正表明异族政权在汉化过程中的两面性⑤。楼劲在《〈周礼〉与北魏开国建制》一文中探讨了《周礼》对北魏建国的重要作用,他深入剖析了拓跋氏选择《周礼》的诸种历史原因⑥,此文是北朝政治文化方面的力作,对推进北朝的山川祭祀研究具有指导意义。

隋唐礼制研究成果繁盛,笔者现仅择其要评述。首先,在隋唐制度溯源上,陈寅恪指出隋唐礼仪三源有关中一支,但重要性不及魏齐、梁陈,西魏北周典制多鲜卑野俗与魏晋旧制之"混合品","所有旧史中关陇之新创

---

① 邢义田:《天下一家:皇帝、官僚与社会》,北京:中华书局,2011年,第177—201页。五岳祭祀与封禅礼不同,但因光武封禅细节保留较多,故述之。
② 梁满仓:《魏晋南北朝五礼制度考论》,北京:社会科学文献出版社,2009年,第205—218页;〔日〕吉川忠夫:《五岳と祭祀》,《ゼロ・ビットの世界》,东京:岩波书店,1991年。
③ 相比之下,陈戍国成书较早的《魏晋南北朝礼制研究》(长沙:湖南教育出版社,1995年)或限于体例,未对山川祭祀给予较多关注。
④ 罗君:《十六国匈奴政权特点》,《西南师范大学学报》(人文社会科学版)2004年第3期。十六国汉化问题的研究在此不一一列举。
⑤ 参见康乐:《从西郊到南郊》,台北:稻禾出版社,1995年。
⑥ 楼劲:《〈周礼〉与北魏开国建制》,《唐研究》2007年第13卷。

设及依托《周官》诸制度皆属此类,其影响及于隋唐制度者,实较微末。"①此说正确、全面与否,尚待验证。其次,具体到隋唐礼制,高明士的研究提醒我们不可忽视隋朝大刀阔斧的礼乐建设②。唐代礼制研究不胜枚举,Howard J. Wechsler 的 *Offerings of Jade and Silk: Ritual and Symbol in the Legitimation of the T'ang Dynasty*. (Yale University Press,1985) 较早讨论了唐代礼制问题,具有鲜明的社会学、人类学色彩③。与前人较多的宏观研究相对,笔者在阅读唐代礼制文献时发现,目前通行公善堂本《大唐开元礼》与四库本《大唐开元礼》有一定差别,其差别已影响至具体研究④。

就唐宋五岳祭祀而论,雷闻的《郊庙之外——隋唐国家祭祀与宗教》(以下简称《郊庙之外》)一书对唐代五岳祭祀有较多关注,其主要出发点是道教与五岳祭祀之关系⑤,研究力度深入。该书引入"国家祭祀"与"皇帝祭祀"两个概念,认为除京城以郊庙为中心的皇帝祭祀,"国家祭祀"还包括地方政府的祭祀活动,这类祭祀活动是政府行使其社会职能的表现,具有"公"的性质⑥。笔者理解其"眼光向下"之用心,但不同意作者刻意区分"皇帝祭祀"与"国家祭祀"⑦,因为"皇帝"与"国家"一体才是中国古代皇权政治的常态。《郊庙之外》在分析"国家祭祀"等级时以《周礼》为据,谈唐代"国家祭祀"分类时据祭祀空间分为在京祭祀者、中央祭祀在地方者和州县

---

① 陈寅恪:《隋唐制度渊源略论稿》,北京:生活·读书·新知三联书店,2001年,第4页。
② 参见高明士:《隋代的制礼作乐——隋代立国政策研究之二》,黄约瑟、刘健明编:《隋唐史论集》,香港:香港大学亚洲研究中心,1994年,第15—35页。
③ 此外,金子修一《皇帝祭祀的展开》一文由汉代郊祀谈到唐代郊祀,勾画出了一个郊祀总纲,该文见〔日〕沟口雄三等主编,孙歌等译:《中国的思维世界》,南京,江苏人民出版社,2006年,第410—440页。关于隋唐郊庙研究综述参见雷闻:《郊庙之外——隋唐国家祭祀与宗教》,北京:生活·读书·新知三联书店,2009年,第12—15页。
④ 近期《开元礼》研究参见张文昌:《唐代礼典的编纂与传承:以〈大唐开元礼〉为中心》,台北:花木兰文化出版社,2008年。
⑤ 详见雷闻:《郊庙之外》,第133—219页。该书对道教与五岳关系研究所作综述非常详尽,笔者受益匪浅。此外,雷闻还深入探讨了潜山的道教信仰,参见氏著:《唐代潜山的信仰世界——以石刻史料为中心》,《敦煌学》2008年第27辑,台湾嘉义县南华大学敦煌学研究中心。
⑥ 雷闻:《郊庙之外》,第3页。
⑦ 日本学界比较强调"皇帝"与"天子"在制度形式上的差别,金子修一受此影响多言"皇帝祭祀",此或影响到中国学界。参见〔日〕金子修一著,肖圣中等译:《古代中国与皇帝祭祀》,上海:复旦大学出版社,2017年;甘怀真:《皇权、礼仪与经典诠释:中国古代政治史研究》,上海:华东师范大学出版社,2008年,第28—36页。

地方祭祀。笔者认为《周礼》为王者立制，其《肆师》篇所分大、次、小祀皆是王者（皇帝）之祭；后代依《周官》制礼，难免与理想之礼义有所出入，王者之祀既可分布在京城内外，皇帝也不一定事必躬亲。但研究者不能贸然因致祭者身份和祭祀对象（地点）等衍生出"皇帝祭祀"与"国家祭祀"这一二元思维。因为礼经多言天子祭百神，至于中小祀（无论在京城还是在地方）王者虽不能亲祭，但它们亦属天子之祀，载在祀典，所以无须强分"皇帝"、"国家"。其次，《郊庙之外》论道教卷入五岳祭祀多以道教投龙及五岳真君祠为据。笔者以为，至少在唐代这些道教活动还不能被视作五岳正祀。未厘清五岳祭祀正礼与道教五岳科仪之别，仅因五岳是"国家祭祀"对象，道教礼之，便笼统认为道教与国家祭祀发生了密切关系，此种做法似不够周严。最后，《郊庙之外》认为唐代地方祠祀的合法性来源于地方政府，甚至地方有"地方祀典"[1]，此处又因"地方"一词模糊了古人"祀典"概念。与之类似，皮庆生在研究宋代祠庙时也提出所谓的"本地祀典"[2]。他们谈论"地方祀典"的共同点在于：看到了地方祠祀与地方官的复杂关系，特别是地方官对地方祠祀的认可，但却对历朝以郊庙为中心的"祀典"有所忽视[3]。就本质而论，他们还是夸大了地方祠祀的"地方性"，而轻视了那只"看不见的手"，即几乎是地方祠祀合法性惟一来源的中央朝廷。此外，朱溢还总论汉唐间的五岳祭祀变迁，指出汉唐间五岳祭祀的一些特点[4]，但笔者以为从思想、制度背景入手研究五岳礼制演变仍有很大空间。除五岳祭祀之外，王元林等又指出五镇山定于唐宋之间[5]。至于唐宋祠庙加额爵制度，已有多篇论文，以须江隆的《唐宋期における祠庙の庙额·封号の下赐について》（《中國：社會と文化》9号，1994年）与《熙宁七年の詔——北宋神宗朝期の賜額·賜号——》（《东北大学东洋史论集》2001年第8辑）为代表，他发现北宋中期朝廷颁布额爵有扩大之势，实为明见[6]。近期五岳祭祀研究

---

[1] 雷闻：《郊庙之外》，第245页。
[2] 皮庆生：《宋代民众祠神信仰研究》，上海：上海古籍出版社，2008年，第277页。
[3] 当然，雷闻已指出唐代地方祠祀的认定权是由《开元礼》下放到地方的。参见雷闻：《郊庙之外》，第246页。笔者不同意该观点，详见第五章有关论述。
[4] 朱溢：《汉唐间官方山岳祭祀的变迁——以祭祀场所的考察为中心》，《东吴历史学报》2006年第15期。
[5] 王元林等：《国家祭祀体系下的镇山格局考略》，《社会科学辑刊》2011年第1期。
[6] 相关研究有朱溢的《论唐代的山川封爵现象》（《新史学》（台北）2007年第4期）、杨俊峰的《五代南方王国的封神运动》（《汉学研究》（台北）2010年第2期）等。

已经延伸至金元,马晓林已对元代岳渎祭祀做了初步考察①,同时周郢也关注到全真教与岳渎祭祀关系②。

就各山而言,泰山相关研究最多,20世纪初,法国著名汉学家沙畹对泰山封禅进行了长时间研究,著有《泰山:中国的一种宗教崇拜专论》(1910年),这是西方汉学界第一部系统研究泰山信仰的专著,自此之后泰山研究成为西方学术界经常关注的课题③。相对国外学人对泰山封禅文化的持续兴趣,上世纪20年代顾颉刚在供奉泰山碧霞元君的北京妙峰山展开民俗调查,国内泰山研究自此与民俗学结缘。近期泰山民俗研究成果以叶涛《泰山香社研究》为代表④。周郢的《泰山志校证》(黄山书社,2006年)虽名为校证,但实际以校注方式汇集诸多相关研究,实为泰山研究之索引。刘云军的《两宋时期东岳祭祀与信仰》(北京师范大学博士学位论文,2008年)对两宋东岳信仰做了全国范围的考察,探讨了东岳信仰下行等问题。此外,贾二强也较早对唐宋泰山、华山信仰予以关注⑤,侯甬坚在对华山的综合研究中指出华山之名来自"華"(花)之形义,此为新说⑥。近期罗柏松(James Robson)的南岳研究颇多创新,比如他借南岳讨论了圣地移动(the mobility of sacred space)等问题,还重点分析了南岳佛道二教的消长⑦。

---

① 马晓林:《元代岳镇海渎祭祀考述》,《中国史研究》2011年第4期。

② 周郢:《全真道与蒙元时期的五岳祀典》,刘凤鸣主编:《丘处机与全真道——丘处机与全真道国际学术研讨会论文集》,北京:中国文史出版社,2008年

③ 如 Paul W. Kroll 曾借登泰山问题探讨古代文学中古人的山水观念,参见 Verses from on High: the Ascent of T'ai Shan, T'oung Pao, Second Series, Vol. 69, Livr. 4/5, 1983, Published by: Brill. 类似著作还有 Lexical Landscapes and Textual Mountains in the High T'ang, T'oung Pao, Second Series, Vol. 84, Fasc. 1/3, 1998, Published by: Brill. 此外 Gil Raz 还力图通过考察各种道教圣地(包括五岳)崇拜来厘清早期道团面貌,参见其 Daoist Sacred Geography 收入 Early Chinese Religion: Part Two: The Period of Division (221—589 AD), ed. John Lagerwey and Lü Pengzhi (Leiden: Brill, 2010).

④ 叶涛:《泰山香社研究》,上海:上海古籍出版社,2009年。至于五岳诸神祇比如碧霞元君、崔府君等研究,不在此赘述。Wilt L. Idema 有 The Pilgrimage to Taishan in the Dramatic Literature of the Thirteenth and Fourteenth Centuries, Chinese Literature: Essays, Articles, Reviews (CLEAR), Vol. 19, (Dec., 1997)

⑤ 贾二强:《唐宋民间信仰》,福州:福建人民出版社,2002年。其他诸岳研究随文出注,不在此赘述。

⑥ 参见侯甬坚:《神山·奇山·英雄山——西岳华山历史文化蕴义的全程叩问》,《华中师范大学学报》(人文社会科学版)2014年第4期。

⑦ 参见 James Robson: Power of Place: The Religious Landscape of the Southern Sacred Peak (Nanyue 南嶽) in Medieval China, Harvard University Asia Center, 2009. 朱溢:《评罗柏松〈权力之境:中古中国南岳的宗教景观〉》,《中国学术》2013年第33辑。

关于道教与五岳关系，张勋燎等人对《五岳真形图》有深入研究①。熊建伟的《道家、道教在五岳定位中的作用》(《中国道教》1993年第2期)侧重将五岳定位归功于道教。张继禹的《道教五岳配天思想简论》(《中国道教》2009年5期)论述了在道教体系内五岳如何与五方进而与天相配。赵伟的《道教壁画五岳神祇图像谱系研究》(博士学位论文，中央美术学院，2007年)搜集了全国各庙宇现存五岳壁画形象，拟通过对道教壁画中五岳神祇图像的考察，进一步探索建构五岳神祇谱系的"完整的思想体系"，他搜集的五岳壁画材料为以后研究相关道教神祇谱系打下了基础。此外，有关五岳形象研究的优秀论著还有段晓明的《华山西岳庙石牌坊石刻图像初步研究》(西安美术学院硕士学位论文，2007年)。

具体到五岳观(庙)个体研究上，刘永生、商彤流的《汾阳北榆苑五岳庙调查简报》(《文物》1991年第12期)、李会智等《汾阳虞城村五岳庙五岳殿结构分析及时代考》(《文物世界》2003年第5期)分别对山西两座五岳庙做了详细调查。汪圣铎在《宋代政教关系研究》一书中述及真宗建五岳观，但在介绍官宫观部分未对其详述②。

最后，历史上五岳名号并不是一成不变的，南岳和北岳都曾发生过变动。关于安徽霍山和湖南衡山的"南岳"之争多见于唐宋经学著作，如《毛诗正义》、《尔雅注疏》等等，清人相关看法多被收入《清人文集地理类汇编》③。近年来安徽地方又出现"霍山"、"潜山"争"南岳"名号现象，相关论文有朱玉龙《南岳山所在方位考》(《江淮论坛》1983年第4期)、竺厥来《天柱山辨识》(《安徽大学学报》1984年第3期)等。近期陈立柱等又主张古"衡山"即安徽霍山，争议再起④。至于北岳移祀，学术界也有集中关注，相关学术文章有王金科的《与曲阳北岳庙碑有关的几个历史问题》(《文物春秋》2001年第5期)，王畅的《晋冀恒山之争与中国山岳文化》(《河北学刊》2002年第6期)，梁勇的《再论北岳恒山地望及其历史变迁——兼与王畅

---

① 张勋燎：《古器物所见"五岳真形图"与道教五岳真形符》，《南方民族考古》1993年第5辑。五岳真形图的研究综述详见雷闻：《郊庙之外》，第190—191页。
② 汪圣铎：《宋代政教关系研究》，北京：人民出版社，2010年，第49页，第590—630页。
③ 谭其骧主编：《清人文集地理类汇编》第5册，杭州：浙江人民出版社，1988年，第505—533页。
④ 陈立柱、纪丹阳：《古代"衡山"地望与〈禹贡〉荆州范围综说》，《中国历史地理论丛》2011年第3辑。

同志商榷》(《中国历史地理论丛》2004 第 2 期)等。王子今通过考察元氏县诸碑肯定河北恒山为古北岳(《〈封龙山颂〉及〈白石神君碑〉北岳考论》,《文物春秋》2004 年第 4 期),牛敬飞、齐仁达等详细考察了北岳移祀过程,其中齐仁达还指出弘治十五年马文升似又提出移祀一事①。笔者以为,南岳、北岳变动问题不应仅局限于是非争论,仍有可发掘余地。

总的来说,古代五岳的相关研究成果较多,但具体到五岳祭祀的研究则方兴未艾②,其中还有很多问题亟待厘清,特别是历代五岳祭祀制度的演变及思想背景,此即本书撰写初衷。本书对五岳祭祀演变的总体认识主要来自《古今图书集成·礼仪典》的《天地祀典部》与《山川祀典部》以及《通典》涉及天地山川的吉礼部分。同时《周礼注疏》、《礼记正义》、《毛诗正义》等经学著作为探讨古代礼制变化提供了思想资源。除此之外,为考察五岳信仰在地方的落实,本书主要依靠《中国方志丛书》、《中国地方志集成》等方志系列。借助以上基本资料,笔者试图从思想层面解释五岳祭祀制度之演变,以历史地理为手段展现历代五岳祭祀之格局。限于学力,本书主要关注五岳祭祀演变的大关节处。

---

① 牛敬飞:《从曲阳到浑源:北岳移祀过程补考》,《中国历史地理论丛》2009 年第 4 辑;齐仁达:《明清北岳祭祀地点转移之动态考察》,《史学月刊》2009 年第 9 期;张琰:《祀典与叙事——重探明清北岳移祀及其空间意象》,《汉学研究》(台北)2014 年第 1 期。
② 由于本书研究对象时间跨度大,笔者学力、视野有限,可能有不少优秀研究成果未及参考,还望同仁赐教。

第二章 从诸侯之望到天子山川：
论秦汉五岳祭祀的成立

第一节 先秦山川崇拜概述

慎子曰："山川为天下衣食"①，名山大川特殊的地质地貌既构成了先民生存、活动的自然环境，又为他们提供了丰富的物质生活资料，文明因此而诞生、发展。《竹书纪年》载："后荒即位，元年，以玄璧宾于河，狩于海，获大鱼。"②殷墟卜辞中有大量祭祀河神内容③，也有很多祭山求雨内容④。山林川泽对国计民生的重要意义在《国语》中体现出来。周灵王欲治理谷洛二水时，太子晋说道：

> 晋闻古之长民者，不堕山，不崇薮，不防川，不窦泽。夫山，土之聚也。薮，物之归也。川，气之导也。泽，水之钟也。夫天地成而聚于高，归物于下。疏为川谷，以导其气。陂塘污庳，以钟其美。是故聚不阤崩，而物有所归。气不沉滞，而亦不散越。是以民生有财用，而死有所葬。然则无夭昏札瘥之忧，而无饥寒乏匮之患，故上下能相固，以待不虞。古之圣王，唯此之慎。⑤

因受惠于山川，早在远古时代，先民就产生了山川崇拜并开始祭祀名山大川。大汶口莒县灰陶尊的日月山三形合一符号暗示新石器时代黄河流域可能已有山川崇拜迹象⑥，三星堆出土玉璋亦有山川祭祀图像⑦。甲

---

① 《诸子集成》第5册，北京：中华书局，1954年，第11页。
② 方诗铭、王修龄：《古本竹书纪年辑证》，上海：上海古籍出版社，1981年，第10页。
③ 詹鄞鑫：《神灵与祭祀》，南京：江苏古籍出版社，2000年，第67页。
④ 姚孝遂主编：《殷墟甲骨刻辞类纂》，北京：中华书局，1989年，第465—466页，第488—496页。
⑤ 徐元诰撰，王树民、沈长云点校：《国语集解》，北京：中华书局，2002年，第92—93页。
⑥ 关于大汶口陶文研究颇多，相关综述参见范正生：《大汶口陶符与将军崖岩画考释》，山东大学硕士学位论文（考古学及博物馆学），2008年。
⑦ 张肖马：《三星堆古蜀王国的山崇拜》，《考古与文物》，2010年第5期。

骨文中也出现过"十山"、"五山"、"三山",陈梦家、常玉芝等人对此已有相关研究①。岳渎崇拜是先秦山川崇拜中的重要内容,"岳"字用来表示众山中的大山,甲骨文中有"岳"字诸种变形②,如㟴字,诸家多定为"岳",彭裕商认为是嵩山③,而詹鄞鑫推定此字是"崋",即华山④。甲骨卜辞出现的"河"、"岳"⑤,应该就是后来五岳四渎的前身。

一、"国必依山川"理念

先秦时代山川崇拜流行,人们普遍认为分封立国要依托名山大川,传世文献有大量关于山川与国运的故事。"国必依山川"这一提法来自《国语》。周幽王二年,三川地震,伯阳父说:

> 周将亡矣。夫天地之气,不失其序,若过其序,民乱之也。阳伏而不能出,阴迫而不能烝,于是有地震。今三川实震,是阳失其所而镇阴也。阳失而在阴,川源必塞,源塞,国必亡。夫水,土演而民用也。土无所演,民乏财用,不亡何待!昔伊、洛竭而夏亡,河竭而商亡。今周德若二代之季矣,其川源又塞,塞必竭。夫国必依山川,山崩川竭,亡之征也。川竭山必崩。若国亡,不过十年,数之纪也。夫天之所弃,不过其纪。⑥

伯阳父认为山川地质变迁是阴阳之气失序的表现,他采用阴阳观念但并未引申出过于神秘主义的解释,而是说山川变动会导致水土不能为民所用,会影响民生,因此天下会大乱,出现王朝更迭。这种推论显示出古人已

---

① 陈梦家:《殷虚卜辞综述》,北京:中华书局,1988年,第594页;常玉芝:《商代宗教祭祀》,北京:中国社会科学出版社,2010年,159—162页。
② 姚孝遂主编:《殷墟甲骨刻辞类纂》,第467—473页。
③ 彭裕商:《卜辞中的土河岳》,《古文字研究论文集》,成都:四川人民出版社,1982年,第194—226页。
④ 詹鄞鑫:《华夏考》,北京:中华书局,2006年,第315—324页;参见〔日〕岛邦男:《殷墟卜辞研究》,上海:上海古籍出版社,2006年,第410—416页。
⑤ 关于甲骨文"河"、"岳"的研究颇多,相关综述参见朱彦民:《殷卜辞中河、岳、土与先公关系考》,《中国古代社会高层论坛文集——纪念郑天挺先生诞辰一百一十周年》,北京:中华书局,2011年,第206—213页。
⑥ 徐元诰,王树民、沈长云点校:《国语集解》,第26—27页。

能把日常对山川的功利主义认识上升到朴素的政治哲学观①。

山川是大地的坐标,相传大禹治水时"随山刊木,奠高山大川",同时大禹还为华夏山川命名,因而有"禹平水土,主名山川"之说②。古代分封建国,知名的山川是其重要依托,这最能体现"国必依山川"理念。如周王分封鲁国时就有"乃命鲁公,俾侯于东。赐之山川,土田附庸"③。诸侯国内分封也会划定山川,春秋时鲁国季孙氏欲以桃邑换孟孙氏之成邑,孟孙氏成邑守便"辞以无山"④。

《国语》中太子晋、伯阳父之言都指出山川对国计民生的重要性,正是基于山川的实际功用与象征功能,古代先民才产生了山川崇拜。《礼记》有"山川,所以傧鬼神也","社稷山川之事,鬼神之祭,体也"⑤。此知先民还认为山川乃鬼神所居,祭祀山川可以使鬼神尚飨,如有学者就指出周人因天神居于嵩山而称之为"天室""大室"⑥。当然在先秦信仰世界里,山川的功能不会仅限于某一方面,我们不能以山川为鬼神所居而忽视山川神的独立神格。比如文献中很早就出现的山川神祇"河伯",《竹书纪年》有"洛伯用与河伯冯夷斗"。该书还保留了先秦时代广为流传的一则故事,即殷王上甲微借河伯之力为父王亥复仇灭有易氏⑦。河伯这位山川神显然是基于万物有灵而产生的人格神,其他名山大川之神莫不如是,至于周朝将嵩山视作"天室",应当是山川崇拜与天帝信仰结合的产物,它可能只是在原本的山川神基础上附加了通天功能而已。

古人认为山川能主宰水旱,关系国计民生。《礼记》曰"天降时雨,山川出云"⑧,因山川神职掌降雨,于是国家要按时"命有司为民祈祀山川百源"⑨。郑国子产以山川兴云雨为专职,他指出:"山川之神,则水旱疠疫之

---

① 陈晓云等认为古代山川为鬼神所居,故国君立都邑要靠近山川以为礼鬼神,而非经济原因,此说片面。参见陈晓云、陈立柱:《说"国必依山川"》,《史学月刊》2005年第8期。
② 《尚书正义》卷19《吕刑》,《十三经注疏》,第248页。
③ 《毛诗正义》卷20之2《閟宫》,《十三经注疏》,第615页。
④ 《春秋左传正义》卷44《昭公七年》,《十三经注疏》,第2049页。
⑤ 《礼记正义》卷22《礼运》、卷23《礼器》,《十三经注疏》,第1425页、第1431页。
⑥ 王晖:《论周代天神性质与山岳崇拜》,《北京师范大学学报》(社会科学版)1999年第1期。
⑦ 参见方诗铭、王修龄:《古本竹书纪年辑证》,第11页。
⑧ 《礼记正义》卷51《孔子闲居》,《十三经注疏》,第1617页。
⑨ 《礼记正义》卷16《月令》,《十三经注疏》,第1369页。

灾,于是乎禜之。"①《左传》载,卫国大旱,"卜有事于山川,不吉。"②《史记》有"晋大旱,卜之,曰'霍太山为祟'。使赵凤召霍君于齐,复之,以奉霍太山之祀,晋复穰"③。可见严奉山川祀典,是保佑一方丰收的必要条件。

古人认为山川关系国君命运。《诗经》云:"崧高维岳,骏极于天。维岳降神,生甫及申。"④在《左传》中,晋侯生病被认为是星神与汾水之神作祟⑤;楚昭王患病,卜者认为是黄河之神作祟⑥。东方的齐景公患病时派史祝祭祀山川、宗庙⑦,西方的秦王因生病而祷告华山⑧。山川之神不仅关系到国君的生老病死,还能影响到立嗣继统。楚共王在选定继承人时,就曾"大有事于群望,而祈曰:'请神择于五人者,使主社稷。'乃遍以璧见于群望曰:'当璧而拜者,神所立也,谁敢违之。'"⑨

不惟如是,古人行军打仗、立约定盟,对所过山川也多有祭祀,以祈求神灵庇佑。《晏子春秋》载齐景公过泰山时梦"二丈夫",占梦者就认为是:"师过泰山而不用事,故泰山之神怒也。"⑩公元前562年,晋盟诸侯于亳地,其盟书内容为:"凡我同盟,毋蕴年,毋壅利,毋保奸,毋留慝,救灾患,恤祸乱,同好恶,奖王室。或间兹命,司慎、司盟,名山、名川,群神、群祀,先王、先公,七姓、十二国之祖,明神殛之,俾失其民,坠命亡氏,踣其国家。"⑪盟书中司慎、司盟似为监盟之专神,其下群神便以名山大川为首。近来研究者发现,春秋时晋国订立盟约常以"岳"神为誓并尊称其神为"岳公"⑫,这足见山神在晋国政治文化中的影响。古人坚信山川之神能助战功,故《周礼》有"祭兵于山川"⑬。如赵襄子与智、韩、魏四家征战时,就曾得霍太山

---

① 《春秋左传正义》卷41《昭公元年》,《十三经注疏》,第2024页。
② 《春秋左传正义》卷14《僖公十九年》,《十三经注疏》,第1810页。
③ 《史记》卷43《赵世家》,第1781页。
④ 《毛诗正义》卷18之3《崧高》,《十三经注疏》,第565页。
⑤ 《春秋左传正义》卷41《昭公元年》,《十三经注疏》,第2023—2024页。
⑥ 《春秋左氏正义》卷58《哀公七年》,《十三经注疏》,第2162页。
⑦ 参见吴则虞:《晏子春秋集释》卷1《内篇谏上》,北京:中华书局,1982年,第42页。
⑧ 本文从李学勤等意见,认为文中"小子駰"当为秦王,参见侯乃峰:《秦駰祷病玉版铭文集解》,《文博》2005年第6期。
⑨ 《春秋左传正义》卷46《昭公十三年》,《十三经注疏》,第2070页。
⑩ 吴则虞:《晏子春秋集释》卷1《内篇谏上》,第79页。
⑪ 《春秋左传正义》卷31《襄公十一年》,《十三经注疏》,第1950页。
⑫ 〔美〕魏克彬:《侯马与温县盟书中的"岳公"》,《文物》2010年第10期。
⑬ 《周礼注疏》卷19《肆师》,《十三经注疏》,第769页。

神之助。《史记》记载山神与赵襄子的"交易":"赵毋恤,余霍泰山山阳侯天使也。三月丙戌,余将使女反灭知氏。女亦立我百邑,余将赐女林胡之地。"①此故事中,称霍太山神所派为"天使",可知在古人想象中,大山可以通天,故山神与天界有一定关联。当然,最能体现山岳沟通上天功能的便是传说中的封禅大礼。《史记·封禅书》言封禅是受命且有功之帝王在泰山报答天神之礼,张守节解释道:"此泰山上筑土为坛以祭天,报天之功,故曰封。此泰山下小山上除地,报地之功,故曰禅。"②此知泰山因能达天听,故可诱使帝王不惮路途遥远而东行封禅。

山川之神如此重要,连君王死生更替都须告祀山川。《尧典》载舜即位时,"肆类于上帝,禋于六宗,望于山川,遍于群神"。《礼记》有:"君薨而世子生……大宰命祝史,以名遍告于五祀山川……如已葬而世子生……三月乃名于祢,以名遍告及社稷、宗庙、山川。"③先秦儒家还认为君主出境也应告祭山川,如诸侯朝天子要"冕而出视朝,命祝史告于社稷、宗庙、山川"④。

战国晚期总汇诸家思想的《管子》特重山川与治国关系。其首篇《牧民》提到"顺民之经,在明鬼神,祇山川,敬宗庙,恭祖旧","不明鬼神则陋民不悟,不祇山川则威令不闻",此即重山川鬼神之祀。第二篇《形势》开篇即言"山高而不崩,则祈羊至矣",《立政》篇"五事""省官"有修火宪、敬山泽事,《国准》篇托名管仲论经营国家要"立祈祥以固山泽,立械器以使万物",《地数》篇有"苟山之见其荣者,君谨封而祭之",此是《管子》重视山川所出经济资源。《乘马》篇言"立国"要做到:"凡立国都,非于大山之下,必于广川之上。"此合"国必依山川"之义。《侈靡》篇论君民关系,君能"敬而待之,爱而使之",则民对君能"若樊神山祭之"。《形势解》将君主比作山岳,有:"山者,物之高者也。惠者,主之高行也","山,物之高者也,地险秽不平易,则山不得见。人主犹山也,左右多党比周,以壅其主,则主不得见。故曰:山高而不见,地不易也。"⑤

综上可知,先秦时代"国必依山川"理念十分流行,古人既深知山川于

---

① 《史记》卷43《赵世家》,第1795页。
② 《史记》卷28《封禅书》,第1355页。
③ 《礼记正义》卷18《曾子问》,《十三经注疏》,第1389页。
④ 《礼记正义》卷18《曾子问》,《十三经注疏》,第1389页。
⑤ 黎翔凤撰,梁运华整理:《管子校注》,北京:中华书局,2004年,第2—3、21、64、73、1394、1355、83、637、1166、1189页。

国之重,故会以严格的礼仪祭祀山川。《左传·成公五年》,晋国梁山崩,绛人曰:"国主山川,故山崩川竭,君为之不举、降服、乘缦、彻乐、出次,祝币,史辞以礼焉。"晋侯从之①。此正是先秦时代因"国主山川"而以礼祭之的真实写照。或许因为注意到山川往往与国君有密切联系,孔子类比两者而言:"山川之灵,足以纪纲天下者,其守为神。社稷之守者为公侯。皆属于王者。"②正是在这一思想下,《礼记·王制》才会有"五岳视三公,四渎视诸侯"③之说,即应以三公、诸侯之礼对待五岳四渎,这一说法对后世的五岳祭祀影响深远。

二、东周山川祭祀情况浅析

在"国必依山川"这一共识基础上,五岳逐渐被认为是山川之长。关于五岳定名,顾颉刚认为五岳形成时间晚在汉代④。笔者同意顾氏五岳定名较晚之推测,但不应晚至汉代;同时顾氏认为五岳观念也成于汉代,此不符合《尚书》等先秦文献记载⑤。《史记·封禅书》释《尚书》虞舜巡狩四岳(五岳)名目为:岱宗为泰山,南岳为衡山,西岳为华山,北岳为恒山,中岳为嵩高。并称:"昔三代之居皆在河洛之间,故嵩高为中岳,而四岳各如其方,四渎咸在山东。"⑥是知司马迁认为上古五岳已定名定址,流传至西汉的五岳,东岳泰山、西岳华山、中岳嵩山、北岳恒山、南岳衡山等乃三代之制。

为论证先秦五岳情况,笔者先按顾氏等所持的疆域决定论就疆域而言之。西周时期,华山、嵩山在其疆域之内,泰山所在东方周初封有齐鲁等国,它们的建立是商周二朝征服东夷事业中的重要一环,周朝在东方还时常与夷族发生战争⑦,比如穆王时期淮夷徐偃王势力曾一度到达泰山之

---

① 《春秋左传正义》卷26《成公五年》,《十三经注疏》,第1901—1902页。
② 徐元诰撰,王树民、沈长云点校:《国语集解》,第202页。
③ 《礼记正义》卷12《王制》,《十三经注疏》,第1336页。
④ 顾颉刚:《州与岳的演变》,《顾颉刚选集》,第342—346页。
⑤ 今日历史地理学家一般也不采信顾说,参见唐晓峰:《五岳地理说》,《九州》1997年第1辑。
⑥ 《史记》卷28《封禅书》,第1371页。
⑦ 参见李学勤:《史密簋铭所记西周重要史实考》,《中国社会科学院研究生院学报》1991年第2期;李学勤:《夏商周与山东》,《烟台大学学报》(哲学社会科学版)2002年第3期。另据李学勤意见,周朝建立之后曾多次伐东夷,继成王之后数朝均有伐东夷的金文记录。(李学勤于清华大学"出土文献选读课"讲授)。

南。至于北岳恒山及南岳衡山，可以说迟至东周才渐入王域。据《左传》，春秋时期今河北中部大部分时间为狄人控制，后待三晋崛起才逐渐开发①。同时著名的"召王南征"故事也表明西周势力难越长江。至平王东迁，历经春秋战国，中国疆域才呈南北方向发展之势，此时五岳俱在王域，以孔子为代表的儒家学派删定《尚书》等经典文献，"五岳"观念得以激活或产生，随之而来的便是五岳定名。这里，笔者不定为"产生"而言"激活"，是基于对《史记》的尊重，也是基于对疆域决定论的质疑。因为当从现实疆域扩张角度对汉儒所说五岳追本溯源时，仍无法完全证伪五岳之名早已在春秋战国之前定立。其实就疆域而论，东周疆域可能并不具有代表性。譬如"上甲微灭有易事"可能表明商的势力已达北岳恒山附近②，周初封召公北至燕地，较恒山更北。而到了春秋时期，恒山及今河北中部平原却几乎全被狄族控制，可视作是异族对华夏之压迫，或许不能以此反证河北恒山一带不为周域。同样，西周召王南征亦可代表长江流域为周朝理想天下之一部分，楚地南部衡山亦可视作周域③。总之，除了实际的地理方位，"五岳"更是一个地理观念问题，笔者不同意仅据东周至秦汉的现实疆域变化来判定五岳理念的产生及五岳定名，这样只会把它们的上限过于下移。

当然，即便周代五岳早已定名，五岳祭祀亦或早有成文定制，但这并不意味着五岳祭祀已得到重视。可以肯定的是，春秋战国时期山川祭祀活动仍然多是各国祭本国地望，即《礼记·王制》所载的"天子祭天下名山大川"极少见，而多见"诸侯祭名山大川之在其地者"，并且这时诸侯祭祀山川已出现"祭不越望"之说④。

首先谈晋国地望。《国语》述齐国势力："南城于周，反胙于绛。岳滨诸侯莫敢不来服，而大朝诸侯于阳谷。"屈万里认为这里的"岳"就是晋国（今山西南部）的霍太山（简称霍山）⑤，魏克彬等倾向此说⑥。霍太山原是霍国

---

① 参见顾颉刚、史念海：《中国疆域沿革史》，北京：商务印书馆，2009年，第40—41页，第46页。
② 参见张翠莲：《商文化的北界》，《考古》2016年第4期。
③ 丁山据东周疆域扩张断言后世五岳定名当不在春秋，然又定在秦灭六国之前，似过于严苛，参见氏著：《古代神话与民族》，北京：商务印书馆，2005年，第400—401页。
④ 参见本书附录《〈晋书·礼志〉补释两则》。
⑤ 屈万里：《书佣论学集》，台北：联经出版事业公司，1984年，第291页。
⑥ 参见〔美〕魏克彬：《侯马与温县盟书中的"岳公"》，《文物》2010年第10期；唐晓峰：《卜辞"岳"之地望》，《九州》2003年第3辑。

之望,春秋初年晋灭霍国,不久晋国大旱,后让亡国之霍君主祀霍太山,晋国才获得丰收①。此事标志着霍太山成为晋国之名山。春秋末年,霍山神佐赵氏立国,赵襄子为谢霍山神,"使原过主霍泰山祠祀。"②此事再次见证了霍太山在三晋山川中的首要地位。除祭祀霍山外,晋国还曾祭祀黄河西岸的梁山。据杨伯峻意见,梁山在今陕西韩城县,它本是古梁国名山,秦灭梁国,晋又侵秦,遂为晋国地望。于是《左传》成公五年有:"梁山崩,晋侯以传召伯宗。"③正如《尔雅》所记:"梁山,晋望也。"④

谈到晋国地望,还须提及"华山"。前引秦公祭祀华山祷病事,可知华山乃秦国地望;据李学勤意见,此次祭华山活动当在秦惠文王称王期间,即不早于公元前325年⑤。《史记》:"(惠文君)六年(公元前332年),魏纳阴晋,阴晋更名宁秦……八年,魏纳河西地。"徐广注"阴晋"为"今之华阴也"⑥。是知秦惠文君称王时华山已在秦国境内,故秦王祭之。而在此之前,华山长期位于秦晋两国边境,晋惠公(前650—前637年)因秦国助其为国君曾许诺:"赂秦伯以河外列城五,东尽虢略,南及华山,内及解梁城。"⑦是知春秋前期华山为晋国边境之地标。《水经注》引"华岳铭曰:秦、晋争其祠,立城建其左者也"⑧。此或前代流传故事,亦可辅证先秦时代华山倍受秦晋两国青睐。战国中期,华山归秦之后,遂成为秦地重要信仰,如《韩非子》记秦昭王上华山事:"秦昭王令工施钩梯而上华山,以松柏之心为博,箭长八尺,棊长八寸,而勒之曰'昭王尝与天神博于此'矣。"⑨秦始皇末年,华山之神还曾预言秦亡。《史记》载:"(始皇三十六年)秋,使者从关东夜过华阴平舒道,有人持璧遮使者曰:'为吾遗滈池君。'因言曰:'今年祖龙死。'使者问其故,因忽不见,置其璧去。使者奉璧具以闻。始皇默然良久,曰:'山

---

① 《史记》卷43《赵世家》,第1781页。
② 《史记》卷43《赵世家》,第1795页。
③ 《春秋左传正义》卷26《成公五年》,《十三经注疏》,第1901页。
④ 《尔雅注疏》卷7《释山》,《十三经注疏》,第2618页。《汉书》卷27下《五行志下》(北京:中华书局,1962年,第1456页)有:"刘歆以为梁山,晋望也。"
⑤ 参见李学勤:《秦玉牍索隐》,《故宫博物院院刊》2000年第2期。
⑥ 《史记》卷5《秦本纪》,第205—206页。
⑦ 《春秋左传正义》卷14《僖公十五年》,《十三经注疏》,第1805页。
⑧ (北魏)郦道元著,陈桥驿校证:《水经注校证》卷19《渭水》,北京:中华书局,2007年,第467页。
⑨ 陈奇猷:《韩非子集释》卷11《外储说左上》,上海:上海人民出版社,1974年,第644页。

鬼固不过知一岁事也。'"①秦始皇所说"山鬼"当属华山，其后晋人乐资《春秋后传》便将"山鬼"视为"华山君"②。

现存史籍中诸国地望较为明确的有楚国和鲁国。《左传》记楚昭王之言："三代命祀，祭不越望。江汉雎章，楚之望也。"杜预注"四水在楚界"③。鲁国三望，《公羊传》以三望为"泰山、河、海"④，范宁《穀梁传注》从郑玄说以为"淮、海、岱"⑤，二传俱有泰山。与华山之于秦晋类似，泰山处在齐鲁两国边境，故可能也是齐国祭祀对象。如《晏子春秋》有"景公置酒泰山四望而泣"事⑥。《礼记·礼器》载："故鲁人将有事于上帝，必先有事于泮宫。晋人将有事于河，必先有事于恶池。齐人将有事于泰山，必先有事于配林。"⑦此处将鲁人祭上帝，晋人祭河与齐人祭泰山并列，可知泰山祭祀在齐国诸祀中有重要地位。此外，泰山还可能为郑国祭祀。《史记》载："桓王三年，郑庄公朝，桓王不礼。五年（前715年），郑怨，与鲁易许田。许田，天子之用事太山田也。"⑧《春秋》经文记郑鲁易田有两处。其一，隐公八年（前715年）载："三月，郑伯使宛来归祊。庚寅，我入祊。"其二，桓公元年（前711年）："三月，公会郑伯于垂。郑伯以璧假许田。"《左传》两事分注为："（隐公八年）郑伯请释泰山之祀而祀周公，以泰山之祊易许田。三月，郑伯使宛来归祊，不祀泰山也。""（桓公元年）春，公即位。修好于郑，郑人请复祀周公。卒易祊田，公许之。三月，郑伯以璧假许田，为周公、祊故也。"⑨据《左传》可知，许田祀周公，祊田事泰山。杜预注为："成王营王城，有迁都之志，故赐周公许田，以为鲁国朝宿之邑，后世因而立周公别庙焉。郑桓公，周宣王之母弟，封郑有助祭泰山汤沐之邑，在祊。郑以天子不能复

---

① 《史记》卷6《秦始皇本纪》，第259页。
② 《后汉书》卷30下《襄楷传》，北京：中华书局，1965年，第1079页。又见（晋）干宝撰，汪绍楹校注：《搜神记》卷4，北京：中华书局，1979年，第48页。
③ 《春秋左传正义》卷58《哀公六年》，《十三经注疏》，第2162页。相关研究参见杨华：《古礼新研》，北京：商务印书馆，2012年，第287—312页。
④ 《春秋公羊传注疏》卷12《僖公三十一年》，《十三经注疏》，第2263页。
⑤ 《春秋穀梁传注疏》卷9《僖公三十一年》，《十三经注疏》，第2403页。
⑥ 吴则虞：《晏子春秋集释》卷7《外篇第七》，第485页。该书多载齐国与泰山事，兹不赘述。
⑦ 《礼记正义》卷24《礼器》，《十三经注疏》，第1439页。
⑧ 《史记》卷4《周本纪》，第150页。
⑨ 《春秋左传正义》卷4《隐公八年》，卷5《桓公元年》，《十三经注疏》，第1733页、第1739页。《公羊传》、《穀梁传》改"祊"为"邴"。

巡狩,故欲以祊易许田,各从本国所近之宜,恐鲁以周公别庙为疑,故云已废泰山之祀而欲为鲁祀周公。"①《公羊》、《穀梁》大意一致,即郑国要放弃本国助祭泰山之祊田,要求得到鲁国许田以祀周公,此说广为流传。然而《史记》明言许田为天子用事太山田,而非三传所言是鲁祀周公之田,《史记》与三传矛盾殊为可疑。唐人对此已提出质疑,陆淳引啖助说:"左氏曰:郑伯请释泰山之祀而祀周公。啖子曰:郑人请祀周公已不近人情矣,泰山非郑封内,本不当祀,又何释乎?公羊曰:泰山之下,诸侯有汤沐邑焉。啖子曰:列国至众,若言皆有邑,泰山之下何能容之?故去其皆字。"②啖助之说很有道理,《左传》曾载卫康公梦先祖康叔托梦言"相夺予享",于此则书郑欲祭祀周公,殊为荒诞。而问题的症结还在于"泰山非郑封内"。其实如果只参照《史记》与《春秋》经文,则知司马迁之意是:郑国要挟鲁国放弃其国境内天子祭祀泰山时的汤沐邑许田,郑国据祭泰山之许田为已有,以此作为对王室的挑战,而三传或讳言此事。此外,鲁国怕失许田,故犹豫其事,以致拖延数年。此种推测符合春秋早期郑国小霸之国际环境。而诸《传》用郑欲代鲁祀周公之说粉饰其事,这样便将鲁国失天子之田的罪名巧妙而不失体面地归咎于郑国。太史公修《史记》以《春秋》经为据,不采三传,其义竟与三传相左,当另有所据。从郑国借许田欲绝周天子用事泰山来看,郑国极有可能开始祭祀泰山。退一步论,无论取司马迁义,还是取三传义,郑国无论因许田还是祊田,都应曾与祀泰山有一定联系。

与泰山类似,黄河也被多国祭祀,是天下之"望"。据前引《礼记·礼器》"晋人将有事于河",可知晋国有祭河传统③。再据前引《公羊传》,鲁国"三望"也有"河"。《左传》文公十二年(前615年),秦晋河曲之战时,"秦伯以璧祈战于河"④;襄公三十年(前543年),郑国七穆内乱,驷带与游吉盟于酸枣,"用两圭质于河",此是郑人祭河记录⑤;邲之战楚庄王取胜后"祀于河,作先君宫"⑥,此是楚人祭河之事。如王夫之所言:"河伯,河神也。四渎视诸侯,故称伯。楚昭王有疾,卜曰:河为祟。昭王谓非其境内山川,弗

---

① 《春秋左传正义》卷4《隐公八年》,《十三经注疏》,第1733页。
② (唐)陆淳:《春秋集传辨疑》卷1,景印《文渊阁四库全书》第146册,第604页。
③ 如《春秋左传正义·僖公二十四年》重耳与子犯盟誓于河。
④ 《春秋左传正义》卷19下《文公十二年》,《十三经注疏》,第1851页。
⑤ 《春秋左传正义》卷40《襄公三十年》,《十三经注疏》,第2013页。
⑥ 《春秋左传正义》卷23《宣公十二年》,《十三经注疏》,第1883页。

祀焉。昭王能以礼正祀典,故已之,而楚故尝祀之矣。"①

从以上诸国祭祀名山大川事例来看,"五岳"之中的华山、泰山如其他山川一样是诸国望祭对象。同时从泰山、黄河之祀遍及多国来看,它们又似有高于一般山川之地位,可被视作"天下之望"。除泰山、黄河外,嵩山的地位也非同一般。西周以雒邑为东方统治中心,嵩山近在王畿,周王对其特别重视。《周颂·时迈》有"怀柔百神,及河乔岳",此或可视作周以黄河、嵩山为地望②。当然,作为天子,周王须怀柔百神。东周天子虽可能不再巡狩四岳,天子使者或不能至山川所在,在传世文献中也很难找到相关记录,但这并不意味着周朝在理念上放弃了祭祀五岳四渎名山大川之权。《周礼》小宗伯之职有"兆五帝于四郊。四望四类亦如之。兆山川丘陵坟衍。各因其方"。依此理想,分布在四方的地祇依然可以会聚于国都,周朝礼官如不能就祭诸岳,但亦不能排除他们会在四郊对诸国域内之岳渎"望"而祭之。

最后,从《左传》高度评价楚昭王的"祭不越望"行为,可反推知东周诸国祭祀山川相当随意,随疆域而祭山川的情况屡见不鲜,山川之祀未有定礼。其实何止诸国如此,春秋战国时代,礼崩乐坏,以致名臣子产都说:"今周室少卑,晋实继之,其或者未举夏郊邪?"③

三、小结

东周时期,人们相信"国必依山川",此时五岳或已定名,当然在此之前"四岳"、"五岳"理念或早已形成④。结合《周礼》"四镇五岳"与九州镇山,

---

① (明)王夫之:《楚辞通释》,上海:上海人民出版社,1975年,第41页。《左传》僖公二十八年记,晋楚城濮之战前夕,楚将子玉曾梦河神求祭祀,子玉不许,遂败。此事或可视作楚人接受河伯信仰的一个环节。另外,部分学者将《楚辞·九歌》中"河伯"问题置于"祭不越望"原则下考量,如郭沫若据此论证楚国势力曾达黄河流域。这类做法首先对"祭不越望"认识过于刻板,黄河历经多国,实非一国独享,且"祭不越望"仅为理念并非诸国实际祭祀情况,不足为据;又,较之《九歌》其余诸神如"司命"等,可知此神谱绝非限于望祭山川,当然不能以"祭不越望"限之。《九歌》研究综述详见焦继顺:《〈楚辞·九歌·河伯〉与"祭不越望"辨》,东北师范大学硕士学位论文(古代文学),2007年。

② 林沄等认为"天亡簋"中"天亡"即周南"天室"嵩山,天亡簋所记为周王封禅之事,其说有一定道理。参见林沄:《天亡簋"王祀于天室"新解》,《史学集刊》1993年第3期。

③ 徐元诰撰,王树民、沈长云点校:《国语集解》,第437页。

④ 姚孝遂等认为商代还未有"五岳"理念。参见姚孝遂、肖丁:《小屯南地甲骨考释》,北京:中华书局,1985年,第78—79页。

第二章　从诸侯之望到天子山川：论秦汉五岳祭祀的成立

还可以推测先秦时期已有以"四岳"或"五岳"为中心的山川等级理念。虽然岳渎多难享天子之祭，但它们或作为诸国之"望"或作为"天下之望"，在各地享祀而不绝。

先秦时代即使岳渎已定名且有成文定礼，但因天子势力衰微，作为天下象征的岳渎礼或难以施行，故五岳祭祀只能停留在理念层面。这一时期祭山礼相关材料散见《周礼》、《礼记》、《山海经》及诸子著述中①。《周礼》"大宗伯"之职记五岳山川祭法："以血祭祭社稷五祀五岳，以貍沈祭山林川泽"，"小宗伯"之职又有"兆山川丘陵坟衍，各因其方"②。具体器物，"鬯人"之职有"凡山川四方用蜃"，"典瑞"之职有"璋邸射，以祀山川"，"司服"之职有"祀四望山川，则毳冕"，"大司乐"之职有"乃奏蕤宾，歌函钟，舞大夏，以祭山川"③。以上是理想中周王祭五岳诸山川的细节。关于"血祭"与"貍沈"，孙诒让指出"凡貍沈者无血祭，而血祭则兼有貍"④，此正体现五岳与一般山川秩次差别。至于用牲币、酒醴、粢盛等祭物差别，《周礼》则体现不足，如"小司徒"之职"凡小祭祀，奉牛牲"，贾疏有"王之祭祀无不用牛者"⑤，盖因《周礼》所记为理想制度又非周室专门祀典，故于山川祭祀不能详尽。先秦文献中展现各色山川祭祀活动的以《山海经》为详。该书于诸"次"山后多载祭山牲币，其中诸"毛色"，下有鸡狗、中有祈羊、上有太牢，玉器有璋、璧、圭诸器。如西山"首次"山记："华山，冢也。其祠之礼：太牢"，"其余十七山之属，皆毛牷用一羊祠之。"⑥此知先秦山川祭祀确有高下之分。

总而言之，先秦时代不惟诸经典有理想的五岳设计，诸国又有频祭诸望之事，且当时已出现分等的山川祭祀，这些在思想与制度层面为后世树立新的山川之礼奠定了基础。

---

① 《周礼》成书时间不确，但笔者不采信西汉伪造说，故认为该书部分内容能反映先秦礼制情况。
② 《周礼注疏》卷18《大宗伯》、卷19《小宗伯》，《十三经注疏》，第758页、第766页。
③ 《周礼注疏》卷19《鬯人》、卷20《典瑞》、卷21《司服》、卷22《大司乐》，《十三经注疏》，第771页、第777页、第781页、第789页。
④ （清）孙诒让：《周礼正义》卷33《大宗伯》，北京：中华书局，1987年，第1315页。
⑤ 《周礼注疏》卷11《乡师》，《十三经注疏》，第713页。
⑥ 袁珂：《山海经校译》，上海：上海古籍出版社，1985年，第24页。

第二节　秦汉五岳祭祀制度的逐步确立

虽然四岳或五岳的理念古已有之，但通过传世文献来看，五岳四渎在东周诸国祭祀活动中主要发挥了与"国必依山川"相关的各种具体功能。随着秦汉专制帝国的建立，五岳代表天下一统的政治寓意才逐渐从古代经典中升华出来。

一、秦代一统的山川布局

秦灭六国，一统天下，西汉梅福言道："秦为亡道，削仲尼之迹，灭周公之轨，坏井田，除五等，礼废乐崩，王道不通，故欲行王道者莫能致其功也。"[①]周秦之变，皇帝专制，王道不行，此是历史大势。但具体到历史细节，周秦又不能无沿袭之处，以礼制而论，司马迁说："至秦有天下，悉内六国礼仪，采择其善，虽不合圣制，其尊君抑臣，朝廷济济，依古以来。至于高祖，光有四海，叔孙通颇有所增益减损，大抵皆袭秦故。"[②]秦树礼仪博采诸国，此是周秦礼乐之传承，如果说秦制不合三代圣制，部分原因恐怕还在于东周的礼崩乐坏。唐人杜佑对周秦礼制演变亦有较客观的描述："周衰，诸侯僭忒，自孔子时已不能具。秦平天下，收其仪礼，归之咸阳，但采其尊君抑臣，以为时用。"[③]《秦骃祷病玉版》中秦王就表达了对周礼的向往，其文有"周世即没，典法散亡"，秦人欲祭祀诸神而"不得厥方"，因此祭祀时请东方熟悉周礼人士主持[④]。正是在吸收周代礼仪传统这一历史背景下，秦汉才逐步树立了帝国的山川祭祀，"五岳四渎"与"名山大川"才走出旧经典，步入新制度。

公元前220年即秦一统中国后的第二年，秦始皇开始繁忙的巡狩，直至死在第五次巡狩路上，他于第二次巡狩时还在泰山行封禅之礼。巡狩与封禅这些都是先秦人士鼓吹的上古帝王之礼。在历次巡狩中，秦始皇多祭

[①] 《汉书》卷67《梅福传》，第2918页。
[②] 《史记》卷23《礼书第一》，第1159页。
[③] （唐）杜佑撰，王文锦等点校：《通典》卷41《礼一》，北京：中华书局，1988年，第1120页。
[④] 参见侯乃峰：《秦骃祷病玉版铭文集解》，《文博》2005年第6期。

祀所过山川。如在公元前219年封禅泰山之前先祠"峄山"①，之后"斋戒祷祠，欲出周鼎泗水"②，又南渡淮水，至衡山，过江至湘山祠。《封禅书》载，秦始皇东巡海上，一路"行礼祠名山大川及八神"③。帝王巡狩祭祀所过山川，符合儒家经典所记天子巡狩"望于山川"之义。

与巡狩祭山川相应，秦始皇还确立了全国山川常祀，即稳定的山川祭祀制度，《封禅书》载：

> 昔三代之居皆在河洛之间，故嵩高为中岳，而四岳各如其方，四渎咸在山东。至秦称帝，都咸阳，则五岳、四渎皆并在东方。自五帝以至秦，轶兴轶衰，名山大川或在诸侯，或在天子，其礼损益世殊，不可胜记。及秦并天下，令祠官所常奉天地名山大川鬼神可得而序也。④

秦代以崤山为界，分一等名山大川为东西两部分。东部大山五座有嵩高山、恒山、太山、会稽、湘山，大川两条为济、淮，其制度是一岁四祷祠："春以脯酒为岁祠，因泮冻，秋涸冻，冬塞祷祠。其牲用牛犊各一，牢具珪币各异。"⑤西部名山七座为华山、薄山、岳山、岐山、吴岳、鸿冢、渎山，名川四条为黄河、沔水、湫渊⑥、长江。其礼是："春秋泮涸祷塞，如东方名山川；而牲牛犊牢具珪币各异。而四大冢鸿、岐、吴、岳皆有尝禾。"后雍州陈宝神应节而来，对其河也"加有尝醪。"除此之外，以上山川因为在"雍州之域，近天子之都，故加车一乘，駵驹四"⑦。秦地一等山川多于东方，且西方名山大川祭品多于东方。此是秦始皇欲纠正名山大川多在东方而刻意所为，有矫枉过正之嫌。此外，"霸、产、长水、沣、涝、泾、渭皆非大川，以近咸阳，尽得比山川祠，而无诸加。"⑧此是雍州小水因地处王畿礼秩同于一般名山大

---

① 《史记》卷28《封禅书》，第1366—1367页。
② 《史记》卷6《秦本纪》，第248页。
③ 《史记》卷28《封禅书》，第1367页。参见陈戍国：《秦汉礼制研究》，第56—57页。
④ 《史记》卷28《封禅书》，第1371页。
⑤ 《史记》卷28《封禅书》，第1371页。
⑥ 后世多以秦诅楚文中"大沈久湫"为"湫渊"，宋代有诅楚文三块，其中一通为"朝那告大沈"，恰与《封禅书》"湫渊，祠朝那"相合。参见(宋)姚宽：《西溪丛语》，《全宋笔记》第4编第3册，郑州：大象出版社，2008年，第22页。
⑦ 《史记》卷28《封禅书》，第1372—1374页。关于陈宝神为何，参见吴郁芳：《"陈宝"考》，《文博》1985年第2期。
⑧ 《史记》卷28《封禅书》，第1374页。

川，又是秦重本地山川之表现①。至此，秦代国家祭祀的一等山川制定完毕。

《封禅书》规定的二等山川有："汧、洛二渊，鸣泽、蒲山、岳嶲山之属，为小山川，亦皆岁祷塞泮涸祠，礼不必同。"②

下面先对以上小山川地理方位做简要分析。首先是汧、洛二水，《史记正义》引《括地志》："汧水源出陇州汧源县西南汧山，东入渭。洛水源出庆州洛源县白于山，南流入渭。又云：洛水，商州洛南县西冢岭山，东北流入河。案：有二洛水，未知祠何者。"③汧水在雍地咸阳之西故无疑义。至于洛水，张守节引唐《括地志》而不知是庆州洛水还是商州洛水，案而未断。据《汉书·地理志》左冯翊有"洛水东南入渭，雍州浸"④，北地郡有"沮水出西，东入洛"⑤，又《晋书·食货志》载青龙元年"筑临晋陂，引汧洛溉舄卤之地三千余顷"⑥，可知雍州洛水如汧水一样皆自北而南入于渭。故《封禅书》所说"洛"当为雍州之洛水⑦。可见汧、洛二水能成为二等山川，或也是因"近天子之都"而得崇祀。

其次，关于"鸣泽"，古人多从服虔注，以为在涿郡遒县⑧。《史记·封禅书》载元封四年（前107年）："其明年，上郊雍，通回中道，巡之。春，至鸣泽，从西河归。"⑨《汉书·郊祀志》两处出现"鸣泽"，一处在承《封禅书》叙秦代山川祭祀部分⑩，一处记汉武帝元封四年（前107年）巡狩事："明年，上郊雍五畤，通回中道，遂北出萧关，历独鹿、鸣泽，自西河归，幸河东祠后土。"⑪另《汉书·武帝本纪》元封四年巡狩事："四年冬十月，行幸雍，祠五

---

① 参见田天：《秦汉国家祭祀史稿》，第288—293页；牛敬飞：《被夸大的前郊祀时代——从〈秦汉国家祭祀史稿〉对史料的误用说起》，《清华大学学报》（哲学社会科学版）2017年第1期。
② 《史记》卷28《封禅书》，第1374页。
③ 《史记》卷28《封禅书》，第1374—1375页。
④ 《汉书》卷28上《地理志上》，1545页。
⑤ 《汉书》卷28下《地理志下》，1616页。
⑥ 《晋书》卷26《食货志》，北京：中华书局，1974年，第785页。
⑦ 沈钦韩亦指"洛"为雍州之洛水，详见（清）沈钦韩：《汉书疏证》卷18《郊祀志》，上海：上海古籍出版社，2006年，第521页。
⑧ 《史记索隐》（《史记》卷28《封禅书》，第1374页）、《汉书》（颜师古注《汉书》卷6《武帝纪》，第195页）、《后汉书·郡国志五》（第3525页）都用此说。
⑨ 《史记》卷28《封禅书》，第1400页。
⑩ 《汉书》卷25上《郊祀志上》，第1206页。
⑪ 《汉书》卷25下《郊祀志下》，第1242页。

時。通回中道,遂北出蕭關,歷獨鹿、鳴澤,自代而還,幸河東。"①同"鳴澤"一樣,服虔認為獨鹿也在涿郡,顏師古引之:"獨鹿,山名也。鳴澤,澤名也。皆在涿郡遒縣北界也。"②清人沈欽韓對《漢書·武帝本紀》之"鳴澤"與《郊祀志》秦祀"鳴澤"給出兩個解釋,一即漢武帝所至"鳴澤"屬涿郡,而秦祀"鳴澤"不在涿郡。他的理由是:"《武帝紀》'北出蕭關,歷獨鹿、鳴澤,自代而還',彼鳴澤固在涿郡遒縣。此云以近咸陽,則非涿郡之鳴澤也。《水經注》十六,'濁水至白渠與澤泉合俗謂之漆水',《西山經》'陰山濁谷之水出焉,而南流注于蕃澤。'"③沈欽韓以秦祀"鳴澤""近咸陽"是對《郊祀志》(《封禪書》)的誤讀,《封禪書》言"以近咸陽"只涉及霸、產諸水,與鳴澤等二等小山川無太大關係,故秦皇、漢武所涉及的都是涿郡"鳴澤"。問題是秦始皇為何將"鳴澤"列為二等山川?漢武帝自西北巡狩,在北方繞行數千里,為何僅留下"獨鹿"、"鳴澤"的記錄?筆者推測,"獨鹿"、"鳴澤"當與祭祀黃帝有關。《逸周書》載阪泉氏遷于"獨鹿",王念孫認為:

> 獨與涿古聲相近,獨鹿即涿鹿也。《漢書·武紀》行幸歷獨鹿、鳴澤。服虔曰:"獨鹿,山名,在涿郡。"《史記·五帝紀》黃帝與蚩尤戰于涿鹿之野,《集解》亦引服虔曰:"涿鹿,山名,在涿郡。"④

于是"獨鹿"與炎黃之戰聯繫起來。再據《漢書·武帝紀》及《郊祀志》武帝元封元年曾自北河、朔方南歸祭祀黃帝冢于橋山⑤。《地理志·上郡》記:"橋山在南,有黃帝冢",可以推測武帝元封四年北巡所過"獨鹿"當與之前所祭祀的橋山"黃帝"有一定關聯,涿郡之"鳴澤"亦然,歷此二地是漢武帝在繼續展現他對黃帝的崇拜。當然,漢武帝重獨鹿、鳴澤與秦始皇將"鳴澤"定在二等山川的思路應當是一致的,即或因"鳴澤"為上古帝王遺跡。

再次考蒲山。《史記正義》注"舜耕歷山"為:"《括地志》云:蒲州河東縣雷首山,一名中條山,亦名歷山,亦名首陽山,亦名蒲山,亦名襄山,亦名甘棗山,亦名豬山,亦名狗頭山,亦名薄山,亦名吳山。此山西起雷首山,東至

---

① 《漢書》卷6《武帝紀》,第195頁。
② 《漢書》卷6《武帝紀》,第195頁。
③ 《漢書疏證》卷18《郊祀志》,第521頁。王先謙亦采用沈欽韓說法,詳見氏著:《漢書補注》,四部精要本,上海:上海古籍出版社,1993年,第417頁。
④ (清)王念孫:《讀書雜志》,南京:江蘇古籍出版社,1985年,第25頁。
⑤ 《漢書》卷6《武帝紀》,第189頁;《漢書》卷25《郊祀志上》,第1233頁。

吴坂，凡十一名，随州县分之。历山南有舜井。"①是知蒲山在今中条山脉，是传说中上古帝王活动区域，祭祀蒲山可能因它与舜帝遗迹有关。至于岳嶍山，其地难考。元人黄溍提出："汉《郊祀志》大山川有岳山，小山川有岳嶍山，岳而有嶍，则岳可以谓之妇翁矣。世俗之称谓，未必不以是，又因岳山而转为泰山耳。"②黄溍所说虽近戏言，但说山川大小之别却有一些道理。嶍、壻皆从胥得音，郭璞注《山海经》有"壖，山下基也"③。此知"壖"有近大山矮地之义，壖、胥为鱼部字，故"岳嶍山"或是"岳壖山"，应有大山附近小山之义。华山以东、晋南豫西一带山地颇多，地近霍太山、华山、熊耳诸名山，该区域属黄河中下游上古文明核心区，故笔者推测"岳嶍山"大概就在此区域，它或如"鸣泽"、"蒲山"一样，为上古帝王所至。

　　回到一等山川，秦东部五山以嵩山为中心，其余四座分别分布在秦帝国东部的北(恒)、东(泰)、东南(会稽)、南部(湘山)，其中嵩山、恒山、泰山即传统五岳之三，加上东西分界的华山共有五岳之四。对五岳传统的继承足见秦并未全盘否定三代之天下观。如果说，东部五山加华山是东方旧有的山岳崇拜传统，它们在东方构成理想的天下布局，那么华山以西的几座一等山川也应与此类似。

　　薄山，《封禅书》记"薄山者，衰山也"。至于薄山地理方位，史家多有纷争，今从颜师古意见："说者云薄山在河东，一曰在潼关北十余里，而此志云自华以西者，则今阌乡之南山连延西出，并得华山之名。"④薄山是否为阌乡南山有待考证，但如师古推断，其必依司马迁本义在华山以西⑤。

　　岳山，依《集解》引徐广注，在武功县⑥，南近渭水；王先谦综合诸说，认为岳山即今秦岭之武功山⑦。岐山在"美阳县西北"⑧，雍县东北。吴岳，依《地理志》"汧，吴山在西"⑨，西属陇山山脉。鸿冢，《索隐》曰："黄帝臣大鸿

---

① 《史记》卷1《五帝本纪》，第33页。
② (元)黄溍：《日损斋笔记》之《杂辨十三则》，《丛书集成初编》，上海：商务印书馆，1935—1937年，第21页。
③ (晋)郭璞：《山海经传》卷6《海外南经》，宋淳熙七年池阳郡斋刻本，第38页B。
④ 《汉书》卷25上《郊祀志上》，第1207页。
⑤ 详见本书附录《封禅书》"衰山"补释。
⑥ 《史记》卷28《封禅书》，第1373页。
⑦ 《汉书补注》，四部精要本，第359页。
⑧ 《史记》卷28《封禅书》，第1373页。
⑨ 《汉书》卷28上《地理志上》，第1547页。

第二章　从诸侯之望到天子山川：论秦汉五岳祭祀的成立

葬雍，鸿冢盖因大鸿葬为名也。"①后世因此以鸿冢在陕西凤翔县②。渎山即汶山，在蜀。《索隐》曰："《地理志》蜀郡湔氐道，潜山在西。郭璞注云：山在汶阳郡广阳县，一名渎山也。"③

综合西方诸山方位，除渎山代表天下西南部分外，华山以西五山分布亦或有规律可循。薄山或在秦朝雍州本土之东而近华山，岳山在雍县（今陕西凤翔县）之南，岐山在雍县之北，吴岳在雍县之西，而鸿冢就在雍县附近，此五山以秦故都雍地为中心，恰构成一个类似东方五岳的分布形式，这或是秦人受五方观念而定本土"五山"。华山处在沟通关中与关东的要道，既是传统五岳之一，也是连接雍地五山系统与东方五岳系统的纽带。

综上所述，秦始皇封天下山川有以下特点：一、将上古至周代的五岳传统即东方的五岳传统与雍地诸方大山结合，统一为一等山川。二、延续战国以来山川分等传统，大体分全国山川为两等；同时本着"近天子之都"原则，秦朝优待一等山川内雍地山川，并且力图让雍州诸山川尽享一等山川之礼。三、定祭祀管理制度，无论是一等山川还是二等诸小山川，都由太祝主管，四时祷祠；而最低等的山川是"上过则祠，去则已"④，即虽载在朝廷祀典得为正祀，但无常制。

以上大概为秦代山川祭祀之轮廓。需要指出的是，无论秦礼有多少新制，其中一定杂有周礼遗迹。回顾秦骃祷病玉版，其埋祭物于"大山之阴阳"，或即《尔雅》"祭山曰庪县"，郭璞注："或庪或县置之于山，《山海经》曰'县以吉玉'是也。"⑤以秦《诅楚文》为例，其言"有秦嗣王敢用吉玉宣璧"，姜亮夫据《白虎通》"圭以信质"结合《周礼》"典瑞"之职，认为"吉玉"即圭玉，其又据《尔雅》等书认为六寸之璧为瑄璧⑥，可见秦礼在器物上与春秋战国祭祀通行之"玉帛"同出一脉。其次，《诅楚文》作者为秦王，实际祭祀

---

① 《史记》卷28《封禅书》，第1373页。
② 参见（清）顾祖禹：《读史方舆纪要》卷124《川渎异同一》，北京：中华书局，2005年，第5361页。
③ 《史记》卷28《封禅书》，第1373页。
④ 《史记》卷28《封禅书》，第1377页。
⑤ 《尔雅注疏》卷6《释天》，第2609页。
⑥ 参见姜亮夫：《秦诅楚文考释》，《兰州大学学报》（社会科学版）1980年第4期。在器物层面，秦制也有自己特色，如以《秦骃祷病玉版》为例，其除传统的玉璧及三牲外，还有路车，如《汉书·郊祀志》所记秦祭祀雍地山川"加车一乘"之制，此为《周礼》不载，不合理想周制。

者为秦王派出之"宗祝",而"宗"、"祝"亦是《周礼》中常见官员。如"小宗伯"主"掌建国之神位",其中有"兆山川丘陵坟衍"①。此外宗伯系统官员"肆师"有"祭兵于山川"之职;"大祝"之职为"掌六祝之辞",其中有"过大山川则用事焉";"小祝"之职"掌小祭祀",其中有"弥灾兵,远罪疾"一项;低级祝官"诅祝"之职为"掌盟","作盟诅之载辞,以叙国之信用,以质邦国之剂信。"②由此可知秦朝礼官与古礼官亦无明显区别③。

二、西汉五岳祭祀制度初立

汉代自高祖起开始恢复各种祭祀,如楚汉战争之际,高祖就在关中"令祠官祀天地四方上帝山川,以时祀之"④。此事在《封禅书》有较详细记录,即高祖在雍地立黑帝祠后定制:"有司进祠,上不亲往。悉召故秦祝官,复置太祝、太宰,如其故仪礼。"并下诏曰:"今上帝之祭及山川诸神当祠者,各以其时礼祠之如故。"⑤此是汉朝在秦人雍地四畤基础上定五畤,用故秦礼官恢复秦礼。

具体到五岳名山大川祭祀,汉初又与秦制不同。秦废封建立郡县,故能统摄全国名山大川而祭之,而西汉初年恢复封建,原来秦朝统一由中央祭祀全国山川的气局被打破,包括五岳在内的名山大川很多在诸侯国内,皇帝一般不再负责常祀。故汉文帝时有:"始名山大川在诸侯,诸侯祝各自奉祠,天子官不领。及齐、淮南国废,令太祝尽以岁时致礼如故。"《正义》曰:"齐有泰山,淮南有天柱山,二山初天子祝官不领,遂废其祀,令诸侯奉祠。今令太祝尽以岁时致礼,如秦故仪。"⑥齐国有东岳泰山,淮南国有潜山(霍山,即汉武帝所号南岳)⑦,文帝六年(前174年)废淮南国为郡,十五年因齐文王薨而齐国暂除⑧,二岳才由中央礼官负责。汉文帝借诸侯废替之机恢复本归天子祭祀的五岳,似是在遵循《王制》"诸侯祭名山大川之在

---

① 《周礼注疏》卷19《小宗伯》,《十三经注疏》,第766页。
② 《周礼注疏》卷19《肆师》、卷25《大祝》、卷25《小祝》、卷26《诅祝》,《十三经注疏》,第769页、第811页、第812页、第816页。
③ 参见董涛:《秦汉时期的祝官》,《史学月刊》2015年第7期。
④ 《史记》卷8《高祖本纪》,第372页。
⑤ 《史记》卷28《封禅书》,第1378页。
⑥ 《史记》卷28《封禅书》,第1380—1381页。
⑦ 关于南岳之变化,详见本书第三章第三节。
⑧ 参见《史记》卷17《汉兴以来诸侯王年表》,第831页、第834页。

第二章 从诸侯之望到天子山川:论秦汉五岳祭祀的成立

其地者"的逻辑下实现了"天子祭天下名山大川"。武帝延续了文帝收回五岳的做法,"济北王以为天子且封禅,乃上书献太山及其旁邑,天子以他县偿之。"①元鼎三年(前114年),常山王有罪,天子封其弟真定,以续先王祀,而以常山为郡,于是五岳皆在天子之郡。

其实相对于秦朝统一后急于树立山川祭祀秩序,西汉初期的皇帝们特别是汉武帝对整理全国山川祭祀并没有多大兴趣。汉武帝虽然最终将五岳从诸侯国中夺回,但他并不致力于以正礼对待五岳。他迷信鬼神,所从事的封禅、巡狩、求仙等活动与秦始皇比肩,他对名山大川虽多有建置,但并未突出重视五岳。元封元年(前110年)武帝登中岳太室,"从官在山上闻若有言'万岁'云。问上,上不言;问下,下不言。"对此次嵩山显灵,武帝甚为满意,于是"令祠官加增太室祠,禁毋伐其山木,以山下户凡三百封崇高,为之奉邑,独给祠,复,无有所与。"②基于一次偶然机会,嵩山祭祀开始有来自地方的制度保障,即除加增祠庙,还以三百编户为庙户专奉祭山之用。此外,从这则材料可判断,西汉五岳已多立祠庙③。还应指出的是,通过此事更能看出汉武帝礼待山川的重要目的是为沟通天神以求长生,而非强调它们坐镇一方的政治象征意义。

与汉武帝有关的山川祭祀事件最著名的是封禅泰山,陈戍国指出封禅泰山与将泰山作为五岳之一祭祀的山川礼不同④,封禅乃借泰山告天,汉代礼官定能区分两种礼仪⑤。实际上,秦皇汉武封禅泰山活动多是他们求仙升天计划的组成部分,早已偏离了儒生们鼓吹的告成功于天的天人合一政治观念。与此类似,此一时期五岳祭祀也较少得到朝廷出于尊"正礼"而致祭的待遇。秦汉山川祭祀多受方士影响,五岳并未彰显,其影响不见得高于方士所推崇的诸色名山,很多涉及五岳的相关建置也多从属于皇帝的神仙事业。如秦始皇第二次巡狩时,泰山封禅之后即按齐燕方士所言往海中三神山"蓬莱、方丈、瀛洲"求仙⑥。如果说海中三神山是继承了战国以

---

① 《史记》28《封禅书》,第1387页。
② 《汉书》卷25上《郊祀志上》,第1234页。
③ 后世有据《周礼》小宗伯之职:"兆山川丘陵坟衍",认为山川祭祀不当用祠庙,而应制祭坛。
④ 陈戍国:《秦汉礼制研究》,第131页。
⑤ (清)陈立撰,吴则虞点校:《白虎通疏证》卷6《封禅》、《巡狩》,北京:中华书局,1994年,第278—283页、第298—301页。
⑥ 《史记》卷28《封禅书》,第1368—1370页。

来齐燕方士塑造的名山系统,那么秦汉之际祭祀齐地"八主"则更具有民俗特色①。齐地八主中有六主受祀于六山:地主祠太山梁父,阴主祠三山,阳主祠之罘山,月主祠莱山,日主祠成山,四时主祠琅邪台。方士塑造的这些名山系统极不稳定,至汉武帝时方士公孙卿为诱导武帝求仙又提出:"天下名山八,而三在蛮夷,五在中国。中国华山、首山、太室、泰山、东莱,此五山黄帝之所常游,与神会。"②其提出的中国五山虽含五岳之三,但从"首山"和"东莱"便可判断这一说法杂糅了"五岳"与方术仙山。汉武帝按方士说法多在这五山求仙,如他听完公孙卿介绍五仙山后当即以其为郎,"使东候神于太室",不久五利将军栾大求仙不果而至泰山祠;公孙卿受宠时,武帝还令各地"缮治宫馆名山神祠所",时刻准备巡幸求仙,终于在元封元年公孙卿宣告"见神人东莱山"③。虽然司马迁在《封禅书》结尾说道:"今上封禅,其后十二岁而还,遍于五岳、四渎矣。"④其实在武帝封禅求仙所历名山中,儒家经典规定的"五岳"从未成为过中心。

西汉前期五岳祭祀除经历先属诸侯后归皇帝的短暂历程外,多因沿袭秦制而少有建树。惟一的变化可能是武帝时将秦礼所用实物的马驹改为木具,"及诸名山川用驹者,悉以木禺马代。行过,乃用驹。"⑤西汉中期以后,儒家思想日益上升为意识形态,载于经典的五岳逐渐彰显出来,秦汉之际五岳杂于众山的局面在宣帝时开始被打破。神爵元年(前61年):

> 制诏太常:"夫江海,百川之大者也,今阙焉无祠。其令祠官以礼为岁事,以四时祠江海雒水,祈为天下丰年焉。"自是五岳、四渎皆有常礼。东岳泰山于博,中岳泰室于嵩高,南岳灊山于灊,西岳华山于华阴,北岳常山于上曲阳,河于临晋,江于江都,淮于平氏,济于临邑界中,皆使者持节侍祠。唯泰山与河岁五祠,江水四,余皆一祷而三祠云。⑥

神爵之制对秦代以来山川布局有较大改动,它突出了五岳四渎,规定了岳渎祭祀地点,这是五岳祭祀制度的正规化,表明西汉山川祭祀在向儒

---

① 参见《史记》卷28《封禅书》,第1367页。
② 《史记》卷28《封禅书》,第1393页。
③ 《史记》卷28《封禅书》,第1395—1397页。
④ 《史记》卷28《封禅书》,第1403页。
⑤ 《史记》卷28《封禅书》,第1402页。先秦祭山少用马,用马或出自秦礼。
⑥ 《汉书》卷25下《郊祀志下》,第1249页。

家理想的礼制演变。这种标榜儒家经典，主张"五岳"、"四渎"的做法，既是对秦制将五岳笼统归入名山行列这一折中做法的检讨，更是以古礼为据对秦汉以来混乱的山川祭祀状态的清整。从此，五岳从秦汉诸多名山中脱颖而出，成为朝廷山川祭祀的首要对象。另外，在细节上神爵之制对秦礼还略有改动，从祭祀次数与规格（祠似较祷更为正式）看，泰山、黄河与长江得到重视而一岁四、五祠，礼稍高于之前的一岁四祷祠。

三、东汉五岳祭祀制度的变化

（一）五岳祭祀的长吏负责制

现存延熹四年（161年）《华山碑》叙述了上古至两汉的五岳祭祀变迁，其文有：

> 高祖初兴，改秦淫祀。大宗承循，各诏有司，其山川在诸侯者，以时祠之。孝武皇帝修封禅之礼，思登假之道，巡省五岳，禋祀丰备。故立宫其下，宫曰集灵宫，殿曰存仙殿，门曰望仙门。仲宗之世，重使使者持节祀焉，岁一祷而三祠。后不承前，至于亡新，浸用丘虚，讫今垣址营兆犹存。建武之元，事举其中，礼从其省，但使二千石以岁时往祠。①

说高祖改秦淫祀当然不合史实，把汉武帝的求仙活动说成如上古帝王般巡狩五岳，亦是美化。但该文记录了东汉五岳祭祀的一项重要改革，即由西汉朝廷遣使祭祀改为由当地太守主事②。秦《诅楚文》中"有秦嗣王……使其宗祝"，是秦王派遣宗祝分至各地祭祀；《秦骃祷病玉版》中主持祭祀之东方"士姓"也是秦王所遣祝官。结合《封禅书》载秦制"诸此祠皆太

---

① 高文：《汉碑集释》，开封：河南大学出版社，1997年，第270页。
② 田天认为随着西汉末年郊祀的确立，郊祀既能总祭包括山川在内诸神，于是东汉皇帝基本不亲祭岳渎，巡狩岳渎时最多只是遣使致祭；相较于西汉中央遣使致祭，东汉地方长吏致祭显示出朝廷对地方岳渎的重视程度降低。这些都表明东汉岳渎祭祀规格下降。其说不妥。首先，秦皇汉武因巡游而祭名山大川，本非岳渎常礼，不能视作此时山川祭祀地位较高，即不能以神爵立制前之无制度的山川祭祀情况为标准，来考量后来两汉礼制之变化。其次，以西汉遣使致祭诸山与东汉长吏负责相较，两类官员秩次或难比较，但东汉固定两千石致祭绝不能比西汉所遣使秩次更低。总之，皇帝不亲祀岳渎的主要原因应是东汉开始根据礼经调整祭祀对象的秩次；郊祀的确立仅能看作是两汉岳渎祭祀演变的外部环境，而不能以对立的视角用郊祀来证明岳渎礼规格已降低；与西汉祭祀岳渎的中使相对，东汉地方官两千石也是天子之臣，岳渎祭祀也需要皇帝"遣"、"使"守臣。参见田天：《东汉山川祭祀研究——以石刻史料为中心》，《中华文史论丛》2011年第1期。

祝常主，以岁时奉祠之"，可知秦朝一统天下后取消了列国对各地重要神祇的祭祀权，诸祀由中央礼官集中管理。汉承秦制，西汉前期收回诸侯祭祀名山之权，总归于天子，逢山川祭祀朝廷往往派太常官员持祝文代祠，此即《华山碑》中"重使使者持节祀"。《汉旧仪》略记了西汉五岳祭祀制度："祭五岳，祠用三正色牲。十月涸冻，二月解冻，皆祭祀。乘传车，称使者。"①直至东汉初年，如《华山碑》所述，朝廷才改遣使致祭为地方太守主祠。需要指出的是，从"事举其中，礼从其省"来看，秦及西汉祭祀山川除中央所遣使者外，当地长官亦当参与祭祀。东汉改制是省去中央遣官而调整了主祠之人，如弘农太守袁逢便成了"掌华岳之主"②，此即碑文所言："山岳之守，是秩是望。侯惟安国，兼命斯章。"③

《华山碑》所记改制确实得到了落实，东汉曾任泰山太守的应劭应参与过泰山祭祀，结合其所作《汉官仪》、《风俗通义》及有关礼制可对当时的五岳祭祀做出简单描绘：

首先，可以明确五岳祭祀地点在近山的岳祠。神爵之制将五岳之祀固定在特定郡县。《风俗通义》指出五岳各庙所在：岱宗庙在博县西北三十里，南岳庙在庐江潜县，西岳华山庙在弘农华阴县，北岳庙在中山上曲阳县，中岳庙在颍川阳城县。从岱宗庙在博县县治之外近泰山处④，从《华山碑》所述西岳庙乃沿袭汉武所建山下"集灵宫"，可推断神爵立制后，诸岳庙大多建在近山之处。当然，从汉武求仙所建的"集灵宫"至西岳庙修建，其地点虽无变化，但因建庙意图已变，祭礼势必发生了调整。

其次，太守在祭祀之前要行斋戒。刘昭注《续汉志》引《风俗通》曰："十月祀岱宗……太守絜斋，亲自执事。"⑤《后汉书·礼仪志》有"凡斋，天地七日，宗庙、山川五日，小祠三日"⑥。按此，五岳斋戒须五日。马第伯《封禅仪》记录东汉皇帝封禅泰山时"太尉、太常斋山虞"⑦，则五岳常祀时，太守

---

① （清）孙星衍等辑：《汉官六种》，北京：中华书局，1990年，第100页。
② 高文：《汉碑集释》，第270页。
③ 高文：《汉碑集释》，第271页。
④ （汉）应劭撰，王利器校注：《风俗通义校注》卷10《山泽》，北京：中华书局，2010年，第447—448页。
⑤ 《后汉书·祭祀志上》，第3163页。
⑥ 《后汉书·礼仪志上》，第3104页。
⑦ （清）孙星衍等辑：《汉官六种》，第176页。

斋戒亦当在诸山山虞官厅所在①。

最后需要指出,东汉虽将五岳祭祀之责交给地方长吏,但朝廷与地方祭祀活动依然有直接联系。《风俗通义》有:"太守洁斋,亲自执事,作脯广一尺,长五寸。既祀讫,取泰山君夫人坐前脯三十朐,太守拜章,县次驿马,传送雒阳。"②传送祭脯行为表明只有天子才能独享五岳祭祀带来的福祉,长吏只不过是在代其行使祭祀权力而已。五岳祭祀即便由地方长吏负责,也不意味着它们变成了地方祠祀。

《华山碑》所记长吏主祀五岳制度在东汉得到了贯彻。如永平十八年(75年)夏明帝颁求雨诏,令"二千石分祷五岳四渎。郡界有名山大川能兴云致雨者,长吏各絜斋祷请,冀蒙嘉澍"③。建初五年(80年)章帝下求雨诏,有"其令二千石理冤狱,录轻系;祷五岳四渎,及名山能兴云致雨者,冀蒙不崇朝遍雨天下之报"④。据《华山碑》,弘农太守袁逢离任后继任太守孙璆完成华岳庙修建,参与此事者还有华阴县令、丞、左尉、主者掾等人,可推测祭山人员除主祭之郡守外,还有其他众多下级官吏。

既然东汉朝廷已将五岳祭祀之权下放给地方太守,故五岳祭祀不利也当向地方长吏问责。顺帝阳嘉元年(132年),中山国望都、蒲阴两县狼杀女子九十七人,时人以为"为不祠北岳所致"⑤。中山国相朱遂"不出奉祠北岳",故皇帝下诏责备朱遂:"山岳尊灵,国所望秩,而遂比不奉祠,怠慢废典,不务恳恻,淫刑放滥,害加孕妇,毒流未生,感和致灾。其详思改救,追复所失。有不遵宪,举正以闻。"⑥

自宣帝神爵立制后,五岳祭祀制度日臻完善。除东汉将祭祀之责转移

---

① 由此亦可推断诸山祠庙在近山之处。参见邢义田:《天下一家:皇帝、官僚与社会》,北京:中华书局,2011年,第182页。

② 《后汉书·祭祀志上》卢植注,第3163页。王利器辑校《风俗通义》用明黄省曾《申鉴》注引汉制,与《后汉书》注引《风俗通义》略有不同:"岱宗庙在博县西北三十里,山虞长守之。十月日合冻,腊月日涸冻,正月日解冻,皆太守自侍祠,若有秽疾,代行事,法七十万五千三牲,燔柴,上福脯三十朐,县次传送京师。四岳皆同王礼。"诸家校释者对"法七十万五千"一词难以做出解释,笔者以为问题在于王利器等不当以明人注《申鉴》文以充辑补,因为"法七十万五千"极似道教斋醮用语。参见(汉)应劭撰,王利器校注:《风俗通义校注》卷10《山泽》,第447页。

③ 《后汉书》卷2《明帝纪》,第123页。

④ 《后汉书》卷3《章帝纪》,第139页。

⑤ (汉)刘珍等撰,吴树平校注:《东观汉记校注》卷3《顺帝纪》,郑州:中州古籍出版社,1987年,第113页。

⑥ (汉)刘珍等撰,吴树平校注:《东观汉记校注》卷17《朱遂传》,第749页。

至地方太守外,另两点细节也值得关注。就祭祀地点而论,汉代将岳渎祭祀统一到固定庙宇,这改变了先前可能比较随意的祭祀选址。如《秦骃祷病玉版》记秦国处理祭品时曾分两部分,分别埋于华山的阴阳两面①,似无定址。同样以华山为例,《水经注》载华山有多个祠庙:"自下庙历列柏南行十一里,东回三里,至中祠,又西南出五里,至南祠,谓之北君祠,诸欲升山者,至此皆祈请焉。"②是知自古以来华山附近就零星散布多个祠庙,汉代祠西岳之地则在县治东三里之"黄神谷口"③,从此官方祭祀华山只在固定一所进行。最能体现汉制设定岳渎祭祀地点的是四渎祭祀,神爵之制有"河于临晋,江于江都,淮于平氏,济于临邑界中"。前文提及东周诸国多以同一山川为本国之望,如黄河流经诸国,诸国祭河亦当在本国,而神爵之制必是在诸多既有祭祀地点中,按一统疆域择一而定。

就参与人员而论,秦及西汉初期的山川祭祀承战国习俗,巫者方士混迹其中。如汉高祖初年就将"女巫"与"祀官"并立,分令各地巫者主祠诸杂祀,四渎之首黄河也由"河巫祠河于临晋"④。虽然缺少秦及西汉初年巫者参与五岳祭祀的直接记录,但西汉其他名山多是方士巫者活跃之处,五岳当时亦被视作求仙之地,其日常奉祀人员亦当杂乱。汉成帝时匡衡等人主张废诸杂祀及高帝所立官巫,这是汉朝礼制开始排斥巫者的重要转折⑤。神爵之制颁布后,伴随着西汉礼制思想中出现排巫倾向,可以推测,五岳祭祀参与人员也会发生相应变化。在排巫思潮兴盛之时⑥,东汉将五岳祭祀之责移交给地方太守。通过《华山碑》可知,参与五岳祭祀的人员主要是以地方太守为核心的郡县长贰及众佐吏。不惟如是,综合东汉《祀三公山

---

① 其文有:"……羊、豢,路车四马,三人壹家,壹璧先之;□□用贰牺、羊、豢,一璧先之,而覆华大山之阴阳……"参见侯乃峰:《秦骃祷病玉版铭文集解》,《文博》2005年第6期。

② (北魏)郦道元著,陈桥驿校证:《水经注校证》卷4《河水》,第108页。

③ 《嘉庆重修一统志》(卷244《同州府二》,北京:中华书局,1986年影印本,第12157页)有"西岳庙在华阴县东五里,《汉书·地理志》太华山有祠,《县志》岳庙旧在黄神谷口,后移于此。"

④ 《史记》卷28《封禅书》,第1379页。

⑤ 《汉书》卷25下《郊祀志下》,第1257—1258页。参见黄开国:《独尊儒术与西汉学术大势——与王葆玹先生商榷》,《哲学研究》1990年第4期。

⑥ 在地方上,如东汉会稽太守第五伦禁淫祀限巫祝成为循吏榜样,其口号有"为政当信经义",并引言:"淫祀无福,非其鬼而祭之,诏也。"参见(汉)应劭撰,王利器校注:《风俗通义校注》卷9《怪神》,第401—402页;《后汉书》卷41《第五伦传》,第1397页。同样致力于排巫鬼的还有东汉名臣宋均,史载他任辰溪长时因"其俗少学者而信巫鬼"而立学校以"禁绝淫祀",其后任太守时他还继续废止巫者把持的山川淫祀。参见《后汉书》卷41《宋均传》,第1411—1413页。

碑》、《嵩山泰室神道石阙铭》、《封龙山颂》、《白石神君碑》①等碑亦可发现，主持参与诸山祭祀活动的多是地方官员。其中《白石神君碑》还提到了县府的"祠祀掾"，这一官职表明在排巫思潮影响下朝廷或在基层官制上也做了相应调整②。最后，再以巫者祭祀黄河为例。汉高祖时以河巫"祠河于临晋"，成帝所废诸巫有"秦巫"、"晋巫"，此时河巫应废。至东汉，与把五岳交由地方长吏祭祀同时，四渎也交由"河堤谒者"祭祀③。至此可以发现，东汉长吏兼祭山川的做法客观上竟推动了祭祀人员的"纯洁化"，这更能体现专制王朝本着工具理性建立礼仪制度的良苦用心。

(二) 常祀之外——渐入礼制的五岳

以上讨论了东汉五岳祭祀制度的重大变革，其实除岁时常祀外，秦汉朝廷还根据经典与传统，不定时地祭祀五岳山川，东汉尤其如此。

1. 即位告祀与从祀南北郊

首先，秦汉皇帝即位效仿尧舜要告祀山川。如秦始皇统一后即制定名山大川祭祀，或有即位告祀之事；后来与儒生"议封禅望祭山川之事"表明他在泰山告天时也遍及山川群望④。二世即位之初也下诏"增始皇寝庙牺牲及山川百祀之礼"⑤，是知二世亦当有即位告祀山川之礼。汉高祖初定雍地并祭祀天地山川，可视作是行告祀之礼。东汉光武即位于鄗，也是"燔燎告天，禋于六宗，望于群神"⑥，搬演《尚书》所载舜帝即位之事。

其次，自汉代起，山川开始附从于郊祀制度。《礼记·礼运》有"礼行于郊，而百神受职焉"⑦。可知山川既可作为主祭对象于所在之地尚飨，又可

---

① 诸碑皆见《汉碑集释》，其中东汉所礼遇地方山岳以常山国三公山、封龙山等为代表，此或与这一地区与东汉建国有特殊关系。如光武帝即位之鄗县即属常山国，明帝亦生于常山，《后汉书》有"常山三老言于帝曰：'上生于元氏，愿蒙优复'"。参见《后汉书》卷2《明帝纪》，第108页。
② 参见严耕望：《中国地方行政制度史(秦汉)》，上海：上海古籍出版社，2007年，第124页、第130—131页、第138页、第225页、第229—230页。
③ (汉)应劭撰，王利器校注：《风俗通义校注》卷10《山泽》，第457页。据《后汉书》卷76《王景传》(第2466页)李贤注引《十三州志》，成帝时"以校尉王延代领河堤谒者，秩千石，或名其官为护都水使者。中兴，以三府掾属为之。"又据《汉官仪》："旧河隄谒者，世祖改以三府掾属为谒者领之，迁超御史中丞、刺史，或为小郡。"(《汉官六种》，第125页)可知河堤谒者秩在两千石太守之下，二者分祭五岳四渎体现了岳渎秩次差别。
④ 参见《史记》卷6《秦始皇本纪》，第242页。
⑤ 《史记》卷6《秦始皇本纪》，第266页。
⑥ 《后汉书》卷1上《光武帝纪上》，第22页。
⑦ 《礼记正义》卷22《礼运》，《十三经注疏》，第1426页。

作为百神之属从祀于郊兆。秦汉正是郊祀制度形成时期,故山川从祀郊祀情况较为复杂。元鼎四年(前 113 年),与雍地祭天相对,武帝在汾阴立后土祠祭祀地祇,此为后世北郊雏形,包括五岳在内的诸地祇或有从祀。东汉初年从莽制立北郊,自此五岳正式为北郊从祀之神。《后汉书·祭祀志》载中元元年(56 年)立北郊事:

> 北郊在雒阳城北四里,为方坛四陛。三十三年正月辛未,郊。别祀地祇,位南面西上,高皇后配,西面北上,皆在坛上,地理群神从食,皆在坛下,如元始中故事。中岳在未,四岳各在其方孟辰之地,中营内。海在东;四渎河西,济北,淮东,江南;他山川各如其方,皆在外营内。四陛醊及中外营门封神如南郊。地祇、高后用犊各一头,五岳共牛一头,海、四渎共牛一头,群神共二头。奏乐亦如南郊。既送神,瘗俎实于坛北。①

东汉北郊诸神分三个层次,第一是坛内主祭对象皇地后祇②,以高后配享;第二等级是从祀地祇五岳,在中营按诸岳方位布局,其中中岳因不属四方又不能入中央坛场故在中营西南;第三等级是海、四渎及其他山川,布在外营。由此可见,东汉北郊以五岳为从祀地祇之首,其次为海渎及其他山川。此外,南北二郊合祭时,五岳也在从祀之列。光武建武二年(26 年),未暇分立南北郊,其在洛阳南立郊兆总括天地神祇,其制为:

> 为圆坛八陛,中又为重坛,天地位其上,皆南乡,西上。其外坛上为五帝位……其外为壝,重营皆紫,以像紫宫;有四通道以为门。日月在中营内南道,日在东,月在西,北斗在北道之西,皆别位,不在群神列中……中营四门,门五十四神,合二百一十六神。外营四门,门百八神,合四百三十二神。皆背营内乡。中营四门,门封神四,外营四门,门封神四,合三十二神。凡千五百一十四神。营即壝也。封,封土筑也。背中营神,五星也,及中官宿五官神及五岳之属也。背外营神,二十八宿外官星,雷公、先农、风伯、雨师、四海、四渎、名山、大川之

---

① 《后汉书·祭祀志中》,第 3181 页。
② 王莽为区别与天对应之地祇及五方之中央之神,故称地祇为"皇地后祇"。(详见《汉书》卷 25 下《郊祀志下》,第 1268 页。)

属也。①

其结构安排是中心之坛祭祀天地,外坛祭祀五帝,外坛之外设墠以为中营,中营之外设墠以为外营。中营除日月北斗有别位外,其余诸神分别背中、外营内向中心坛场。从群神位置来看,五岳与次级诸天神并列在中营,为天地第二等级从祀神祇;四海四渎其余名山大川与再次级天神在外营,为天地第三等级从祀神祇。可以看出,此处五岳、四渎及其他名山大川的秩次与北郊从祀秩次一致。

以上就是汉代五岳从祀郊祀的简单情况。此外,封禅本质可以说是在异地举行的郊祀,故封禅之时包括五岳在内的群神也如郊祀一样从祀。建武三十二年光武封禅之制,先是"燎祭天于泰山下南方,群神皆从,用乐如南郊",后又"禅,祭地于梁阴,以高后配,山川群神从,如元始中北郊故事"②。五岳必然在"山川群神"之列。

汉代五岳四渎诸名山大川除从祀于南北郊外,逢重大祭祀活动也得享祀。《后汉书·舆服志》有:"天子、三公、九卿、特进侯、侍祠侯,祀天地明堂……五岳、四渎、山川、宗庙、社稷诸沾秩祠,皆袀玄长冠,五郊各如方色云。"③由此可推断,行天地、明堂等大祀时,朝廷还要派官员祭告群神,五岳四渎也在沾祠群神之内。

综上所述,如果说汉朝五岳祭祀的重大变化首先体现在神爵之制上,那么之后岳渎从祀郊祀及逢大礼得沾祀,则更凸显出其作为朝廷常祀的重要地位。五岳四渎地位还体现在朝廷祀典之分等上。东汉前期郑众将诸祀分为三等,即"大祀天地,次祀日月星辰,小祀司命已下",郑玄又提出补充意见:"大祀又有宗庙,次祀又有社稷、五祀、五岳,小祀又有司中、风师、雨师、山川百物。"④汉儒将五岳秩次定在天地宗庙之下,位列次祀(中祀),这既是对汉代诸神从祀郊祀实践的总结,又成为后世礼制建设的指导思想。

---

① 《后汉书·祭祀志上》,第3159—3160页。
② 《后汉书·祭祀志上》,第3169—3170页。需要指出的,泰山封禅比日渐成熟的南北郊制度更能体现上古帝王告祀天地精神,故其对封、禅从祀诸神当未有如南北郊一样过度强调天地之别,因此山川地祇既在封于泰山时从祀于天,又在禅于梁山时从祀于地。
③ 《后汉书·舆服志下》,第3663页。
④ 《周礼注疏》卷19《肆师》,《十三经注疏》,第768页。

2.祈雨与祈福

东汉五岳祭祀不仅逐渐进入国家礼制,其出云布雨、奠定一方的功能也被朝廷重视。据《后汉书》记载,东汉曾数次下诏,命官员至五岳四渎、名山大川求雨。如前引永平十八年明帝求雨命二千石分祷五岳四渎及名山大川。阳嘉元年(132年)二月朝廷因北方大旱一月内两次至名山大川求雨。先是在庚申日"敕郡国二千石各祷名山岳渎,遣大夫、谒者诣嵩高、首阳山,并祠河、洛,请雨。"之后行雩祀不果,又在甲戌日下诏:"政失厥和,阴阳隔并,冬鲜宿雪,春无澍雨。分祷祈请,靡神不举。深恐在所慢违'如在'之义,今遣侍中王辅等,持节分诣岱山、东海、荥阳、河、洛,尽心祈焉。"①庚申日诏书所遣为两千石地方官,遵循了光武所定地方长吏负责山川祭祀之制;可求雨无效后,朝廷似觉地方祭祀不利,故又派出中朝官持节分至山川所在祭祀,这样岳渎又再受皇帝代表致祭。此种先地方致祭后朝廷遣官的祈雨方式正是东汉通过实践探索出的祈祷山川礼。而在西汉五岳祭祀未突出之前,官方的求雨指导思想一般只是"令县邑以水日祷社稷山川"②而已。

其次,作为"国必依山川"的内涵之一,山川庇佑国主的功能在东汉也有所体现。如《后汉书·礼仪志》规定皇帝病重时的祈祷程序:"太尉告请南郊,司徒、司空告请宗庙,告五岳、四渎、群祀,并祷求福。疾病,公卿复如礼。"③五岳四渎在皇帝祷病时仅次于天地祖宗,这当然让人想起楚昭王祷河及秦王祷华山等故事。此外,本着《礼记》君王巡狩祭所过名山大川的精神,东汉五岳也能得到皇帝关照,如汉章帝驾临江陵就曾"诏庐江太守祠南岳"④。

综上所述,随着岁时常祀的完善,东汉时期五岳还逐渐进入朝廷祀典的其他环节,如从祀郊祀、逢大礼得沾祠、国家各类祈福活动等等。这标志着五岳已充分融入以儒家思想为核心的王朝礼制之中。

---

① 《后汉书》卷6《顺帝纪》,第259页。
② (清)苏舆撰,钟哲点校:《春秋繁露义证》卷16《求雨》,北京:中华书局,1992年,第426页。
③ 《后汉书·礼仪志下》,第3141页。
④ 《后汉书》卷3《章帝纪》,第147页。

第三节 五岳理念的演变与深入

一、经典与汉代五岳祭祀之关系

汉代五岳祭祀的确立离不开儒家思想的复兴。如果说儒家经典为五岳祭祀提供了思想基础,那么汉人对经典思想的解读也与正在形成中的有汉家特色的五岳制度发生了必要的互动。

首先,汉人特别强调五岳四渎为天子所祭。《礼记·曲礼》有:"天子祭天地,祭四方,祭山川,祭五祀,岁遍。诸侯方祀祭山川,祭五祀,岁遍。"《王制》有:"天子祭天地,诸侯祭社稷,大夫祭五祀。天子祭天下名山大川,五岳视三公,四渎视诸侯。诸侯祭名山大川之在其地者。"在理解《礼记》时,刘向指出:"天子祭天地、五岳、四渎,诸侯祭社稷,大夫祭五祀,士祭门户,庶人祭其先祖。"①东汉应劭也指出:"天子祭天地、五岳、四渎,诸侯不过其望也,大夫五祀,士门户,庶人祖。"②此二人解经共同点是将天子之五岳四渎与其他诸祀划清界限,这种思想符合汉初朝廷收回五岳之行为。又,东汉初年梁松等议祭泰山时说:"《记》曰'齐将有事泰山,先有事配林',盖诸侯之礼也。河岳视公侯,王者祭焉。宜无即事之渐,不祭配林。"③此句旨在强调诸侯与帝王在岳渎祭祀中的次序差别,其依据是:只有王者才能直接祭祀堪比公侯的"河岳",故天子祭泰山不需要先从配林小祀开始。实际上依据《曲礼》、《王制》本义可以推测,先秦时期虽然天子享有祭祀包括岳渎在内的天下名山大川之权,但诸侯也有权力祭祀境内名山大川,五岳四渎亦在其中。但至秦汉一统,人们开始拔高五岳四渎的天下象征意义,于是在解经时汉儒便突出强调五岳四渎专属天子,这与在政治上将五岳划出诸侯国的做法配合默契。

其次,将五岳划出诸侯国的做法也可以从《礼记》中找到依据,即《王制》所载:"名山大泽不以封,其余以为附庸、闲田。"从《史记·封禅书》、《汉书·郊祀志》的描述来看,汉文帝、汉武帝趁齐、淮南、常山等诸侯废立之机

---

① (汉)刘向撰,向宗鲁校证:《说苑校证》卷20《反质》,北京:中华书局,1987年,第512页。
② (汉)应劭撰,王利器校注:《风俗通义校注》卷9《怪神》,第386页。
③ 《后汉书·祭祀志上》,第3162页。

收回五岳祭祀之权,他们注重的或许更是基于"天子祭五岳"理念而产生的新目标,即五岳应"皆在天子之邦"①。但这一理想目标也应有其现实政治诉求,如班固承司马迁在评论七王之乱时说道:"吴王擅山海之利,能薄敛以使其众,逆乱之萌,自其子兴。古者诸侯不过百里,山海不以封,盖防此矣。"②然而,无论出于政治象征还是出于经济利益,这些都不是儒家对"名山大泽不以封"的理想解释。东汉初年《白虎通》定"名山大泽不以封"的标准解释为:"名山大泽不以封者,与百姓共之,不使一国独专也。山川之饶,水泉之利,千里相通,所以均有无,赡其不足。"③早在西汉中期朝廷讨论国家经济体制时,主张国家垄断的大夫就说:"古者,名山大泽不以封,为下之专利也。山海之利,广泽之畜,天地之藏也,皆宜属少府;陛下不私,以属大司农,以佐助百姓。浮食奇民,好欲擅山海之货,以致富业,役利细民,故沮事议者众。"④即皇帝搞山川垄断不是私有化而是为了更好地辅助百姓利用山泽之利,尤其是防止商人势家独专其利。东汉名士刘翊在抵制势家私占山泽时为免"夺民利"之嫌也说:"名山大泽不以封,盖为民也。"⑤两汉士大夫皆欲以利民为由实现国家对山泽利益的控制,其"民本"色彩虽然只是给政治目的附上了道德光环,却也恰如其分地体现出儒家思想作为政治文化资源的重要作用。

最后,前文提到东汉朝廷为简省礼制而将五岳祭祀之责移交给地方长吏,此一行为看似简单,其实背后也有一定的思想基础。就岳渎祭祀格局而论,东汉这种天子宣称拥有山川祭祀权而由地方长官负责的做法,非常类似春秋战国时期;彼时的名山大川虽在"天子遍祀群神品物"⑥之内,但受制于现实政治格局,名山大川又多为列国分祭。众所周知,周秦之变的一大特点就是在地方治理上郡县制代替封建制,汉代地方行政以郡县为主夹杂封建,郡太守为地方最高长官,诸侯国内史(相)权如太守。郡守之重,以汉宣帝"与我共此者,其唯良二千石乎"⑦为明证。东汉左雄类比郡县制

---

① 参见《史记·封禅书》《汉书·郊祀志》。
② 《汉书》卷35《荆燕吴三王传》,第1918页。
③ (清)陈立撰,吴则虞点校:《白虎通疏证》卷4《封公侯》,第140页。
④ 王利器:《盐铁论校注》卷1《复古》,天津:天津古籍出版社,1983年,第74页。
⑤ 《后汉书》卷81《刘翊传》,第2695页。
⑥ 徐元诰撰,王树民、沈长云点校:《国语集解》,第518页。
⑦ 《汉书》卷89《循吏传》,第3624页。

与封建制,指出"今之墨绶,犹古之诸侯"①,墨绶即长吏太守。与此同时,汉代随着儒家经典的普及,知识阶层对先王之制与复兴古礼发生浓厚兴趣,《礼记》所载山川祭祀内容蕴含着强大的思想活力。《曲礼》以天子祭天地、四方山川与诸侯"方祀"山川对比,《王制》以"天子祭天下名山大川"与诸侯"祭名山大川之在其地者"对比。依据经典,既然古代诸侯可以祭祀名山大川,那么太守、诸侯国相等被汉人视为"古之诸侯"的二千石长吏为何不能?至此,综合秦朝两汉五岳祭祀方式的演变,或许可以做出以下推论:面临初现的大一统局面,秦汉皇帝积极收回包括五岳在内的名山大川的祭祀权,并由中央太常官员总理之,但在举行山川祭祀时,朝廷要频频派出使者奔赴山川所在。这样,山川祭祀权的集中实际上成为中央礼制部门的重大负担,于是朝廷又开始将祭祀之责推向地方。如果说收回五岳祭祀之权表明秦汉皇帝试图统摄一切大一统的象征资源,那么东汉将五岳祭祀之责交给地方的做法则可能是朝廷在儒家经典的启发下,以太守比"诸侯",来调和实现"礼从其省"。当然,实现这一调和的前提是:必须承认只有皇帝才拥有祭祀五岳之权,地方长吏不过代行而已。

二、日渐流行的五岳观念

五岳四渎既已成为朝廷重要的祭祀对象,岳渎观念又因儒家经典广泛流传,于是五岳元素也日渐融入汉人日常的思想文化中。

汉代以五岳为长的山川等级观念开始流行。汉初陆贾《新语》开篇总论天地形势时说:"地封五岳,画四渎,规洿泽,通水泉,树物养类,苞植万根,暴形养精,以立群生……"②这种以"五岳四渎"为起点,阐释地"道"的做法符合岳渎在北郊的首要从祀地位。《王制》"五岳视三公,四渎视诸侯",是五岳作为众山之长的经典依据,汉人对此条做出了详尽阐释。首先,西汉《尚书大传》由此衍生出:"五岳视三公,四渎视诸侯,其余或伯或子男,大小为差。"③其次,公羊派儒生在解释鲁国"三望"时提出:"曷为祭泰山河海?山川有能润于百里者,天子秩而祭之。触石而出,肤寸而合,不崇

---

① 《后汉书》卷61《左雄传》,第2017—2018页。
② 王利器:《新语校注》卷1《道基》,北京:中华书局,1986年,第6页。
③ (汉)应劭撰,王利器校注:《风俗通义校注》卷10《山泽》,第445页。

朝而遍雨乎天下者,唯泰山尔,河海润于千里。"①此条解释随着公羊学的兴盛而广为人知,如《尚书大传》言"五岳皆触石而出云,扶寸而合,不崇朝而雨天下",将美泰山之辞扩及五岳。至《说苑》释《尚书大传》时更为详细:

> 五岳何以视三公?能大布云雨焉,能大敛云雨焉。云,触石而出,肤寸而合,不崇朝而雨天下。施德博大,故视三公也。四渎者何谓也?江、河、淮、济也。四渎何以视诸侯?能荡涤垢浊焉,能通百川于海焉,能出云雨千里焉。为施甚大,故视诸侯也。山川何以视子男也?能出物焉,能润泽物焉,能生云雨,为恩多。然品类以百数,故视子男也。②

至此,汉人在山川等级上衍生出以五岳为首、四渎次之,其余山川再次之的三级模式。这便是后来设计郊祀从祀诸山川神的思想来源。正因为有此模式,梁松才会在解释"齐将有事泰山,先有事配林"时提出,五岳泰山为王者所祭,而齐国作为诸侯本不能祭祀,要想祭祀泰山必须先祭祀规格较低的配林以遵循礼之渐进。在汉人的思想世界里,"岳"与"渎"分别成为山川的元首,即"川有渎,山有岳"③。

与以岳渎为首的山川等级相应,汉代其他山川祭祀也遵循以五岳为首的理念。以东汉常山国为例,其国以三公山、封龙山、灵山为地望,此三山非《禹贡》所载名山,故号为"三条别神"④。它们因靠近北岳,也被称作"北岳之英援"⑤。此三山名亚北岳,因是该国地望,故与五岳四渎一样享有地方长吏主持的常祀并在中央太常备案。比这类名山大川更次,地方上还存在大量未被太常认可的山川,于是各地官民便积极运作,期待他们信奉的山川能得享"法食"。还是在常山国,该国官民成功让一座名叫"无极"的神山获得朝廷认可,他们如此吹嘘此山:"白石神君居九山之数,参三条之

---

① 《春秋公羊传注疏》卷12《僖公三十一年》,第2263页。
② (汉)刘向撰,向宗鲁校证:《说苑校证》卷18《辨物》,第447—448页。
③ (清)汪荣宝撰,陈仲夫点校:《法言义疏》卷1《学行》,北京:中华书局,1987年,第13页。
④ 高文:《汉碑集释》,第32页。汉人据《禹贡》分天下山川有三条四列说,参见牛敬飞:《太行地望北延考——一种地理知识的思想史考察》,《九州学林》2013年第33期。
⑤ 高文:《汉碑集释》,第243页。

壹",把它与名山联系,说它"体连封龙,气通北岳",也有"触石而出,肤寸而合,不终朝日,而澍雨沾洽"的功效①。地方小山向五岳名山看齐,足见五岳之首领地位。《申鉴》有言:"民事未定,郡祀有阙,不为尤矣。必也举其重而祀之,望祀五岳、四渎。"②此是汉人已把岳渎当作地方祠祀之首。

当然,任何理想的朝廷祀典落实到民间也难免摆脱礼制束缚进而衍生出多种形态,五岳之神也不例外。汉代官方所定《白虎通》释"五岳"为:

> 岳者,何谓也?岳之为言桷也,桷功德也。东方为岱宗者何?言万物更相代于东方也。南方为霍山者何?霍之为言护也。言太阳用事,护养万物也。小山绕大山为霍……西方为华山者何?华之为言获也。言万物成熟,可得获也。北方为恒山者何?恒者,常也。万物伏藏于北方有常也。中央为嵩高者何?嵩言其高大也。中央之岳独加高字者何?中央居四方之中而高,故曰嵩高山。③

以音近释"岳"为"桷"并阐发出"桷功德"之说,很难说是岳字本义,这一解释显然服务于《尚书》帝王巡狩四岳这一理想政治模式。其解释五岳名号,有的形象表达出了天生万物精神(岱、霍、华),有的蕴含着抽象的五行(恒)五方(嵩)理念,这些都是儒家朴素世界观的内容。《白虎通》这种将五岳意义紧紧依附在儒家文化脉络上的做法为《风俗通义》接受④,成为地方长吏主祭五岳的指导思想。与地方秉承中央的祭祀思想相对,神祇从理想祀典落实到现实却时常难保其纯粹性。同样是《风俗通义》,该书记宋均除淫祀事:"九江逡遒有唐、居二山,名有神,众巫共为取公妪,岁易,男不得复娶,女不得复嫁,百姓苦之。"⑤通过这则故事可发现,汉代民众认为山神也有性别之分,也要嫁娶。与此相应,刘昭注《续汉志》引《风俗通》恰有"取泰山君夫人坐前脯三十朐"⑥,是知汉人也为泰山神立配偶以从祀,这一不经之举暴露出五岳在朝廷祀典之外的民间性。再以《风俗通义》为据,山东

---

① 高文:《汉碑集释》,第457—458页。
② (汉)荀悦撰,(明)黄省曾注,孙启治校补:《申鉴注校补》,北京:中华书局,2012年,第84页。
③ (清)陈立撰,吴则虞点校:《白虎通疏证》卷6《巡狩》,第298—300页。
④ (汉)应劭撰,王利器校注:《风俗通义校注》卷10《山泽》,第447—448页。
⑤ (汉)应劭撰,王利器校注:《风俗通义校注》卷9《怪神》,第400页。
⑥ 《后汉书·祭祀志上》,第3163页。

民间还认为"岱宗上有金箧玉策,能知人年寿休短。"①这就引出了泰山在民间信仰层面的重要功能,即主管人间生死。顾炎武认为"仙论起于周末,鬼论起于汉末。"②但《韩非子》有"黄帝合鬼神于泰山之上"③之说,可知泰山治鬼说发端不应过晚。汉朝时乌桓人认为"死者神灵归赤山","如中国人死者魂神归岱山也。"④东汉术士许峻曾赴"太山请命",因"太山主人生死,故诣请命也。"⑤依《春秋繁露》,既然大山为"生人立,禽兽伏,死人人"⑥之地,同时泰山又被儒家视为"万物之始,阴阳交代"之处,二义结合自然容易让泰山衍生出掌生死之功能。泰山治鬼的源头固然可能更早,但此说流行当始于汉代,将《春秋繁露》、《白虎通》所述大山(泰山)的抽象意义与汉人"泰山治鬼"观念对照观察,可知二者在某种程度上其实是"理"、"用"关系,若无汉儒以"阴阳交代"对"泰山治鬼"进行升华提炼,泰山掌生死之说或未必能畅行于后世。

最后,如其他名山大川一样,五岳早与各色方士有密切联系,至汉代这一传统未变。神爵立制后,五岳更具吸引力,成为方士修行与逸民隐居的重要场所。王莽时畏罪逃亡的甄寻便随方士入华山⑦;东汉上党王真曾游历五岳⑧,河内向长与好友北海禽庆"俱游五岳名山,竟不知所终"⑨。颖川刘根也隐于嵩山学道⑩。此外,在亲民的方士巫者作用下,汉代五岳观念已深入民俗。比如东汉镇墓文中出现了"黄神生五岳"的说法⑪。汉末随黄巾起义风行的《太平经》里出现了与朝廷祀典秩序类似的神祇序列,如"众山以五岳为君长,五岳以中极下泰山为君长","天有五帝若五星,地有五帝若五岳","地之三皇,优者五岳,中者平土,下者田野","地之五帝,其

---

① (汉)应劭撰,王利器校注:《风俗通义校注》卷2《正失》,第65页。
② (明)顾炎武著,陈垣校注:《日知录校注》卷30《泰山治鬼》,合肥:安徽大学出版社,2007年,第1734页。
③ 陈奇猷:《韩非子集释》卷3《十过》,第172页。
④ 《后汉书》卷90《乌桓传》,第2980页。
⑤ 《后汉书》卷82下《许曼传》,第2731页。
⑥ (清)苏舆撰,钟哲点校:《春秋繁露义证》卷16《山川颂》,第423页。
⑦ 《汉书》卷99中《王莽传中》,第4123页。
⑧ 《后汉书》卷82下《方术传下》,第2750—2751页。
⑨ 《后汉书》卷83《逸民传》,第2758—2759页。
⑩ 《后汉书》卷82下《方术传下》,第2746页。
⑪ 参见吴荣曾:《镇墓文中所见到的东汉道巫关系》,《文物》1981年第3期。

优者,比若四分五岳,有其三也。"①汉魏之际早期道家人士还绘制出了《五岳真形图》②。除此之外,五岳神祇还曾直接成为民众发起暴动的神道资源。如东汉初年卷人维汜妖言称神,其弟子就以"南岳大师"名号攻城略地③。五岳还成为汉人熟悉的地望地标,如南阳诸刘举义时就被称作"南岳诸刘"④,《后汉书》论西羌也说"其国近南岳"⑤。更为荒唐的是,王莽改制曾模仿上古四岳之说,分立"东岳太师立国将军"、"南岳太傅前将军"、"西岳国师宁始将军"、"北岳国将卫将军"以保卫四方⑥,可惜四岳神祇并未眷顾新莽政权。

本章结语

秦汉时代是五岳祭祀制度的形成时期。诸岳虽在秦代位列一等山川,但却与其他名山杂列。西汉神爵元年,终于确立了五岳独尊的山川礼。五岳祭祀确立得益于西汉中期以来儒家思想的复兴,正是随着儒家经典成为朝廷制礼原则,五岳祭祀才从理念走入制度,从与众山并列到五岳独尊。岳渎被确认为国家山川的最高代表后,它们除享常祀外,还融入到朝廷的其他礼仪当中,如皇帝即位告祀、求雨祈福等等。岳渎不仅成为郊祀固定的从祀神祇,它们还可以在诸多大礼期间得沾享祭。五岳在王朝礼制中的突出地位让它们成为汉代思想文化中的重要元素。五岳独尊于山川让汉人更加坚信它们只能为天子所祭,其他所有山川的等级必须要参照岳渎,以岳渎为首。经过朝廷礼制与官方思想的强化,伴随着地方祭祀的展开,五岳又回落民间,成为汉人日常观念中的重要神祇。

---

① 王明编:《太平经合校》,北京:中华书局,1960年,第384页,第234—235页。
② 参见曹婉如、郑锡煌:《试论道教的五岳真形图》,《自然科学史研究》1987年第1期;孙齐:《〈五岳真形图〉的成立——以南岳为中心的考察》,《第七届北京大学史学论坛论文集》(2011年)。
③ 《后汉书》卷24《马援传》,第838页。
④ 《后汉书》卷12《王昌传》,第492页。
⑤ 《后汉书》卷87《西羌传》,第2869页。
⑥ 《汉书》卷99中《王莽传中》,第4142—4143页。

第三章　魏晋南北朝时期五岳祭祀考论

两汉是五岳祭祀制度的形成期,东汉灭亡后,除西晋短暂统一外,中国长时间处在四分五裂状态,至隋唐再次大一统已历时四百年。如果说东周是由于列国纷争而导致礼崩乐坏,天子祭祀五岳迟迟未能实践,那么经两汉礼制熏染后的中古时期,无论是三国鼎立、十六国纷争还是南北朝对峙,诸政权竟能在战火频仍之际重拾象征正统的郊庙之祀,重塑象征天下一统的五岳祭祀。这些现象暗示:历周秦两汉,儒家经典中以礼治国的理念已为专制帝国充分吸收,往昔理想的礼典在实践中演变为缘饰正统与粉饰太平的帝国新礼。中古时期,五岳理念如整个帝制文明一样,在战火动乱中传承、融合、演变,最终随着隋唐大一统的到来,五岳祭祀制度得以恢复确立。

第一节　三国时代的五岳与九州

在紧承东汉的三国时期,因地域差别,曹魏政权祭祀五岳活动最多。黄初元年(220年)魏文帝于繁阳受禅告天时,五岳依然在从祀之列①。黄初二年郊祀天地、明堂之后,"六月庚子,初祀五岳四渎,咸秩群祀。"②足见曹魏已承汉礼,以五岳四渎领四方群祀。其后,太和四年(230年)曹真等伐西蜀时明帝东巡,"遣使者以特牛祠中岳。"③咸熙元年(264年)正月定蜀之际,皇帝曹奂行幸长安,"使使者以璧币祀华山。"④以上二则祭山是曹魏行天子巡狩祭所至山川礼。与曹魏相比,蜀汉、孙吴二政权几乎没有五岳

---

① 裴注引《献帝传》:"辛未,魏王登坛受禅,公卿、列侯、诸将、匈奴单于、四夷朝者数万人陪位,燎祭天、地、五岳、四渎……"参见(晋)陈寿撰,赵幼文校笺:《三国志校笺》卷2《魏文帝纪》,成都:巴蜀书社,2001年,第85页。按,赵氏校笺本未题诸帝纪名,此处故采汲古阁本称诸帝纪。
② 《三国志校笺》卷2《魏文帝纪》,第88页。
③ 《三国志校笺》卷3《魏明帝纪》,第124页。
④ 《三国志校笺》卷4《魏三少帝纪》,第180页。

祭祀活动，原因当然是五岳不在其疆域之内。

曹魏祭祀五岳四渎固然是出于顺承汉代传统，但联系当时政治背景，更可能是出于对五岳四渎正统象征意义的重视。对于关乎王朝合法性、正统性的象征资源，三国各政权都曾努力争取并塑造。就曹魏来说，曹操在敉平北方过程中逐渐迷恋上"九州"理念。建安九年（204年）曹操拔邺城领冀州牧，此时有人建议其"宜复古置九州，则冀州所制者广大，天下服矣"，于是"太祖将从之"，而荀彧建议"天下大定，乃议古制"，九州之议暂时作罢。① 建安十八年曹操统一北方，"并十四州，复为九州。"② 此举之后曹操便以平定四方之功封公封王。需要指出，曹操最终实现九州制，其目的可能已由最初扩大冀州势力范围变为用古制粉饰天下初定。裴松之就曹操称王事引用两种不同说法，一是《魏氏春秋》记夏侯惇谓曹操曰："天下咸知汉祚已尽，异代方起。自古已来，能除民害为百姓所归者，即民主也。今殿下即戎三十余年，功德著于黎庶，为天下所依归，应天顺民，复何疑哉！"王曰："'施于有政，是亦为政'。若天命在吾，吾为周文王矣。"一是："《曹瞒传》及《世语》并云桓阶劝王正位，夏侯惇以为宜先灭蜀，蜀亡则吴服，二方既定，然后遵舜、禹之轨，王从之。及至王薨，惇追恨前言，发病卒。"③ 二说中"夏侯惇"意见虽有相左之处，但它们暗示曹操集团曾有是否以统一天下为禅代条件的谋划，复九州之制似乎是曹操的一次政治风向测验。无论曹操具体目的为何，其所立九州制度作为粉饰一统的象征符号，最终成为曹魏完成汉魏禅代的政治资本。曹丕即王位时，汉帝诏书称赞曹操功德有："魏太子丕：昔皇天授乃显考以翼我皇家，遂攘除群凶，拓定九州，弘功茂绩，光于宇宙。"④ 虽然曹丕称帝后不久九州制即扩大为十二州⑤，但曹魏人士依然注重"九州"一词的政治象征意义。如黄初年间，傅嘏提出选举意见时说："方今九州之民，爰及京城，未有六乡之举，其选才之职，专任吏部。"⑥ 太和二年（228年）曹

---

① 《三国志校笺》卷10《荀彧传》，第393—394页。参见赵凯：《汉魏之际"大冀州"考》，《南都学坛》（人文社会科学学报）2004年第6期。
② 《三国志校笺》卷1《魏武帝纪》，第32—33页。
③ 《三国志校笺》卷1《魏武帝纪》，第46—47页。
④ 《三国志校笺》卷2《魏文帝纪》，第70页。
⑤ 参见顾颉刚、史念海：《中国疆域沿革史》，第93页。
⑥ 《三国志校笺》卷21《傅嘏传》，第806页。

植致魏明帝信中说："方今天下一统，九州晏如，而顾西有违命之蜀，东有不臣之吴，使边境未得脱甲，谋士未得高枕者，诚欲混同宇内以致太和也。"①曹植以"九州晏如"对"天下一统"，可见九州制确能给时人以"一统"感觉，但其后说吴蜀未平，此又现曹魏"九州"之瑕疵。相对而言，吴蜀或基于有十余州部的汉家天下，将曹魏"九州"仅视为其实际控制地域。蜀延熙年间，蒋琬上策书提到："今魏跨带九州，根蒂滋蔓，平除未易"②；吴人也有"今贼皆得秦、赵、韩、魏、燕、齐九州之地"③，"今大敌据九州之地，有大半之众"④等言论。吴蜀二国在谋划瓜分曹魏时如此分配其九州："权乃参分天下，豫、青、徐、幽属吴，兖、冀、并、凉属蜀。其司州之土，以函谷关为界。"⑤

虽然吴蜀人士能站在现实角度指出曹魏实际领州为九，但他们仍与曹魏一样有渴望一统"九州"的情结。据《江表传》，曹魏策命孙权荆州牧时，孙吴群臣"以为宜称上将军九州伯，不应受魏封"，而孙权则认为"九州伯于古未闻也。昔沛公亦受项羽拜为汉王。此盖时宜耳，复何损邪？"⑥孙权以贸然称"九州伯"不合古制。不惟如是，据说他还曾拒绝臣下提出的郊祀祭天礼。吴嘉禾元年（232 年）辽东公孙渊称藩于吴。此时吴国内部出现了劝孙权郊天即位称帝建议，孙权道："郊祀当于土中，今非其所，于何施此？"吴臣又提出理由："普天之下，莫非王土；王者以天下为家。昔周文、武郊于酆、镐，非必土中。"⑦孙权仍以立国不在中土终未郊天称帝。与孙权的谨慎相对，其孙子孙皓却敢僭用"九州"名号，史载："孙皓遣使者祭石印山下妖祠，使者因以丹书岩曰：'楚九州渚，吴九州都。扬州土，作天子。四世治，太平

---

① 《三国志校笺》卷 19《陈思王植传》，第 732 页。
② 《三国志校笺》卷 44《蒋琬传》，第 1445 页。
③ 《三国志校笺》卷 64《诸葛恪传》，第 1965 页。
④ 《三国志校笺》卷 65《华覈传》，第 2003 页。
⑤ 《三国志校笺》卷 47《孙权传》，第 1533 页。依《杜恕传》(《三国志校笺》卷 16，第 638 页)曹魏有十二州即冀州、兖州、青州、徐州、扬州、荆州、豫州、雍州、凉州、幽州、并州、司州。曹魏认为有荆州、扬州，而吴人不承认。雍州为曹操新置九州之一，后来曹魏将其保留，以致凉、雍并立，但吴蜀依然按东汉制度无视雍州。
⑥ 《三国志校笺》卷 47《孙权传》，第 1522 页。参见连先用：《论孙权未奉"延康"、"黄初"年号》，《许昌学院学报》2015 年第 4 期。
⑦ 《三国志校笺》卷 47《孙权传》，第 1535 页。

矣。'皓闻之,意益张,曰:'从大皇帝至朕四世,太平之主非朕复谁!'"①此外,孙皓还一反泰山封禅传统在吴境的国山封禅②。再联系建安二十六年(221年)刘备于成都郊祀称帝,可以发现:三国时期各分裂政权都在努力从传统的政治文化中寻求合法性。曹魏拥有五岳之地,当然会重视"五岳"这独有的文化资源,于是文帝即位郊祀时不忘提及五岳,半年后又分遣使者至祀,其后曹魏诸帝在戎马倥偬之时也不忘祭祀诸岳,留下了三国时代仅有的祭祀五岳记录。

第二节 十六国时期的山川祭祀

西晋一统时间较短,留下的山川祭祀材料较少③;南朝又因五岳基本不在其疆域,五岳祭祀活动也少,故本书对西晋和南朝五岳祭祀不做专门讨论。本节重点探讨十六国时期诸异族政权的山川祭祀活动。西晋末年,屠各匈奴攻入洛阳,开启了十六国时代,至五世纪中期北魏统一黄河流域,历时一百多年。在此期间,各国虽忙于战争大都无暇礼制建设,但汉礼并未全面式微,有时甚至会以其独特魅力吸引异族政权。具体来说,个别异族政权在山川祭祀上还颇有作为。

一、汉赵政权的山岳崇拜

永嘉三年(309年)匈奴刘聪等率军四面包围西晋都城洛阳,就在双方僵持之时,围守南门的刘聪竟"亲祈嵩岳,令其将刘厉、呼延朗等督留军"④,于是城中晋军抓住机会发动了一次成功的反击,刘聪听闻匆匆而还。汉赵刘氏因此丧失了一次灭亡晋朝的机会。不难判断,刘聪在战争关键时刻远离职守是为求嵩山之神助其破城,但这恰给晋军以可乘之机,此

---

① 《晋书》卷28《五行志中》,第843页。此条似综合《三国志》及裴注而作,参见《三国志校笺》卷48《孙皓传》,第1586页。

② 《三国志校笺》卷48《孙皓传》,第1586页。《景定建康志》卷33《文籍志》有"吴大帝封禅碑"(《宋元方志丛刊》第6册,北京:中华书局,1990年,第5756页),此碑当属孙皓。参见魏斌:《国山禅礼前夜》,《文史》2013年第2辑。

③ 20世纪90年代末,有学者发现了西晋修庙记录,参见吕智荣:《西岳庙发现西晋〈华百石都训造〉碑》,《碑林集刊》2007年第13辑。

④ 《晋书》卷101《刘元海载记》,第2651页。

事或透露出屠各匈奴有着强烈的山岳崇拜情结，以致未平中原而先礼五岳。

与其他五胡君主相比，汉赵刘氏家族对中原山川确实有较为浓厚的兴趣。首先就帝王感生来说，汉赵第一代皇帝刘渊与第三任皇帝刘曜，他们的发迹皆与名山有一定关系。史载刘渊之母"魏嘉平中祈子于龙门，俄而有一大鱼，顶有二角，轩鬐跃鳞而至祭所，久之乃去。巫觋皆异之，曰：'此嘉祥也'"①。后鱼人献日精于其母，刘渊降生。龙门即《禹贡》"龙门西河"中晋西黄河东岸之龙门山，魏晋时期龙门一带为匈奴活动区域，刘渊之母至河山险要之地祈子或为当地匈奴习俗。相传刘曜隐居管涔山时也曾得管涔山神赐剑以平天下②。其次，汉赵刘氏也坚信"国主山川"理念。史载刘聪时"平阳西明门牡自亡，霍山崩"③，对于奄有三晋立国平阳的汉赵政权来说，隔一带汾水的霍太山自然是其镇山，就如春秋战国时期霍太山之于晋国、赵国一样。刘曜定都长安，终南山崩，长安人献白玉符文，汉赵群臣皆以为祥瑞，刘曜大悦。独中书监刘均进曰："臣闻国主山川，故山崩川竭，君为之不举。终南，京师之镇，国之所瞻，无故而崩，其凶焉可极言！昔三代之季，其灾也如是……玉之于山石也，犹君之于臣下。山崩石坏，象国倾人乱……"④刘曜听完怃然改容。此时刘曜已徙都长安，终南山取代霍山为国家镇山，故符瑞起于此山而得到关注。晋咸和三年（328年），汉赵灭亡前夕，刘曜梦三金人，群臣又称贺，但太史令以为是不祥之兆，"曜大惧，于是躬亲二郊，饰缮神祠，望秩山川，靡不周及。"⑤由此可见郊祀之余，刘氏也不忘按礼秩使山川群神受享。再次，汉赵皇帝还坚信人死后会魂归大山，就如传说中他们为山川赐命一样。史载刘聪之子刘约死而复生后，"言见元海于不周山，经五日，遂复从至昆仑山，三日而复返于不周，见诸王公卿将相死者悉在，宫室甚壮丽，号曰蒙珠离国。"⑥与屠各匈奴类似，另一游牧民族乌桓人也认为"死者神灵归赤山"（赤山在辽东西北）⑦。这些现

---

① 《晋书》卷101《刘元海载记》，第2645页。
② 《晋书》卷103《刘曜载记》，第2683—2684页。
③ 《晋书》卷102《刘聪载记》，第2676页。
④ 《晋书》卷103《刘曜载记》，第2690页。
⑤ 《晋书》卷103《刘曜载记》，第2699页。
⑥ 《晋书》卷102《刘聪载记》，第2673页。
⑦ 《后汉书》卷90《乌桓传》，第2980页。

象与汉人泰山掌鬼的信仰类似,从他们选择不周山、昆仑山①、赤山来看,北方民族是在"山掌鬼事"这一思维模式下就近选择大山视其为鬼神聚集之所。为使死后灵魂能归于山陵,刘曜占领长安后就为自己修建陵墓,其陵墓靠近汉文帝霸陵,最初规模很大,高于本是依山而建的霸陵。后来刘曜担心因过于奢侈而遭人破坏,"敕悉停寿陵制度,一遵霸陵之法。"②但刘曜不改高大陵墓的想法,他为父、妻修陵时又是大兴土木,以致"负土为坟,其下周回二里"。从其臣子劝谏可见其规模:"今二陵之费至以亿计,计六万夫百日作,所用六百万功。二陵皆下锢三泉,上崇百尺,积石为山,增土为阜。"③以土石堆高百尺建陵,足见匈奴刘氏以山为陵的信念甚是坚固。

由汉赵诸帝行为可发现屠各匈奴有着浓厚的山岳崇拜情结,这就可以理解为什么刘聪在围困洛阳时会擅自离岗,甚至导致战争失败而不为刘渊责怪。其实,汉赵刘氏的山岳崇拜当更有渊源。首先,屠各刘氏祖先自东汉世居吕梁山脉周围④,此应为产生山岳崇拜的重要因素。其次,屠各刘氏族源出自汉代匈奴,而匈奴有依山而居、依山而战的习惯⑤。西汉匈奴王庭东依狼居胥山即今肯特山脉,故狼居胥恰似霍山之于平阳,终南之于长安,因此封狼居胥成为汉灭匈奴的政治象征。匈奴偏好依山立国主要体现在诸次汉匈战争中。如元狩二年(前121年)霍去病"将万骑出陇西,过焉耆山千余里,得胡首虏八千余级,得休屠王祭天金人"⑥。不久霍去病等又率数万骑出陇西、北地二千里,"过居延,攻祁连山,得胡首虏三万余级,

---

① 《汉书》注引三国张揖说:"不周山在昆仑东南二千三百里也。"(《汉书》卷57下《司马相如传下》,第2598页。)汉高诱认为:"不周山,昆仑西北。"(刘文典撰,冯逸、乔华点校:《淮南鸿烈集解》卷1《原道训》,北京:中华书局,1989年,第22页)。同样是汉人,《淮南子》许注仅言:"不周之山,西北之山也。"《离骚》王注:"在昆仑西北",与高诱同,足见汉人眼中不周山在昆仑更西处。而据《山海经》西次三山,昆仑当在不周山之西,则此说与张揖同,毕沅指出:"汉人说以昆仑为在于阗,则不周山在其西北。张揖据此经道里为说,则在东南。"(参见黄晖:《论衡校释》卷11《谈天篇》,北京:中华书局,1990年,第469页)笔者以为,三国张揖对二山关系认识同于《山海经》并非偶然,它表明汉魏之间人们对昆仑远近认识不同,就汉赵刘氏故事来说,则似昆仑山较不周山更远,或可与张揖之说相合。
② 《晋书》卷103《刘曜载记》,第2688—2689页。
③ 《晋书》卷103《刘曜载记》,第2692—2693页。
④ 陈勇指出:"并州屠各是在南匈奴故地与南匈奴融合的同时,奠定了汉赵国建国的政治基础。"参见氏著:《汉赵史论稿》,北京:商务印书馆,2009年,第69页。
⑤ 详细分析参见牛敬飞:《屠各匈奴的山岳崇拜研究》,《民俗典籍文字研究》2013年第11辑。
⑥ 《汉书》卷94上《匈奴传上》,第3769页。

裨小王以下十余人。"①焉耆山即焉支山，为祁连山东部支脉②。祁连、焉支二山原属匈奴③，匈奴为游牧民族，因少城池故当以草原戈壁上之大山为天然屏障，元狩二年汉军"过焉支山"当是匈奴寻山而遁，后来最终被大破于祁连山。汉武帝后期进攻匈奴，匈奴亦多据山立阵，汉军行动近乎搜山。如天汉二年（前99年）李广利"击右贤王于天山，得首虏万余级而还"④。"汉又使因杅将军出西河，与强弩都尉会涿邪山，亡所得。"⑤天山即祁连山，据《中国历史地图集》涿邪山属阿尔泰山余脉，东接浚稽山，此次战役两将军一得一无所得，足见汉军早已摸清了匈奴依山而居的习惯。晁错指出匈奴骑兵优于汉军有三点："今匈奴地形技艺与中国异。上下山阪，出入溪涧，中国之马弗与也；险道倾仄，且驰且射，中国之骑弗与也；风雨罢劳，饥渴不困，中国之人弗与也：此匈奴之长技也。"⑥联系武帝时期多场战役，可发现匈奴遁入山中或依山为屏障正是因为其骑兵善于山地作战，天汉二年李陵之败便是匈奴擅长依山而战的经典战例⑦。当然，大山对于匈奴的重要性不止于战守。游牧民族逐水草而生，中亚高原上的数条山脉是水草之源，它们提供了丰富的地表径流，适宜放牧，故匈奴常以"马畜弥山"⑧相夸。此外，游牧民族生产生活资料较为贫乏，因此能够提供矿石、木材等多种资源的大山就显得格外重要，于是匈奴失祁连山后会唱道："亡我祁连山，使我六畜不蕃息；失我焉支山，使我妇女无颜色。"⑨

总之，匈奴虽为游牧民族，但决不能忽视山岳在其政治经济生活中的重要作用⑩。研究者曾在诺颜山匈奴墓葬中发现有山云刺绣图⑪，这可能暗示匈奴帝国时期或已有山岳信仰。屠各刘氏为匈奴别种，唐长孺指出，

---

① 《汉书》卷94上《匈奴传上》，第3769页。
② 参见《史记》卷110《匈奴列传》，第2909页。
③ 应劭曰："祁连，匈奴中山名也。"参见《汉书》卷8《宣帝纪》，第243页。
④ 《汉书》卷94上《匈奴传上》，第3777页。
⑤ 《汉书》卷94上《匈奴传上》，第3777页。
⑥ 《汉书》卷49《晁错传》，第2281页。
⑦ 《汉书》卷54《李陵传》，第2452—2454页。
⑧ 《汉书》卷54《苏武传》，第2462页。
⑨ 《史记》卷110《匈奴传》，第2909页。
⑩ 参见唐晓峰：《山地对于匈奴的重要意义》，《侯仁之师九十寿辰纪念文集》，北京：学苑出版社，2003年，第187—198页。
⑪ 林幹：《匈奴通史》，北京：人民出版社，1986年，第148页。

后世屠各源头即元狩二年浑邪王杀休屠王后率部所降之部族①。霍去病曾得休屠祭天金人，可见休屠匈奴有祭天传统；又，其所居之祁连山意为"天山"，孟康指出："匈奴祭天处本在云阳甘泉山下，秦击夺其地，后徙之休屠王右地，故休屠有祭天金人象也。"②可推测休屠匈奴祭天当选高地或依山而祭③。一般来说，依山祭天是以山为通天之媒介，极易伴生山岳崇拜及山神信仰④。至此，再联系汉赵刘氏诸帝之山岳崇拜，可以大胆猜想：在几百年里，匈奴部族从祁连山迁徙到吕梁山再南下进入中原，伴随着此迁徙路线他们也将自己的山岳崇拜情结一步步移植到了中原的大山之上。

无独有偶，休屠内迁五百年后，祁连山北麓仍活跃着一支热衷祭山的胡人，这便是北凉沮渠氏。沮渠蒙逊起家时，趁与其从兄沮渠男成祭兰门山之机，向段业施反间计使其杀男成⑤。后来沮渠蒙逊借西祀金山之机袭击乌啼虏、卑和虏，此后"遂循海而西，至盐池，祀西王母寺。寺中有《玄石神图》，命其中书侍郎张穆赋焉，铭之于寺前，遂如金山而归"⑥。兰门山、金山俱在今甘肃山丹县西南⑦，属祁连山支脉。北凉沮渠以官为氏，当出自匈奴卜氏家族⑧，其祖能封"狄地王"更能印证其非一

---

① 参见唐长孺：《魏晋南北朝史论丛》，北京：生活·读书·新知三联书店，1955年，第403页；陈勇：《汉赵史论稿》，第45—60页。
② 《汉书》卷94上《匈奴传上》，第3769页。
③ 西汉元帝时汉将就曾与呼韩邪单于俱登匈奴诺水东山盟誓告天，详见《汉书》卷94下《匈奴传下》，第3801页。
④ 江上波夫认为匈奴祭天大会以林木为中心举行，而高原之上，林木多分布于大山周围，此或可作为山岳崇拜产生之因素，亦可辅证祭天与山岳崇拜有一定联系。参见〔日〕江上波夫：《匈奴的祭祀》，《日本学者研究中国史论著选译》，北京：中华书局，1993年，第1—36页。
⑤ 《晋书》卷129《沮渠蒙逊载记》，第3191页。
⑥ 《晋书》卷129《沮渠蒙逊载记》，第3197页。
⑦ 《史记正义》引《括地志》云："兰门山，一名合黎，一名穷名山，在甘州删丹县西南七十里。"参见《史记》卷2《夏本纪》，第70页。嘉庆《大清一统志》卷266有"金山在山丹县西南"。
⑧ 《宋书》载："大且渠蒙逊，张掖临松卢水胡人也。匈奴有左且渠、右且渠之官，蒙逊之先为此职，羌之酋豪且大，故且渠以位为氏，而以大冠之。世居卢水为酋豪。蒙逊高祖晖仲归，曾祖遮，皆雄健有勇名。祖祁复延，封狄地王。"(《宋书》卷98《氐胡传》，北京：中华书局，1974年，第2412页。)《晋书》介绍匈奴："其四姓，有呼延氏、卜氏、兰氏、乔氏。而呼延氏最贵，则有左日逐、右日逐，世为辅相；卜氏则有左沮渠、右沮渠；兰氏则有左当户、右当户；乔氏则有左都侯、右都侯。又有车阳、沮渠、余地诸杂号，犹中国百官也。"(《晋书》卷97《四夷传》，第2550页。)颜师古在《汉书》二十四长属官"相、都尉、当户、且渠之属"下注"今之沮渠姓，盖本因此官。"(《汉书》卷94上《匈奴上》，第3752页。)对照《晋书·沮渠蒙逊载记》、《晋书·四夷传》，可知师古注或误将属官"且渠"作为"沮渠"之源。因为按《晋书》所记左右沮渠显系贵种大官；再据《汉书》有"匈奴谓贤曰屠耆，故常以太子为左屠耆王"，"屠耆""沮渠"音近，故笔者推测二者即同一称号，沮渠氏应为匈奴贵族之后。

般杂胡①。沮渠蒙逊两次借祭山之机施展政治阴谋,恰从侧面展现出祁连山一带卢水胡的山岳信仰,其在祭祀金山途中还南拜西王母寺,顺便为《玄石神图》作赋,亦或是出于崇山理念。可以推论:北凉沮渠氏和汉赵刘氏与十六国其他政权君主相比,有明显的山岳崇拜习俗,这或许与他们都是匈奴部族有关,甚至与他们都曾活跃于祁连山一带有关。

二、其他政权的山川祭祀活动

与屠各匈奴将本族既有的山岳情结移植到中原山岳上类似,其他入华异族在文化上大都能接受包括五岳在内的华夏山川。但诸政权或因汉化程度不同,或因疆域所限,或因皇帝偏好,在山川祭祀上又各有特色。

首先来说石赵政权。石勒即位,南郊祭天后下令整肃祀典:"禁州郡诸祠堂非正典者皆除之,其能兴云致雨,有益于百姓者,郡县更为立祠堂,殖嘉树,准岳渎已下为差等。"②石赵进军关中,石虎曾使人探策于华山并得玉版③。这些从侧面反映出羯胡石赵已接受了中原的山川信仰。石赵在山川祭祀上也有其地方性,该国特重黄河。石勒曾在平原荏平为奴,此地靠近黄河,石勒夺河畔苑马起兵,此是其因黄河而发迹;之后石勒三渡黄河粉碎晋军北讨以绝晋军收河北之望;仓垣之败,石勒徘徊于黄河文石津,定南下之计;寿春之败,石勒又自文石津、棘津北渡,夺枋头之军而有定河北之资;与刘曜洛阳之战,石勒因黄河水泮及时得过,因而命名渡口为"灵昌津"④。以上足见,石赵创业多得益于善用黄河津渡。其次,石赵定都建国也系于黄河。石勒创业之初即重视邺城建设,之后石虎迁都邺城,此皆因邺城有水运通枋头之地利⑤。石赵立国之初,疆域"南至盟津,西达龙门,

---

① 以唐长孺为代表,学界习惯区分汉赵屠各与南匈奴之别,唐长孺以为刘渊世系乃附会南单于;同时他关于沮渠卢水胡亦有类似说法,笔者以为探讨种族谱系固然重要,但屠各、卢水胡无论其世系族类与匈奴有何差异,他们的部族曾从属匈奴帝国这一基本事实难以撼动,尤其是沮渠以官为氏,更非轻易附会。参见唐长孺:《魏晋南北朝史论丛》,第403—414页;陈勇:《汉赵史论稿》,第87—110页。
② 《晋书》卷105《石勒载记下》,第2748页。
③ 《晋书》卷110《慕容儁载记》,第2834页。
④ 《晋书》卷104《石勒载记上》,第2708—2709页,第2711—2712页,第2717页;卷105《石勒载记下》,第2744页。可参考张兴兆:《魏晋南北朝津渡考》,《运城学院学报》2008年第1期。
⑤ 参见《晋书》卷104《石勒载记上》,第2720页。

东至于河,北至于塞垣"①,三面为以河为限。再次,石赵向四方扩张时善用水利。石勒能往来于黄河、汉水、江淮之间,此知其深谙水运之道。石虎伐辽西鲜卑兼用漕运与海运,史载其伐慕容皝"具船万艘,自河通海"②。此足见石氏虽为游牧民族,但既能骑射又不惮水战,此应是其能以军功立国之重要原因。晋咸和三年(328年),石勒发迹之处茌平县以黑兔上祥瑞,朝廷以兔为阴精之兽,石勒于是以赵为水德承晋之金德③。之后,石虎"立二畤于灵昌津,祠天及五郊"④,他视灵昌津为圣地,竟将它改造为祭天之处,此举将黄河的实际政治作用与石赵的水德塑造合二为一。不惟如是,石虎还热衷于在河上建桥,如他下令"于邺正南投石于河,以起飞桥"⑤。史载他于灵昌津建桥事甚详:"采石为中济,石无大小,下辄随流,用功五百余万而不成。季龙遣使致祭,沉璧于河。俄而所沉璧流于渚上,地震,水波腾上,津所殿观莫不倾坏,压死者百余人。季龙恚甚,斩工匠而止作焉。"⑥石赵在灵昌津大兴土木,建立郊天坛场、祭河修桥,其场面之恢弘,亘古未有,黄河俨然已从象征一统的四渎之一变成了石赵河北政权的地域崇拜对象。

继石赵统治北方的是慕容氏前燕政权。史载慕容皝在辽东时:"有黑龙白龙各一,见于龙山,皝亲率群僚观之,去龙二百余步,祭以太牢。二龙交首嬉翔,解角而去。皝大悦,还宫,赦其境内,号新宫曰和龙,立龙翔佛寺于山上。"⑦龙山祭龙乃慕容氏本土信仰,后慕容儁因此事定燕国为木德⑧。慕容势力南下,至慕容儁称帝,人们又把石虎探策华山之谶加于慕容氏:"初,石季龙使人探策于华山,得玉版,文曰:'岁在申酉,不绝如线。岁在壬子,真人乃见。'及此,燕人咸以为儁之应也。"⑨前燕定都邺城,"常山大树自拔,根下得璧七十、圭七十三,光色精奇,有异常玉。儁以为岳神之命,遣

---

① 《晋书》卷104《石勒载记上》,第2730页。
② 《晋书》卷106《石季龙载记上》,第2767—2770页。
③ 《晋书》卷105《石勒载记下》,第2743页。
④ 《晋书》卷106《石季龙载记上》,第2776页。
⑤ 《晋书》卷106《石季龙载记上》,第2764页。
⑥ 《晋书》卷106《石季龙载记上》,第2776页。
⑦ 《晋书》卷109《慕容皝载记》,第2825—2826页。
⑧ 《晋书》卷110《慕容儁载记》,第2843页。
⑨ 《晋书》卷110《慕容儁载记》,第2834页。

其尚书郎段勤以太牢祀之。"①受华山之策文,喜常山之圭璧,这表明慕容氏已入乡随俗接受了中原的五岳观念。

前秦皇帝苻坚是十六国君主中最迷恋华夏礼乐制度的一位。苻坚即位之初即修缮明堂及南北郊②。随着北方平定,在汉臣的引导下苻坚萌生封禅念头,尚书郎裴元略谏言苻坚应"一轨九州,同风天下,刑措既登,告成东岳,踪轩皇以齐美,哂二汉之徒封,臣之愿也"③。在北方的开疆拓土激发了苻坚更大的欲望,他急于统一南方,高调倡言:"吾统承大业垂二十载,芟夷逋秽,四方略定,惟东南一隅未宾王化。吾每思天下不一,未尝不临食辍哺,今欲起天下兵以讨之。"内侍朱肜附和道:"陛下应天顺时,恭行天罚,啸咤则五岳摧覆,呼吸则江海绝流,若一举百万,必有征无战。晋主自当衔璧舆榇,启颡军门……然后回驾岱宗,告成封禅,起白云于中坛,受万岁于中岳,尔则终古一时,书契未有。"苻坚听后大悦曰:"吾之志也。"④朱肜之言未必为忠,但统一南北然后封禅受命恰合苻坚之志。不惟汉臣以封禅鼓动苻坚,异族部落领袖也以封禅为辞阴谋引诱苻坚出征,史载"坚既有意荆扬,时慕容垂、姚苌等常说坚以平吴封禅之事,坚谓江东可平,寝不暇旦"⑤。一统天下封禅受命的理想目标成为苻坚急于南征的主要诱因。而封禅泰山、受万岁于中岳,这些完全是以汉武帝为榜样,苻坚一方面承载着这些华夏君主的最高理想,一方面又着力推行中原礼乐制度。史载王猛病重,"坚亲祈南北郊、宗庙、社稷,分遣侍臣祷河岳诸祀,靡不周备。"⑥苻坚所祈,自天地至于岳渎诸祀,降等而下,河岳得享遣使致祭。有意思的是,后来深知苻坚受封禅理想蛊惑而亡国的姚兴也曾受到登封告成的鼓励。史载后秦姚兴因灾异频繁而降号为王,众臣疏谏曰:"伏惟陛下勋格皇天,功济四海,威灵振于殊域,声教暨于遐方,虽成汤之隆殷基,武王之崇周业,未足比喻。方当廓靖江吴,告成中岳,岂宜过垂冲损,违皇天之眷命乎!"可姚兴未受此媚谏,回答道:"殷汤、夏禹德冠百王,然犹顺守谦冲,未居崇极,

---

① 《晋书》卷110《慕容儁载记》,第2839页。
② 《晋书》卷113《苻坚载记上》,第2886页。
③ 《晋书》卷113《苻坚载记上》,第2904页。
④ 《晋书》卷114《苻坚载记下》,第2911—2912页。
⑤ 参见《晋书》卷114《苻坚载记下》,第2916页,第2935页。
⑥ 《晋书》卷114《苻坚载记下》,第2933页。

第三章 魏晋南北朝时期五岳祭祀考论

况朕寡昧,安可以处之哉！"①与受其父劝诱而持封禅理想南伐的苻坚相反,姚兴更愿意以务实低调的作风守成。联系此二事,或可体会姚氏父子当年在苻坚旗下时的韬晦用心。

十六国后期汉化较深的鲜卑慕容氏也出了一位仰慕中原文化的皇帝,即南燕国主慕容德。慕容德在齐地立国,登基后曾到营丘吊姜尚,望晏婴冢,他还特地命青州秀才晏谟同游行齐地名胜,史载他"北登社首山,东望鼎足,因目牛山而叹曰:'古无不死！'怆然有终焉之志。遂问谟以齐之山川丘陵,贤哲旧事"②。此记录极为有趣,因为牛山之叹恰是齐景公故事,《晏子春秋》有:"景公游于牛山,北临其国城而流涕曰:'若何滂滂去此而死乎！'"③慕容德定娴于齐国故事,故在此搬演历史④。

一般说来,异族政权接受华夏文化时无国界之限,但具体到山川信仰,它们大都又会如三国时代一样,受各国疆域限制而注重本地山川之祀。十六国时期凉州的山川祭祀最具地方性。前文提到北凉沮渠氏祭西王母礼玄石之事就是西北诸凉政权的祭祀传统。永和元年(345年)前凉酒泉太守马岌上言:"酒泉南山,即昆仑之体也。周穆王见西王母,乐而忘归,即谓此山。此山有石室玉堂,珠玑镂饰,焕若神宫。宜立西王母祠,以裨朝廷无疆之福。"⑤张骏从之。与中原诸政权相比,诸凉无涉岳渎,只能就地择名山大川,"南山"即祁连山就是诸凉政权山川祭祀的主要对象。前文还提及北凉沮渠氏曾祭兰门山、金山,据《中国历史地图集》两山皆在临松郡,属祁连山北部支脉,亦即"张掖东山"⑥。《晋书·郭瑀传》载,郭瑀先隐居于临松薤谷,后受张天锡诏至姑臧,"还于南山",此南山当在临松,与薤谷或为一地,是为临松南山;最后郭瑀辗转卒于"酒泉南山赤崖阁",此又为酒泉南山,即前凉马岌所说酒泉"南山"⑦。沮渠蒙逊东平姑臧城,得石刻丹书,

---

① 《晋书》卷117《姚兴载记上》,第2979页。
② 《晋书》卷127《慕容德载记》,第3169页。
③ 吴则虞《晏子春秋集释》卷1《内篇》,第63页;(汉)韩婴撰,许维遹校释:《韩诗外传集释》卷10,北京:中华书局,1980年,第350页。
④ 慕容德、慕容超叔侄还继承了比附古帝王的皇帝心理,慕容德曾借醉酒问臣下自己"可方自古何等主也？"慕容超曾临轩而问"朕于百王可方谁？"参见《晋书》卷127《慕容德载记》,第3168页;卷128《慕容超载记》,第3185页。
⑤ 《晋书》卷86《张骏传》,第2240页。
⑥ 《晋书》卷94《郭荷传》,第2454页。
⑦ 《晋书》卷94《郭瑀传》,第2454—2455页。

"丹书曰:'河西、河西三十年,破带石,乐七年。'带石,山名,在姑臧南山祠傍,泥陷不通。牧犍征南大将军董来曰:'祀岂有知乎!'遂毁祀伐木,通道而行。"①此知姑臧城南亦有与"南山"相关祭祀风俗。

第三节　北岳恒山与北魏的崛起

一、北魏复五岳之祀

北魏天兴元年(398年)太祖拓跋珪定都平城,即皇帝位,立坛兆告祭天地,这标志着鲜卑人开始接受华夏的郊祀传统。天兴二年正月,太祖又亲祀上帝于南郊,以始祖神元皇帝配。次年正月郊天过后又"瘗地于北郊,以神元窦皇后配"。五岳四渎配享北郊秩序是五岳名山在中壝内,四渎大川在外壝内,岳渎共享一牛。不久,二郊之礼得到修正:"冬至祭上帝于圆丘,夏至祭地于方泽,用牲币之属,与二郊同",岳渎在夏至日从祀方泽②。

研究者指出北魏在接受中原王朝郊祀礼时还保留了自己的西郊祭天礼③,与之类似,拓跋鲜卑还有自己的祭山传统。首先,在孝文帝迁都前,北魏皇帝经常巡狩代北阴山、崞山、方山等地,既称巡狩,理应有祭山之举。其次,北魏也会创立新的祭山制度。如太宗因即位前曾祈福于武周、车轮二山,永兴三年(411年)以二山祭祀为常祀,"岁一祭,牲用牛,帝皆亲之,无常日。"④永兴四年,太宗又立太祖庙于白登山,在祭祖同时"兼祀皇天上帝,以山神配,旱则祷之,多有效"⑤。这种依山祭祖兼祭天再配以山神的逻辑,或许透露出古人山川崇拜的复杂成因。终于在泰常三年(418年)太宗确立了以五岳四渎为首的山川祭祀格局:

> 立五岳四渎庙于桑干水之阴,春秋遣有司祭,有牲及币。四渎唯以牲牢,准古望秩云。其余山川及海若诸神在州郡者,合三百二十四所,每岁十月,遣祀官诣州镇遍祀。有水旱灾厉,则牧守各随其界内祈

---

① 《魏书》卷99《沮渠蒙逊传》,北京:中华书局,1974年,第2208页。
② 《魏书》卷108之1《礼志一》,第2734页。
③ 参见康乐:《从西郊到南郊》,台北:稻禾出版社,1995年。
④ 《魏书》卷108之1《礼志一》,第2736页。
⑤ 《魏书》卷108之1《礼志一》,第2736页。

谒，其祭皆用牲。王畿内诸山川，皆列祀次祭，若有水旱则祷之。①

聚岳渎于一庙是拓跋氏的礼制创造，此种创造更暗示出五岳四渎在异族政权的正统塑造中占有一席之地。北魏山川祭祀较为规范，其以五岳为首，四渎次之，其余山川布在州郡者又次之。王畿内山川位列"次祭"，等同岳渎，此即参用秦代优崇"近天子之都"山川的做法。北魏山川祭祀秩序体现在礼仪上：五岳用牲币，而四渎无币，其余州郡山川也只用牲。《周礼·肆师》有"立大祀用玉帛牲牷，立次祀用牲币，立小祀用牲"②，此知北魏山川分等严格按《周礼》思想制定③。在常祀时间上，岳渎春秋二祭，其余山川为每岁仲冬十月致祭。其次，从祭祀人员来看，五岳四渎庙因在畿内故遣有司致祭，州郡山川则是常祀中央遣官与逢水旱地方长官负责相结合，此种做法可看作是对东汉偏重地方长官祭祀与西汉偏重中央遣使祭祀的调和。最后需要指出的是，桑干河南的五岳四渎庙或和道教有一定关系。《水经注·灅水》载："（如浑水）其水又南径平城县故城东，司州代尹治。皇都洛阳，以为恒州。水左有大道坛庙，始光二年（425年），少室道士寇谦之所议建也。兼诸岳庙碑，亦多所署立。"④如浑水南入桑干水，地近平城，联系泰常年间桑干河畔所立五岳四渎庙，则知大道坛庙距五岳四渎庙不远。虽然施蛰存认为寇谦之署立"诸岳庙碑"为北魏华岳、嵩岳等碑⑤，但寇谦之既热衷于五岳建设，那么他在桑干河边的道教坛场活动，难免会涉及相邻的岳渎庙。

二、恒山直道小考

北魏既以五岳配享北郊，又分立五岳四渎庙，足见其对华夏山川之重视，这种重视更直观地体现在对五岳诸山的祭祀上。北魏初期都于平城，地近北岳，故北岳祭祀最为重要。据《魏书》诸帝纪及礼志，孝文帝迁洛之前明确记载魏帝遣使祭北岳有六次，它们分别是：泰常四年（419年）秋八

---

① 《魏书》卷108之1《礼志一》，第2737页。
② 《周礼注疏》卷19《肆师》，《十三经注疏》，第768页。
③ 参见楼劲：《〈周礼〉与北魏开国建制》，《唐研究》2007年第13卷。
④ （北魏）郦道元著，陈桥驿校证：《水经注校证》卷13《灅水》，第314页。
⑤ 施蛰存：《北山金石录》（上），上海：华东师范大学出版社，2012年，第79页。

月因东巡遣使祭恒岳①；泰常八年，因南巡祀恒岳以太牢②；太延元年（435年）十二月遣使以太牢祀北岳③；太平真君十一年（450年）十一月，因南征祀恒山以太牢④；和平元年（460年）正月因至中山而礼恒岳⑤；和平二年，因南巡遣使者用玉璧牲牢礼恒岳⑥。此六次祭北岳多属皇帝因巡狩而遣使致祭。北魏皇帝驾临北岳次数可能远不止此，朝廷使者能频祭北岳有一个重要前提，即恒山直道的开凿。

（一）恒山直道开通前的飞狐道

欲谈直道，须知太行恒山间传统山路，即飞狐道。《禹贡》有"太行恒山至于碣石"，伪《孔传》指出"此二山连延，东北接碣石而入沧海"⑦。《汉书·地理志》师古注："恒山在上曲阳西北。"⑧据清代学者胡渭之说，太行恒山界限大抵可以井陉为界⑨。综合诸说，可知古代恒山地望范围大致在今井陉以北、河北中西部的太行山脉。恒山跨越山西河北二省，地接山西高原与河北平原，此是广义之"恒山"。古人除多言山脉，对于五岳又必须指定相应之山峰，据隋唐地志，汉代以来恒山指汉上曲阳县西北今河北西部的大茂山，此是狭义之"恒"⑩。战国时恒山所限乃赵国与代地，即赵国东北的恒山将其与桑干河流域的代国隔开，故赵无恤说："从常山上临代，代可取也。"⑪著名的飞狐口即在此地。汉初郦生建言"距蜚狐之口"，裴骃案"蜚狐在代郡西南"，《正义》曰："蔚州飞狐县北百五十里有秦汉故郡城，西南有山，俗号为飞狐口也。"⑫飞狐县（汉广昌县，今河北涞源县）北之太行山脉即古代恒山区域，越此山可抵汉代郡（郡治代县，今河北蔚县一带）。《史记正义》引《地道记》云："恒山在上曲阳县西北百四十里。北行四

---

① 《魏书》卷3《太宗纪》，第59页。又《魏书》卷108之1《礼志一》（第2737页）载其事"幸代，至雁门关，望祀恒岳"。
② 《魏书》卷108之1《礼志一》，第2737页。
③ 《魏书》卷4上《世祖纪上》，第86页。
④ 《魏书》卷108之1《礼志一》，第2739页。
⑤ 《魏书》卷108之1《礼志一》，第2739页。
⑥ 《魏书》卷108之1《礼志一》，第2739页。
⑦ 《尚书正义》卷6《禹贡》，《十三经注疏》，第151页。
⑧ 《汉书》卷28上《地理志》，第1533页。
⑨ 参见（清）胡渭：《禹贡锥指》卷11上，上海：上海古籍出版社，2006年，第351页。
⑩ 详见本书第七章第四节。
⑪ 《史记》卷43《赵世家》，第1789页。
⑫ 《史记》卷97《郦生陆贾列传》，第2695页。

百五十里得恒山岌,号飞狐口,北则代郡也。"① 是知飞狐道主体为今涞源至蔚县山路(参见图1)。

图1 直道示意图(据《中国历史地图集》绘制)

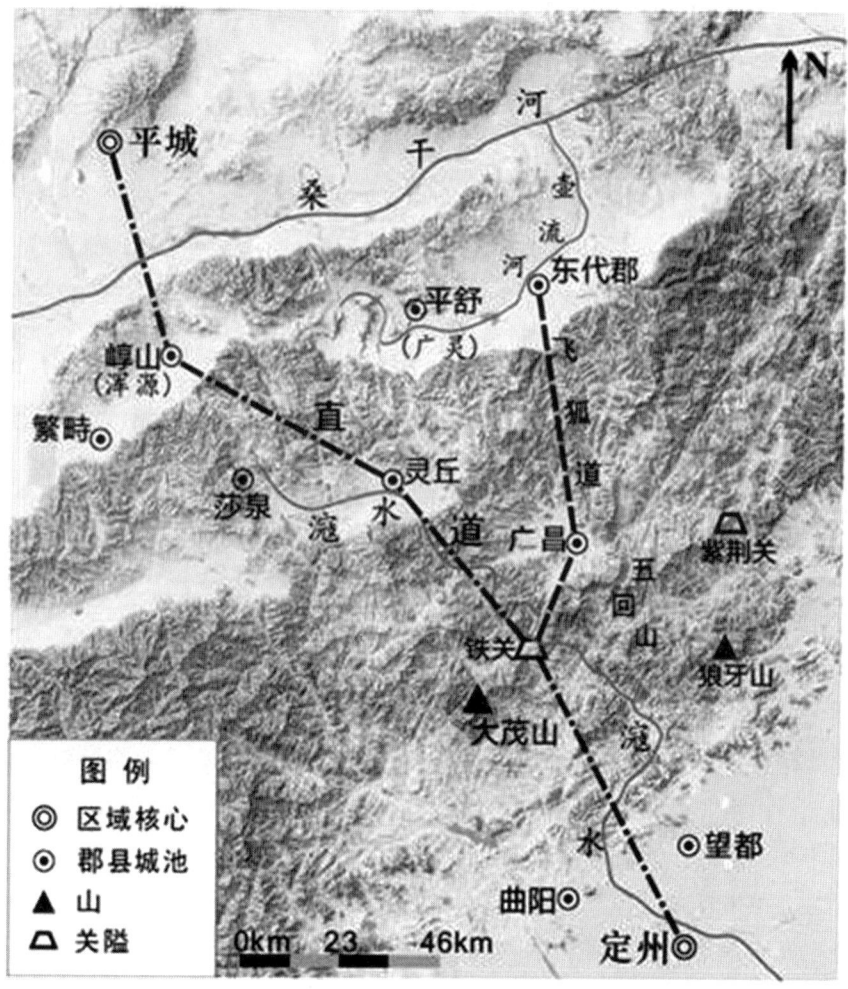

《后汉书·王霸传》有"诏霸将弛刑徒六千余人,与杜茂治飞狐道,堆石布土,筑起亭障,自代至平城三百余里"②。文中的"代"指壶流河流域的代

---

① 《史记》卷43《赵世家》,第1789页。
② 《后汉书》卷20《王霸传》,第737页。

县(东汉代郡移至雁北的高柳县),平城(今大同)属雁门郡①,由此条可知东汉从河北西部至山西北部的路线是由飞狐道至旧代地(即今壶流河流域),然后再由旧代地越桑干河至平城②。东汉从代县至平城的详细路线待考,参照《中国历史地图集》东汉"冀州刺史部",其出发路线不外两种,即溯祁夷水(壶流河)西上取道平舒县西行,或顺祁夷水北上至桑干县西行。再结合《山西地势图》③可以发现,南道平舒至平城隔有大山(今山西境内的恒山山脉),而北道桑干县至平城走桑干河谷即可。又,东汉代郡郡治在平城东北之高柳,王霸修三百里亭障为北防匈奴乌桓,故此条亭障当在桑干河至平城一线,此线亦是旧代地至平城的交通线。此外,唐李贤言:"飞狐道在今蔚州飞狐县,北通妫州怀戎县,即古之飞狐口也。"④参考《中国历史地图集》唐"河北道南部",可知古人沿飞狐道达今壶流河流域后又可顺桑干河而下至唐之妫州(即东汉之上谷郡)。

综上,结合《中国历史地图集》东汉"冀州刺史部",可知由飞狐道从广昌(今涞源)西上通代县(北魏东代郡,今蔚县东北)壶流河流域,壶流河北入桑干河,此段桑干河呈西南东北走向,能沟通东西。这样飞狐道与桑干河谷道便形成了斜"人"字交叉结构,它是代地沟通幽并三州之要道(参见图1)。

登国十年(395年)后燕太子慕容宝帅诸军攻魏遭参合陂之败。《晋书》有:"初,宝至幽州,所乘车轴无故自折"⑤,"宝至幽州"暗示出此次伐魏主要路线是自后燕都城中山(今定州)至幽州,集结诸军后自幽州沿桑干河西上。由河北中部经传统飞狐道固然可以到达晋北大同一带,但对于以幽州为军事大后方的后燕国来说,伐魏走险峻的飞狐道显然是不足取的。后燕主力虽未冒险走飞狐道进军,但北魏在布防阻击燕军时仍遣"略阳公元遵七万骑塞其中山之路"⑥,此中山之路或在桑干河南壶流河一带,以防燕军走飞狐道逃归中山。第二年即皇始元年(396年)慕容垂为报参合之败,

---

① 《后汉书·郡国志五》,第3524页。
② 参考谭其骧主编:《中国历史地图集》第2册,北京:中国地图出版社,1982年,第59—62页。
③ 《山西省地图册》,北京:星球地图出版社,2011年,第4—5页。
④ 《后汉书》卷20《王霸传》,第738页。
⑤ 《晋书》卷123《慕容垂载记》,第3089页。
⑥ 《魏书》卷2《太祖纪》,第26页。

第三章　魏晋南北朝时期五岳祭祀考论　　67

亲征伐魏，他应从晋阳出发北讨，同时亦派兵逾"天门""青山"（古恒山、飞狐道一带）奇袭平城①。其后慕容垂军败沿桑干河遁走，死于"上谷之沮阳"②，其主力未走飞狐道。综上推断，后燕都城中山虽近飞狐道，但该道过于险峻，又处在两国边境，自河北伐魏走此道实非首选，不如自幽州沿桑干河西上便利。皇始元年北魏反讨后燕，兵分两路，道武帝拓跋珪率主力南下并州，另遣军从东道出袭幽州。太祖率四十万大军"南出马邑，逾于句注"，至九月，"次阳曲，乘西山，临观晋阳"，后燕并州守将慕容农东遁，魏军轻易拿下晋阳，然后东出井陉，进入河北平原。鏖战一年后，拓跋珪灭后燕③。纵观北魏灭燕之战，魏军主力先南下再东进再北上，实为一次远征。平城至中山之间的恒山上固然或有山路，但应相当艰险，故魏军未选择恒山捷径；同时魏军也未敢取道桑干—飞狐路大举进攻，仅寻桑干河东下袭扰幽州，以侧应主力而已④。

　　北魏平后燕，奄有山西河北二地，原先阻隔在平城与中山之间的恒山随即成为北魏统治山东地区的阻碍。天兴元年（398年）道武帝意识到出征两年的大军已与大本营隔绝太久⑤，决不能再沿漫长的进军路线返回故里，于是他欲在中山（今定州）西部的恒山上开拓一条道路直达云中。史载道武帝驻军于中山，"发卒万人治直道，自望都铁关凿恒岭至代五百余里"，同时他担心河北有变，又于中山置行台，"诏左丞相、守尚书令、卫王仪镇中山。"⑥一个月后，直道完成，道武帝车驾次于恒山之阳，他率领五十万后燕吏民沿新道"自中山幸繁畤宫"⑦，终于从捷径返回云中。此次远征恰绕并、冀间诸山脉走完一圈。

---

　　①　参见《晋书》卷123《慕容垂载记》，第3089—3090页；台湾三军大学编：《中国历代战争史》第5册，北京：军事译文出版社翻印，1983年，第331页。
　　②　《晋书》卷123《慕容垂载记》，第3090页。据《后汉书·郡国志五》（第3528页）沮阳为上谷郡治。
　　③　《魏书》卷2《太祖纪》，第27—31页。
　　④　参见《中国历代战争史》第5册附图5—205。
　　⑤　皇始二年（397年）河北柏肆之役时，贺兰诸部曾于并州北部阴馆发动一次大规模叛乱，这表明道武帝后方不稳。
　　⑥　《魏书》卷2《太祖纪》，第31页。
　　⑦　《魏书》卷2《太祖纪》，第32页。

(二)以灵丘为中心的直道

道武帝所开直道,据《中国历史地图集》北朝部分①,应是自望都铁关(即今唐县倒马关附近)②直达灵丘经崞山(今浑源附近)达平城。关于直道路线,史家多有分歧。日本学者前田正名认为直道所经恒岭乃是望都铁关与广昌(今涞源)之间的广昌岭(五回岭),其得"直道"之名是因凿广昌岭后不用再经倒马关便可直接进入飞狐道③;严耕望则认为限于时间、人力,此直道只限于倒马关至唐县之间④。

首先,按前田正名所说"直道",魏军的行军路线应是:中山—望都—广昌—代郡—平舒(今广灵)—崞山(今浑源),即沿飞狐道抵达旧代地(相对北魏平城代郡而言),再舍桑干河道(上谷道)而走南部山路⑤。需要指出的是,自平舒至崞山看似很近,但隔恒山山脉最高峰,此段较为难行。至此,可知前田所说直道,不过是开凿五回岭以方便从望都走飞狐道入代地,然后再由此迂回至平城,其不察道武帝驻军中山急于回云中之情及日后直道之重要意义,以为"直道"仅为方便走飞狐故道,当误。

其次,望都、广昌二县之间的广昌岭(《水经注》所谓五回岭)不是"恒岭",与直道所在地望不符。又依《河北地势图》⑥,自望都至涞源(广昌)南段路程部分为平原地带,至五回岭山区只需绕道不远即可抵达涞源:一为北至紫荆关(在五回岭东端)循拒马河至涞源;一为西北至倒马关(即汉常山关⑦,五回岭西端)走五回道至涞源,此为战国以来河北平原至涞源再上飞狐道之经典路线。《魏书》明确记载道武帝回军路线,即先从中山至望都

---

① 谭其骧主编:《中国历史地图集》第4册,第50—53页。
② 倒马关又名铁关,参见《读史方舆纪要》卷10《北直一》,第435页。又据《嘉庆重修一统志》卷14《保定府三》,(第617页),望都故城在今望都县西北三十里,近唐县。
③ 〔日〕前田正名著,李凭等译:《平城历史地理学研究》,北京:书目文献出版社,1994年,第189页。
④ 严耕望:《唐代交通图考(五)》,上海:上海古籍出版社,2007年,第1476、1482—1483、1496页。
⑤ 〔日〕前田正名著,李凭等译:《平城历史地理学研究》,第188页。
⑥ 《河北省地图册》,北京:星球地图出版社,2015年,第4—5页。
⑦ 参见(明)刘效祖《四镇三关志》卷1《建置考》(《四库禁毁书丛刊》史部第10册,北京:北京出版社,1997—1998年,第47页)及(清)吴卓信《汉书地理志补注》卷69,《二十五史补编》第1册,北京:中华书局,1955年,第932页。

尧山,再西北到恒山之阳,此恒山之阳在大茂山南今倒马关一带①。道武帝待直道修好后自倒马关直趋灵丘,穿恒山区域(包括今山西恒山山脉与河北古恒山所在太行山脉),经崞山抵达繁畤宫。绝非前田正名所说自望都县至广昌县。崞山为北魏皇帝日常巡狩之地,是平城京畿的东南门户。至此,可大体判断直道简况:直道中心为灵丘郡,南北大致分为二段,北段由灵丘穿恒山山脉至崞山②,由崞山直通平城;南段由灵丘经铁关(倒马关)至定州(见图1)。结合《中国历史地图集》北朝部分可以发现:灵丘、倒马关皆在滱水沿岸,灵丘以上滱水之源又直指崞山,直道的开通可能正是利用了滱水河道③。当然,严耕望的看法也不妥。结合图1与《唐县地图》④可知,倒马关在唐县西北,只需沿滱水(唐河)南下即可到达唐县县治所在的平原地带,此段路程半为山路。与前田氏所说望都至广昌的"直道"类似,严耕望所说"直道"之长度也不符合"五百里"之说(参见图1)。

面对《魏书》明确记载直道是"望都铁关凿恒岭至代五百余里",严耕望与前田氏别出心裁也有一定原因,即二人可能惑于北魏另外两次恒山附近的修路活动,以为它们与直道并立。直道开通后,北魏在恒山一带再次修路是在太武帝太延二年(436年),此年"发定州七郡一万二千人,通莎泉道"⑤。《水经注》记莎泉水"东南入于滱水。滱水又东径灵丘县故城南"⑥。清人吴熙载指出:"莎泉道,山西大同府灵邱县西。"⑦《嘉庆重修一统志》也

---

① (明)严衍指出"恒岭,恒山之岭也,在上曲阳西北,即倒马关路"。参见氏著:《资治通鉴补》卷110《晋纪三十》,《续修四库全书》第338册,上海:上海古籍出版社,2002年,第556页。

② 笔者之所以排除出直道北段乃灵丘至平舒县(今广灵),是因为平舒县与代城蔚县一样同属桑干河南岸支流壶流河之谷地,开直道至此并不能穿过恒山山脉至繁畤宫,相反会有南辕北辙之嫌。近期于大同发现《北魏盖天保墓砖》有"定州大道",此表明直道乃通平城代郡与定州中山之路,而无涉不在定州境内的飞狐道诸地。参见殷宪:《盖天保墓砖铭考》,《晋阳学刊》2008年第3期。

③ 顾炎武指出"滱水出浑源州恒山,南流入真定,之定州"。参见氏著:《天下郡国利病书》,《续修四库全书》第595册,第493页。《嘉庆重修一统志》(卷146《大同府》,第6763页):"滱水在浑源州,南出翠屏山,东南流入灵邱县,又东南流入直隶易州广昌县界",所谓广昌县界即五回岭西端倒马关一带。又,熊会贞亦指出"(浑源)翠屏山为恒山北麓,唐河源出此,即古滱水",参见(北魏)郦道元注,(清)杨守敬、熊会贞疏:《水经注疏》卷11《滱水》,南京:江苏古籍出版社,1989年,第1045页。唐河沿岸现有省道沟通灵丘与唐县。

④ 《河北省地图册》,第94页。

⑤ 《魏书》卷4上《世祖纪上》,第87页。

⑥ (北魏)郦道元著,陈桥驿校证:《水经注校证》卷11《滱水》,第284页。

⑦ (清)吴熙载:《资治通鉴地理今释》卷6,《续修四库全书》第342册,第488页。

指出莎泉故城"在灵邱县西"，杨守敬《隋书地理志考证》与《中国历史地图集》北朝"并肆恒朔等州"都接受《一统志》说法①。笔者亦采信《一统志》说法。还需注意的是，莎泉道西偏之具体方位如何？《读史方舆纪要》载广灵县（北魏平舒县）："县西三十里有莎泉山，莎泉出焉，东流合于壶川，又东入蔚州境。"②《清史稿·地理志》亦以莎泉属广灵③，此外清代康熙、乾隆两种《广灵县志》也将"莎泉"纳入广灵山川，乾隆县志之《县境全图》明确标示县西之"沙泉"南入壶河④。广灵县在灵丘县正北，至此，论者可能会推测莎泉道当是自灵丘至广灵。然而，嘉庆《一统志》载："滋水，在灵邱县西南二十里，源出枚回山，一名莎泉水，东流入唐河。《水经注》'莎泉水东南入于滱水。'"⑤虽然清代广灵、灵丘二县貌似都出现了"莎泉"，但广灵的"莎泉"入壶流河属桑干河水系，而灵丘西南的莎泉则符合《水经注》所记，流入唐河（滱水）。由此可知，北魏莎泉道在灵丘县西部并未与其北部的广灵县有何联系⑥。《中国历史地图集》中莎泉城在灵丘西北远离广灵，此种做法较为妥当。莎泉入滱水，此符合上文笔者提出直道乃沿滱水河道开通的推测，如此则"莎泉道"极有可能就是连接灵丘与其西北崞山的直道北段。

莎泉道还有可能是滱水上游直道南侧由灵丘南下肆州之路。北魏所开直道至后代或有遗迹。沈括记"大茂山"时提到"今飞狐路在大茂之西，自银冶寨北出倒马关度房界，却自石门子、冷水铺入瓶形、梅回两寨之间至代州"⑦。首先要指出，这里的"今飞狐路"并不是传统涞源至蔚县的飞狐路。据《中国历史地图集》北宋"河北东路"所示，此飞狐路即灵丘西南至雁门关一线。瓶形寨在今平型关附近，为滱水与滹沱河分水岭；梅回寨在灵丘县西⑧，应在嘉庆《一统志》所见之"枚回山"，为莎泉所出。自倒马关至两寨之间当沿滱水而上，此段"今飞狐路"或部分沿北魏直道，从"其路已不

---

① 参见施和金：《北齐地理志》，北京：中华书局，2008年，第194页。
② 《读史方舆纪要》卷44《山西六》，第2047页。
③ 《清史稿》卷60《地理志七》，北京：中华书局，1977年，第2036页。
④ 《广灵县志》，广灵县志办公室，1989年。
⑤ 《嘉庆重修一统志》卷146《大同府》，第6766页。
⑥ 参见〔日〕前田正名著，李凭等译：《平城历史地理学研究》，第192页。
⑦ （宋）沈括撰，胡道静校注：《新校正梦溪笔谈》卷24《杂志一》，北京：中华书局，1957年，第245页。
⑧ 《明史》卷41《地理志》，北京：中华书局，1974年，第969页。

第三章　魏晋南北朝时期五岳祭祀考论

通"亦知路况不佳。又,此"今飞狐路"终点在宋代州(今代县,灵丘西南)①,此又与北魏直道不同,此道或即北魏"莎泉道"?若如此,则北魏莎泉道西南东北走向,与西北东南向的直道恰好在灵丘交汇,此或即北魏灵丘"诸州路冲"之原因。

综上,莎泉道西端可能走向不明,但其东端无论如何也为灵丘,即莎泉道即使不是直道一段,但它与直道在交通枢纽灵丘会合,得益于灵丘直道,仍可说莎泉道从属于广义的直道系统②。

北魏第二次修直道在太和六年(482年),孝文帝下诏:"灵丘郡土既褊堉,又诸州路冲,官私所经,供费非一,往年巡行,见其劳瘁,可复民租调十五年。"③数月后"发州郡五万人治灵丘道"④。灵丘是平城以南重要军镇⑤,又是直道中心,公私往来频繁,故朝廷特别重视其是否通畅。有学者据孝文帝治灵丘道断定此为大规模打通新道,此种判断似显武断。从"往年巡行"四字,便知此道为旧路。泰常七年(422年),明元帝"车驾南巡,出自天门关,逾恒岭"⑥。《水经注》引《史记》"臣瓒"注"滱水自(灵丘)县南流入峡,谓之隘门",其后滱水"历南山,南峰隐天,深溪埒谷,其水沿涧西转,径御射台南,台在北阜上,台南有御射石碑"⑦。《读史方舆纪要》、《嘉庆重修一统志》俱有灵丘县隘门山,熊会贞则直接指出隘门即北魏天门关,"盖因设关以察非常,故《魏书·太宗纪》、《灵征志》有天门关之称。"⑧如此在孝文帝修灵丘道之前,太宗就曾由直道从平城至灵丘,故灵丘道绝非始开于

---

① 参见谭其骧主编:《中国历史地图集》第6册,第16—17页。
② 参见李凭:《北魏平城时代》,上海:上海古籍出版社,2011年,第359—361页。李凭强调以"定州大道"指平城与定州间整段道路,笔者因此道与传统沟通两地道路不同,又为官道,故以其笔直特点为名,统称之为直道系统。拙著北魏部分成文较早,后得阅《北魏平城时代》修订本,李凭以《魏书》所见灵丘道、莎泉道为"定州大道"一段,甚感拙见之不孤。
③ 《魏书》卷7上《高祖纪上》,第151页。
④ 《魏书》卷7上《高祖纪上》,第151页。
⑤ 严耕望:《中国地方行政制度史》(魏晋南北朝),上海:上海古籍出版社,2007年,第713页。
⑥ 《魏书》卷3《太宗纪》,第62页。
⑦ (北魏)郦道元著,陈桥驿校证:《水经注校证》卷11《滱水》,第284—285页。此御射碑即后文所说和平二年高宗文成帝御射碑。
⑧ (北魏)郦道元注,(清)杨守敬、熊会贞疏:《水经注疏》卷11《滱水》,第1048页。联系顾祖禹所言天门即铁门即倒马关,综合熊氏之说,则隘门即铁关(倒马关),为慎重起见,笔者未敢视铁关为"隘门"。参见《读史方舆纪要》卷10《北直一》,第413页。

孝文帝时。综上,孝文帝不过是扩建或疏通灵丘直道而已。上述太武帝通莎泉道当与之类似。值得注意的是,太武帝通莎泉道距道武帝通直道近四十年,孝文帝治灵丘道距太武帝通莎泉道也约四十年。盖山路往来频繁,年久失修,需定期整治以保证这条"定州大道"①的畅通。

考证完恒山直道后,可以再关注下它对区域政治的影响。西汉代郡南部七城集中在环祁夷水(今壶流河)—治水(桑干河)地带,它们分别是桑干、当城、代县(郡治)、平舒、狋氏、阳原、东安阳②;东汉时仍有六城③。而据《晋书·地理志》,壶流河流域仅存代郡郡治代县(今蔚县东)、当城县和平舒县(今广灵县西)④。至北魏,因魏末六镇起义此地失陷,故《魏书·地形志》对其建置记载较少,大概亦只有代县与平舒,其后平舒侨置于上谷郡⑤。至于代县,其政治地位亦下降。《嘉庆一统志》言:"又《魏书·灵征志》神麚三年,白鹿见代郡倒刺山,《本纪》太和十一年,肆州之代郡民饥,是后魏时,尝复置代郡属肆州也。《李元护传》叔恢为东代郡太守,盖太和迁洛后,以平城为代郡,故以此为东代郡也。《地形志》俱不载,其缺略多矣。"⑥东汉以降夷祁水(壶流河)流域行政建置的凋零表明:历经中古,飞狐道所沟通的旧代郡地区的战略地位已大为下降,这可能是北魏凿恒山直道的负面影响。与此相对,以平城新代郡为中心的雁北地区成为畿甸之地。孝文帝时京畿遭灾,大臣提议"出灵丘下馆之粟"⑦以救畿甸之民。此知直道中心灵丘镇亦因交通枢纽地位设有粮仓,或即《元和郡县图志》所言县东南隘门山明元帝所置"义仓"⑧。此外,壶流河流域旧代郡地位的下降

---

① 从修莎泉道发定州民力亦可辅证太祖直道依赖定州而无涉飞狐道所在的"燕州"。参见谭其骧主编:《中国历史地图集》第4册,第50—51页。
② 参见《汉书》卷28下《地理志下》,第1622页;谭其骧主编:《中国历史地图集》第2册,第17—18页。
③ 参见《后汉书·郡国志五》,第3527—3528页;谭其骧主编:《中国历史地图集》第2册,第61—62页。
④ 参见《晋书》卷14《地理志上》,第426页;谭其骧主编:《中国历史地图集》第3册,第41—42页。
⑤ 施和金:《北齐地理志》,第137页。
⑥ 《嘉庆重修一统志》卷40《宣化府三》,第1585页。
⑦ 《魏书》卷54《高闾传》,第1206页。
⑧ (唐)李吉甫:《元和郡县图志》卷14《河东道三》,北京:中华书局,1983年,第406页。熊会贞指出灵丘南隘门是"后魏明元帝置义仓之所",参见(北魏)郦道元注,(清)杨守敬、熊会贞疏:《水经注疏》卷11《滱水》,第1048页。

亦可辅证北魏所开直道与广昌（涞源）五回岭、传统飞狐道无关。

三、北岳祭祀与北魏对河北之控制

直道南端望都铁关，地近恒山（大茂山），故北魏皇帝下直道东巡时多遣使祭告北岳。北魏皇帝喜好立碑记功，现存诸帝巡狩碑有两块涉及恒山。一为太武帝太延三年（437年）所立纪念太延元年南巡的《御射碑》，一为和平二年（461年）文成帝的《皇帝南巡碑》。

《魏书·世祖纪》："（太延元年十月）甲辰，行幸定州，次于新城宫。十有一月乙丑，行幸冀州。己巳，校猎于广川。丙子，行幸邺，祀密太后庙……（十二月）癸卯，遣使者以太牢祀北岳。"①太武帝此次至定州当走直道即"定州大道"，《御射碑》能补其阙："历定冀……恒山北行而归。十有二月□□五□之崄□□崇之峙……驾路隅，弯弓而射之，矢逾于□□五百余□。"②又，据《太平寰宇记》五回山在满城县西九十里，"下有三碑，即后魏所立。文云：'皇帝太延元年，车驾东巡，援弓而射，飞矢逾于岩山三百余步，后镇军将军、定州刺史乐良公乞文于射所造亭立碑，中山安喜贾聪书。'"③五回山即碑文"五□之崄"，《水经注》所说广昌县南之广昌岭，又称五回岭。《嘉庆重修一统志》"易州"引旧志"五回山在州西南一百二十里，亦曰五回岭，俗又讹为五虎岭，其相接者曰狼牙峪"④。狼牙峪即五回岭东面的狼牙山，《读史方舆纪要》载"易州"：

> 五回山，州西南百二十里，亦曰五回岭。其相接者曰狼牙峪，又为五回道。《水经注》："代郡广昌县东南有大岭，世谓之广昌岭，高四十余里。二十里中委折五回，方得达其上。其南层崖刺天，积石之处，壁立直上。有五回道。下望层山，如蚁垤然。"唐武后圣历初，突厥默啜入寇赵、定诸州，自五回道引去。开元中置五回县，盖以山名。宋嘉定六年蒙古大败金兵于五回，遂拔涿、易二州。⑤

---

① 《魏书》卷4上《世祖纪上》，第86页。
② 施蛰存：《北山金石录（上）》，第73页。
③ （宋）乐史：《太平寰宇记》卷67《河北道·易州》，北京：中华书局，2007年，第1363页。
④ 《嘉庆重修一统志》卷47《易州直隶州》，第1842页。
⑤ 《读史方舆纪要》卷12《北直三》，第542页。是书引《水经注》衍"有五回道"四字。

结合古代地志与今涞源、易县地图①,可大体判断,古代"五回岭"即今狼牙山西部之太行山脉,五回山迂回而包狼牙山(参见图1)。五回道即五回岭与狼牙峪之间曲折山路,该道处在河北西部山脉与东部平原的过渡地带上,东北、东南皆可通河北平原,向西可能有山路达广昌(涞源)进而通飞狐道。据林鹏寻访,太延《御射碑》在易县狼牙山南管头村发现②,该村恰在五回道南口,太武帝御射即在五回道上射向五回岭。论者或以魏帝巡狩至五回岭而以此路或与"直道"有关,进而或可辅证直道与广昌(涞源)、飞狐道有一定联系。但结合《御射碑》、《魏书·世祖纪》可知,太武帝是先到定州而南巡,其后北归而祭恒山,途中北行经五回岭。据《御射碑》发现地点可知,太武帝不过曾至五回岭东南边缘,甚至可能未进入山间的五回道,而是东北走向幽州,与定州—灵丘直道无关。又,《太平寰宇记》所载立碑者为定州刺史及中山安喜县人,此二人或是魏帝至定州后随从北行见证御射活动者。太武帝南巡走直道,回京不走直道,亦合情理。正因为灵丘直道系统特别重要,故太武帝南巡后次年就下令疏通莎泉道,其意仍在通过直道沟通并冀两地。

和平二年《御射碑》在灵丘县唐河之畔,其文与《高宗纪》记载一致,惟省书《魏书》祭恒山事③,其文有:

> 维和平二年岁在辛丑三月丁巳朔□,皇帝南巡自定州至于邺都,所过郡国,禊于衡水之滨,[尝]射于广平之野,于时皇宋[遣]使庆□□[报]修聘问之义,贡殊方之□滨,舞□□之舞,奏金石之乐……兴安二年尝[拉射]于此山……④

此碑立于灵丘,足见文成帝南巡走直道。碑文记兴安二年(453年)文成帝曾由直道南巡并于灵丘之山御射,此即《魏书》兴安二年文成帝"行幸信都、中山,观察风俗"⑤一事。又据《魏书·北海王传》,孝文帝南伐曾至

---

① 参见《河北省地图册》,第92—93页。
② 参见林鹏:《寻访御射碑记》,《文物春秋》2001年第6期。
③ 《魏书》卷108之1《礼志一》,第2739页;《魏书》卷5《高宗纪》,第119页。
④ 参见张庆捷:《民族汇聚与文明互动——北朝社会的考古学观察》,北京:商务印书馆,2010年,第12页。
⑤ 《魏书》卷5《高宗纪》,第113页。

"高宗射铭之所",即巡狩至灵丘,模仿祖先与众臣比射①,此足见灵丘直道之繁忙。从和平二年《御射碑》来看,文成帝至定州后,除南巡诸郡又乘便接待南使,此亦见这条定州大道的战略意义②。

魏帝多出直道达定州进而南巡,实为严格控制新征服的河北地区,恒山在直道南口,故多享祭祀。从某种程度上说,北魏直道的繁忙与朝廷频繁祭祀恒山,这些表象之下隐藏的不仅是北魏对河北地区的重视,更是对该地区的压榨③。道武帝灭后燕之初,徙民五十万至平城,直道的开辟正是为以最快的速度输送这笔丰厚的人力资源。北朝时期,河北是北方经济中心,魏末丧乱,河北受损最巨,然据《魏书·地形志》,原冀定相三州(包括后从三州分出的瀛、殷、沧三州)其户口至东魏武定年间仍有 1030117 户,占东魏全国人口的 51.3%④。北魏初期先灭后燕得河北,从此冀定相三州就成为北魏一百多年里征伐四方之基础⑤。以下是仅据《魏书》诸帝纪明确记载用河北民力事:

表 3.1　北魏历朝调发河北民力表

时间	事件
道武帝天兴元年(398 年)	徙山东六州民吏及徒何、高丽杂夷三十六万,百工伎巧十万余口,以充京师。
道武帝天赐元年(404 年)	五月,置山东诸冶,发州郡徒谪造兵甲。
明元帝泰常三年(418 年)	夏四月己巳,徙冀、定、幽三州徒何于京师。
太武帝神䴥三年(430 年)	帝闻刘义隆将寇边,乃诏冀、定、相三州造船三千艘,简幽州以南成兵集于河上以备之。

---

① 《魏书》卷 21 上《北海王传》,第 559 页。
② 参见蔡宗宪:《南北朝交聘使节行进路线考》,《中国历史地理论丛》2005 年第 4 辑。
③ 周一良在《中山邺信都三城》中从诸帝行幸等角度初步论述了北魏对河北的重视。参见氏著:《魏晋南北朝史札记》,中华书局,2007 年,第 307—310 页。
④ 参见唐长孺:《魏晋南北朝隋唐史三论》,武汉:武汉大学出版社,1992 年,第 102 页。以定州为例,《魏书》卷 7《高祖纪上》载太和七年(483 年),定州仅救活饥民就有 947000 余口,而据《地形志》东魏武定年间全部户口只有 834274 人。
⑤ 北魏末年丧乱,大臣长孙稚议不当废盐池税有言"今四境多虞,府藏罄竭,然冀定二州且亡且乱,常调之绢,不复可收。仰惟府库,有出无入,必须经纶,出入相补。略论盐税,一年之中,准绢而言,犹不应减三十万匹也,便是移冀定二州置于畿甸。"(《魏书》卷 25《长孙稚传》)此是北魏一国仰仗河北经济之明证。

续表

时间	事件
太武帝太平真君六年（445年）	（十一月）己未，遣（高凉王）那及殿中尚书、安定公韩茂率骑屯相州之阳平郡，发冀州民造浮桥于碻磝津。
太武帝太平真君七年（446年）	六月甲申，发定、冀、相三州兵二万人屯长安南山诸谷，以防越逸。丙戌，发司、幽、定、冀四州十万人筑畿上塞围，起上谷，西至于河，广袤皆千里。①
太武帝太平真君八年（447年）	（三月）徙定州丁零三千家于京师。
太武帝太平真君十一年（450年）	（九月）庚子，曲赦定冀相三州死罪已下。发州郡兵五万分给诸军。
孝文帝太和二十一年（497年）	（六月）壬戌，诏冀、定、瀛、相、济五州发卒二十万，将以南讨。
宣武帝景明四年（503年）任城王元澄伐钟离	（六月）丙戌，发冀、定、瀛、相、并、济六州二万人、马千匹，增配寿春。（据《元澄传》，马为一千五百匹）
宣武帝正始三年（506年）（506—507元英南伐，钟离之败）	（七月）己丑，诏发定、冀、瀛、相、并、肆六州十万人以济南军。
宣武帝永平四年（511年）（卢昶朐山之败）	诏曰："克获朐山，计本于昶……今既请兵，理宜速遂。可遣冀、定、瀛、相四州中品羽林、虎贲四千人赴之。"

从上表可以粗略看出，凡北魏有大的军事举动，比如太武帝南伐，宣武帝数次南伐，都有三州河北兵参加。河北兵民除普通编户外，还有刑徒与少数民族，既有一般服兵役之州兵，又包括较高级的禁卫军。河北三州吏卒不仅用来防御本土黄河流域，他们还被徙至西、北边疆，往往还是南伐主力，如《杨椿传》称定州八军"自中原稍定，八军之兵，渐割南戍"②。北魏后期，四方战事频繁，延昌四年（515年）为抵挡萧衍北侵，魏帝竟下诏令定州刺史崔亮假镇南将军、冀州刺史萧宝夤为镇东将军南下抵挡。此时河北大乘起义初平③，崔、萧二人身为河北刺史持节转战南下，亦是三州兵民不得休息之明证④。

---

① 此役规模难度巨大，两年后因河北饥荒，吏民才得以休息，详见后文《北魏诸帝行幸定州表》。
② 《魏书》卷58《杨椿传》，第1287页。
③ 参见《魏书》卷9《肃宗纪》，第223页。
④ 《北史》卷62《王罴传》（北京：中华书局，1974年，第2201页）载王罴为崔亮定州长史，随军南讨尝带精兵；《魏书》卷59《萧宝夤传》（第1315—1316页）载萧宝夤于延昌四年讨大乘不利，直至台军辅助才初灭之。

河北之于北魏如此重要，朝廷在对其进行高效压榨的同时也在努力经营，维持地区稳定是经营河北的重心。天兴四年（401年）道武帝立邺、定州行台不久就罢邺城行台①，定州（行台）曾短暂成为朝廷控制河北的中心②。明元帝永兴三年（411年）诏北新侯安同等"持节循行并、定二州及诸山居杂胡、丁零，问其疾苦，察举守宰不法，其冤穷失职、强弱相陵、孤寒不能自存者，各以事闻"③。安同至河北后"发众四户一人，欲治大岭山，通天门关，又筑坞于宋子，以镇静郡县"，此时却遭贺护诬以"筑城聚众，欲图大事"，明元帝即"以同擅征发于外，槛车征还，召群官议其罪"④。其后安同虽免罪，但从其欲有作为于河北而招反叛之诬来看，足见北魏朝廷对河北控制之谨慎⑤。此外，明元帝还在泰常三年（418年）"诏诸州调民租，户五十石，积于定、相、冀三州"，此时在三州积谷应是为日后南伐做准备⑥。始光四年（427年）太武帝借行幸定州之机整顿地方吏治，"守宰贪污免者十数人"，并"复所过田租之半"⑦。重视河北地方吏治，固然有助于缓解官民矛盾，但北魏治理河北的根本目标是依托其充足的户口将其建设成朝廷的军事资源基地。于是河北三州营户充斥，除依托本地兵源外，朝廷偶尔还从外地补充。如太平真君五年（444年）"北部民杀立义将军、衡阳公莫孤，率五千余落北走。追击于漠南，杀其渠帅，余徙居冀、相、定三州为营户"⑧。延兴元年（471年）"沃野、统万二镇敕勒叛。诏太尉、陇西王源贺追击，至枹罕，灭之，斩首三万余级；徙其遗迸于冀、定、相三州为营户"⑨。河北人口众多，土客杂居，民族成分复杂，这当然又给朝廷带来极大的维稳压力。道武帝取河北后第二年，定州的中山太守反叛，"诏中领军长孙肥讨平之"⑩。太武帝神䴥元年（428年）"定州丁零鲜于台阳、翟乔等二千余家叛

---

① 《魏书》卷2《太祖纪》，第38页。
② 定州何时罢行台记载不详，然当在北魏前期邺罢行台后不久。此时兴废行台，表明北魏统治者在河北统治策略上的微妙变化：即先认识到控制河北急需中央权威，但立行台后又怕其地位突出导致尾大不掉，故废除行台制度后，魏帝依托传统巡行控制策略，将河北地区纳入重点巡行区。
③ 《魏书》卷3《太宗纪》，第51页。
④ 《魏书》卷30《安同传》，第713页。
⑤ 安同欲修山路所通之天门关位于灵丘，这实际也是一次整治直道系统的计划。
⑥ 《魏书》卷3《太宗纪》，第59页。
⑦ 《魏书》卷4上《世祖纪上》，第73页。
⑧ 《魏书》卷4下《世祖纪下》，第97页。
⑨ 《魏书》卷7上《高祖纪上》，第135页。
⑩ 《魏书》卷2《太祖纪》，第35页。

入西山,劫掠郡县,州军讨之,失利。诏镇南将军、寿光侯叔孙建击之"①。正平二年(452年)"南来降民五千余家于中山谋叛,州军讨平之。冀州刺史、张掖王沮渠万年与降民通谋,赐死"②。大规模的反叛会遭有力镇压,小规模的群体性事件也会招致北魏朝廷反感而大开杀戒。太武帝太平真君八年行幸中山时就因"高阳、易县民不从官命,讨平之,徙其余烬于北地"③。太和二十一年(497年)定州民王金钩因"讹言惑众,自称应王",结果遭州郡捕斩④。此外,结合表3.1还可发现:太武帝用河北民力最勤,其对河北治理也最为严酷。

前文提到,直道(定州大道)的修建沟通了平城与定州,方便了皇帝南巡控制河北,恒山也因此多享礼遇。下面结合《魏书》,将孝文帝迁都前北魏诸帝行幸定州中山事做表一览⑤:

表 3.2 北魏诸帝行幸定州表

时间	事件
明元帝泰常七年(422年)	(十月)壬辰,车驾南巡,出自天门关,逾恒岭。四方蕃附大人各率所部从者五万余人。
太武帝始光四年(427年)	十有二月,行幸中山,守宰贪污免者十数人。
太武帝太延元年(435年)	(十月)甲辰,行幸定州,次于新城宫。十有一月乙丑,行幸冀州。己巳,校猎于广川。
太武帝太延五年(439年)	正月庚寅,行幸定州。
太武帝太平真君四年(443年)	庚午,行幸中山。二月丙子,车驾至于恒山之阳,诏有司刊石勒铭。
太武帝太平真君六年(445年)	六年春正月辛亥,车驾行幸定州,引见长老,存问之。
太武帝太平真君八年(447年)	(二月)癸未,行幸中山,颁赐从官文武各有差。高阳易县民不从官命,讨平之,徙其余烬于北地。

---

① 《魏书》卷4上《世祖纪上》,第74页。
② 《魏书》卷4下《世祖纪下》,第106页。
③ 《魏书》卷4下《世祖纪下》,第101页。
④ 《魏书》卷7下《高祖纪下》,第181页。
⑤ 张金龙曾统计太武帝南巡次数,涉及行幸定州。参见氏著:《北魏政治史》(四),兰州:甘肃教育出版社,2008年,第48—53页。

续表

时间	事件
太武帝太平真君九年（448年）	二月癸卯，行幸定州。山东民饥，启仓赈之。罢塞围作。
文成帝兴安二年（453年）	冬十有一月辛酉，行幸信都、中山，观察风俗。
文成帝兴光元年（454年）	（十有一月）戊戌，行幸中山，遂幸信都。十有二月丙子，还幸灵丘，至温泉宫。
文成帝太安四年（458年）	二月丙子，登碣石山，观沧海，大飨群臣于山下，班赏进爵各有差……戊寅，南幸信都，畋游于广川。 三月丁未，观马射于中山。
文成帝和平二年（461年）	二月辛卯，行幸中山。丙午，至于邺，遂幸信都。
孝文帝太和五年（481年）	五年春正月己卯，车驾南巡。丁亥，至中山。亲见高年，问民疾苦。二月辛卯朔，大赦天下……丁酉，车驾幸信都，存问如中山。癸卯，还中山。己酉，讲武于唐水之阳。

首先，联系前文提及北魏皇帝六次遣使祭祀恒山事，除泰常四年东巡祭祀恒岳未至定州外①，其他五次当都因至定州而礼恒山②。其次，在表3.2十三次驾幸定州中，只有一次即太安四年文成帝南巡是自幽州南下，其余皆直述行幸定州，则此十二次当皆走"定州大道"。再次，比照《北魏历朝调发河北民力表》，可知太武帝因强力压榨河北三州而多次行幸定州；其孙文成帝对河北民力压榨虽最不明显，但也频频抵达定州。此足见定州的东西交通枢纽地位。

定州大道即恒山直道对北魏既然有重要的战略意义，那么恒山也自然成为时人眼中的政治地理坐标。泰常元年刘裕北伐，崔浩建议借黄河道与之，但北魏群臣惧刘裕借西伐之名夺河北，崔浩反驳道："假令国家弃恒山以南，裕必不能发吴越之兵与官军争守河北也，居然可知。"③赫连定与刘宋联和反魏，谋划遥分河北："自恒山以东属义隆，恒山以西属定。"④

---

① 详见《魏书》卷108之1《礼志一》，第2737页。
② 其中太平真君十一年南伐路线虽无直接证据，但从《世祖纪》曲赦定冀相三州以及抵达枋头来看，其必先至定州。
③ 《魏书》卷35《崔浩传》，第810页。此时若无定州大道穿恒山天险，崔浩亦不能如此自信。
④ 《魏书》卷95《铁弗刘虎传》，第2059页。

孝文帝时,以"代在恒山之北,为九州之外"①的借口南下迁都洛阳,自此之后,北魏皇帝鲜有北巡至定州者,史籍也少见与直道相关之事。但直道仍发挥着沟通东西行役的重要作用。北魏末年六镇叛乱平息,有降户二十万,广阳王元深等建议在"恒州北别立郡县,安置降户",但朝廷决定分散至内地冀定瀛三州就食②。于是大批流民自云中涌入河北诸州,北魏太祖所开直道当是流民主要通道,定州也因之成为六镇流民聚居之地。不久,鲜于修礼率六镇降户反于定州,史载:"寻值鲜于修礼、毛普贤等率北镇流民反于州西北之左人城,屠村掠野,引向州城。州城之内,先有燕恒云三州避难之户,皆依傍市鄽,草庐攒住。修礼等声云欲收此辈,共为举动。"③当时定州城内北方难民中就有来自武川镇的宇文泰一家。宇文泰祖先本为后燕将领,正因北魏道武帝灭燕,宇文一家才由中山(定州)北徙武川镇,至北魏末年北镇战乱,宇文家"避地中山,遂陷于鲜于修礼",此是宇文氏回归故里④。至此可以说,恒山直道见证了北魏一百多年的盛衰史,它的开凿标志着北魏着手控制中原,盛时它将山东河北吏民源源不断地输往北边,衰时它又引导北镇流民徙入河北,加速了北魏的灭亡。

第四节　北魏疆域开拓与五岳祭祀

五岳之中,恒山之于北魏固然最为重要,但随着北魏南下与疆域扩张,其他几岳也逐渐进入朝廷视线并得享祀。

一、泰常八年北魏祭祀华山事发微

泰常八年(423年)四月明元帝幸洛阳时曾"遣使以太牢祀嵩高、华岳"⑤。此时正值北魏大举南伐,泰常七年明元帝先遣奚斤、周几等人南伐刘宋,不久明元帝为助奚斤攻滑台而亲征;攻下滑台进军青兖后,明元帝又东幸洛阳助攻虎牢。到第二年明元帝遣使祭祀两岳时,奚斤围虎牢后"自

---

① 《魏书》卷14《神元平文诸帝子孙列传》,第359页。
② 《魏书》卷18《广阳王传》,第431页。参见《魏书》卷58《杨昱传》,第1293页。
③ 《魏书》卷68《甄琛传》,第1517页。
④ 《周书》卷1《文帝纪上》,北京:中华书局,1971年,第1—2页。
⑤ 《魏书》卷108之1《礼志一》,第2737页。

率轻兵徇下河南、颍川、陈郡以南"①。虎牢当时已为孤城飞地,故魏使能轻易南下至嵩山祭祀。可华山在弘农以西潼关以内,此时距始光三年(426年)太武帝拓跋焘西伐赫连夏进入关中尚有三年,明元帝之使何以能入夏境祭祀华山?《资治通鉴》或察于此,故仅书"遣使祀嵩高"②。史家在讨论北魏前期扩张时多注重道武、太武二帝,如吕思勉言:"明元雄略,迥非道武之伦。"③张承宗注意到了明元帝(409—423年在位)在北魏史上承前启后的重要意义,他指出明元帝功绩之一是通过泰常八年对宋战争将北魏势力扩展到黄河以南④。具体到明元帝对西方赫连夏策略,张金龙指出明元帝时两国因有山西杂胡地带相隔直接交锋较少,至太武帝时由于两国边境相连,冲突在所难免⑤。但细读《魏书》诸史可发现,在太武帝西进关中之前,特别是明元帝在位期间,东西局势已逐渐发生转变,北魏势力不断向西发展,于是泰常八年祭祀华山事不仅可以成立,而且还反映了这一重要的军事政治背景。

(一)东方入关中的两条路线

祭祀华山意味着叩开关中东大门。对于关东政权来说,进入关中一般有两条路线,北线从河东由蒲坂渡河,南线经弘农入潼关,后来北魏入关即走此二线。《魏书》记始光三年(426年)伐赫连昌事:"帝以屈丐既死,诸子相攻,九月,遣司空奚斤率义兵将军封礼、雍州刺史延普袭蒲坂(河东郡治),宋兵将军周几率洛州刺史于栗磾袭陕城(弘农郡治)。"⑥魏军在河东、弘农的战事进行顺利,"奚斤未至蒲坂,昌守将赫连乙升弃城西走。昌弟助兴守长安,乙升复与助兴自长安西走安定。奚斤遂入蒲坂。"⑦同时在黄河南岸"昌弘农太守曹达不战而走"⑧。此役魏军南北二线并进,顺利攻入长安。对于赫连夏来说,八年前占领关中也是以控制这南北二线交通为终点

---

① 《魏书》卷29《奚斤传》,第699页。
② 《资治通鉴》卷119《宋纪一》,北京:中华书局,1956年,第3756页。
③ 吕思勉:《两晋南北朝史》,上海:上海古籍出版社,1983年,第353页。
④ 参见张承宗:《兼资文武的北魏明元帝拓跋嗣》,《北朝研究》1996年第3期。
⑤ 参见张金龙:《北魏政治史》(三),第40—42页。
⑥ 《魏书》卷4上《世祖纪上》,第71页。参见毋有江:《北魏政区地理研究》,复旦大学博士学位论文(历史地理学),2005年,第10页。
⑦ 《魏书》卷4上《世祖纪上》,第71—72页。
⑧ 《魏书》卷31《于栗磾传》,第736页。

的。晋义熙十四年(北魏泰常三年,418年),"赫连勃勃大败王师于青泥北"①,青泥在华山西南,即今蓝田县;同时晋雍州刺史朱龄石逃离长安奔潼关,"龙骧将军王敬先戍曹公垒,龄石自潼关率余众就敬先,虏断其水道,众渴不能战,城陷。"②曹公垒,在阌乡县西二十里,潼关在阌乡县西六十里③,是知曹公垒在潼关东约四十里,故胡三省直言"曹公垒在潼关"④。曹公垒一战,赫连氏拿下潼关一带,东晋尽失关中。此时与潼关相对,晋军据守河北之蒲坂成为孤城。不久,赫连勃勃称帝于霸上,"遣其将叱奴侯提率步骑二万攻晋并州刺史毛德祖于蒲坂,德祖奔于洛阳。以侯提为并州刺史,镇蒲坂。"⑤此为赫连夏夺蒲坂。由以上材料可知,自泰常三年至始光三年(418—426年)潼关以西的关中地区当属赫连夏。

(二)不立郡县之赫连夏

洪亮吉曾指出"赫连以统万建基,故芟郡县之名,尽归城主"⑥。赫连夏统治地方尽用镇戍制度⑦,凸显了其作为游牧民族的掠夺式经济生活方式。首先,不立郡县表明其依然保持游牧民族的无后方流动作战模式,在这种作战方式下无论进攻还是防守一城一地之得失都不太重要,当然他们更不会在意边疆之驻守。从始光三年北魏初次西伐来看,赫连夏镇守蒲坂、弘农二重镇之将领皆轻于去就,这不免让人怀疑赫连氏统治关中八年间可能无严格的边防,可能至北魏入侵时它才临时派遣军队布防于二镇。若果真如此,那么北魏使者入关祭祀华山便有机可乘。赫连夏立国后关中地区军镇⑧分布大概以南台长安为中心,其次"以朔州牧镇三城,秦州刺史镇杏城,雍州刺史镇阴密,并州刺史镇蒲坂,梁州牧镇安定,北秦州刺史镇

---

① 《晋书》卷10《安帝纪》,第267页。
② 《宋书》卷48《朱龄石传》,第1424页。
③ 参见《读史方舆纪要》卷48《河南三》,第2280页。
④ 《资治通鉴》卷118《晋纪四十》,第3721页。
⑤ 《晋书》卷130《赫连勃勃载纪》,第3209页。
⑥ (清)洪亮吉:《十六国疆域志》卷1,北京:商务印书馆,1958年,第1页。马长寿亦曾推测关中之羌不立郡县,参见氏著:《氐与羌》,广西师范大学出版社,2006年,第19页。
⑦ 关于北朝关中镇戍制度参见侯旭东:《北魏境内胡族政策初探——从〈大代持节豳州刺史山公寺碑〉说起》,《中国社会科学》2008年第5期。
⑧ 参见牟发松:《十六国时期地方行政机构的军镇化》,《晋阳学刊》1985年第6期;高敏:《十六国时期的军镇制度》,《史学月刊》1998年第1期。

武功,豫州牧镇李闰,荆州刺史镇陕"①。长安以东军镇为李润堡和陕城(今三门峡),赫连夏豫州即后来北魏华州②,其军镇李润与华山—潼关隔洛水、渭河,战略目的是为呼应河东蒲坂而非防御由南线进入关中③。南线防御的重任在陕城,可赫连夏入侵关中时,其军事行为仅及潼关一带,似未向东进。再据吴洪琳所作《夏国职官表》④,赫连夏未派亲信任荆州刺史;后来防守陕城的弘农太守曹达不战而走,洪亮吉或许据此推测"曹达系姚秦氏旧守"⑤。至此可知,赫连夏关中东部布防简况:豫州李润堡防御重点在北不在南,荆州弘农或仅羁縻而已。从北魏始光三年南线进攻来看,魏军下弘农后"乘胜长驱,仍至三辅"⑥,在潼关也未遭遇明显抵抗,赫连夏弘农—潼关一线防御极为薄弱。

其次,赫连夏不立郡县,为政残忍,关中失序,人心散乱。赫连勃勃不定都长安而北还统万,这表明赫连夏政权无意着力治理关中,该地区在赫连氏"治"下的八年出现了强大的移民潮。其实刘裕灭姚秦后关中就已大乱,当时关中民众已开始向北魏迁移。如泰常二年(417年)十二月,"氐豪徐骏奴、齐元子等,拥部落三万于雍,遣使内附,诏将军王洛生及河内太守杨声等西行以应之。"⑦泰常四年(419年),"司马德文建威将军、河西太守、冯翊羌酋党道子遣使内属。"⑧泰常五年(420年),"河西屠各帅黄大虎、羌酋不蒙娥等遣使内附……十有二月丁亥,杏城羌酋狄温子率三千余家内附。"⑨以上大概可反映关中少数民族的人心向背。再据《魏书·寇讚传》:"姚泓灭,秦雍人千有余家推讚为主,归顺。拜绥远将军、魏郡太守。其后,秦雍之民来奔河南、荥阳、河内者户至万数,拜讚安远将军、南雍州刺史、轵

---

① 《晋书》卷14《地理志上》,第432页。
② 华州州治之论详见《魏书》卷19下《安定王传》,第518页。
③ 十六国时期,李闰为长安北部羌族聚居地,战略地位重要。参见马长寿:《碑铭所见前秦至隋初的关中部族》,桂林:广西师范大学出版社,2006年,第39—40页。
④ 吴洪琳:《铁弗匈奴与夏国史研究》,北京:中国社会科学出版社,2011年,第131—132页。
⑤ (清)洪亮吉:《十六国疆域志》卷16,第448页。又姚秦有将名为"曹炽"、"曹云"(《晋书》卷118《姚兴载记下》,第2994页),此或可辅证洪亮吉观点。
⑥ 《魏书》卷31《于栗磾传》,第736页。
⑦ 《魏书》卷3《太宗纪》,第58页。
⑧ 《魏书》卷3《太宗纪》,第59页。
⑨ 《魏书》卷3《太宗纪》,第60页。

县侯,治于洛阳,立雍州之郡县以抚之。由是流民襁负自远而至,叁倍于前。"①此条史料较为重要,它不仅表明自姚秦灭亡至赫连夏入主关中时关中百姓不断向东奔至魏境,它还暗示出赫连夏根本无暇或无力管制关中至豫西的交通,其关中东部的南线防御极为薄弱,故北魏祭山使者能顺利抵达华山。

再次,赫连夏占领关中后依然坚持传统的防魏战略。赫连勃勃南下关中匆匆称帝后,群臣认为应定都长安,但他反驳道:"朕岂不知长安历世帝王之都,沃饶险固!然晋人僻远,终不能为吾患。魏与我风俗略同,土壤邻接,自统万距魏境才百余里,朕在长安,统万必危;若在统万,魏必不敢济河而西。诸卿适未见此耳。"②此足见赫连勃勃既不定都长安,也不以关中东部为防魏重心,而是坚持传统上的代来城(今鄂尔多斯市北)、河曲防御策略。赫连勃勃北返不久,北魏明元帝西巡,"至于黄河,从君子津西渡,大狩于薛林山。"③可见赫连勃勃所定防魏战略并无不当,其不重视经营关中或因国力不及。

(三)北魏对河东的控制

如前所述,对于关东的北魏来说,进入关中有黄河南北两道,但此两道的畅通均依赖于一个重要的地缘条件即河东地区的稳定。天兴五年(402年)拓跋珪败姚秦于平阳蒙坑,从此姚秦不敢东窥仅勉强保有蒲坂,北魏进入河东有据全晋之势。以下是据《魏书》道武、明元二帝纪所制自蒙坑之战至泰常南伐前山西西部(即汾水以西与河东地区)局势发展表④:

表3.3 山西西部局势发展表

时间	民众归附	叛乱与镇抚	政权关系
404年			正月,遣离石护军刘讬率骑三千袭蒲子。三月,擒姚兴宁北将军、泰平太守衡谭,获三千余口。
408年			三月,姚兴遣使朝贡。

① 《魏书》卷42《寇讃传》,第946—947页。
② 《资治通鉴》卷118《晋纪四十》,第3725页。
③ 《魏书》卷3《太宗纪》,第60页。
④ 为体现黄河两岸民众归附形势,将河西、关中民众内附之事列入表内。

第三章　魏晋南北朝时期五岳祭祀考论　85

续表

时间	民众归附	叛乱与镇抚	政权关系
410年		二月,诏将军于栗磾领步骑一万镇平阳。 十二月,诏将军周观率众诣西河离石,镇抚山胡。	正月,平阳民黄苗等,依汾自固,受姚兴官号。并州刺史元六头讨平之。
411年	四月,河东蜀民黄思、郭综等率营部七百余家内属。 六月,西河胡张贤等率营部内附。		六月,姚兴遣使来聘。
413年	四月,河东民薛相率部内属。	五月,遣元城侯元屈等率众三千镇并州。乙卯,诏会稽公刘洁、永安侯魏勤等率众三千镇西河。 七月,河西胡曹龙、张大头等,各领部,拥众二万人,来入蒲子,逼胁张外于研子垒……八月,曹龙降,执送张外,斩之。 十月,将军元屈、会稽公刘洁、永安侯魏勤等,击吐京叛胡,失利,洁被伤,勤死之。	二月,姚兴遣使来聘。 十一月,姚兴遣使朝贡,来请进女,帝许之。
414年	六月,河西胡酋刘遮、刘退孤率部落等万余家,渡河内属。		二月,赫连屈孑入寇河东蒲子,杀掠吏民,三城护军张昌等要击走之……西河胡曹成、吐京民刘初原攻杀屈孑所置吐京护军及其守三百余人。 八月,诏马邑侯元陋孙使于姚兴……姚兴遣使来聘。
415年	二月,河西胡刘云等,率数万户内附。		十月,姚兴使散骑常侍、东武侯姚敞,尚书姚泰,送其西平公主来,帝以后礼纳之。
417年	十二月,氐豪徐骇奴、齐元子等,拥部落三万于雍,遣使内附,诏将军王洛生及河内太守杨声等西行以应之。		九月,姚泓匈奴镇将姚成都与弟和都举镇来降。 十二月,诏河东、河内有姚泓子弟播越民间,能有送致京师者赏之。

续表

时间	民众归附	叛乱与镇抚	政权关系
418 年	正月,河东胡、蜀五千余家相率内属。		
419 年	三月,司马德文宁朔将军、平阳太守、匈奴护军薛辩及司马楚之、司马顺明、司马道恭,并遣使请降。		
	六月,司马德文建威将军、河西太守、冯翊羌酋党道子遣使内属。		
420 年	四月,河西屠各帅黄大虎、羌酋不蒙娥等遣使内附。	十一月,诏骁骑将军延普城乾城。①	
	十二月,杏城羌酋狄温子率三千余家内附。		

现对上表做出解读:

首先,就北魏与姚秦关系来看,蒙坑之战后道武帝继续扩大战果由离石下蒲子,而姚秦亦无如之何;虽偶有民众托姚秦口号叛离,但很快被北魏镇压。自 408 年至姚秦灭亡,姚氏数次遣使与北魏交好,甚至奉上公主。魏秦的盟友关系让北魏在姚秦灭亡时得以分一杯羹。417 年姚秦姚成都、和都以匈奴镇(匈奴堡)降魏。据《读史方舆纪要》"平阳府":"匈奴堡,旧志:在府西南七十里。匈奴种人尝保聚于此,因名。姚秦时为戍守处。"② 该堡在蒲坂、平阳之间,成都兄弟举镇而降,使北魏在山西的势力再次南下并有机会接近通往关中的黄河渡口。

其次,对于河东北部的杂胡故地即离石、吐京、西河等地,北魏也加大了控制力度,数次遣将震慑、平叛。如 413 年将军刘洁等人平吐京叛胡事,北魏皇室疏族拓跋屈曾参战,其传有:"后吐京胡与离石胡出以兵等叛,置

---

① 据《魏书》卷 106 上《地形志上》,平阳郡禽昌县有乾城。
② 《读史方舆纪要》卷 41《山西三》,第 1875 页。

立将校,外引赫连屈丐。"①第二年,赫连勃勃便渡河南下蒲子,结果被魏守将击退。有意思的是,同年西河、吐京民众竟反击捣毁赫连勃勃所置吐京护军,此事虽属个案,但却鲜明地展示出北魏经略此地的良好效果。对杂胡故地的有效控制,必然为河东地区的稳定提供了保障。

最后,汾水流域民众的归附是对北魏占有河东的肯定。如 411 年河东蜀民及西河胡的归附可能就是前一年于栗磾镇平阳、周观镇西河离石的成果。418 年河东胡、蜀归附可能是受刘裕北伐、关中大乱影响。值得注意的是,419 年宋匈奴护军薛辩父子如后秦姚成都兄弟一样也投诚北魏,明元帝任薛辩为雍州刺史,其子薛谨为河东太守②,从此河东地区赫赫有名的汾阴薛氏倒向北魏,担当起为拓跋氏抵御赫连夏的重任。史载薛辩"其年诣阙,明元深加器重,明年方得旋镇。帝谓之曰:'朕委卿西蕃,志在关右,卿宜克终良算,与朕为长安主人。'辩既还任,务农教战,恒以数千之众,摧抗赫连氏。帝甚褒奖之,又除并州刺史,征授大羽真。泰常七年,卒于官"③。河东薛氏相继而至,泰常八年河东蜀薛定、薛辅又率五千余家内属④。

综合以上分析,不难发现:蒙坑之战后,北魏经过近二十年经营(特别是在明元帝在位期间),终于在山西扎稳脚跟,同时河东地区也成为其进军关中的稳固基地,河东一角如一把尖刀直指关中。此外,泰常八年明元帝至洛阳后,"蛮王梅安率渠帅数千人来贡方物"⑤,此事开启北魏降服雍豫蛮族之历程;数年后北魏拜梅安子梅豹为"安远将军、江州刺史、顺阳公"⑥,结合"江州"、"顺阳"二官号可知梅氏蛮势力已波及雍豫荆三州交界之秦岭东部山区,该区域北连华山,南控入关中之商洛道。因此可以说,泰常八年时北魏几乎尽得关中东部地利,祭祀华山只不过是这一重大历史进

---

① 《魏书》卷 14《神元平文诸帝子孙列传》,第 365 页。
② 《魏书》卷 42《薛辩传》,第 941 页。
③ 《北史》卷 36《薛辩传》,第 1324 页。
④ 《魏书》卷 3《太宗纪》,第 63 页。参见许蓉生等:《河东薛氏研究——两晋南北朝时期地方豪强的发展道路》,《西南民族大学学报》(人文社科版)2004 年第 11 期;侯纪润:《河东薛氏研究——以南北朝时期河东薛氏世系房分为主》,陕西师范大学硕士学位论文(历史文献学),2006 年。
⑤ 《魏书》卷 3《太宗纪》,第 63 页。
⑥ 《魏书》卷 101《蛮传》,第 2246 页。

程的注脚而已。

(四)明元太武之际北魏关中政策窥探

按照山川为一方之镇的理念,明元帝泰常八年祭祀华山当有祈求华山神助其攻下关中之内容,就如同他攻河南虎牢祭祀中岳嵩山一样,也如一百年前刘聪攻洛阳时南下亲祈嵩山一样①,这暗示明元帝或已有从关中东部进军赫连夏之意图。

其实在泰常二年刘裕挺进关中之时,崔浩就向明元帝提出应准备接手关中的建议:"今以秦之难制,一二年间岂裕所能哉?且可治戎束甲,息民备境,以待其归,秦地亦当终为国有,可坐而守也。"②《魏书》载勋贵大将周几在伐赫连夏之前:"几常嫌奚斤等绥抚关中失和,百姓不附。每至言论,形于声色。斤等惮焉。进号宋兵将军。"③据《魏书·太宗纪》,永兴四年(412年)以奚斤为左丞相④,泰常七年(422年)始加周几为宋兵将军⑤,之后二人南伐刘宋。由此可知,奚斤当政期间,特别是在姚秦灭亡、东晋与赫连夏相继扰动关中之时,北魏确实制定了相应对策,或有进军关中计划,此即明元帝"志在关右"之心。但从周几的抱怨来看,奚斤或疏于治理关中导致百姓不附⑥,其深层原因可能是受北魏当权贵族只重南北防御不重西拓的传统战略影响。刘裕入关中时,北魏贵族表现得极度紧张,他们选派长孙嵩截击晋军,结果以失败告终⑦;晋军离开关中时,北魏也未按崔浩建议及时进取以致错失良机,故主张西进入关的朝臣如周几等当对传统战略表示不满。

甚至可以进一步推测,明元太武之际,面对赫连夏治下失序的关中,北魏大臣可能对是否进军关中分为两派,一派以长孙嵩、奚斤为代表,一派以

---

① 《资治通鉴》卷87《晋纪九》,第2745页。
② 《魏书》卷35《崔浩传》,第810—811页。
③ 《魏书》卷30《周几传》,第726页。
④ 《魏书》卷3《太宗纪》,第52页。
⑤ 《魏书》卷3《太宗纪》,第62页。
⑥ 笔者大胆推测,或是因北魏招抚政策失误,姚秦弘农旧守曹达才降于赫连夏,通往关中之路遇阻。
⑦ 《魏书》卷35《崔浩传》,第809—810页。易毅成指出北魏前期对刘宋的策略是被动防御,参见氏著:《北魏的南进政策与国势的消长》,张国刚主编:《中国中古史论集》,天津古籍出版社,2003年。

崔浩、太武帝为代表。长孙嵩、奚斤等为明元帝"八公"①，军政大事皆为主谋，拓跋焘以太子监国，二人位列左辅②。拓跋焘即位后曾询问大臣应先西征赫连夏还是北讨柔然，此时长孙嵩、长孙翰及奚斤提出："赫连居土，未能为患，蠕蠕世为边害，宜先讨大檀。"③联系北魏诸贵曾对刘裕北伐表示担忧，他们注重南北防御的战略或许影响到了明元帝，于是明元帝死前"锐意南伐"④，以致让泰常八年南伐期间的祭祀华山事件看似蜻蜓点水。而数年后面对太武帝询问，崔浩再次主张"赫连屈丐，土宇不过千里，其刑政残虐，人神所弃，宜先讨之"⑤。此时的崔浩已非明元帝时的博士祭酒，他已从世子右弼转为太常，成为皇帝师友兼朝廷重臣，太武帝当受其影响颇欲立伟业于关中。赫连勃勃死后关中再现可乘之机，这时长孙嵩等再次老生常谈，坚持不愿西伐，于是太武帝大怒，"责嵩在官贪污，使武士顿辱。"⑥

以上着重从军事政治角度分析了泰常八年北魏祭祀华山事，然就思想动因而论，其又或受《周礼》影响。《周礼·职方氏》记"河南曰豫州，其山镇曰华山"，北魏南伐既是河南豫州，故皇帝循礼祭所过嵩华二岳，二岳并祭，似是兼采郑注《大宗伯》以嵩山为中岳及《职方氏》以华山为豫州镇山⑦。虽然当时华山处在北魏所控地域之外，但明元帝这种遣使越境祭祀镇山的做法，或见《周礼》在北朝之魅力⑧。

二、北魏嵩山的道释二教

泰常八年"越界"祭祀华山事显示出北魏皇帝对五岳信仰的重视，至太武帝平定关中，北魏已有五岳之三。太延元年（435年）太武帝下令"立庙

---

① 《魏书》卷25《长孙嵩传》，第643页。
② 《魏书》卷35《崔浩传》，第813页。
③ 《魏书》卷25《长孙嵩传》，第644页。
④ 《魏书》卷35《崔浩传》，第814页。
⑤ 《魏书》卷25《长孙嵩传》，第644页。
⑥ 《魏书》卷25《长孙嵩传》，第644页。长孙嵩为鲜卑南部大人，辅佐道武帝复国，历仕三朝，于诸元老中最为显要，在太武帝初期西伐之议中新进太常崔浩直接与其对立，此当是崔浩与鲜卑贵族矛盾之明显表达，亦有助于理解陈寅恪所说崔浩乃死于鲜卑部落酋长之手，更可充实何兹全所说崔浩是北魏皇帝与鲜卑贵族矛盾的牺牲品。参见陈寅恪：《崔浩与寇谦之》，《金明馆丛稿初编》，上海：上海古籍出版社，1980年，第136—140页；何兹全：《崔浩之死》，《文史哲》1993年第3期。
⑦ 参见《周礼注疏》卷18《大宗伯》，卷33《职方氏》，《十三经注疏》，第758页、第862页。
⑧ 参见楼劲：《〈周礼〉与北魏开国建制》，《唐研究》2007年第13卷。

于恒岳、华岳、嵩岳上,各置侍祀九十人,岁时祈祷水旱。其春秋泮涸,遣官率刺史祭以牲牢,有玉币"①。在继承泰常之制基础上,太武帝定下制度,即五岳岁时祭祀由中央遣官、刺史偕同②。太平真君十一年(450年)太武帝在南征刘宋时"径恒山,祀以太牢。浮河、济,祀以少牢。过岱宗,祀以太牢。至鲁,以太牢祭孔子"③。这是北魏第一次祭祀泰山。然而太武帝南伐未能稳定黄淮地区,直至献文帝时慕容白曜平青齐徐三州,泰山才算稳在境内。皇兴二年(468年)献文帝"遣中书令兼太常高允奉玉币祀于东岳,以太牢祀孔子"④。有人称赞献文功绩时说道:"自永嘉之末,封豕横噬,马睿南据,奄有荆楚。及桓刘跋扈,祸难相继。岱宗隔望秩之敬,青徐限见德之风。献文皇帝髦龀龙飞,道光率土,干戚暂舞,淮海从风,车书既同,华裔将一。"⑤至孝文帝鼎盛之时,北魏几乎已"以五山为镇"⑥。

随着五岳渐入魏域,由于北魏统治阶级多偏好佛道二教,五岳本身又与道教渊源颇深,于是北魏崇饰五岳便难免与释道二教发生联系,其中最为典型的便是地近河洛的嵩山。

北魏太武帝崇信天师道并以嵩山道士寇谦之为国师。《释老志》载:"泰常八年十月戊戌,有牧土上师李谱文来临嵩岳,云:老君之玄孙,昔居代郡桑干,以汉武之世得道,为牧土宫主,领治三十六土人鬼之政。地方十八万里有奇,盖历术一章之数也。其中为方万里者有三百六十方。遣弟子宣教,云嵩岳所统广汉平土方万里,以授谦之",并授予寇谦之图箓告诫其"付汝奉持,辅佐北方泰平真君"⑦。李谱文授土授图箓事恰在明元帝南伐祭祀嵩山之后,他以嵩岳之土授寇谦之并让其辅佐北方真君,应是附和明元帝祭嵩山以迎合北魏领土扩张之欲望。可惜不久明元帝驾崩,接待寇谦之的是起初对道教不太感兴趣的太武帝。在崔浩鼓动下,太武帝接受天师道,"乃使谒者奉玉帛牲牢,祭嵩岳,迎致其余弟子在山中者。于是崇奉天

---

① 《魏书》卷108之1《礼志一》,第2738页。
② 世祖确立制度为后世所承,太延立制不久世祖又令高官主持修西岳庙,文成帝即位初又修西岳庙。参见(宋)陈思:《宝刻丛编》卷10《后魏大代华岳庙碑》、《后魏修华岳庙碑》,《石刻史料新编》第1辑第24册,台北:新文丰出版公司,1977年,第18266页。
③ 《魏书》卷108之1《礼志一》,第2739页。
④ 《魏书》卷108之1《礼志一》,第2739页。
⑤ 《魏书》卷34《陈建传》,第803页。
⑥ (北魏)杨衒之著,杨勇校笺:《洛阳伽蓝记校笺》,北京:中华书局,2006年,第113页。
⑦ 《魏书》卷114《释老志》,第3051页。

师,显扬新法,宣布天下,道业大行。"①迎嵩山道士先祭祀嵩山,足见太武帝已认同嵩山为道教领地。太武帝以嵩高道士为主体在平城建立道教道场,或许桑干河畔的五岳四渎庙即为太武崇道建筑之一,其时岳渎祭祀礼中可能已有道教因素介入。太安二年(456年)《中岳嵩高灵庙碑》透露了相关信息,该碑残缺,然大义尚在,其先述丧乱以来五岳不得正礼,直至北魏才得享祀,其文有:

> 会有继天师寇君名谦……隐处中岳卅余年……降临授以九州真师理治……辅导真君成太平之化……遂案循科条,安立坛治……士修诸岳祠,奉玉帛之礼,春祈秋报……以旧祠毁坏,奏遣道士杨龙子更造新……②

立碑者祖述嵩山得享祀乃寇谦之之功,"案循科条,安立坛治"应是道士按道教规制建设嵩山。"修诸岳祠"前之"士"或为"道士",而"玉帛之礼"、"春祈秋报",应是道教日常祭五岳之礼(但研究者不能想当然地认为这就是朝廷正祀)。当然无论如何,正是自寇谦之开始,嵩山道教得到官方支持,道教积极参与维护嵩山相关建置,故后代再修"岳祠"时又遣道士"杨龙子"。此碑为道士树立,虽不免虚言,但即使北魏岳渎常祀非碑中所言由道士主持,然道士或已能参与祭岳正礼,这也会给人以道教全权负责朝廷祭岳正礼之印象。

太武帝之后,诸帝笃信佛教,至有欲弃皇位出家者③。迁洛之后,嵩山又成为皇家修行佛教之处。据《嵩书》,嵩山有七所名寺源自北魏,它们是大法王寺、嵩岳寺、会善寺、少林寺、永泰寺、道场寺和石窟灵岩寺④,其中前五寺为后代王朝重视,成为中古嵩山寺院建筑之核心。大法王寺、会善寺原为孝文帝避暑离宫,少林寺是太和年间孝文帝为西域僧人跋陀修建⑤。嵩岳寺原是宣武帝所造离宫,《嵩书》考证:"元魏宣武帝于永平二

---

① 《魏书》卷114《释老志》,第3052—3053页。
② (清)陆增祥:《八琼室金石补正》卷12《中岳嵩高灵庙碑》,《石刻史料新编》第1辑第6册,第4178—4179页。
③ 参见赖永海主编:《中国佛教通史》第2卷,南京:江苏人民出版社,2010年,第59—83页。
④ (明)傅梅:《嵩书》卷3《卜营篇》,《嵩岳文献丛刊》第1册,郑州:中州古籍出版社,2003年,第47—51页。
⑤ 《魏书》卷114《释老志》,第3040页。

年,令冯亮与沙门统僧暹、河南尹甄琛等,同视嵩山形胜之处,创兴土木。本离宫也,孝明帝正光元年,榜闲居寺,广大佛刹,殚极国财。"①永泰寺建于北魏正光二年,《嵩书》记"孝明帝之妹出家为尼,敕为置此。本名明练寺,周武时废,隋开皇中重加修复"②。道场寺和石窟灵岩寺俱见于《魏书》③。在北魏诸帝的营造下,嵩山俨然成为洛阳之外另一个皇家佛教中心,北朝僧侣多徘徊于洛阳嵩山之间,达摩祖师便是其中之一。还应指出的是,嵩山作为佛教道场,日渐成为北魏统治阶级的隐居、避难之所。孝文帝时宗室元太兴入嵩山为沙门④,宣武时宗室元弼隐于嵩山⑤。孝明帝时胡太后也频至嵩山求佛⑥,政治失利时她祈求元叉说:"放我出家,我当永绝人间,修道于嵩高闲居寺。先帝圣鉴,鉴于未然,本营此寺者正为我今日。"⑦河阴之变,南朝王子萧赞因战乱入为沙门,最后与寿阳长公主合葬于嵩山⑧。在皇家宗室与嵩山佛教保持紧密联系的同时,其他世家名士也多至嵩山隐居求佛。宣武帝时冯亮是嵩山求法之代表⑨。北朝著名佛教家族河东裴氏亦曾有母子数人至嵩山求佛⑩。嵩山因佛教而名声大振,闻于海内,连萧衍降人许周也声称"愿毕志嵩岭"⑪。

孝文迁洛之后,嵩山主流文化固然已从道教转为佛教,但没有迹象表明佛教已渗入祭岳礼。同时,朝廷因太武帝遗制仍重视道教为皇家祈福之功能,设崇虚寺、崇虚都尉管理道教⑫。道教为朝廷提供服务之一,或即《中岳嵩高灵庙碑》所载参与"岳祠"日常维护。

---

① (明)傅梅:《嵩书》卷3《卜营篇》,《嵩岳文献丛刊》第1册,第47页。
② (明)傅梅:《嵩书》卷3《卜营篇》,《嵩岳文献丛刊》第1册,第48页。参见(清)王昶:《金石萃编》卷89《中岳永泰寺碑》,《石刻史料新编》第1辑第2册,第1500页。
③ 参见《魏书》卷90《冯亮传》,第1931页;卷11《出帝纪》,第286页。
④ 《魏书》卷19上《京兆王传》,第444页。
⑤ 《魏书》卷19上《济阴王传》,第447页。
⑥ 《魏书》卷13《皇后列传》,第338页;卷9《肃宗纪》,第229页;卷67《崔光传》,第1496页。
⑦ 《魏书》卷16《元叉传》,第405页。
⑧ 《魏书》卷59《萧赞传》,第1326页。
⑨ 《魏书》卷90《冯亮传》,第1931—1932页。
⑩ 《魏书》卷71《裴叔业传》,第1569—1571页,第1573—1575页。
⑪ 《魏书》卷41《源子恭传》,第932页。
⑫ 详见第四章隋代部分。

三、北魏皇帝的封禅理想

泰山入北魏后，应按太武帝太延之制享祀，孝文帝因南征曾遣使祭祀泰山①，其后北魏再无因巡狩祭泰山事。泰山虽为五岳之首，但因晚入北魏版图且战略位置不甚重要，故少受重视，而时常为皇帝念及的是其独有的封禅传统。后燕时期，沙门僧朗率徒隐于泰山，道武帝平河北后访之，"遣使致书，以缯、素、旃罽、银钵为礼"②，该事虽是礼佛，但其义当不尽于此。太武帝时，张掖郡所出灵石述拓跋国运，并预测皇太子能"昌封太山"③。太武帝子拓跋晃因早逝未能即位封泰山，但封禅泰山日渐成为北魏皇帝的梦想。文成皇帝初年，曾遣有司诣华岳修庙立碑，此时"数十人在山上，闻虚中若有音声，声中称万岁云"④，这显然是在模仿汉武帝登嵩山故事。正是在这类诱惑下，文成帝曾谋划预备封禅，刁雍于和平六年（465年）上表：

> 伏惟陛下无为以恭己，使贤以御世，方鸣和鸾以陟岱宗，陪群后以升中岳，而三礼阙于唐辰，象舞替于周日。夫君举必书，古之典也。柴望之礼，帝王盛事。臣今以为有其时而无其礼，有其德而无其乐。史阙封石之文，工绝清颂之飨，良由礼乐不兴，王政有阙所致也。臣闻乐由礼，所以象德；礼由乐，所以防淫。五帝殊时不相沿，三王异世不相袭。事与时并，名与功偕故也。臣识昧儒先，管窥不远，谓宜修礼正乐，以光大圣之治。⑤

文成帝诏令公卿议封禅礼，欲行汉武之事，可惜不久驾崩，封禅之事暂罢。需要指出的是，此时距北魏平定青齐占有泰山尚有时日，文成帝如此急于封禅，可见其欲囊括五岳一统天下之义。无论如何，这是北魏首次将封禅活动纳入日程。太和年间著作佐郎成淹为慕容白曜平反，其举慕容氏功劳有："开岱宗封禅之略，辟山川望秩之序"⑥，即自慕容白曜定三齐后，

---

① 《魏书》卷7下《高祖纪下》，第177页。
② 《魏书》卷114《释老志》，第3030页。
③ 《魏书》卷112下《灵征志下》，第2954页。
④ 《魏书》卷108之1《礼志一》，第2739页。
⑤ 《魏书》卷38《刁雍传》，第870—871页。
⑥ 《魏书》卷50《慕容白曜传》，第1121页。

封禅泰山才算有了可能。孝文帝南巡祭泰山,当时有儒生提议封禅①,但皇帝似未运作封禅之事,他或许认为只有平定江南、一统华夏才是封禅的政治基础。卢渊在孝文帝议伐萧齐时曾上表,建议放弃亲征代以良将南讨:"不若命将简锐,荡涤江右,然后鸣銮巡省,告成东岳,则天下幸甚,率土戴赖。"②孝文帝与大臣高闾的一段对话表明了皇帝的封禅立场,《高闾传》载:

> 闾曰:"司马相如临终恨不见封禅。今虽江介不宾,小贼未殄,然中州之地,略亦尽平,岂可于圣明之辰,而阙盛礼。齐桓公霸诸侯,犹欲封禅,而况万乘。"高祖曰:"由此桓公屈于管仲。荆扬未一,岂得如卿言也。"闾曰:"汉之名臣,皆不以江南为中国。且三代之境,亦不能远。"高祖曰:"淮海惟扬州,荆及衡阳惟荆州,此非近中国乎?"③

孝文拒绝高闾封禅建议的理由是虽有霸业但荆扬未平。高闾所说"不以江南为中国"的汉臣应是指曹操,曹操据北方复九州似将江南排斥在外④,而孝文以《禹贡》为说辞,认为天下混一当有荆扬二州,可见其雄心。

定江南以封禅的梦想从孝文朝代代相传,宣武帝时阳尼上表鼓励皇帝要"备器械,修甲兵,习水战,灭吴会,撰封禅之礼,袭轩唐之轨,同彼七十二君之徽号,协定鼎嵩河之心,副高祖殷勤之寄"⑤。孝明帝孝昌元年下诏立志要效仿高祖、世宗:"今先讨荆蛮,疆理南服;戈旗东指,扫平淮外……尔乃还跸嵩宇,饮至庙庭,沉璧河洛,告成泰岱,岂不盛欤!"⑥至北魏分裂前夕,朝不保夕的节闵帝还幻想着封禅泰山,他在挑选近侍时,让名士魏收作了篇《封禅书》⑦。

四、东魏孝静帝封禅意图蠡测

北魏分裂后,高欢父子拥立傀儡东魏孝静帝,经过十几年经营才敢行

---

① 参见《魏书》卷84《孙惠蔚传》,第1852页。
② 《魏书》卷47《卢渊传》,第1047—1048页。
③ 《魏书》卷54《高闾传》,第1208页。
④ 按,曹操复九州时,孙权暂时称臣为荆州刺史,曹氏并非强以江北之地复九州。
⑤ 《魏书》卷72《阳尼传》,第1604页。
⑥ 《魏书》卷9《肃宗纪》,第242页。
⑦ 《北齐书》卷37《魏收传》,第483页。

第三章　魏晋南北朝时期五岳祭祀考论

禅代之举。高洋仓促禅代之际①，士人阶层仍多对元氏抱有希望。元氏宗室面对高氏夺权，亦多有反抗，孝静帝集团或曾计划封禅，以重申天命。

《魏华山王元鸷墓志铭》载：

> 永熙二年(533年)四月，诏除使持节都督徐州诸军事，本将军加开府当州大都督徐州刺史，侍中，王如故。天平二年(535年)三月还京，诏除大司马，侍中，华山王如故。方将陪升中之庆，行封岱之礼。而上天不愁，道丧奄及。春秋六十有九，寝疾不豫。兴和三年(541年)六月九日，王薨于京师。②

据《魏书》，元鸷与元天穆分别为高凉王拓跋孤四世、五世孙③，天穆于魏末贵盛，多提携本宗④；元鸷以禁军统帅"领军、畿部都督"，同其侄元天穆与尔朱荣里应外合，发动河阴之变并与尔朱荣同观河阴屠杀⑤。元鸷既为拓跋宗室元老又为尔朱荣死党，其时高欢仅为尔朱荣部下⑥。之后高欢坐大，孝武帝与以元鸷为首之魏朝宗室欲起事反之。据《元鸷墓志铭》，永熙二年(533年)四月孝武帝任命元鸷为徐州都督，而高欢立刻派心腹邸珍夺其兵权⑦，高欢与孝武帝集团矛盾升级。华山王元鸷既为尔朱死党，又曾试图拥护孝武帝以反高氏，故为元氏宗室与高氏对立之代表⑧。《元鸷墓志铭》有"若乃陪驾游巡，立气河阳，清我干纪，扫彼郊纷，诚由宰相之功，抑是我王之力也"。从中可见元鸷一党对高氏之抵触情绪。又，元鸷子元大器在魏齐禅代前(547年)与宗室发动了最后一次反击，因谋杀高澄失败被烹⑨。至此，更知华山王父子为元魏皇帝之主要依靠。

---

① 参见《北齐书》卷30《高德政传》。
② 赵超：《汉魏南北朝墓志汇编》，天津：天津古籍出版社，2008年，第343页。
③ 《魏书》卷14《元鸷传》，第350页；卷14《元天穆传》，第355页。
④ 《魏书》卷14《元子思传》，第353页。
⑤ 陈爽：《河阴之变考论》，《中国社会科学院历史研究所学刊》2007年第4集。
⑥ 《北齐书》卷1《神武纪上》，第3页。
⑦ 《北齐书》卷2《神武纪下》，第13页。
⑧ 据《孝静帝纪》《元鸷传》，元鸷于天平三年(536年)三月任大司马至兴和三年(541年)卒，赵万里以墓志天平二年除大司马为准(赵万里：《汉魏南北朝墓志集释》，《石刻史料新编》第3辑，台北：新文丰出版公司，1986年，第53页)，然据《元谌传》，赵郡王元谌"孝静初，为大司马，三年薨"，《孝静帝纪》有"(天平三年)六月辛巳，赵郡王谌薨"，则元谌任大司马当在天平元年至三年，《魏书》记载为确。
⑨ 参见《魏书》卷14《元大器传》，第351页；《北史》卷5《东魏孝静帝纪》，第196—197页。

从高氏方面来看,该集团早有鼓吹高氏有代魏之命者。如魏孝武帝时高乾即提出高欢应受魏禅①。天平四年(537年)高欢在天池得祥瑞,阳休之借机说高氏有天命,高欢回答:"世人无事常道我欲反,今闻此,更致纷纭,慎莫妄言也。"②元象元年(538年)初杜弼劝高欢受魏禅③。如此种种,必然导致元魏皇帝对自身合法性的担忧。联系东魏元氏与高氏之争,在高氏频频制造禅代流言的政治氛围下,元鸷墓志中出现"方将陪升中之庆,行封岱之礼",这或暗示孝静帝在宗室怂恿下欲告封嵩泰以重申元氏正统。

又据《闾仪同墓志铭》④,死于兴和二年(540年)五月的柔然人闾伯昇也是"方当论道太阶,赞礼东岳,遥途未尽,峻轨遽沦",此可辅证兴和年间(539—542年)魏室封禅之议或非虚文。闾伯昇妻为献文皇帝孙、太尉咸阳王元禧之女,其与元魏宗室关系紧密。北魏分裂后,东魏孝静帝器重咸阳王二子元坦、元昶,元坦袭咸阳王爵,自天平元年(534年)至武定二年(544年)一直享三公三师待遇⑤,元昶超擢车骑大将军⑥。闾伯昇属孝静帝元氏集团无疑。

再查闾伯昇履历:"初以名公之胄起家除散骑侍郎,在员外,仍转司徒任城王府记室参军,徙司空府清河王功曹参军事,除白水太守,不拜,仍敕为三门都将,转司空属。正光中,除渭州刺史,不拜,仍为谏议大夫。建义初,拜给事黄门侍郎,敕为京西慰劳大使,除司空长史兼大鸿胪卿,转太尉长史,遣散骑常侍本国大中正。"据《魏将相大臣年表》,清河王元怿于延昌元年正月至延昌四年二月(512.1—515.2)为司空,延昌四年二月至八月(515.2—515.8)为司徒,其后五年任太傅兼太尉,至正光元年(520年)七月被杀。任城王元澄于神龟二年五月(519.5)迁司徒十一月即卒,元澄自延昌四年八月起至神龟二年(515.8—519.5)五月一直任司空。闾伯昇任二王参军当在正光之前,又因任城王元澄任司徒仅半年即卒,则本文所谓"司徒任城王"之"司徒"应为追加。于是,闾伯昇履历当是先为任城王参军

---

① 《北齐书》卷21《高乾传》,第291页。
② 《北齐书》卷42《阳休之传》,第562页。
③ 《北齐书》卷24《杜弼传》,第347页。
④ 赵超:《汉魏南北朝墓志汇编》,第338页。参见张乃翥:《闾伯昇墓志所见的北魏柔然》,《河南科技大学学报》(社会科学版)2006年第3期。
⑤ (清)万斯同:《东魏将相大臣年表》,《二十五史补编》第4册,第4529—4531页。
⑥ 《魏书》卷21上《咸阳王禧传》,第541页。

再任司空清河王参军,而从其后仍"转司空属"来看,伯昇再次为清河王服务。尔朱氏当权时,间伯昇为京西慰劳大使,其后任司空及太尉长史,可知间伯昇已投降尔朱氏。河阴之变后,尔朱荣任穆绍为司空、元天穆为太尉。穆绍任司空自永安元年四月至二年五月(528.4—529.5),元天穆任太尉自永安元年四月至二年七月(528.4—529.7),继任太尉的元徽在任为永安二年七月至十一月(529.7—529.11),之后庄帝任亲信萧赞为太尉公,时间也仅数月。故笔者推测间氏当先为穆绍长史,再为元天穆长史得散官,至太昌元年(532年)高欢灭尔朱氏入洛,间氏仕途已尽,故至兴和二年(540年)近十年未有职任。从其曾做元天穆副职来看,间氏或与华山王元鸷有一定联系。较为关键的是,间伯昇早年曾供职于元怿,而孝静帝是元怿之孙,故其当为静帝一党所重。至此可以判断,间伯昇既与孝文子孙过从甚密,又曾为尔朱氏驱驰,行状与元鸷类似,亦当与高氏对立。

兴和初年年轻的高澄掌控朝政,他是主张高氏代魏的激进代表。元鸷、间伯昇既是元魏洛阳旧族又是尔朱余党①,他们是高澄重点监控的对象。综合二人事迹,可以推测:间伯昇生前,元氏一党可能已有封禅提议,但其因疾病亡故而不能亲见,故墓志以此为憾;可不久,元老华山王元鸷亦亡故,静帝彻底失去支柱,故封禅仅能作为理想而已。

最后,谈一下兴和初年封禅的外在条件。传统祭祀泰山在兖州泰山郡,北朝在兖州之上又置军事都督区,兖州与青齐等州同属一都督区,东魏青齐都督区一般由青州刺史负责②。《魏书·元悰传》载西平王元悰"孝静时,累迁太尉、录尚书事、司州牧、青州刺史。薨于州,赠假黄钺、太傅、司徒公,谥曰文。"③据元悰墓志,其死于兴和四年(542年)十一月,死前官职为"使持节都督青州诸军事本将军青州刺史"④。元悰于天平三年(536年)四月由录尚书事转为"司州牧"⑤,至兴和初以兼尚书令、司州牧迎娶高欢之女⑥,因此元悰出任青州刺史或在此事之后。再据《北齐书·高岳传》,高欢族弟高岳"兴和初,世宗入总朝政,岳出为使持节、都督、冀州刺史,侍中、

---

① 参见王怡辰:《东魏北齐的统治集团》,台北:文津出版社,2006年,第136页。
② 严耕望:《中国地方行政制度史》(魏晋南北朝),第443页。
③ 《魏书》卷19上《元悰传》,第444页。
④ 赵超:《汉魏南北朝墓志汇编》,第353页。
⑤ 《魏书》卷12《孝静帝纪》,第300页。
⑥ 《魏书》卷13《皇后列传》,第341页。

骠骑、开府仪同如故。三年,转青州刺史。"①可以推断,元惊任青州都督的时间约在兴和元年至兴和三年间,高岳转青州刺史或是高氏夺权之举。在元惊为青州都督之时,邺城的元鸷、间伯昇等皆持封禅之说。再结合元惊履历,可见其权势每况愈下,至外放青州时已到低谷。此时静帝极有可能就势联合在京元老元鸷与青州元老元惊提出封禅②。

由兴和年间元魏的封禅意图来看,当时朝野承认元氏天命应大有人在,可入齐之人为美齐代魏,把高齐的受命之兆努力回溯。以泰山为例,《魏书》载"延昌三年(514年)八月辛巳,兖州上言:'泰山崩,颓石涌泉十七处。'泰山,帝王告成封禅之所也,而山崩泉涌,阳黜而阴盛,岱又齐地也。天意若曰:当有继齐而兴,受禅让者。齐代魏之征也"③。泰山山崩之日,高欢官不过北镇一"函使",何来天命?有趣的是,在526—527年间,叛魏乱军中有两支队伍曾僭立国号为"齐",其一是河北的葛荣,二是雍州的萧宝夤④。此可见魏末泰山崩的预言故事影响颇大⑤,亦可知随着国家分崩离析,元魏深深陷入了合法性危机之中。

北齐代魏之后,高氏皇帝也曾有封禅打算。比如天保五年(554年)高洋下诏问"升中纪号",有人告诫他要统一天下后才能行事。⑥ 高齐虽在疆域上没有多大扩张,但其君臣如北魏君臣一样从未放弃封禅泰山的愿望。如肃宗之际库狄洛墓志有"方扬旌汧陇,税驾江湄……奉銮辂于梁山,告功成于岱岭。"⑦后主时赫连悦墓志有:"方欲扈金舆于岱岳,观玉检于梁甫。"⑧此二人墓志所言封禅事或皆为虚言,其文理与前文引元鸷、间伯昇墓志所述升中、封禅事类似,参照同时代及以后墓志,可以断言:鼓吹墓主有参与封禅资格已成为北朝高级官宦墓志铭之程式。如此,则前文推测孝静帝集团有切实的封禅计划或有深文周纳之嫌。但魏齐禅代之际,封禅议题既关涉元魏重申天命,又关涉高氏塑造正统,在当时应极为敏感,元氏、

---

① 《北齐书》卷13《高岳传》,第175页。
② 元惊外放或为静帝以退为进计策亦未可知。
③ 《魏书》卷112上《灵征志上》,第2898—2899页。
④ 《魏书》卷9《肃宗纪》,第245页、第247页。
⑤ 当然,原南齐王子萧宝夤立国号为"齐"或更是出于故国情结。
⑥ 《北齐书》卷45《樊逊传》,第608—610页。
⑦ 赵超:《汉魏南北朝墓志汇编》,第415页。
⑧ 赵超:《汉魏南北朝墓志汇编》,第463页。

高氏都应注意到了其现实政治意义。

本章结语

中古分裂时期,北方少数民族南下,战乱频繁之际本非着意礼典之时,但诸异族政权或因建设象征正统的郊庙礼制,或因直接乞灵于山川神祇,它们都或多或少从事了包含五岳四渎在内的山川祭祀。总的来说,十六国至北朝前期,五岳的地域性更为凸显,它们坐奠一方的政治意义表达得淋漓尽致。刘聪战时祭嵩山,北魏明元帝遣使越境祭华山,北魏皇帝频祭恒山,这些无不具有现实的区域政治诉求。同时在追求象征皇权一统的地理符号上,与三国偏好"九州"抽象理念不同,十六国北朝的异族政权对中原名山大川表现出了浓厚兴趣。如汉赵刘氏先后以霍太山、终南山为国之镇山,北魏初期在平城附近立五岳四渎庙等等,这些断续的星散分布的兴趣之下其实有一股渐行渐远的潜流,即异族对中原礼乐制度的接受。

应当指出,中古分裂时期诸政权的山川祭祀与春秋战国诸国的"望"祭都因疆域限制而有地方性,此是山川崇拜的基本特点。但中古分裂时期的山川祭祀大多出于各政权领袖效法"天子"之礼,比如石虎于黄河渡口搬演郊天,北魏平城时期鼓吹据有五岳,这些又与三国坐一方而崇"九州",以自我为天下正统的思维一致。在西北,甚至地方性较强的祁连山崇拜也处在诸凉政权塑造天子礼仪的氛围中。如前凉张氏自行正朔,大建五方殿,四时行五郊迎气,礼酒泉南山正是张氏礼制建设的重要一环,选择南山也是因其为"天下中心"昆仑山之体[1]。这些以地方山川辅助天子"正统"的特点又是先秦诸国山川祭祀所不具有的。

随着北魏占领黄河流域,孝文帝迁洛,北朝获得五岳四渎数量远超过南朝,其岳渎布局更接近理想的统一状态。传说北魏与刘宋争夺淮河流域时,有白头老人对魏军说:"我当与汝国家淮畔为断,下邳城我当驱出,不劳兵力","我与东海、四渎、太山、北岳神共行淮北,助汝二将荡除已定。"事后朝廷下诏在老人现身处为坛表记之[2]。此白头老人或是五岳四渎神之一,

---

[1]《晋书》卷86《张轨传》,第2237—2238页,第2241页,第2240页。
[2]《魏书》卷112下《灵征志下》,第2955—2956页。

其所言岳渎诸神相助魏军,表明北魏在充分利用其疆域内的重要山川神祇,这既是自信也是安慰。相比之下,南朝疆域日渐局促,所据岳渎寥寥无几。南朝刘宋初年曾有封禅泰山之议①,但青齐地区不久落入北魏,自此"岱宗牢落,天步艰难"②,南朝失去了封禅基础③。梁武帝时,南朝只能试图效仿孙吴封禅国山,但立刻被礼臣驳回④。此外,刘裕北伐关中时途经河洛,他急欲依五岳塑造天命,曾祭中岳并在"嵩高山得玉璧三十二枚。"⑤其后萧齐代宋又在嵩山东南制造天降玉玺的禅代符瑞⑥,可惜此后嵩山稳在北魏境内,再也没有为南朝提供任何庇佑与祥瑞。梁武帝制礼作乐时,曾令"其郡国有五岳者,置宰祝三人,及有四渎若海应祠者,皆以孟春仲冬祠之。"⑦这是自晋室南迁后两百年里,南朝首次正式恢复五岳四渎山川礼⑧。然而此时,南朝于五岳四渎仅有南岳霍山及长江,而北朝竟常以奄有诸岳为辞,这种局面难免会打击南朝士人对本朝正统所持的信心。北魏末年,南朝陈庆之与北朝士人争论南北正统:"魏朝甚盛,犹曰五胡;正朔相承,当在江左;秦皇玉玺,今在梁朝。"北魏大臣立刻以"我魏膺箓受图,定鼎嵩洛,五山为镇,四海为家"来反击⑨。南朝人崔僧渊拒绝南归的信中也以北魏在"河洛之间"、"地兼四岳"⑩表示了对北魏正统的认同。值得注意的是,南朝失去五岳后,虽未敢贸然封禅国山,但却继承了孙吴以来的另一个山神信仰即蒋山神⑪。蒋山神长期被南朝视为国之重祀,南朝对它的信仰如十六国对本地山川的信仰类似,即在缺少华夏正统岳渎以支撑其政权合法性时,割据政权只能以地方性山川为一国之望。有意思的是,北魏淮南

---

① 刘宋立国之初疆域颇大,其自信居"正统"之观念较强,曾以九州为庙名,即宋明帝"立九州庙于鸡笼山,大聚群神"。参见《通典》卷55《礼十五》,第1559页。
② 《梁书》卷4《简文帝纪》,北京:中华书局,1973年,第104页。
③ 《宋书》卷16《礼志三》,第439页。
④ 《梁书》卷40《许懋传》,第575—578页。
⑤ 《南史》卷4《齐高帝本纪》,北京:中华书局,1975年,第115页;参见姜望来:《皇权象征与信仰竞争:刘宋、北魏对峙时期之嵩岳》,《魏晋南北朝隋唐史资料》2015年第31辑。
⑥ 《南史》卷4《齐高帝本纪》,第115页。
⑦ 《隋书》卷7《礼仪志二》,北京:中华书局,1973年,第142页。
⑧ 《晋书》载何琦论备五岳礼而不报事。参见《晋书》卷19《礼志上》,第598页。
⑨ (北魏)杨衒之著,杨勇校笺:《洛阳伽蓝记校笺》,第113页。
⑩ 《魏书》卷24《崔僧渊传》,第632页。
⑪ 蒋山神研究参见梁满仓:《汉唐间政治与文化探索》,贵阳:贵州人民出版社,2000年,第193—205页。

都督元澄下车伊始便毁掉蒋子文庙（当为江北蒋帝庙行祠）[①]。可见被南朝尊为国祀的蒋山神在北朝人眼中仅为淫祀，在北朝南下"灭国绝祀"行动中，蒋神首当其冲。

最后需要提及的是，随着北方统一，北魏确立了较为稳定的郊祀体系，五岳四渎名山大川自然归属于郊祀的地祇系统[②]，这为日后统一南北、整合山川祭祀制度做好了铺垫。

[①] 《魏书》卷19中《元澄传》，第470页。
[②] 参见《魏书》卷108之1《礼志一》，第2735页。

第四章 周隋五岳祭祀制度的创新

至隋灭陈,五岳历经近四百年分离再次归于大一统政权,迎来一个急需礼制建设以粉饰统一的大好时机。隋代国祚虽短,但在五岳祭祀上却有较大创新,这些创新不少可追根溯源到北周。

第一节 隋代行巡狩五岳礼

开皇九年(589年)隋平南朝,朝野请封禅,文帝弗许①。据《隋书·礼仪志》,六年后,以晋王杨广为代表,朝廷再起封禅之议,隋文帝先命牛弘等人草拟封禅礼仪,最后出于谨慎未行封禅,只提出:"但当东狩,因拜岱山耳。"②开皇十五年(595年),隋文帝至泰山行巡狩之礼,其礼为:"为坛,如南郊,又坛外为柴坛,饰神庙,展宫悬于庭。为埋坎二,于南门外。又陈乐设位于青帝坛,如南郊。帝服衮冕,乘金辂,备法驾而行。礼毕,遂诣青帝坛而祭焉。"③大业四年(608年),隋炀帝北巡恒山,行巡狩之礼,"其礼颇采高祖拜岱宗仪,增置二坛,命道士女官数十人,于壝中设醮。"④大业十年炀帝"过祀华岳,筑场于庙侧"⑤。《隋书》评炀帝礼恒山、华岳为:"事乃不经,盖非有司之定礼也。"⑥仔细对比三条记录,可知炀帝礼恒山大体是遵从文帝礼岱宗之制,礼西岳"筑场于庙侧"亦当如此,并非无定礼。雷闻认为史官所说"不经"是指道教因素卷入国家五岳祭祀⑦,颇有道理。但这是从正礼之外理解隋礼"不经"之处,道教涉足五岳之祀可视为是北朝余绪,炀帝巡狩掺入道教元素并不足奇。在此,笔者试从正礼内部思考,认为唐人所

---

① 《隋书》卷2《高祖纪下》,第33页。
② 《隋书》卷7《礼仪志二》,第140页。
③ 《隋书》卷7《礼仪志二》,第140页。
④ 《隋书》卷7《礼仪志二》,第140页。
⑤ 《隋书》卷7《礼仪志二》,第140页。
⑥ 《隋书》卷7《礼仪志二》,第140页。
⑦ 参见雷闻:《郊庙之外》,第138页。

说"不经"可能主要针对隋代擅行之巡狩礼。

一、巡狩礼与五精帝

巡狩之礼源自《尚书》，秦皇汉武曾模仿上古帝王巡狩山川，但二帝巡狩或未有定制。至东汉，"巡狩"为白虎观论经之重要议题[①]，事后不久，元和二年（85年）章帝即巡狩东方，"幸太山，柴告岱宗。"[②]延光三年（124年）安帝东巡，"柴告岱宗"[③]。秦汉时代，泰山封禅礼虽不见于礼经，但却风靡一时，至东汉光武帝亦行之；进入东汉，儒学昌明，《白虎通》将"巡狩"与"封禅"区别开来，此时有经学依据的"巡狩"之礼为朝廷注意，故有取代"封禅"之势。汉武帝议封禅时儒生即提出据《尚书》、《周礼》制礼[④]。郑玄解释三礼曾用"天子巡狩礼"[⑤]，王应麟以该礼为汉代之逸礼[⑥]，如此则可判断至少至东汉中期，朝廷可能已据礼经制定出了巡狩礼。

《白虎通》指出巡狩至于五岳，须在五岳祭天告至[⑦]。东汉以降，华夏分裂，再无帝王于五岳行巡狩祭天之礼。晋朝虽定巡狩方岳礼（当影响至南朝一系），然皆具文而已[⑧]。北齐或曾重定巡狩礼但亦未实践，直至隋代统一，隋文帝才勉强为之[⑨]。现就隋文帝巡狩礼做出解析。

首先，巡狩礼地点在山下岳庙附近，而非山顶，此即区别于封禅。

其次，巡狩有祭天柴坛。《白虎通》曰："巡狩必祭天，何本？巡狩为祭天告至，《尚书》曰'东巡狩至于岱宗柴'也。"[⑩]此是汉人释上古巡狩祭天之事。《礼记》言"天子适四方，先柴"。郑玄注："所到必先燔柴，有事于上帝也。"[⑪]此是汉人理解周代巡狩。由此可知，汉人认为巡狩当有燔柴告天之

[①] （清）陈立撰，吴则虞点校：《白虎通疏证》卷6《巡狩》，第289—298页。
[②] 《后汉书》卷3《章帝纪》，第149页。
[③] 《后汉书》卷3《章帝纪》，第149页。
[④] 《汉书》卷25上《郊祀志上》，第1233页。
[⑤] 《毛诗正义》（卷19之2《时迈》）引郑玄《杂问志》"天子巡守礼无六军之文"，《十三经注疏》，第589页。
[⑥] （宋）王应麟：《玉海》卷39，扬州：广陵书社，2007年，第731页。
[⑦] 参见（清）陈立撰，吴则虞点校：《白虎通疏证》卷6《巡狩》，第290、292页。
[⑧] 《宋书》卷15《礼志二》，第380页。
[⑨] 参见《隋书》卷7《礼仪志二》，第139—140页。
[⑩] （清）陈立撰，吴则虞点校：《白虎通疏证》卷6《巡狩》，原文将"何本"二字断开，似误，第292页。
[⑪] 《礼记正义》卷25《郊特牲》，《十三经注疏》，第1450页。

事。隋行巡狩立柴坛当本于此。东汉章帝行巡狩礼时"有黄鹄三十从西南来,经祠坛上,东北过于宫屋"①。黄鹄所经坛或即燔柴之用,其坛地点在岳庙附近,隋制亦然。

再次,隋代巡狩礼最具特色的便是仿南郊修青帝坛,此坛为祭祀中心。隋制为何要舍庙而修坛祭祀?上文所引东汉巡狩"祠坛"仅是汉代巡狩礼的吉光片羽,其经中古战乱至隋代早已不存,故寻修坛源头只得再从礼经入手。天子巡狩目的是亲至地方考察施政。与天子外出行巡狩礼相对,诸侯因时会、殷同而有朝觐礼。《仪礼·觐礼》有"诸侯觐于天子,为宫方三百步,四门坛十有二寻,深四尺",据此可知古代诸侯觐礼有坛。郑注《周礼·大宗伯》也认为诸侯朝觐天子皆立坛,并提出:"十二岁王如不巡守,则六服尽朝。朝礼既毕,王亦为坛合诸侯,以命政焉,所命之政如王巡守。"②此是郑玄认为王出巡狩与诸侯入朝礼属同类,巡狩筑坛应符合其义。《周礼·司仪》有"将合诸侯,则令为坛三成,宫旁一门",郑注曰:"合诸侯,谓有事而会也。为坛于国外以命事,宫谓壝土以为墙处,所谓为坛壝宫也……《觐礼》曰:'诸侯觐于天子,为宫方三百步,四门,坛十有二寻,深四尺'是也,王巡守,殷国而同,则其为宫亦如此与?"③此是郑玄推断巡狩、觐礼与殷同诸礼类同。北朝特重恢复周代制度,尤重《周礼》及郑义。隋初制礼核心人物牛弘、辛彦之皆为陇右名士,当时未有既成巡狩礼可参考,郑注三礼应是其当然选择④。既然郑玄曾见汉代巡狩礼且推断巡狩礼应立坛,那么隋臣极有可能用郑义为巡狩礼立坛。

但问题的关键是,为何要仿南郊而立青帝坛祭青帝?这又要回到郑玄礼学。北朝在郊祀制度上采用郑玄郊丘分立说,祭天礼分为正月南郊祭感生帝,夏至圜丘祭昊天上帝⑤。虽同为祭天礼,但圜丘规格高于南郊。郑玄郊丘分立说与其主张的五精帝说相匹配。所谓五精帝即郑玄谶纬说认为五方天帝有东方灵威仰、南方赤熛怒、中土含枢纽、西方白招拒、北方汁

---

① 《后汉书》卷3《章帝纪》,第149页。
② 《周礼注疏》卷18《大宗伯》,《十三经注疏》,第759页。
③ 《周礼注疏》卷38《司仪》,《十三经注疏》,第896页。
④ 周隋曾受荆州萧岿后梁政权朝觐,现实政治需求必然让隋朝礼臣求诸郑注三礼。参见《隋书》卷8《礼仪志三》,第157—158页。
⑤ 参见《周礼注疏》卷22《大司乐》,《十三经注疏》,第788页。

光纪①;南郊所祭感生帝出自五精帝。依郑玄之义,感生帝出于五精帝且因降生帝王,其礼秩又高于五精帝②。北周曾将南郊坛改制为方坛③,此虽为不经之举,但反映出感生帝地位之下降。感生帝降等意味着在北周人眼中,它与五精帝之差别不大,礼秩可以趋同,隋初制礼之臣或许就持这一态度。在制定巡狩礼时,要满足礼经所说祭天告至,隋代可参考的只有圜丘与南郊④,巡狩非封禅大礼自然不能用圜丘之礼;同时南郊所祭感生帝其神本质又属五精帝,隋礼径直称南郊所祭为"感帝赤熛怒"⑤。于是,为方便起见,隋臣便在泰山下仿南郊坛制,按东方属木而坛祭青帝灵威仰以为"告天"。依此类推,炀帝巡狩恒山所祭之神当为玄帝协光纪,巡狩西岳所祭之神当为白帝白招拒,两次均按五方精帝致礼。

最后,隋代二帝巡狩皆有赦文,符合大祀行赦传统。《隋文帝拜东岳大赦诏》有"朕以不德,肃膺鼎运,上承昊天之命,仰述圣人之道,思使含生之人,咸敦礼义;率土之内,同致雍熙。除囹圄而莫设,弃刑书而不用。顾惟虚寡,化惭感物,未能使在位之人,俱行圣教,编户之众,共洽淳风"⑥。文帝此意完全符合汉人所释巡狩,即"道德太平,恐远近不同化,幽隐有不得所,故必亲自行之,谨敬重民之至也"⑦。《隋炀帝巡幸北岳大赦诏》记有:"飨帝禋宗,虔奉明祀"⑧,此能印证其巡狩所祭为玄帝协光纪;在表达推行王化时,该文还突出巡狩礼会同华夏诸侯之义:"长城作固,镇隔华戎。率彼子来,亲巡玄朔。既而南辕肆觐,北岳升柴,继绝代之遗风,弭先王之盛典。"⑨

---

① 《周礼注疏》卷19《小宗伯》,《十三经注疏》,第766页。
② 参见《礼记正义》卷34《大传》,《十三经注疏》,第1506页。
③ 参见《隋书》卷6《礼仪志一》,第115页。
④ 隋文帝即位改北周之制,多采南朝北齐之制,故其南郊坛当复为圆形。参见《隋书》卷6《礼仪志一》,第116—117页。又,其巡狩礼所立两坛,与北齐南郊制度相似,故可推断隋之南郊制度来自北齐。参见《隋书》卷6《礼仪志一》,第115页。
⑤ 《隋书》卷6《礼仪志一》,第117页。北朝用郑玄六天义较为质朴,或许其难以确立感生帝高于五精帝的抽象"上帝"神格,故直呼感生帝之名。
⑥ (唐)许敬宗主编,罗国威整理:《日藏弘仁本文馆词林校证》,北京:中华书局,2001年,第299页。
⑦ (清)陈立撰,吴则虞点校:《白虎通疏证》卷6《巡狩》,第289页。
⑧ (唐)许敬宗主编,罗国威整理:《日藏弘仁本文馆词林校证》,第300页。
⑨ (唐)许敬宗主编,罗国威整理:《日藏弘仁本文馆词林校证》,第300页。炀帝此次巡狩意义参见何平立:《隋炀帝巡狩政治军事战略析论》,《军事历史研究》2004年第1期。

综上所述，可以推定，牛弘等人在巡狩祭天理念上采用了郑玄五精帝之义立坛而祭。牛弘不惟制定文帝巡狩泰山礼，且负责炀帝巡狩恒山礼①，于是便出现《隋书·礼仪志》所说"其礼颇采高祖拜岱宗仪"。

二、关于《隋书·礼仪志》的两点推测

至此，唐初史官修《隋书》时所谓"事乃不经"似指礼经中巡狩与封禅皆无明文，但毕竟《尚书》明载上古帝王巡狩之事。唐人批隋代巡狩礼"非有司之定礼"，但东汉曾行巡狩礼，其后历朝亦多欲复巡狩礼，隋代三次行巡狩礼亦保持一致，这不能说不是定礼。由是可知，唐人对隋代巡狩作如此按语，可能存有偏见。现做出以下两种推测：

第一种推测，从《隋书·礼仪志》（唐称《五代史志》）记二帝巡狩事用"拜岱山"、"祭恒岳"、"祀华岳"来看，唐史官似未分清山川祭祀与巡狩礼的区别，以祭五岳之礼视五岳巡狩礼，于是隋代帝王祭五岳时在岳庙外设坛祭天当然不经。再深入分析，《隋书·礼仪志》将巡狩事附于封禅礼下，可知史臣认为二礼相近。其实汉代以来就不乏视巡狩为封禅的看法。如东汉张纯就指出："《书》曰'岁二月，东巡狩，至于岱宗，柴'，则封禅之义也。"②可以推测，《隋书》修志官或认为山川自有祭礼，封禅亦为祭天大典，而隋代特立独行的巡狩五岳并祭天已近乎封禅，不伦不类。此外，众所周知，过度巡狩是炀帝暴政留给时人之直观印象。《中说·王道篇》记："叔恬曰：舜一岁而巡五岳，国不费而民不劳，何也？子曰：无他道也，兵卫少而征求寡也。"③此或是隋帝巡狩劳民伤财之投射。而说到封禅，王通直接批评："封禅之费非古也，徒以夸天下，其秦汉之侈心乎！"④这针对的大概就是热衷巡狩的隋炀帝。文中子之学风行唐初，因此可以推断，唐初史臣在礼制上不认同隋代巡狩祭天礼，在政治上又善于反思炀帝暴政，于是隋代所行巡狩礼便成为"事乃不经，盖非有司之定礼"。

有趣的是，炀帝巡狩虽是其亡国口实，但隋代巡狩礼的义理却得到后

---

① 《隋书》卷49《牛弘传》，第1309页。
② 《后汉书》卷35《张纯传》，第1197页。参见(清)皮锡瑞：《今文尚书考证》，北京：中华书局，1989年，第54—55页。
③ 王通：《中说》卷上《王道》，《丛书集成初编》本，第3页。
④ 王通：《中说》卷上《王道》，第3页。

第四章 周隋五岳祭祀制度的创新

代认可。唐初孔颖达等疏《礼记·王制》巡狩条为："柴,祭天告至……所祭之天则苍帝灵威仰。"①唐代封禅议题起自唐太宗,高宗刚即位,公卿又"数请封禅"②。《隋书》成书后不久,高宗与武后便封禅泰山,自此开启唐代帝王封禅、巡狩之风。在此期间,《隋书》作者力批前朝巡狩,可谓苦心孤诣。

第二种推测,唐高宗时修《显庆礼》,王肃之"昊天上帝"一天说暂时胜过郑玄五精帝说③,修《五代史志》史臣或持王肃之义,反对巡狩祭天用五精帝名号按五色祭天告至。据《旧唐书》,显庆二年礼部尚书许敬宗针对新修《显庆礼》,反对郑玄的五精帝及六天说:"据祠令及新礼,并用郑玄六天之议,圜丘祀昊天上帝,南郊祭太微感帝,明堂祭太微五帝。谨按郑玄此义,唯据纬书,所说六天,皆谓星象,而昊天上帝,不属穹苍。"④当时领衔修礼的长孙无忌同意此奏,郑玄五精帝被视为异端⑤。同时长孙无忌又是《隋书》监修者,许敬宗亦参与修《隋书》⑥。诸史官对五精帝持批判态度,于是面对前朝祭五精帝的巡狩礼时当然会斥之为"不经"。

最后需要指出,隋代国祚虽不到四十年,但在礼制建设上却颇有建树,恢复失传多年的五岳巡狩礼便是其礼制创新之一。参考《大唐开元礼》(简称《开元礼》)可发现,玄宗所制巡狩礼与隋代大体一致⑦,只是所告之天由五精帝变成了"昊天上帝",《开元礼》上承显庆、贞观礼,总的来说,其巡狩

---

① 《礼记正义》卷11《王制》,《十三经注疏》,第1328页。皮锡瑞以此为今文义,不妥,不如说本自郑玄之义,参见(清)皮锡瑞:《今文尚书考证》,第55页。
② 《旧唐书》卷23《礼仪志三》,北京:中华书局,1975年,第884页。
③ 参见杨华:《论〈开元礼〉对郑玄和王肃礼学的择从》,《中国史研究》2003年第1期。
④ 《旧唐书》卷21《礼仪志一》,第823页。
⑤ 关于此事,《通典》记为永徽二年太尉长孙无忌建议,《册府元龟》记为龙朔二年许敬宗奏,《文献通考》记为显庆二年长孙无忌事(王文锦在点校《通典》时已发现此问题,详见《通典》卷43《礼三》,第1193页)。首先,据《新唐书·礼乐志》及《旧唐书·礼仪志》,永徽二年至显庆元年,长孙无忌曾参与明堂五帝配位问题,其间未及改郑义,故《通典》所记改郑义事在"永徽二年",当误。其次,《显庆礼》成于显庆三年,故《册府元龟》所记晚至"龙朔二年",当误。再次,长孙无忌领衔修《显庆礼》,或同意许敬宗此奏,如《新唐书》便记此事为"太尉长孙无忌等议",如此则《文献通考》所记也为允当。
⑥ 参见《旧唐书》卷82《许敬宗传》,第2762—2763页。余嘉锡据《旧唐书》指出许敬宗参与修《隋书》纪传,敬播与李延寿参与修志。(参见氏著:《四库提要辩证》,北京:中华书局,2007年,第197—198页)然三人中,许敬宗之职官最为清要,且敬播与许敬过从甚密,即使许敬宗未曾直接参与修志或未直接干预修志,其所持昊天上帝理念也难免影响到下级史官,特别是影响到敬播。参见《旧唐书》卷189上《敬播传》,第4954—4955页。
⑦ (唐)萧嵩等撰:《大唐开元礼》卷62《皇帝巡狩》,景印《文渊阁四库全书》第646册,第409—413页。本书所用《大唐开元礼》为四库本,涉及其他版本皆会注明。

礼正是源自唐初史臣诟病的隋代之礼。

第二节 论中古五岳祭祀时间的演变

隋代恢复汉代以来的五岳巡狩礼,足见它渴望重建帝国礼制。当然巡狩礼也更直接表明隋朝已充分注意到了五岳蕴含的正统意义,其于五岳祭祀本身或有相应作为。

五岳自秦汉纳入朝廷祀典,遂为历朝崇祀历两千余年,其祭祀制度虽多为因袭,然亦有变革之处。如据《大唐开元礼》,祭岳镇海渎"各用四时迎气日祭之"①,五岳一年只于各自五方迎气日享祭一次。宋代岳渎祭祀从唐礼,以五郊迎气日祭之②,金元亦从唐制③。而据西汉神爵之制,五岳除泰山一岁五祠外,余皆"一祷而三祠"④,一年享祭四次。由此可知,从汉至唐,一岁之内五岳祭祀时间与次数发生了变化。下面即围绕中古五岳祭祀时间的演变展开分析。

一、从一祷三祠到一岁两祠

秦统一中国,立名山大川之祀,包括嵩山、恒山、泰山在内,诸山川皆是:"春以脯酒为岁祠,因泮冻,秋涸冻,冬塞祷祠。"⑤岁祠应为岁首祈祷,冬赛(塞)为报福⑥;因泮冻、涸冻祭祀山川也符合《月令》精神。据《月令》,孟春"东风解冻",天子"命祀山林川泽";孟冬"水始冰,地始冻",天子始行冬令⑦。《月令》以水为重要表征定十二月之事(包括山川之祀),"水始冰"、"解冻"乃孟冬、孟春重要标志。秦代因泮冻、涸冻祭"出云布雨"之五岳,足

---

① 《大唐开元礼》卷1《序例上》,第44页。
② (宋)欧阳修等:《太常因革礼》卷49《祭五岳四镇》,《续修四库全书》第821册,第520页。
③ 参见(清)秦蕙田:《五礼通考》卷48《四望山川》,景印《文渊阁四库全书》第136册,第57页、第63页。
④ 《汉书》卷25下《郊祀志下》,第1249页。
⑤ 《史记》卷28《封禅书》,第1371页。
⑥ 贾公彦曰:"祷祠,谓国有故,祈请求福曰祷,得福报赛曰祠。"(《周礼注疏》卷26《甸祝》,《十三经注疏》,第815页。)又"岁祠"或为"岁首祠",参见钟敬文主编,郭必恒等著:《中国民俗史·汉魏卷》,北京:人民出版社,2008年,第246—248页;夏日新:《汉唐节日形态的演变》,牟发松主编《社会与国家关系视野下的汉唐历史变迁》,上海:华东师范大学出版社,2006年,第99页。
⑦ 《礼记正义》卷14、卷17《月令》,《十三经注疏》,第1355—1357页,第1381页。

见《月令》对其礼制影响颇大。西汉五岳祭祀制度承袭秦代,在时间上仍是一岁四祷祠即"一祷而三祠"。《风俗通义》释祭五岳时间为"十月曰合冻,腊月曰涸冻,正月曰解冻"①,此见汉礼与秦礼一样,在五岳祭祀择时上以《月令》义理为重要参考②,惜其具体择日不可考。

汉代五岳祭祀制度为后代所延续。如东晋礼天柱山(即霍山,汉武所立南岳)是"四时祷赛,春释寒而冬请冰"③。刘宋大明七年(463 年)议礼霍山,有人提出"寻姬典事继宗伯,汉载持节侍祠,血祭埋沉,经垂明范,酒脯牢具,悉有详例"④。萧梁规定郡国祭五岳四渎"皆以孟春仲冬祠之"⑤。从祭祀时间及义理看,东晋南朝祭祀岳渎基本遵守汉制,但也有细微差别,即随着时间推移,五岳礼由汉制一祷三祠变为只重春泮冬涸两祠。北朝与南朝类似,北魏立五岳四渎庙于桑乾水之阴,"春秋遣有司祭",后于恒、华、嵩立庙,依然是"其春秋泮涸,遣官率刺史祭以牲牢"⑥。此似北魏五岳也由汉制一祷三祠演变为春秋两祠。

五岳祭祀次数由汉制一祷三祠简化为一岁两祠,看似都由官方决定,但这一转变或是受到其他官方祭祀与民间习俗的影响。应该承认,汉制岳渎名山大川一岁一祷三祠,此举意在突出岳渎祭祀高于一般小祀,故郑玄释经提出:"大祀又有宗庙,次祀又有社稷、五祀、五岳,小祀又有司中、风师、雨师、山川百物。"⑦而汉代以降,地方社会开展祠祀赛会多在春秋二季,如官方州县社稷便是春秋致祭。光武定京师社稷二、八月及腊日祭,一岁三祠⑧,二八月是仲春仲秋,为社稷正祀时间,至年底腊祭百神社稷又得并祀。东汉社稷皆有地方长吏亲行致祭,光武帝下令:"郡县置社稷,太守、令、长侍祠。"⑨朝廷制定严格的春秋祭社稷礼后,此风迅速波及地方,社

---

① (汉)应劭撰,王利器校注:《风俗通义校注》卷10《山泽》,第 447 页。
② 关于月令与汉代政治关系,参见邢义田:《月令与西汉政治——从尹湾集簿中的"以春令成户"说起》,《新史学》(台北)1998 年第 1 期;杨振红:《月令与秦汉政治再探讨——兼论月令源流》,《历史研究》2004 年第 3 期。
③ 《宋书》卷17《礼志四》,第 483 页。
④ 《宋书》卷17《礼志四》,第 483 页。
⑤ 《隋书》卷7《礼仪志二》,第 142 页。
⑥ 《魏书》卷108 之 1《礼志一》,第 2737—2738 页。
⑦ 《周礼注疏》卷19《肆师》,《十三经注疏》,第 768 页。
⑧ 《后汉书·祭祀志下》,第 3200 页。
⑨ 《后汉书·祭祀志下》,第 3200 页。

稷之祀也逐渐成为各地官方祭祀之首。郑注《周礼》"州长"之职"凡州之大祭祀、大丧，皆莅其事"，"大祭祀，谓州社稷也"；贾公彦疏"州长"之职"以岁时祭祀州社"为："上云岁时，皆谓岁之四时，此云岁时，唯有岁之二时春秋耳。春祭社，以祈膏雨，望五谷丰熟。秋祭社者，以百谷丰稔，所以报功。故云祭祀州社也。"①结合郑注贾疏，可知汉至中古，春秋二仲祭社稷传统为后代延续，如南朝"祠太社、帝社、太稷，常以岁二月八月二社日祠之"②。

据《周礼》"州长"之职"春秋以礼会民而射于州序"，汉代向地方推行乡射礼亦在春秋二季。如西汉韩延寿推行教化，其内容就有"修治学官，春秋乡射，陈钟鼓管弦，盛升降揖让"③。东汉李忠曾至江南播教化，"乃为起学校，习礼容，春秋乡饮。"④由此可知，行乡饮礼与祭祀社稷一样，是地方官在春秋二季推行礼教之重要内容。再据《周礼》，州长之下，党正之职有"春秋祭禜"，族师之职有"春秋祭酺"，闾胥之职有"凡春秋之祭祀、役政、丧纪之数，聚众庶"，此知春秋二季是儒家推行礼教的理想时间。在实践层面，自汉代起，民间祭祀活动也多在春秋二季。以祭祖为例，《孝经》言："为之宗庙，以鬼享之，春秋祭祀，以时思之。"⑤除皇帝宗庙享四时之祭，其余臣民皆多在春秋祭祖。郑玄以汉代风俗注《礼记》："今时民家，或春秋祠司命、行神、山神、门、户、灶在旁，是必春祠司命，秋祠厉也。或者合而祠之。"⑥司命虽为官方小祀，但在郑玄看来，它已与其他民间小祀混杂，于春秋享祭。关于民间祭司命，《风俗通义》也记道："汝南余郡亦多有，皆祠以膈，率以春秋之月。"⑦

至此，我们已经认识到，汉代官方、民间诸多祭祀多择春秋，在此风气影响下，后代官方认可的地方祠祀也多在春秋择日而行。北朝情况可以《水经注》为例，其载湟水流域山上"有风伯祠，春秋祭之"⑧。河北漳水流

---

① 《周礼注疏》卷12《州长》，《十三经注疏》，第717页。
② 《宋书》卷14《礼志一》，第350页。
③ 《汉书》卷76《韩延寿传》，第3211页。
④ 《后汉书》卷21《李忠传》，第756页。
⑤ 《孝经注疏》卷9《丧亲章》，《十三经柾疏》，第2561页。
⑥ 《礼记正义》卷46《祭法》，《十三经注疏》，第1590页。
⑦ (汉)应劭撰，王利器校注：《风俗通义校注》卷8《祀典》，第384页。以上所言乡饮礼、司命诸祀，亦当多在二仲，史文省言仅书"春秋"尔。
⑧ (北魏)郦道元著，陈桥驿校证：《水经注校证》卷2《河水》，第49页。

域祭祀董府君祠也是"春秋祷祭"①。南朝萧梁制度："每以仲春仲秋,并令郡国县祠社稷、先农,县又兼祀灵星、风伯、雨师之属……百姓则二十五家为一社,其旧社及人稀者,不限其家。春秋祠水旱,祷祈祠具,随其丰约。"②可以看出,至少自萧梁起,郡县在春秋二仲祭祀范围已扩大,有将全部地方祠祀定在春秋二仲之趋势,并且郡县社稷之祀对基层村社祭祀起到了带动作用③。

综上所述,南北朝时期五岳祭祀或受地方祠祀与民俗影响,演变为一年春秋两祠④。五岳不再如汉代规定的那样,卓然独立于山川群祀享受岁时一祷三祠,这在某种程度上显示出五岳地位的下降。然而较之汉礼,春秋两祠看似稍薄,可中古分裂时期南北诸政权能在乱世之中绍述汉制,竞相完备岳渎之礼,已实属难得。

二、北周五郊与五郊迎气日祭五岳

隋唐一统,两朝皆特重礼制建设,隋朝祚短,其礼难为后世所法,故惟唐礼有承上启下之重要地位,《大唐开元礼》便是后世礼制之渊薮。以五岳祭祀为例,《大唐开元礼》所定以五郊迎气日致祭历宋金元诸朝不变,五岳祭日之变似肇自唐礼。然而,仔细检索史料发现,五郊迎气日致祭五岳实非唐制,其最早创制为隋朝,而其创意则又可上溯至北周。

谈五郊迎气之祀当从汉代说起。西汉末年王莽立郊祀后,"分群神以类相从为五部,兆天墬之别神",于长安立五畤⑤。其后东汉明帝据《月令》立五郊迎气之制,"因采元始故事,兆五郊于雒阳四方","立春日,迎春东郊,祭青帝句芒。立夏日,迎夏南郊,祭赤帝祝融。先立秋十八日,迎黄灵于中兆,祭黄帝后土。立秋日,迎秋西郊,祭白帝蓐收。立冬日,迎冬

---

① (北魏)郦道元著,陈桥驿校证:《水经注校证》卷10《浊漳水》,第269—270页。
② 《隋书》卷7《礼仪志二》,第141—142页。
③ 隋唐地方仍在二仲祭社稷、行释奠等礼。以上所论多是经朝廷允许的地方祠祀,中古少见诸史料的民间信仰淫祀之属或未有此种趋势。参见《通典》卷45《礼五》,第1270—1271页;卷53《礼十三》,第1474—1475页。
④ 春秋二季具体祭祀五岳日期难以考证,但应类似社稷择日而祀。参见赵贞:《中村不折旧藏〈唐人日课习字卷〉初探》,《文献》2014年第1期。
⑤ 《汉书》卷25下《郊祀志下》,第1268页。

北郊,祭黑帝玄冥。"①汉制五郊迎气所祭之神是五帝,即上古五帝王,并分别辅之以上古五名臣,此符合《月令》精神。两汉谶纬盛行,郑玄主五精帝之说②,提出圜丘祭昊天、南郊祭感生帝。郑玄经义对北朝礼制建设的影响很大。与南朝郊丘合一相对,北朝郊丘分立,并在南郊专祭感生帝,特重郑玄之义③。更为重要的是,与东晋南朝长期不立五郊相比④,北朝特别注重五郊⑤,以五郊祭五精帝。

泰常三年(418年),北魏明元帝于平城"为五精帝兆于四郊,远近依五行数。各为方坛四陛,埒壝三重,通四门。以太皞等及诸佐随配"⑥。此是北朝五郊迎气之始。一百多年后,北齐借鉴萧梁新立之五郊迎气制,"为坛各于四郊,又为黄坛于未地。所祀天帝及配帝五官之神同梁。"⑦北周则大肆扩充五郊坛,《隋书》载:

> 其广皆四丈,其方俱百二十步。内壝皆半之。祭配皆同后齐。星辰、七宿、岳镇、海渎、山林、川泽、丘陵、坟衍,亦各于其方配郊而祀之。其星辰为坛,崇五尺,方二丈。岳镇为坎,方二丈,深二尺。山林已下,亦为坎。坛,崇三尺,坎深一尺,俱方一丈。其仪颇同南郊。⑧

从北周五郊坛有内外二壝来看,似与北魏五郊"埒壝三重"类似,形制较为宏伟。这里需要指出的是,北魏、北齐、萧梁之五郊皆祭五精帝,配以五人帝,配帝之属名目皆在《月令》,《隋书》于此书"祭配皆同后齐",似易产生北周五郊礼源自北齐、南朝之歧义。北朝因五精帝之义建五郊之礼早于南朝,其后南朝萧梁始立五郊,又稍助北齐之五郊建设;但北周自有北魏礼

---

① 《通典》卷42《礼二》,第1173页。
② 《礼记正义》卷34《大传》,《十三经注疏》,第1506页。太微五精帝说以东方灵威仰等五精帝,代替既有礼制中的上古五帝王为五方主,五古帝王降为五人帝,此变动对后代影响颇大。参见本书附录《〈晋书·礼志〉补释两则》。
③ 《通典》卷43《礼三》,第1180页。
④ 至梁武帝,南朝用郑义始重视五郊迎气。参见《宋书》卷16《礼志三》,第433页;《隋书》卷7《礼仪志二》,第129页。
⑤ 《通典》卷44《礼四》,第1218—1220页。
⑥ 《魏书》卷108之1《礼志一》,第2737页。北魏五郊方坛或影响北周南郊方坛。揭示北魏重《周礼》除楼劲的研究外,又见〔日〕川本芳昭:《魏晋南北朝时代的民族问题》,东京:汲古书院,1998年,第375—386页。
⑦ 《隋书》卷7《礼仪志二》,第129页。
⑧ 《隋书》卷7《礼仪志二》,第130页。

制源头，绝不能据《隋书》武断判定其五郊之祀源自南朝。由五郊从祀神祇来看，北周五郊从祀规模已发生质变，大大超过了东汉以来的五郊从祀设计。除传统祭配之神外，北周将天地诸神（包括五方岳镇海渎）纳入五郊从祀序列，并为诸神各立坛坎，如此则以五郊坛为中心，每坛周围遍祀本方天地神祇，其旨趣与圜丘从祀诸天神、方丘从祀诸地祇完全一致。同时，北周五郊以五精帝包纳天地神祇，其从祀神祇规模又为分祭天地的圜丘、方丘所不及，此似本于"五行之气，天地俱有"①之一般理念，当然或更是因《周礼》所言"兆五帝于四郊，四望四类亦如之。兆山川丘陵坟衍，各因其方"。最后，至于北周五郊之祀"其仪颇同南郊"，这再次突出南郊感生帝与五郊所祭五精帝同属一类。

北周圜丘、方泽从祀神祇记载不详，但将北周五郊从祀神祇与北齐圜丘、方泽从祀神祇进行比较，更见北周五郊之特殊性。北齐圜丘在五精帝下尽为天神，"日月、五星、北斗、二十八宿、司中、司命、司人、司禄、风师、雨师、灵星于下丘，为众星之位，迁于内壝之中。"②其方泽从祀有神州、社稷、岳海以下大小山川八十余个③。北周五郊坛从祀之"星辰、七宿"来自传统圜丘（郊丘合一之南郊）从祀神祇，从祀之"岳镇、海渎、山林、川泽、丘陵、坟衍"又来自传统方泽（郊丘合一之北郊）从祀神祇。至此可推测，正是因为相当部分天地从祀神祇可分在五郊从祀，因此北周圜丘、方泽会聚天地诸神的功能必然会降低。如考虑到一年受享次数的等级差别，则从祀五郊诸神或根本不再于圜丘、方泽从祀受享，即北周按《周礼》精神所建的五郊制度，将部分神祇从圜丘、方丘移到五郊坛场（特别是方丘诸地祇），分担了圜丘、方丘总祭天地众神祇之功能。如果此推测合理，则北周可能创造了以圜丘、方丘为中心辅之以五郊的独特的郊祀制度，五方岳渎也因此由从祀之方丘转移到五郊坛场。

关于北周庞大的五郊制度，还可以从北周蜡祭得到佐证。《礼记·月令》有"腊先祖五祀"，《礼记·郊特牲》又有天子八蜡之义，郑注"八蜡以记四方"

---

① 此虽为梁武帝之言，但应属一般思想，参见《隋书》卷6《礼仪志一》，第110页。
② 《隋书》卷6《礼仪志一》，第114页。
③ 《隋书》卷6《礼仪志一》，第114—115页。

为"四方,方有祭也"①。此外礼经又有"合聚万物而索飨之"②之义。汉制用《月令》之腊祀,腊而不蜡,后世承之③。北周依郑玄义复周代蜡祭,重四方之祭,"常以十一月,祭神农氏、伊耆氏、后稷氏、田畯、鳞、羽、臝、毛、介、水、墉、坊、邮、表、畷、兽、猫之神于五郊。"④以下是北周于五郊坛行蜡祭之礼:

> 五方上帝、地祇、五星、列宿、苍龙、朱雀、白兽、玄武、五人帝、五官之神、岳镇海渎、山林川泽、丘陵坟衍原隰,各分其方,合祭之。日月,五方皆祭之。上帝、地祇、神农、伊耆、人帝于坛上,南郊则以神农,既蜡,无其祀。三辰七宿则为小坛于其侧,岳镇海渎、山林川泽、丘陵坟衍原隰,则各为坎,余则于平地……祭毕,皇帝如南郊便殿致斋,明日乃蜡祭于南郊,如东郊仪。祭讫,又如黄郊便殿致斋,明日乃祭。祭讫,又如西郊便殿,明日乃祭。祭讫,又如北郊便殿,明日蜡祭讫,还宫。⑤

北周复姬周古蜡祭于五郊,五郊蜡祭常主为日月、地祇、神农、伊耆,其余诸神上至五精帝下至丘陵坟衍原隰,皆按方位分于五郊;其中神农因已为八蜡主神,为免重复,故不再以南方人帝身份享南方蜡祭。从诸星宿、诸山川应修坛坎来看,可以判断,蜡祭所需形制大体依赖五郊既定形制。从蜡祭祭祀时间来看,北周一反汉代以来行腊祭于一日之传统,而是在五天内按东南中西北顺序于五方五郊坛行蜡,此仿佛是对一年五郊迎气历程之压缩,其礼制设计理念显然来自五郊迎气之祀。总而言之,北周恢复古蜡祭,行礼地点、礼仪设计皆是依托其独特的五郊制度。

最后,回到五岳祭祀时间问题,通过剖析认识北周独特的五郊坛制,可知五岳因从祀五郊坛开始按五郊迎气日一岁各受一祭,这势必对汉制一岁"一祷三祠"产生冲击。隋改周制,大削五郊从祀之神,尽除地祇⑥;同时隋初虽承北周蜡祭,但不久即革之⑦。隋制虽将五岳山川排除在五郊坛外,

---

① 《礼记正义》卷26《郊特牲》,《十三经注疏》,第1454页。
② 《礼记正义》卷26《郊特牲》,《十三经注疏》,第1454页。
③ (清)秦蕙田:《五礼通考》卷56《蜡腊》,景印《文渊阁四库全书》第136册,第267—269页。
④ 《隋书》卷7《礼仪志二》,第148页。
⑤ 《隋书》卷7《礼仪志二》,第148页。
⑥ 《隋书》卷7《礼仪志二》,第130页。
⑦ 《隋书》卷7《礼仪志二》,第148—149页。值得注意的是,后来唐虽复蜡祭,但仍以宗庙腊祭为中心,直至北宋有人才指出:"历代蜡祭,独在南郊为一坛,惟周、隋四郊之兆,乃合礼意。"参见《宋史》卷103《礼志六》,北京:中华书局,1977年,第2520页。

但并未忘记北周五郊制度之理念，仍令"其岳渎镇海，各依五时迎气日，遣使就其所，祭之以太牢"①。于是，从北周五岳按迎气日从祀五郊到隋代按迎气日至五岳所在致祭，即五郊迎气日从本是五岳从祀五郊坛（长安）之时一跃变为五岳（各地）正祀之时，这便是唐代按五郊迎气日致祭五岳制度的源头。

三、五郊迎气日祭五岳的思想背景

如果说北周特殊的五郊是后代按五郊迎气日祭祀五岳的制度背景，那么北周五郊制度又因何产生？五郊又何以会将五岳纳入？这需要从北周时代的知识与思想氛围谈起。正是因北朝特别是北周重视《周礼》及郑玄五精帝之说，本着"兆五帝于四郊"精神，五郊才得以确立，五岳才有机会进入五郊坛，进而由从祀五郊的不经之礼演变为隋唐制度。其实，除五郊、五岳外，北周其他重要礼制改造也多依五精帝之说。如天子服冕，北周依郑玄六天之义（昊天加五精帝）在天子常用冕服上加六冕，其中："祀昊天上帝，则苍衣苍冕；祀东方上帝及朝日，则青衣青冕；祀南方上帝，则朱衣朱冕；祭皇地祇、祀中央上帝，则黄衣黄冕；祀西方上帝及夕月，则素衣素冕；祀北方上帝，祭神州、社稷，则玄衣玄冕"②，可以发现此六冕服正是为祭祀六天所制。不惟如此，北周参与五郊迎气人员也要按方色戴冠冕，至隋改制才剔除之，隋臣批评道："窃见后周制冕，加为十二，既与前礼数乃不同，而色应五行，又非典故。"③同时，北周还在天子五辂基础上加七辂，除在原来玉辂金辂之间加碧辂外，其余六辂等级最高，分别是："一曰苍辂，以祀昊天上帝。二曰青辂，以祀东方上帝。三曰朱辂，以祀南方上帝及朝日。四曰黄辂，以祭地祇中央上帝。五曰白辂，以祀西方上帝及夕月。六曰玄辂，以祀北方上帝及感帝，祭神州。"④由此可见北周以崇祀五精帝六天为中心，创制了最高规格的皇帝舆服。

诚如隋人所说北周重视"色应五行"，北周五郊诸礼除直接受《周礼》及郑玄五精帝影响外，又间接与弥漫在北周朝廷的五行思想有关。五行五方

---

① 《隋书》卷7《礼仪志二》，第130页。
② 《隋书》卷11《礼仪志六》，第244页。
③ 参见《隋书》卷12《礼仪志七》，第253—254页。
④ 《隋书》卷10《礼仪志五》，第196页。

作为中国传统思维模式之一,其所衍生的天命论长期左右着人们的思想,郑玄就因谶纬五行而创五精帝六天说,并影响至朝廷大祀。南北朝时,人们日常生活中弥漫着五行观念。北朝连造酒《祝麹文》①都要祈请"东方青帝土公、青帝威神,南方赤帝土公、赤帝威神,西方白帝公、白帝威神,北方黑帝土公、黑帝威神,中央黄帝土公、黄帝威神"等神。西魏北周为军人政权,行军打仗与五行联系密切,如宇文泰身边就有深谙五行的术士,每逢大事,必咨询之②。宇文泰子孙也笃信五行,周武帝时曾发行"五行大布钱"③。与开国中兴祖、父两辈相对,周宣帝则把五行思想用在粉饰后宫上。他先设四后再设五后,设五后理由是:"曰天元居极,五帝所以仰崇;王者称尊,列后于焉上俪。且坤仪比德,土数惟五,既缛恒典,宜取斯仪。"④此时,周宣帝已禅位自居"天元皇帝",从其为五帝"仰崇"来看,宣帝实际是按郑玄六天之义自比昊天上帝。其立后又因土数"在天为五"⑤,五精帝与土数虽皆属五行思想且有"五"数,但在思想脉络上未必有直接联系,这足见周宣帝连生搬硬套也不离五行思维。《隋书》载北周宣帝所制"妖服":"侍卫之官,服五色,杂以红紫……又造下帐,如送终之具,令五皇后各居其一……又将五辂载妇人,身率左右步从。"⑥此处按五气服五色与五皇后并现,再联系上文提及北周皇帝为祀五精帝增置服冕,可以推测,宇文氏按《周礼》之制礼作乐应大多出自末代宣帝之手,其外托《周礼》内实重五行。隋代《五行大义》直言"天有五行、木金水火土。其神谓之五帝。在地为五方、其镇为五岳"⑦,这正是对北周五岳从祀五郊的绝好解释。

此外,五行作为一般思想还大量出现在南北朝道教文献中,其主要表现形式是五方帝神。南朝道教《灵宝五符经》有"灵宝五帝官将号":"东方灵威仰,号曰苍帝……南方赤飘弩,号曰赤帝……中央含枢纽,号曰黄帝……西方曜魄宝,号曰白帝……北方隐侯局,号曰黑帝。"⑧此是南朝道

---

① (北魏)贾思勰著,缪启愉校释:《齐民要术校释》,北京:农业出版社,1998年,第479页。
② 《周书》卷47《蒋昇传》,第838—839页。
③ 《周书》卷5《武帝纪上》,第85页。
④ 《周书》卷9《宣帝陈皇后传》,第147页。
⑤ 〔日〕中村璋八:《五行大义校注》增订版,东京:汲古书店,1998年,第21页。
⑥ 《隋书》卷22《五行志上》,第630页。
⑦ 〔日〕中村璋八:《五行大义校注》增订版,第20页。
⑧ 《太上灵宝五符序》卷上,《道藏》第6册,上海:上海书店,1988年,第319页。

教经文融入郑玄五精帝说。北周武帝推崇道教,汇编《无上秘要》,从该书可发现北朝道教已将五行尤其是五方帝说发扬光大。如据《无上秘要》,北朝道教造"日中"五神分青赤白黑黄五帝,"月中"配以五色日中帝夫人①;在"众圣冠服品"中,五岳诸君冠服附于五方帝冠服,一如"月中"诸色夫人冠服附于"日中"诸色帝②。与《五行大义》所述一致,在北周道教思想里,五岳神确实与诸方帝相互匹配,且为其附属。如在《八方消魔大王仪驾》③中,五岳是八方八色帝消魔大王按时驾临之地。与此相应,五岳诸神君也要对诸方帝负责,如"东岳太山君,常以春分日,乘青霞飞舆,九色苍龙,奏真仙名录,上言高上帝君"④。

综上所述,北周时期广义的五行观念与郑玄五精帝之义甚至与《周礼》"兆五帝于四郊"之经文已水乳交融,五精帝、五行思想已成为北周朝野共享的"一般知识"⑤,它们不仅弥漫在官方礼制中,还大量出现在道教与人们的日常生活中。正是在这种"一般知识"的强大作用下,北周特重五郊之祀,先前较为独立的五岳山川之祀被纳入五郊坛,开始按五郊迎气日享祀。有趣的是,北周道教徒关于五岳神与诸方帝上下级关系的想象,与《五行大义》五岳镇地之五方的思维结构一样,恰能补充五岳附于五郊坛这一礼制之内涵。

四、小结

以上从礼制与思想两个角度考察了按五郊迎气日致祭五岳的原因。关于隋唐礼制,陈寅恪指出有三个源头,西魏北周即其中之一,然其重要性远不及南朝与北魏北齐礼制⑥。陈寅恪指出"隋文帝继承宇文氏之遗业,

---

① 《无上秘要》卷3,《道藏》第25册,第4—5页。
② 《无上秘要》卷18,《道藏》第25册,第41页、第43页。
③ 《无上秘要》卷19,《道藏》第25册,第46—47页。
④ 《无上秘要》卷19,《道藏》第25册,第47页。
⑤ 葛兆光指出"一般知识水准"是指构成一个时代的知识与文化的平均值,它由一些当时人们普遍接受与理解的观念支持,由人们对应外在变化的通常知识表现,经实践这些知识的技术显示,并通过普通的教育而代代相传,它并不是思想的精髓却是思想家们的出发点,思想史的真正背景就在这种普通的知识土壤之中。参见氏著:《中国思想史(中)》,上海:复旦大学出版社,2009年,第71页。
⑥ 参见陈寅恪:《隋唐制度渊源略论稿》,第20页。

其制定礼仪则不依北周之制,别采梁礼及后齐仪注"①。从北周立规模宏大的五郊到隋代用南朝、北齐制度改革五郊,这再次印证了陈寅恪的论断。然而,礼制毕竟与其他政治军事制度不同,它与思想学术密切相关,又少功利实用色彩,它的这种性质会减缓隋唐礼制的去关中化进程。隋变北周之礼,五郊遭削减,依五行创制的各种仪制也被革除,唯独曾从祀五郊的五岳保持了按迎气日享祀的传统。从某种程度上说,以五郊迎气日致祭五岳不仅是北周另类五郊制度的产物,更是北周乃至整个北朝五行思想流行的产物。

如果在秦汉隋唐更为久远的时空背景下审视五岳祭祀时间演变,可以发现:从汉代一祷三祠变为隋唐的五郊迎气日致祭,这一数百年后的制度改变貌似突兀,实则有着绵延不绝的思想伏笔。虽然汉制五岳一祷三祠即四时之祀从本质上讲也是受《月令》五行思想影响,但它以五岳在五行分布之四时同时受享,五岳本身蕴含的五行因素未得到充分发掘。甚至可以断言,与其说汉制一祷三祠体现了《月令》五行思想,还不如说它直接沿袭了以祭祀次数多寡体现礼秩差别之秦制。就在西汉树立五岳祭祀之时,阴阳五行思想在董仲舒等儒生鼓吹之下,依托儒家经典成为官方哲学内容②。此时汉代经学家们也开始尝试阐发、充实五岳的五行之义,如伏生在解释天子巡狩时将春夏秋冬与四岳之祀匹配③。五岳的五行内涵至东汉发展完善,这以《白虎通》"五岳四渎"条为主要标志,如其释南岳霍山:"言太阳用事,护养万物也。"④及至中古,北朝诸帝着力塑造皇权正统,外加北朝儒生尊崇汉学⑤,五行思想大行其道,五岳终于作为五行元素之一从祀于北周五郊。北周以五岳匹配五郊,各自按迎气日受享,五岳本身的五行内涵得以突出。隋唐未废此制,或正是体会到这一"进步",这一关中礼制的孑遗最终进入盛唐礼制并成为后世五岳祭祀的准则。

---

① 陈寅恪:《隋唐制度渊源略论稿》,第13页。
② 参见李泽厚:《新版中国古代思想史论》,天津:天津社会科学出版社,2008年,127—141页。
③ 参见(汉)伏胜:《尚书大传》卷1下,《丛书集成初编》本,第17—19页。
④ (清)陈立撰,吴则虞点校:《白虎通疏证》卷6《巡狩》,第299页。
⑤ 参见(清)皮锡瑞:《经学历史》,北京:中华书局,2008年,第182页。

第三节　周隋复南岳衡山

隋代对五岳祭祀的创置不仅在于祭祀时间，更涉及五岳定名，即隋一反汉武帝所立南岳安徽霍山，而立江南衡山为南岳。下面从汉代以霍山为南岳开始梳理。

一、汉代以"霍山"为南岳

汉代以降，安徽霍山和湖南衡山都曾被视为南岳，古南岳归属问题至今因史料缺乏或记载矛盾而模糊不清，但以传统文献为基础还是能清理出一条关于"古南岳"的知识脉络。五岳对应山名及地理位置，一般以《汉书》为准。《汉书·郊祀志》采《尚书·尧典》而记五岳之名："岁二月，东巡狩，至于岱宗。岱宗，泰山也……五月，巡狩至南岳。南岳者，衡山也。八月，巡狩至西岳。西岳者，华山也。十一月，巡狩至北岳。北岳者，恒山也。皆如岱宗之礼。中岳，嵩高也。"① 后《郊祀志》又记西汉神爵元年确立五岳地点有"南岳灊山于灊"②，其依据是武帝"上巡南郡，至江陵而东。登礼灊之天柱山，号曰南岳"③。据《汉书·地理志》，衡山在长沙国，即今日湖南之衡山④，天柱山在庐江郡灊县（今安徽霍山县）南⑤。比较而言，《郊祀志》要记录五岳祭祀流变，所以客观记录下武帝号天柱山为"南岳"事。而《地理志》则重视记录古今地名，其在长沙国湘南县条言："《禹贡》衡山在东南，荆州山。"⑥ 结合《郊祀志》、《地理志》可知，湖南衡山乃古之南岳。但从中可以看出汉代南岳已出现分歧。这一分歧又出现在《尔雅》中。《尔雅·释山》首句五山有"河南华、河西岳、河东岱、河北恒、江南衡"，其中"江南衡"即《地理志》之"衡山"；其结尾言五岳有"泰山为东岳，华山为西岳，霍山为南岳，恒山为北岳，嵩高为中岳"，霍山即神爵礼之"灊山"（详见下文）。一般认为《尔雅》成书在公元前二世纪前后，但此处"五山"、"五岳"似有重复

---

① 《汉书》卷25上《郊祀志上》，第1191页。
② 《汉书》卷25下《郊祀志下》，第1249页。
③ 《汉书》卷25下《郊祀志下》，第1243页。
④ 《汉书》卷28下《地理志下》，第1639页。
⑤ 《汉书》卷28上《地理志上》，第1568—1569页。
⑥ 《汉书》卷28下《地理志下》，第1639页。

之嫌,且一首一尾,故主《尔雅》成书战国末期者亦认为此处"五岳"条为后人增益①,笔者倾向此处增益时间当在秦汉之际甚至直接受汉武帝制度影响。再看郭璞注《尔雅》,其注"江南衡"为"衡山,南岳",注"霍山为南岳"为"即天柱山,潜水所出"②。结合《汉书》理解《尔雅》及郭注可知,湖南衡山虽为秦汉乃至先秦认同的古南岳,但西汉时武帝又以天柱山(灊山)为南岳③,这在知识领域产生了深远影响,以至两"南岳"并立,直到近代关于古南岳的争论仍无休止④。

东汉继承神爵之制,祭祀的南岳也是灊山(霍山)。如元和元年(84年)冬十月,章帝"进幸江陵,诏庐江太守祠南岳"⑤,庐江太守所祠南岳应是其境内之灊山。元和三年二月诏书有:"前祠园陵,遂望祀华、霍,东柴岱宗,为人祈福。今将礼常山……"⑥"霍山"即灊山,将霍山与诸岳并论,此知其是朝廷认可的南岳⑦。东汉初年庐江乱民攻入皖城(灊县之南),有自称"南岳大师"者⑧。由此可见在朝廷以霍山为南岳的影响下,基层民众也认为"南岳"在江北庐江一带。

然而据《后汉书·郡国志》,司马彪在长沙郡湘南侯国提到:"衡山在东南。"⑨而在"庐江郡"中未提及霍山或灊山。至西晋依江南衡山设有衡阳郡与衡山县⑩。以此联系《汉书·郊祀志》、《汉书·地理志》及郭璞"江南衡"注文,可以发现:自西汉至魏晋,虽然安徽霍山(天柱山)通过朝廷祭祀

---

① 参见何九盈:《〈尔雅〉的年代和性质》,《语文研究》1984年第2期。
② 《尔雅注疏》,《十三经注疏》,第2617页、第2618页。
③ 《搜神记》直言"汉武徙南岳之祭于庐江灊县霍山之上"。参见(晋)干宝撰,汪绍楹校注:《搜神记》卷13,第159页。
④ 前辈学者对南岳问题讨论甚多,本文不再罗列,其中清人关于南岳论争,参见谭其骧主编:《清人文集地理类汇编》第5册,第505—533页。
⑤ 《后汉书》卷3《章帝纪》,第147页。
⑥ 《后汉书》卷3《章帝纪》,第154页。
⑦ 对于元和三年事,梁刘昭注"华、霍,山名也。霍在今庐江灊县西南,亦名天柱山。《尔雅》曰华山为西岳,霍山为南岳。"此注是除晋郭璞《尔雅注》外,将汉武之"灊之天柱"与庐江霍山视为一体的又一证据,亦足以驳斥将安徽霍山一分为二之做法。朱玉龙所说的今霍山县(汉灊县区域)西南大别山余脉上白马尖已为谭其骧主编《中国历史地图集》定为汉之"天柱山",白马尖在霍山县西南(直线距离约40公里);今"天柱山"在潜山县(汉皖县)西北9公里,二山隔今霍西县,其山脉实为一体,汉人统而名之,至后世潜山县之天柱山才逐渐被当作"南岳"主峰。参见朱玉龙:《南岳山所在方位考》,《江淮论坛》1983年第4期。
⑧ 《后汉书》卷24《马援传》,第838页。
⑨ 《后汉书·郡国志四》,第3485页。
⑩ 《晋书》卷15《地理志下》,第457页。

被认定为"南岳",但知识界仍有以江南衡山为南岳的传统。

二、汉代经学的调适与持守

如班固在《郊祀志》中释《尧典》"南岳"为衡山,儒家经典一般也认为江南衡山即上古南岳。《礼记·王制》:"自南河至于江。千里而近。自江至于衡山……西不尽流沙,南不尽衡山",郑注"自江至于衡山"为"荆州域"①,此衡山明显为江南之山。《周礼·职方氏》列九州镇山:"东南曰扬州,其山镇曰会稽……正南曰荆州,其山镇曰衡山……河内曰冀州,其山镇曰霍山。"该条以会稽为扬州之镇,明显排出了汉武所祭同在扬州的"灊之天柱";以"霍山"为冀州之镇,可见"霍山"之名还是以山西的霍太山为最古,与"灊之天柱山"同名的"霍山"并非古之名山。郑玄注《周礼》"大宗伯"之"以血祭祭社稷五祀五岳":"东曰岱宗,南曰衡山,西曰华山,北曰恒山,中曰嵩高山"②;注"大司乐"之"四镇五岳崩":"四镇山之重大者,谓扬州之会稽,青州之沂山,幽州之医无闾,冀州之霍山。五岳,岱在兖州,衡在荆州,华在豫州,岳在雍州,恒在并州。"③此两条注中郑玄皆以江南衡山为南岳。仔细对比两条,"大司乐"条以雍州之"岳"山为西岳,郑玄可能认为"岐镐处五岳之外,周公为其于正不均,故东行于洛邑,合诸侯,谋作天子之居,是西都无西岳,权立吴岳为西岳。"④"岐镐处五岳之外"暗示汉代以郑玄为代表的经学家深知五岳本乃东方名山,但他们因尊周礼而崇宗周,故发明关中岳山为西岳新说。西岳因宗周而改,可反证郑氏注《周礼》以周为本,而南岳衡山未改,它便是尧舜至周代之定制。

与郑玄发明西周"权立"西岳类似,《汉书·郊祀志》如实记录上古至西汉南岳变化似乎也暗示着汉儒可能也会接受武帝权立的"灊之天柱山"。首先,从西汉《尚书大传》来看。其释《尧典》之巡狩南岳为"中祀大交霍山",郑玄注为"五月南巡守,仲祭,大交气于霍山也"⑤。《大传》释《禹贡》有"五岳谓岱山、霍山、华山、恒山、嵩山也","禹奠南方霍山。"⑥《尚书大

---

① 《礼记正义》卷13《王制》,《十三经注疏》,第1347页。
② 《周礼注疏》卷18《大宗伯》,《十三经注疏》,第758页。
③ 《周礼注疏》卷22《大司乐》,《十三经注疏》,第791页。
④ 《周礼注疏》卷22《大司乐》,《十三经注疏》,第791页。
⑤ (汉)伏胜:《尚书大传》卷1,《丛书集成初编》本,第18页。
⑥ (汉)伏胜:《尚书大传》卷2,《丛书集成初编》本,第37页、第39页。

传》为汉初伏生解经之作,伏生活动时间至汉文帝时。《封禅书》言文帝时因齐国、淮南国废而收名山祭祀之权,与齐国的泰山相对,淮南国境内的名山应是灊山(霍山)。因此可以判断,汉初知识界已有霍山南岳说,该说还可能已被官方认可,《尚书大传》甚至可能就是后来汉武帝号天柱山为南岳的思想源头。无论如何,霍山南岳说还是以汉武帝号南岳故事为标志,并因之而广为流传,获得了极大影响力。注《大传》时,郑玄并非已认可汉制,只是因"疏不破注"原则照录"大交气于霍山"而已。

如果《大传》霍山之类是伏生后学所为,那么这可能暗示汉代一部分经学家保持了叔孙通以来对政治的依附心态,能及时接受汉武新制,承认霍山为南岳,果如此,这便是国家新礼浸入了经学学术。当然,部分经师儒生面对古今二南岳时难免会进退失据,于是又可能出现既认同衡山古南岳又不敢否认皇权确立之新南岳的情况。但西汉解经作品《毛诗》在释《嵩高》时就说:"四岳也,东岳岱,南岳衡,西岳华,北岳恒。"①此处足见毛氏未从汉制,对古义有所持守②。

东汉皇帝亲自确定官方经义《白虎通》,其释"巡狩"南岳时只提及"南方为霍山者何?霍之为言护也。言太阳用事,护养万物也。小山绕大山为霍"③。此明显是为汉武故事及神爵之制辩护,它标志着主流经学家已接受汉家新制。东汉许慎《说文》释"岳"为:"岳,东岱,南霍,西华,北恒,中太室。"④此为南岳之变波及小学。有意思的是,段玉裁对汉儒持今古之别,他注《说文》此条:"南霍者,衡山也,在今湖南衡州府衡山县西北。《风俗通》曰:衡山,一名霍山。《尔雅·释山》曰:霍山为南岳。《尚书大传》、《白虎通》皆举霍山。《毛传》则曰:南岳衡。许宗毛者也,曰南霍,正皆谓今湖南之衡山,即汉《地理志》长沙国湘南县东南之《禹贡》衡山也。"⑤古文家许慎在南岳问题上只是接受了当时制度认可的霍山而已,可段玉裁不察许慎附和《大传》等今文家著述,强论其仍宗古文《毛诗》,竟将"霍山"生硬解释为湖南衡山。在此问题上,陈立认识透彻,他看到《说文》与古文家说相左,

---

① 《毛诗正义》卷18之3《嵩高》,《十三经注疏》,第565页。
② 西汉《方言》有"吴楚衡淮之间日娃","衡淮"并列,由此或可推测扬雄也认为"衡"当指"霍山"。参见华学诚:《扬雄方言校释汇证》,北京:中华书局,2006年,第100页。
③ (清)陈立撰,吴则虞点校:《白虎通疏证》卷6《巡狩》,第299页。
④ (清)段玉裁:《说文解字注》,上海:上海古籍出版社,1988年,第437页。
⑤ (清)段玉裁:《说文解字注》,第437页。

指出:"许氏多用古《尚书》说,而与《大传》同,盖当时诸儒皆缘汉制释经,故多合也。"①即面对经义与国家制度在南岳上的差异,经学内部所谓今古文差异已退居次要②。正当经学家纷纷将汉制新南岳纳入解经之作时,一部表达相对自由的《风俗通义》无意间又表露出对南岳"衡山"的坚持,其介绍"五岳"有:"南方衡山,一名霍山,霍者,万物盛长,垂枝布叶,霍然而大。庙在庐江灊县。"③从其讲霍山与霍山庙来看,《风俗通义》似是接受汉家新南岳;但其首言南岳为"衡山",则接受霍山程度不及《白虎通》《说文》彻底。该书作者应劭当然知道衡山在江南长沙郡,也知道本朝祭祀的南岳是江北霍山,为调和古今差异,他只能先据古说并系之以今制再模仿《白虎通》说辞。这是汉儒在感到今制与传统相左的压力下尝试权用经义来调合古今南岳,这一暧昧并包的态度与《尔雅》一致。

总之,《汉书》《尔雅》提供了古制与汉制南岳之别这一线索,《白虎通》《说文》选择了汉制南岳霍山,郑注《周礼》与《毛诗》主古义,而《风俗通义》则似调和古今南岳。退一步推论,若江南南岳衡山不是三代及周制,以《禹贡》九州与《周礼·职方氏》九州镇山(荆州镇山为衡山),配合《礼记》"自江至于衡山"及《尔雅》"江南衡",也知江南衡山是战国至秦汉间大多数儒生认为的理想南岳。

三、霍山古南岳说商酌

传统一般认为江南衡山为古南岳,然清代以降学术昌明,亦有缘汉制以霍山为古南岳者,如皮锡瑞囿于今古文之别认为"霍山"为今文经所主古南岳,段玉裁笃信《尔雅》必在西汉前成书,又结合《尚书大传》为汉初著作,故认为霍山与衡山并称南岳④。近期陈立柱等在《古代"衡山"地望与〈禹贡〉荆州范围综说》(简称《综说》)一文中综合前贤研究,再次主张霍山为古

---

① (清)陈立撰,吴则虞点校:《白虎通疏证》卷6《巡狩》,第300页。钱穆亦谈及许慎兼采今古学。参见氏著:《两汉经学今古文平议》,北京:商务印书馆,2001年,第257页。
② 钱大昕发现《地理志》引古文与《水经》颇合,判定《水经》作者桑钦为传古文《尚书》者,如此则《水经》所附《禹贡》山水首言五岳以安徽霍山(天柱山)为南岳,此又是汉古文《尚书》家缘附汉制解经。参见氏著:《廿二史考异》,上海:上海古籍出版社,2004年,第1422页。
③ (汉)应劭撰,王利器校注:《风俗通义校注》卷10《山泽》,第447页。
④ 详见谭其骧主编:《清人文集地理类汇编》第5册,第518—524页。

南岳①。但其论《禹贡》②不重《礼记》、《周礼》，割裂诸经联系，方法欠妥。《综说》所列先秦"霍山"证据有《左传》楚伐吴"克鸠兹至于衡山"③及《战国策》三苗之居"文山在其南而衡山在其北"④。然其据《左传》持童书业孤论而舍杜预以来主"楚军至江南"之众议，其论鸠兹为霍山北之霍邱也是证据不足。杜预指出："鸠兹，吴邑，在丹阳芜湖县东，今皋夷也。衡山在吴兴乌程县南。"⑤此说影响颇大，楚军沿江下吴亦是情理之中，此即历代学者少疑杜预之原因，故笔者以为据《左传》此条不足证"衡山"即安徽霍山⑥。《战国策》"衡山在其北"诸家多因衡山偏南理校"北"为"南"⑦，然无论南北，仅据此句不足推论"衡山"为江北霍山；"文山"一般认为即岷山，是知《战国策》论三苗范围或出自《禹贡》"岷山之阳至于衡山"，若偏东之安徽霍山为"衡山"，则三苗势力遍及长江首尾，东西过长，此应非《战国策》本义。总之，《综说》以先秦文献证安徽霍山为《禹贡》荆州之"衡山"，论经论史皆有较大纰漏，笔者不能苟同。

《综说》特重杨守敬论安徽霍山为古南岳衡山，杨氏五大论据除上文提及的《战国策》外，还有《史记·秦始皇本纪》、《汉书·地理志》、《风俗通》和《山海经》等⑧。上文已提及用《战国策》论"霍山"并不可靠，而杨氏取《山海经》更是以虚求实，取《风俗通》不查应劭实杂糅经义与汉制，可据之材料

---

① 参见陈立柱、纪丹阳：《古代"衡山"地望与〈禹贡〉荆州范围综说》，《中国历史地理论丛》2011年第3辑。

② 《综说》在论证安徽霍山为古南岳时未引《尚书大传》，应为疏漏，成书于西汉前期的《大传》记录了霍山，则霍山为古南岳又可多一证据。同时，该文依据伪《孔传》阐发西汉荆州地望，似不够严谨。

③ 参见《综说》，第141—142页。

④ 参见《综说》，第143页。

⑤ 《春秋左传正义》卷29《襄公三年》，《十三经注疏》，第1930页。

⑥ 《综说》以"鸠兹"音转为"祝兹"，又以"祝兹"为"松滋"，层层推论，可信度递降。《史记》记蜀伐楚，"取兹方"，后世有将"兹方"与"鸠兹"视为一地者，而钱大昕指出《史记》"兹方"及其对应之"松滋"与《左传》"鸠兹"并非一地。《综说》进而论汉立松滋侯当在六安，却无力反驳《汉书·地理志》、《史记索隐》、《太平寰宇记》等确定江北宿松为汉松滋县；其辅证以《太平寰宇记》"霍邱县"有汉松滋之说，但清人说霍邱县松滋城："汉初置松滋侯国今宿松县界，晋初改置于此，《寰宇记》云一名祝兹，即古鸠兹，误，鸠兹在芜湖也。"《综说》还辅证以《读史方舆纪要》，不查顾氏汇集诸说，于霍邱县亦仅抄自《寰宇记》尔。参（清）钱大昕：《廿二史考异》，第52页；乾隆《江南通志》卷36《舆地志》，影印《文渊阁四库全书》第508册，第188页。

⑦ 缪文远：《战国策新校注》，成都：巴蜀书社，1998年，第677页。

⑧ 参见谭其骧主编：《清人文集地理类汇编》第5册，第530—532页。

唯《史》、《汉》二书。据《史记》秦始皇行程为："乃西南渡淮水，之衡山、南郡。浮江，至湘山祠。"①谭其骧据此指出秦已在淮南立衡山郡②。近出岳麓书院秦简有"南郡、上党□邦道当成东故徼者，署衡山郡"，"戍衡山郡"等③，此可辅证谭说④，亦可能与《秦始皇本纪》配合佐证秦时"衡山"或在安徽大别山脉。汉初吴芮被封衡山王，其国在大别之南，统治区域东部近霍山，定都在邾（汉江夏郡），或因秦郡。吴芮衡山国存在时间虽短⑤，但汉文帝于吴芮故地立衡山国三十年，为汉家一时制度。因此以秦衡山郡、汉"衡山国"与武帝号"天柱山"为南岳，可以证明秦汉之际安徽大别山一带（霍山所在）可能被视作"衡山"。当然，如将秦汉衡山郡（国）与《禹贡》"荆及衡阳为荆州"联系，便有利于证明安徽霍山为古南岳。但如前所述，《禹贡》、《周礼》、《礼记》、《尔雅》诸经与《汉书·地理志》长沙国"衡山"已构成证据链，说服力甚强，这也是从古至今学者多宗湖南"衡山"为古南岳之原因。《综说》参用诸史，不重经义，新证据不足，不能破传统旧说，其新说难以成立。

综上所述，基于论史"说有易，说无难"，霍山古南岳说证据虽不足，但若以秦衡山郡、汉初衡山国、《秦始皇本纪》之"衡山"与《禹贡》构成联系，似亦不能完全排除秦汉之际有以"霍山"解《禹贡》之"衡山"者。如此种意见存在，便可能与汉制衡山国一起构成汉武号天柱山为南岳之思想背景⑥。

至此，可以以更为包容的心态来解释湖南衡山与安徽霍山在南岳名号上的关系：江南衡山为南岳，此是先秦儒生之主流意见，至秦汉之交或有以安徽霍山（或广义的大别山）为衡山者，它或影响到汉武帝改定南岳。但可以断定的是：在汉武改制前，主流经学仍是以江南衡山为南岳；汉武定制后，持旧说者并未完全遵从汉制，于是"江南衡"得以通过经学传至后世。

---

① 参见《史记》卷6《秦始皇本纪》，第248页。
② 谭其骧：《长水粹编》，石家庄：河北教育出版社，2000年，第53页。
③ 陈松长：《岳麓书院藏秦简中的郡名考略》，《湖南大学学报》（社会科学版）2009年第2期。
④ 后晓荣：《秦代政区地理》，北京：社会科学文献出版社，2009年，第411—413页。
⑤ 据《资治通鉴》（第305—348页），高帝元年二月项羽封诸王，高帝三年五月吴芮之婿黥布已从汉王，高帝四年七月刘邦封黥布为淮南王辖衡山王地。《汉书·高帝纪下》（第52页）汉五年封功臣称吴芮为"故衡山王"，张晏指出项羽封吴芮后不久又夺其地，联系黥布活动，吴芮受其牵连做衡山王最多不过三年。
⑥ 如《史记·封禅书》记文帝时"始名山大川在诸侯，诸侯祝各自奉祠，天子官不领。及齐、淮南国废，令太祝尽以岁时致礼如故。"此或表明汉武之前有以淮南霍山为南岳者，但汉武之前未定五岳制度，故仅能表明知识界态度而已，因此笔者仍坚持《大传》等霍山为南岳说实主要受汉武制度影响。

四、中古经学的胜利：从汉武制度到以衡山为南岳

汉代祭祀南岳霍山实践了两百多年，魏晋南北朝多延续之。三国《广雅》"释山"以"天柱谓之霍山"紧接"岱宗谓之泰山"①，是知时人仍以霍山为南岳。霍山处在魏吴两国边境，战火频仍，很少得到祭祀。东晋时，何琦论备五岳祠曰："惟灊之天柱，在王略之内也，旧台选百户吏卒，以奉其职。中兴之际，未有官守，庐江郡常遣大吏兼假四时祷赛，春释寒而冬请冰。咸和迄今，又复隳替。"②此知晋礼仍尊汉制，以霍山为南岳。刘宋大明七年（463年）诏书称"霍山是曰南岳，实维国镇"③，是年六月朝廷议定祭祀霍山礼："令以兼太常持节奉使，牲用太牢，加以璋币。"④此是刘宋又因东晋而承汉制。萧梁大儒崔灵恩《三礼义宗》论巡狩有："唐虞衡山为南岳，周氏霍山为南岳"⑤，后世郊祀多泛称周制，故可推测萧梁亦以霍山为南岳。南朝礼制多因袭。因此可以说，魏晋南朝皆承汉制以霍山为南岳⑥。

五世纪后期，北魏早已地控恒泰嵩华四岳，向南已占领寿春，直逼大别山、霍山。《魏书》描述正始二年（505年）寿阳之战："衍将田道龙、何景先等领卒三千已至衡山，规寇陆城。"⑦陆城为寿阳（今安徽寿县）周边城戍，此"衡山"即陆城南之霍山，北魏以霍山为"衡"，其或已将霍山视为南岳。又，北魏大臣元澄提议南伐："寿阳去江五百余里，众庶惶惶，并惧水害。脱乘民之愿，攻敌之虚，豫勒诸州，纂集士马，首秋大集，则南渎可为饮马之津，霍岭必成徙倚之观。"⑧元澄为保淮南寿阳，提议主动出击，其文以南渎大江与霍岭并举，似有以霍山为南岳之义。北魏末，魏人曾鼓吹北魏"定鼎嵩洛，五山为镇"⑨，只有把长江以北的霍山视为南岳，北魏才算勉强据有

---

① （清）王念孙：《广雅疏证》卷9下《释山》，北京：中华书局，1983年，第301页。
② 《晋书》卷19《礼志上》，第598页。
③ 《宋书》卷6《孝武帝纪》，第131页。
④ 《宋书》卷17《礼志四》，第483页。
⑤ 《通典》卷54《礼十四》，第1506页。
⑥ 但吊诡的是，在东晋南朝的北郊设计中，一直有"五岳"神位与"霍山"神位同时出现，而"霍山"一般与沂山、医无闾山、会稽山作为早期的"镇山"（即五岳之辅）并列，据郑玄注《周礼·大司乐》"四镇"之"霍山"即冀州霍太山。就常理来讲，北郊之南岳不应再是同名之"霍山"，此或可视作东晋南朝制礼之漏洞。
⑦ 《魏书》卷19中《元嵩传》，第487页。
⑧ 《魏书》卷19中《元澄传》，第471—472页。
⑨ （北魏）杨衒之著，杨勇校笺：《洛阳伽蓝记校笺》，第113页。

五岳。北齐代魏后,其北郊从祀之神称"霍岳、衡镇"①,霍山为岳而衡山只能为镇,此是北齐以霍山为南岳之明证,其制应受北魏影响。由此来看,中古时期南北诸政权几乎一致以霍山为南岳。霍山为南岳也会波及一般知识,如《抱朴子》叙炼仙药之山时并举"华山、泰山、霍山、恒山、嵩山"②,在叙入山之忌时有"不须入太华、霍山、恒山、太山、嵩高山"③。

虽然汉至中古数百年间,霍山一直被官方视为南岳,但中古经学家如他们的汉代前辈一样未因服从政治需要而抛弃经义,故江南衡山的南岳名声也未完全被历史掩盖。杜预注《左传》"四岳"为:"东岳岱,西岳华,南岳衡,北岳恒。"④伪《孔传》释《尧典》巡狩"至于南岳如岱礼"有"南岳衡山,自东岳南巡,五月至"⑤,一反西汉《大传》之霍山南岳。据此两条可知后世经学有发展汉儒毛氏、郑玄之古说者,某种程度上也可视作是汉古文经学主"衡山"的延续。郭璞注《山海经》"又东四十五里曰衡山":"今衡山在衡阳湘南县,南岳也。"⑥他还认为"南海之内有衡山"之"衡山"是"南岳"⑦。张华《博物志》也以"衡"与四岳并列,后人注《博物志》也指出:"衡山为南岳,属荆州。"⑧此表明江南衡山南岳说在知识界也较为流行。这一时期最能表现衡山与霍山紧张关系的还是《广雅》,其释五岳之后第一山便是:"岣嵝谓之衡山。"此外,郦道元注《水经》附《禹贡山水泽地所在》,《水经》正文虽以霍山为南岳,但郦注"衡山"仍提及"禹治洪水,血马祭衡山"⑨。这些亦在暗示"衡山"在中古知识领域有崛起苗头。

需要指出的是,不能过高估计中古经学及知识领域以衡山为南岳的影响,毕竟霍山作为官方南岳还在因袭之中。真正给江南衡山带来转机的是关中一隅的西魏北周。宇文氏立国标榜周制,《周礼》既被视为当世章宪,

---

① 《隋书》卷6《礼仪志一》,第114页。
② 王明:《抱朴子内篇校释》卷4《金丹》,北京:中华书局,1985年,第85页。校释以"霍山"在福建,应误。
③ 王明:《抱朴子内篇校释》卷17《登涉》,第300页。
④ (晋)杜预:《春秋经传集解》昭公四年,上海:上海古籍出版社,1978年,第1237页。
⑤ 《尚书正义》卷3《舜典》,《十三经注疏》,第127页。
⑥ (晋)郭璞:《山海经传》卷5《中山经》,《丛书集成初编》本,第78页。
⑦ (晋)郭璞:《山海经传》卷18《海内经》,《丛书集成初编》本,第139页。
⑧ 参见(晋)张华撰,范宁校正:《博物志校正》卷1,北京:中华书局,1980年,第10页、第18页。
⑨ (北魏)郦道元著,陈桥驿校证:《水经注校证》卷40《禹贡山水泽地所在》,第955页。

郑注地位亦随之提高。北周不及统一故无祭南岳之事，然北周制度重五行，周武帝所修《无上秘要》以五岳帝君配五行，其称南岳帝君为"南岳衡山君"①。由此可推测，北周当已据郑注《周礼》，以江南衡山为南岳从祀祭地之方丘。隋制承北周立衡山为南岳，如隋文帝下令于五岳及诸州名山各立寺院一所②，其中就有泰州岱岳寺、定州恒岳寺、衡州衡岳寺等③。这是几百年来，官方第一次以江南衡山为南岳进行规划建置。唐承隋制祀南岳衡山于衡州④，其后历宋元明清，湖南南岳衡山成为定制。

至此可知，江南衡山代替霍山为南岳的关键来自北周之"宪章姬周"⑤。北周恢复周礼，以郑注三礼为宗，郑玄主张上古三代南岳是江南衡山，故西魏北周能于西北一隅独主衡山，异于北齐、南朝。隋代一统，伴随着江南衡山进入隋域，隋朝官方正式以南岳之礼对待衡山。唐初复兴经学修《五经正义》，其中尚书用伪《孔传》，《诗经》用毛诗郑笺，《礼记》用郑注，《春秋》用杜预集解，此四书皆主衡山古南岳说而反汉制霍山。

孔颖达等疏郑笺《毛诗》，力主江南衡山为惟一古南岳，但又因笃信《尔雅》早于汉代，于是为调适《尔雅》所见衡、霍二山名，提出江南衡山本有"衡"、"霍"二名，其论述道：

> 而云衡霍一山二名者，本衡山一名霍山。汉武帝移岳神于天柱，又名天柱亦为霍，故汉魏以来衡、霍别耳。郭璞《尔雅注》云：霍山，今在庐江潜县西南，别名天柱山，汉武帝以衡山辽旷，移其神于此。今其土俗人皆呼之为南岳。南岳本自以两山为名，非从近也。而学者多以霍山不得为南岳，又言从汉武帝始乃名之，如此言，为武帝在《尔雅》前乎？斯不然矣。窃以璞言为然。何则孙炎以霍山为误当作衡山？案《书传·虞夏传》及《白虎通》、《风俗通》、《广雅》并云霍山为南岳，岂诸文皆误？明是衡山一名霍也。⑥

―――――――――――
① 参见《无上秘要》卷18、19，《道藏》第25册，第43页、第47页。
② （唐）释法琳：《辩正论》卷3，《大正新修大藏经》第52册，台北：新文丰出版公司，1983年，第509页。
③ （唐）释道世撰，周叔迦、苏晋仁校注：《法苑珠林校注》卷40，北京：中华书局，2003年，第1273—1274页。
④ 《通典》卷46《礼六》，第1282页。
⑤ 《隋书》卷6《礼仪志一》，第115页。
⑥ 《毛诗正义》卷18之3《崧高》，《十三经注疏》，第566页。

与郭璞区分霍山与古南岳衡山的保守做法不同，三百年后，孔颖达等在坚持江南衡山为古南岳前提下，又以衡山收"霍山"之名①。无论如何，《毛诗正义》主衡山为南岳的意见还收入《尚书正义》与《左传正义》中②，同时持同样意见的郑注三礼也被尊为官学。

综上所述，周隋至唐初，江南衡山因中古经学特别是郑注三礼而成为国之正祀，其后主古说之诸经又立为不易之典，于制度于思想上尽除汉制霍山，南岳衡山终于完成了从经义进入正礼这一漫长历程。

第四节 隋代五岳祭祀的其他创新

一、五镇山的确立

隋代不惟确立按五郊迎气日祭五岳制度，还在前朝北郊基础上继承发展了镇山概念。东汉初年采莽制立北郊时，五岳与四海四渎、其他名山大川分立，还未出现五岳佐山迹象。东晋咸和八年（333年）始立北郊，其地郊从祀神祇有：

> 五岳、四望、四海、四渎、五湖、五帝之佐、沂山、岳山、白山、霍山、医无闾山、蒋山、松江、会稽山、钱唐江、先农，凡四十四神也。江南诸小山，盖江左所立，犹如汉西京关中小水皆有祭秩也。③

以上除五岳外有七山，据梁天监六年（507年）清理北郊，"八座奏省四望、松江、浙江、五湖等座。其钟山、白石，既土地所在，并留如故。"④钟山即东晋所称蒋山，白石亦为建康附近小山，如此可知咸和北郊其余五山即五岳之外天下名山。据《周礼·职方氏》，九州有九镇山即会稽山、衡山、华山、沂山、岱山、岳山、医巫闾山、霍山、恒山，除去华山等四岳余为会稽山、

---

① 为调适经义与汉制，中古还产生了南岳衡山为主潜霍为副说。参见（唐）徐坚等：《初学记》卷5《地理上》，北京：中华书局，2004年，第96—97页。
② 《尚书正义》卷3《舜典》，《十三经注疏》，第128页；《春秋左传正义》卷42《昭公四年》，《十三经注疏》，第2033页。
③ 《晋书》卷19《礼志上》，第585页。文中五帝之佐应为五方帝与五官。四望或与《尚书》"六宗"有关。详见本书附录《〈晋书·礼志〉补释两则》。
④ 《隋书》卷6《礼仪志一》，第110页。

沂山、岳山、医巫闾山、霍山,恰是东晋北郊五岳之外的五镇名山。南朝明山宾议礼称"而今北郊设岳镇海渎"①,称岳称镇,此足见礼臣设计北郊从祀名山大川时,在五岳基础上已参用《周礼》镇山之义,江南四朝因袭之②。《周礼》讲镇山另一处,即《大司乐》中"四镇五岳",郑玄注为:"四镇山之重大者,谓扬州之会稽,青州之沂山,幽州之医无闾,冀州之霍山。五岳,岱在兖州,衡在荆州,华在豫州,岳在雍州,恒在并州。"③此是郑玄将《职方氏》九镇山分为四镇五岳,郑玄在此以"岳山"取代五岳之嵩山,单纯从释经思维讲,应是因嵩山不在《职方氏》九镇,此可见其相信"岳"出于"镇"。东晋南朝确立镇山以《职方氏》记载为主,除诸岳而剩五镇山,亦即郑注《大司乐》所说四镇山外加"岳山"。综上,可知东晋南朝确立镇山思想与郑玄"岳"出于"镇"相同,但其更重《周礼·职方氏》所载,视"岳"山为镇山,这与郑注《大司乐》"四镇"之义又不尽符合。这种参照《职方氏》,违《大司乐》"四镇"而设"五镇"的做法,其思想动力应是:镇山既是五岳之佐,五岳有五,镇山亦应有五。

北齐方丘设计别有特色,参用《禹贡》《周礼》,且更重郑义。其方丘主神为"昆仑皇地祇",此即郑玄所说"地祇则主昆仑","礼地以夏至,谓神在昆仑者也。"④从祀之山有:

> 岱岳、沂镇、会稽镇、云云山、亭亭山、蒙山、羽山、峄山、嵩岳、霍岳、衡镇、荆山、内方山、大别山、敷浅原山、桐柏山、陪尾山、华岳、太岳镇、积石山、龙门山、江山、岐山、荆山、嶓冢山、壶口山、雷首山、底柱

---

① 《隋书》卷6《礼仪志一》,第110页。
② 《隋书·礼仪志一》(第108页)载梁初北郊从祀神祇:"五官之神、先农、五岳、沂山、岳山、白石山、霍山、无闾山、蒋山、四海、四渎、松江、会稽山、钱塘江、四望,皆从祀。"其中"白石山"即晋制"白山",稍异者乃梁制改晋制"会稽山"为"会稽江",但比较两朝制度,除此不同外,其余皆梁承晋制;又出于参用《周礼》镇山理念,梁制不当去会稽山。再次,"会稽江"少见于史料,惟《初学记·地部中》(卷6,124页)提及"会稽江"为别名之属,其他史志未见"会稽江"。又,绍兴之南大川左右有浦阳江、曹娥江,赵一清指出:"韦昭始以浦阳为三江之一,六朝时合曹娥、钱清二江总曰浦阳……历唐五代作志乘者尚无曹娥、钱清之名,故《九域志》以曹娥镇属会稽,钱清镇属山阴,可证也。道元注《水经》以上虞江称曹娥,而钱清则否,是知曹娥为浦阳江经流无疑矣。"(《水经注释》卷40《浙江水》,景印《文渊阁四库全书》第575册,第667页。)此又可辅证南朝会稽郡当无"会稽江"之望。查百衲本、汲古阁本、殿本《隋书》,梁北郊皆书"会稽江",惟《古今图书集成》、《五礼通考》与晋制一致为"会稽山",此或是陈梦雷等参考《隋书》别本或径据文意理校勘定。
③ 《周礼注疏》卷22《大司乐》,《十三经注疏》,第791页。
④ 《周礼注疏》卷18《大宗伯》,卷22《大司乐》,《十三经注疏》,第762页、第790页。

山、析城山、王屋山、西倾朱圉山、鸟鼠同穴山、熊耳山、敦物山、蔡蒙山、梁山、岷山、武功山、太白山、恒岳、医无闾山镇……①

北齐从祀之山虽较繁杂,但大多出自《禹贡》,其以五岳附带镇山方式更明确地显示了镇山从属于五岳。与南朝镇山相比,北齐镇山无雍州"岳山"似更符合郑玄注《大司乐》所说四镇"会稽,沂山,医无闾,霍山"。其中《大司乐》之"霍山"即冀州之霍太山,也即北齐从祀之"太岳镇"。从祀诸镇有"衡镇",此是因北齐承汉武制度以安徽霍山为南岳,故安徽霍山得称"霍岳",而衡山只得降为"衡镇",当然"衡镇"亦在《职方氏》九州镇山之中。

南朝镇山以《职方氏》九镇为底除去《尧典》四岳即是五镇山,而北齐则杂糅《职方氏》《禹贡》、郑义、汉武制度才凑足"五镇",纷繁复杂,故隋朝接受了较为简单的南朝镇山系统,以沂山、岳山、霍山、医巫闾山、会稽山为镇山。开皇十四年(594年):

> 诏东镇沂山,南镇会稽山,北镇医无闾山,冀州镇霍山,并就山立祠……及四渎、吴山,并取侧近巫一人,主知洒扫,并命多莳松柏。其霍山,雩祀日遣使就焉。十六年正月,又诏北镇于营州龙山立祠。东镇晋州霍山镇,若修造,并准西镇吴山造神庙。②

中古时期,学者多视《封禅书》岳、吴两山为一山,此处西镇吴山即对应《周礼》之岳山③。冀州镇霍山若视为中镇,按"五时迎气日"祭祀,当在土王日即立秋前十八天享祭,但隋代特意提前到孟夏雩祀日祭祀,或是考虑到山西中部少雨而改定。以方位名诸镇山始自隋代。可隋礼仅称四方镇山,又将"冀州镇"与四方镇山并列,这表明隋代岳镇系统正处在整合形成时期,因为按镇山配诸岳,五岳当有五镇山。隋代礼臣用《周礼》或出于尊《大司乐》"四镇"之义,取"四镇"四方镇山之义;据郑注,霍山虽是"四镇"之一,但其地理位置不在四偏,故礼臣以偏西的"岳山"(吴山)为西镇。可毕竟"霍山"是郑玄所定"四镇"之一,且前朝镇山设置都有霍山,故隋礼在定四方镇山时又不能忽视霍山。需要指出的是,研究者不能因为此时霍山无

---

① 《隋书》卷6《礼仪志一》,第114页。
② 《隋书》卷7《礼仪志二》,第140页。
③ 《后汉书·郡国志一》,第3407页;参见田天《秦代山川祭祀格局研究》,《中国历史地理论丛》2011年第2辑,第57—58页。

"中镇"之名而认为它低于四镇。隋代重视镇山与其重视九州一样,皆因为重视《周礼》。隋代方丘设计从祀"九州"有:"神州东南方,迎州南方,冀州、戎州西南方,拾州西方,柱州西北方,营州北方,咸州东北方,阳州东方,各用方色犊一。九州山海已下,各依方面八陛之间。其冀州山林川泽,丘陵坟衍,于坛之南,少西,加羊豕各九。"①以九州从祀方丘,是前无古人后无来者,其以五行家主张的大九州从祀方丘,更是绝无仅有。九州之中又突出冀州,应是参照《禹贡》冀州为九州之首而制礼。霍山作为冀州之镇,其地位有尊于其余四镇之可能而绝不因未加"中镇"名号礼秩次于诸镇。至此,中古镇山系统,经隋朝采择,基本确立了五大镇山,此五镇山延续至清代未变②。

二、以岳渎为首的祈雨制度

隋代不惟确立了位次五岳的五镇,还确立了以岳镇海渎、名山大川为首的祈雨制度。雩祀是先秦的祈雨礼。《春秋》曰"龙见而雩",吕祖谦指出:"汉制承秦,灭学正,雩礼废。旱,太常祝天地宗庙。"③《汉旧仪》:"求雨,太常祷天地、宗庙、社稷、山川以赛,各如其常牢,礼也。四月立夏旱,乃求雨祷雨而已;后旱,复重祷而已;讫立秋,虽旱不得祷求雨也。"④与汉制祈雨并行,汉儒据经典日益描绘出"周代"雩礼面貌。《礼记·月令》有:"命有司为民祈祀山川百源,大雩帝,用盛乐。乃命百县雩祀百辟卿士有益于民者,以祈谷实。"郑玄认为大雩帝在四月,"山川百源,能兴云雨者也,众水

---

① 《隋书》卷6《礼仪志一》,第117页。
② 王元林等仅据东南西北称谓认为隋代只有四大镇山,似不确。(参见氏著:《国家祭祀体系下的镇山格局考略》,《社会科学辑刊》2011年第1期。笔者以为,隋实有五镇,至《开元礼》又因据《周礼》"五岳四镇"暂缺霍山名目,但从它后来与诸镇并封为公来看,其镇山之本质并无变化;至宋初再因《开元礼》仅提四镇,但乾德六年(968年)又很快立霍山为中镇。观霍山为镇历程,其本于郑注《周礼》,至少起自东晋南朝,隋代因之。入唐宋后,或因《开元礼》欲与《周礼·大司乐》"四镇"说保持形式一致,霍山看似曾被短暂忽视,但实际上一年雩祭日之祭至少唐一代当未废除。需要指出,唐礼镇山思路与南朝一致,即以《职方氏》为底,分岳镇两等而已,如天宝八年朝廷下敕"九州镇山除入诸岳外并宜封公,各置祠宇。"由此可反推,隋代所谓东西南北镇山乃九州镇山除诸岳外剩余镇山之后起名号,霍山即在《职方氏》九州镇山之列,故不应因其"中"镇名号晚至而质疑其本于《周礼》的镇山地位。参见(宋)宋敏求:《唐大诏令集》卷9,北京:中华书局,2008年,第54页。
③ (宋)吕祖谦:《历代制度详说》卷15《祀事》,黄灵庚、吴战垒主编:《吕祖谦全集》第9册,杭州:浙江古籍出版社,2008年,第163页。
④ (清)孙星衍等辑:《汉官六种》,第103页。

始所出为百源，必先祭其本，乃雩。"此是主张雩祭前先祭祀山川。他还认为雩祭分正（大）雩与他雩，正雩就是"雩帝"即祭祀五精帝；他还指出"雩之正，当以四月。凡周之秋三月之中而旱，亦修雩礼以求雨……周冬及春夏，虽旱，礼有祷无雩"，此是雩祭时间亦可在秋季①。郑玄并未明言何为他雩，他雩应指非时雩祭五精帝。与正雩（大雩帝）对应，服虔、贾逵皆认为一般雩祭就是祭山川②。其实，从《月令》文本来看，雩祀应指一系列祈雨行为，可泛称雩祀，服、贾之说更切中经义。

南北朝时期，雩祭逐渐恢复，但各有差别。南朝无定期雩祭，萧梁祈雨先行理冤狱等七事，之后，"七日，乃祈社稷；七日，乃祈山林川泽常兴云雨者；七日，乃祈群庙之主于太庙；七日，乃祈古来百辟卿士有益于人者；七日，乃大雩，祈上帝，遍祈所有事者。"③即行七事后，才进入祈雨程序，其祈祷次序是社稷、山川、群庙、古代公卿，最后大雩上帝。其祭社稷、群庙、山川源自《汉旧仪》所记汉祈雨礼，而"百辟卿士"显然来自《月令》，此知南朝祈雨（雩祭）已参用礼经。北齐定雩祭，"以孟夏龙见而雩，祭太微五精帝于夏郊之东。"④孟夏即四月，此是郑玄主张之正雩。《隋书》记北齐除正雩外祈雨活动有九，分别是：

> 一曰雩，二曰南郊，三曰尧庙，四曰孔、颜庙，五曰社稷，六曰五岳，七曰四渎，八曰滏口，九曰豹祠……若建午、建未、建申之月不雨，则使三公祈五帝于雩坛。礼用玉币，有燎，不设金石之乐，选伎工端洁善讴咏者，使歌《云汉》诗于坛南。自余同正雩。南郊则使三公祈五天帝于郊坛，有燎，座位如雩。五人帝各在天帝之左。其仪如郊礼。尧庙，则遣使祈于平阳。孔、颜庙，则遣使祈于国学，如尧庙。社稷如正祭。五岳，遣使祈于岳所。四渎如祈五岳，滏口如祈尧庙，豹祠如祈滏口。⑤

这应是按祈雨优先次序排列。首位之"雩"定在建午、建未、建申三月举行，此三月即周历秋七、八、九三月，足见北齐雩祭严格遵郑义，此雩祭与

---

① 《礼记正义》卷16《月令》，《十三经注疏》，第1369页。
② 《礼记正义》卷16《月令》，《十三经注疏》，第1369页；《春秋左传正义》卷6《桓公六年》，《十三经注疏》，第1749页。
③ 《隋书》卷7《礼仪志二》，第125页。
④ 《隋书》卷7《礼仪志二》，第127页。
⑤ 《隋书》卷7《礼仪志二》，第127页。

正雩相对,可视作郑玄所说"他雩"。南郊是"祈五天帝于郊坛",此是正雩、他雩外再祭五精帝,可视作是以"五天帝"(即五精帝)对汉制求雨祈"天地"之"天"的改造,此为北朝礼制重郑玄五精帝使然。之后,祈尧帝、孔颜,是据《月令》百县应祭"百辟卿士"而定;重社稷,也是汉代遗制;最后以五岳四渎连带滏河、漳水(祈西门豹祠意当在漳水)收尾。北齐祈雨,岳渎竟不及尧庙、孔、颜庙优先,殊为怪异,此或与其崇儒主张有关。

  以上可见,汉代之后,南北朝皆在不同程度上恢复雩祭,但明显北朝循经复礼程度超过南朝,北朝更加注重依郑玄经义,除正雩之礼外,他雩被纳入更为广泛的祈雨礼类。从萧梁与北齐祈雨顺序来看,南北皆不太注重名山大川,北齐虽主张祭祀五岳四渎,但不如诸人神之祀优先,故可以说郑玄之主张(即因山川为众水所出,故雩祭当先以山川)似未得到两朝充分重视。而隋代杂糅梁齐,创立了自己的祈雨体系。隋制正雩之外,京师孟夏后祈雨礼次序是:先"理冤狱失职,存鳏寡孤独,振困乏,掩骼埋胔,省徭役,进贤良,举直言,退佞谄,黜贪残,命有司会男女,恤怨旷",此扩展了梁朝七事;之后"七日,乃祈岳镇海渎及诸山川能兴云雨者;又七日,乃祈社稷及古来百辟卿士有益于人者;又七日,乃祈宗庙及古帝王有神祠者;又七日,乃修雩,祈神州;又七日,仍不雨,复从岳渎已下祈如初典"①。这里,隋制似是调整了萧梁祈雨诸对象的顺序,以岳镇开头,应是遵循了郑玄雩祀"先祭其本"之义。其次,隋代他雩还祈神州,遍及地祇,可视作是对南北朝雩祭只祭五精帝的补充,亦可视作是恢复汉制祈雨求"天地"之义。

  《大唐开元礼》:"凡京都孟夏已后旱,则祈岳镇海渎及诸山川能兴云雨者,于北郊望而告之,又祈社稷,又祈宗庙。每七日一祈,不雨还从岳渎如初。旱甚则修雩,秋分已后不雩。"②唐因排斥五精帝,孟夏雩祀昊天上帝,此是与隋制差异。但其祈雨次序仍依隋制:岳镇—社稷—宗庙,即祈雨要以山川开头。宋承唐制,至道二年(996年),宋太宗"亲诣诸寺观祈雨会大风不果",此时太常礼院翻出旧礼:"按典礼,凡京都旱,则祈岳镇海渎及诸山川能兴云雨者,于北郊望而祭之。又祈宗庙、社稷,每七日一祈,不雨还从北郊如初。旱甚则雩……遂遣参知政事李昌龄祠北郊,张洎、寇准分祠

---

① 《隋书》卷7《礼仪志二》,第128页。
② 《大唐开元礼》卷3《序例下》,第63页。

太庙、社稷,又命官诣皇建院、宝相寺……"①此知北宋祈雨礼亦曾以岳镇海渎为始,唐宋皆源自隋制。

以上是隋代确定以岳渎为首的祈雨礼。祈雨以岳渎开头,主要限于京畿。至于地方祈雨以及京师、地方止雨,隋代亦重山川。隋制:"州郡尉祈雨,则理冤狱,存鳏寡孤独,掩骼埋胔,洁斋祈于社。七日,乃祈界内山川能兴雨者……(京师)霖雨则禜京城诸门,三禜不止,则祈山川岳镇海渎社稷。又不止,则祈宗庙神州。报以太牢。州郡县苦雨,亦各禜其城门,不止则祈界内山川。及祈报,用羊豕。"②唐地方祈雨沿袭隋制:"州县旱则祈雨,先社稷,又祈界内山川能兴云雨者。"③与京畿祈雨优先岳渎类似,隋代一般地方应对水旱之灾亦多向山川祈祷,这依然有郑注《月令》重山川为众水之本的影子。

三、岳镇官员的设置

前引严耕望研究,东汉配合长吏祭祀岳渎,地方郡县户曹应设有专管岳庙之祠祀掾属④。中古失序,一经稳定,官方又会着手管理岳渎。太延元年(435年)北魏太武帝在三岳立庙,"各置侍祀九十人,岁时祈祷水旱。"⑤据《集古录目》《后魏大代华岳庙碑》:"太延中改立新庙,以道士奉祠,春祈秋报,有大事则告,碑以太延五年五月立。"⑥此时太武帝已尊寇谦之为天师,联系前文《中岳嵩高灵庙碑》所述道士之活动,笔者倾向认为这里的"侍祀"应该就是道教徒,即让道士负责日常维护岳庙⑦。南朝萧梁制

---

① 《宋会要辑稿》礼18之4,北京:中华书局,1957年,第734页。
② 《隋书》卷7《礼仪志二》,第128页。
③ 《大唐开元礼》卷3《序例下》,第63页。
④ 参见严耕望:《中国地方行政制度史》(秦汉),第130、229页。
⑤ 《魏书》卷108之1《礼志一》,第2738页。
⑥ (宋)陈思:《宝刻丛编》卷10《后魏大代华岳庙碑》,《石刻史料新编》第1辑24册,第18266页。
⑦ 此前,太武帝在邺城立密太后庙"置祀官太常博士、斋郎三十余人侍祀",相比之下岳庙用九十人,数量过多,可能不是出自太常礼官;史载孝文帝在恒山区域安置道士时限员九十,故笔者推测诸岳侍祀应为道士。参见《魏书》卷108之1《礼志一》,第2738页;卷114《释老志》,第3055页。

度:"其郡国有五岳者,置宰祝三人,及有四渎若海应祠者,皆以孟春仲冬祠之。"①此当是梁武帝整顿礼制所为,宰祝当为太常派出官,此时太常属官太祝等仅在十八班末班②,则宰祝所任当在乡品二品之外,可视为流外杂职。至隋代,采用南朝方法用正官管理岳庙,"五岳各置令,又有吴山令,以供其洒扫。"③隋改南朝祀官"宰祝"为"令",此应是比照独立性较强的太常属官(如宗庙陵寝令等)而设,岳镇庙在外,距太常官署为远,设令较为合理。更重要的是,设专职之令取代他官代理,这表明岳镇庙已为太常名正言顺之分支机构,此是隋代在前朝基础上的制度创新。隋代五岳四渎、吴山等令,因是在外官署,为流内视从八品,至唐为流内正九品④。宋代岳庙令由县令兼任⑤,此是隋置专职岳令制度的消亡。需要指出的是,隋代有镇山之名而设职官者或仅吴山,之后虽然唐宋"五镇"名号鹊起⑥,但诸镇负责之人似未入品官⑦。

最后,顺便推测隋代五岳祭祀与道教关系。北魏重视道教以太武帝与寇谦之故事为代表。太武帝将寇谦之等嵩山道士移至平城,为朝廷所养,朝廷准许其在平城东南起天师道坛,此是道教变为朝廷祈福工具。在此期

---

① 《隋书》卷7《礼仪志二》,第142页。秦蕙田以为此是晋建武元年(317年)制(《五礼通考》卷47《四望山川》,当误。据《晋书·礼志上》,成帝咸和八年(333年)始立北郊,穆帝升平(357—361年)中议恢复"百户吏卒"奉庙不果,此知南渡后岳渎管理制度长期废弛。
② 《通典》卷37《职官十九》,第1014页。
③ 《隋书》卷28《百官志下》,第784页。
④ 应当指出,岳令由隋之流内视品变为唐之流内品,此一转变不能被过分夸大。参见雷闻:《郊庙之外》,第135页;朱溢:《汉唐间官方山岳祭祀的变迁——以祭祀场所的考察为中心》,《东吴历史学报》2006年第15期。隋代流内品与流内视品划分目的并非唐代流内与流外划分目的,隋代设视品目的当是参照京官给予外官品秩待遇,故其视品官上至行台尚书,下至在外各级军府、各级王国属吏及在外诸监、庙。至唐代,地方王国与军事制度已大不相同,同时唐代因科举等原因划分官员正途、杂流成为时代趋势,部分隋代职官失去政治基础,如失势之开府属吏与失势之诸王属吏被废,此即开元十年"省王公以下视品官参佐",至开元改制仅亲王参佐为流内品。同时隋唐更迭,原流内视品在外诸监、庙令变化不大,故顺理成章变为流内品。因此,笔者推论唐承隋视品官制度,其官因府主变化剧烈大者,便造成了唐代视品官与流内官在铨选及仕途上的差别,这种差别体现在大部分被废省的诸王公府参佐官上。其他视品官因职能权力变化不大又为专业职官者,其铨选仕途受波及小,虽得流内之名,实与原流内视品差别不大。此外,笔者当然不同意把隋代视品官视作梁"位不登二品"序列,我们不能因为入唐后部分视品官的流外化演变与南朝分品之相似性,而认为分清流内流外即是隋代制定视品官的初衷。参见李锦绣:《唐代制度史略论稿》,北京:中国政法大学出版社,1998年,第114—154页。
⑤ 《宋史》卷102《礼志五》,第2485页。
⑥ 参见王元林等:《国家祭祀体系下的镇山格局考略》,《社会科学辑刊》2011年第1期。
⑦ 参见《通典》卷39《职官二十二》;《宋史》卷167《职官志七》,第3979页。

间，道士有介入五岳日常管理及位列侍祀的迹象。南迁后，拓跋氏依然在洛阳南郊起道坛，至东魏高氏篡权前夕或以其不经，废邺都道坛。太和十五年(491年)孝文帝将道教寺观迁出平城，设崇虚寺①，大约同时设崇虚都尉(从五品中)，盖因其在外而设专官监督；世宗改官制，崇虚都尉作为"诸局都尉"与典牧都尉等由从五品中降至末品从九品②。崇虚都尉被北魏当作专业职能部门，应是孝文帝承父祖重道传统而为。但从其外迁与官品下降可看出道教与皇帝关系的疏离。北齐太常官署有崇虚局，以太庙令兼崇虚局丞，其职"掌五岳四渎神祀，在京及诸州道士簿账等事"③。此是承北魏遗制，道士仍负责岳渎日常管理。需要指出的是，研究者不能据此认为北朝岳渎祭祀之责全属道教，道士的角色毕竟只是"侍祀"。如魏初寇谦之所立道教尚能为国祈福行礼，但迁洛后道士素质下降几近丧失开展道教科仪之能力④，可想而知诸岳道士之作为亦当有限，且不稳定。正因如此，后世才设岳令，以国家正式职官管理诸岳。西魏北周因据《周礼》设职，道教职事自然不在正统礼官之内，隋代鸿胪寺下有崇玄署⑤，有以释道为外方之义，相比北齐以太庙令兼崇虚局，可知关中礼制当不似关东那样重视道教。虽然炀帝巡狩礼中有道士参加，但有牛弘等制礼名臣在侧，设醮等行为不会被视作正礼必要程序。总而言之，隋代既设诸令取代道教管理岳渎庙，那么在岳渎相关礼仪中偶然出现的道教科仪最多也只能视作北朝道士"侍祀"角色的残留，此时道教涉及朝廷正祀的程度应当有限，不能夸大⑥。

本章结语

提及五岳祭祀制度，人们一般会追溯到汉唐。诚然，以《大唐开元礼》为代表，唐代礼典所载五岳祭祀礼仪为后代树立了典范。但礼典制定必然有思想甚至更早的制度渊源，北周、隐代的山川祭祀便是唐礼五岳之主要源头。就制度方面来说，汉代山川祭祀制度经中古丧乱难以维系，隋代重

---

① 《魏书》卷114《释老志》，第3055页。
② 《魏书》卷113《官氏志》，第2986页，第3003页。
③ 《隋书》卷27《百官志中》，第755页。
④ 《魏书》卷114《释老志》，第3055页。
⑤ 《隋书》卷28《百官志下》，第777页。
⑥ 参见雷闻：《郊庙之外》，第138页。

获统一自然会有新的建树。隋文帝、炀帝积极致力于巡狩五岳是其重视五岳之表现。隋承北周制度,沿袭其五郊迎气日祭五岳做法;隋代在北周基础上一反汉制霍山南岳,据儒家经典以江南衡山为南岳。此两点乃隋代五岳祭祀最重要之创新。就思想来讲,可以说隋代山川祭祀制度的任何创新都离不开东汉以降的经学义理,尤其是北朝所推崇的郑玄经学。从风靡中古的封禅追求转为以折中方式恢复古巡狩之礼,从汉制五岳一祷三祠到五郊迎气日致祭,从汉制南岳霍山到周隋定南岳衡山,从注重传统五岳扩展到《周礼》记载之镇山,从杂乱无章的祈雨礼到以山川为本的祈雨顺序,这些隋代山川祭祀的制度创新都有坚实的经学思想特别是郑注三礼作为动力。从某种程度上说,汉代立五岳制度后,汉代经学才逐渐在五岳祭祀上发挥影响。至隋代,汉人的礼学思想与汉代所立五岳(山川)祭祀制度历经中古数百年磨合、互动,终于产生了一系列总结性成果。值得注意的是,从周隋定制上溯到北魏、北齐对五岳及其相关礼制之摸索,我们似乎能察觉到北朝一脉循经复礼时的机械主义,即严格按照礼经或郑义制礼,有时甚至会直接套用经典,比如北齐方丘从祀山川竟照搬《禹贡》。

需要补充的是,隋代重视五岳固然有内在的思想动力,但或许统治阶级的个人喜好也提供了某些动因。杨广诬陷蜀王杨秀,其"阴作偶人,书上及汉王姓字,缚手钉心,令人埋之华山下",其祷词大意为:"请西岳华山慈父圣母神兵九亿万骑,收杨谅魂神,闭在华山下,勿令散荡","请西岳华山慈父圣母,赐为开化杨坚夫妻,回心欢喜","请西岳神兵收杨坚魂神。"亲王以华山神为父母,故文帝质问:"我今不知杨谅、杨坚是汝何亲也?"①《礼记》有"五岳视三公",隋制三公与亲王同为一品,此或是蜀王信奉西岳甚至尊其为父母之原因。又,隋代凶礼有"诸岳崩渎竭,天子素服,避正寝,撤膳三日。遣使祭崩竭之山川,牲用太牢"②。此应是据《周礼·司服》天子因"大札、大荒、大灾,素服"所制新礼,此礼足以使皇室与岳渎神祇关系变得更为密切③。对比汉制,汉代以来一般逢三公薨、日食等,天子有素服礼,

---

① 《隋书》卷45《庶人秀传》,第1242—1244页。
② 《隋书》卷8《礼仪志三》,第152页。
③ 隋代此种按礼经塑造岳渎礼的源头仍可上溯到北魏。如太延四年华山崩,北魏天官占曰:"山岳配天,犹诸侯之系天子。山岳崩,诸侯有亡者。"参见《魏书》卷112上《灵征志上》,第2898页。

隋制按"五岳视三公"推及岳渎,此亦是北朝循经复礼传统之表现。当然,以现实中的三公之礼对待岳渎,必然会让岳渎神祇的官格①更为饱满,这也为后世山川封爵做好了铺垫。

---

① 受西学影响,中国研究者多将宗教信仰分为人格神和自然神,其实中国古代信仰自诞生起多是人格神,其后人们还多用现实政治中对官员的称谓(如"府君"、"将军"等)来形容诸神,于是诸神在既有人格上又多了一层"官格",这才是中国古代信仰的特色。近期杨俊峰注意到中晚唐城隍神的官僚化,参见氏著:《唐代城隍信仰与官府的立祀——兼论其官僚化神格的形成》,《新史学》(台北)2012年第3期。

第五章　唐宋五岳祭祀考论

　　唐宋的五岳祭祀制度基本承袭隋代，但也有一些不同之处。比如隋制或循北朝，正祀岳渎多遣使祭祀，而唐宋如东汉一样多委之地方长吏。除岁时享祭之外，唐宋祈雨多于北郊就近祭岳渎。偶遇殊崇或逢大灾朝廷也会遣使致祭，比如唐玄宗多遣使报享岳渎①，宋朝多因旱灾遣使至诸岳②。但若论唐宋在五岳祭祀上的重大创新，就必须提及五岳加封帝王与五岳立真君祠二事。唐宋五岳与道教关系密切，故分立专章讨论。此章讨论仅限于朝廷正礼范围。因对祠庙加额爵是唐宋以降官方治理各种祠祀的一大特色，为溯本求源，本章先从岳渎封爵入手，渐次讨论其他枝节问题。

第一节　唐代以岳渎为首的封爵制度及祀典下行

一、以岳渎为起点：唐代地方祠庙额爵制度简析

　　唐代五岳制度创新，最引人注目的莫过于给五岳加爵号。武则天特重中岳，垂拱四年(688年)封嵩山神为"天中王"，武周万岁登封元年(696年)又封为"神岳天中黄帝"③。唐中宗复位改嵩山天中黄帝为"天中王"，先天二年(713年)玄宗封西岳为"金天王"，开元十三年(725年)封东岳为"天齐王"，天宝年间又统一封其他三岳为王，四渎与诸镇山渐次封公，遍及其他山川④。

　　五岳封王之前，人们一般称山川之神为"府君"。"府君"是中古人鬼常

---

① 详见(宋)宋敏求：《唐大诏令集》卷74，第418—419页。
② 详见《宋会要辑稿》礼18《祈雨》，第733—748页。
③ 《新唐书》卷4《则天皇后纪》，北京：中华书局，1975年，第96页。《旧唐书》为"神岳天中皇帝"，《唐会要》、《通鉴》与《新唐书》同，又据五行之义，"黄帝"较妥。
④ (宋)王溥：《唐会要》卷47《封诸岳渎》，上海：上海古籍出版社，2006年，第976—977页。

用尊称,如泰山神一般称为"太山府君"①,《水经注》记九山庙有"九山府君"②。山神较早接受官方加爵以南朝钟山蒋神为代表,其先被封为中都侯③。刘宋加其官为"相国、大都督、中外诸军事,加殊礼,钟山王",并以之为首,"四方诸神,咸加爵秩。"④南齐时又进封蒋神为帝⑤。蒋山神备受尊崇⑥,在南朝似为个案,当时对诸神普加爵号并未形成风气,如《南齐书·周山图传》载:"义乡县长风庙神姓邓,先经为县令,死遂发灵。山图启乞加神位辅国将军。上答曰:'足狗肉便了事,何用阶级为?'"⑦南北朝皆重郑注三礼,《礼记》有"五岳视三公,四渎视诸侯",郑玄认为祭祀岳渎应依公侯礼定牲器⑧。在中古循经复礼的思潮中,人们自然会产生按公侯之礼对待岳渎的思维,这是唐代加封岳渎的思想背景。

唐代按岳渎秩次加爵,之后爵号又逐渐加至其他名山大川及地方祠庙,遂成一代制度⑨。一般来说获得爵称名号的地方祠庙不外三种,一种是山川类,泛及潭溪井泉;一种是人鬼类,远至上古帝王将相,近及本朝已逝名臣;一种是释道二教寺观。推行爵号制度以岳渎为首,然后遍及诸类神祠,这一做法有其制度与思想依据。

据汉儒等议,五岳四渎在朝廷祀典中为次祀,上承天地下启众小祀。郊祀定型后,岳渎几乎是地方上秩次最高的官方祭祀对象,故岳渎之类名山大川往往也是其他神祇出入祀典能否获得官方认可的参考标准。《王制》记天子巡狩时"山川神祇有不举者,为不敬"⑩。汉高祖稳定关中,"令

---

① 参见(晋)干宝撰,汪绍楹校注《搜神记》(第44—45页)卷4"胡母班"条;《魏书》卷52《段承根传》,第1158页。
② (北魏)郦道元著,陈桥驿校证:《水经注校证》卷15《伊水》,第372页。
③ (晋)干宝撰,汪绍楹校注:《搜神记》卷5,第57页。
④ 《宋书》卷17《礼志四》,第488页。
⑤ 《南齐书》卷7《东昏侯》,北京:中华书局,1972年,第105页。
⑥ 参见梁满仓:《汉唐间政治与文化探索》,贵阳,贵州人民出版社,2000年,第193—205页。
⑦ 《南齐书》卷29《周山图传》,第543页。
⑧ 《礼记正义》卷12《王制》,《十三经注疏》,第1336页。
⑨ 参见任爽主编:《十国典制考》,北京:中华书局,2004年,第41—48页;〔韩〕金相范:《唐代祠庙政策的变化》,《宋史研究论丛》2006年第7辑;杨俊峰:《五代南方王国的封神运动》,《汉学研究》(台北)2010年第2期。
⑩ 《礼记正义》卷11《王制》,《十三经注疏》,第1328页。

祠官祀天地四方上帝山川，以时祠之。"①东汉章帝元和二年诏："山川百神，应祀者未尽。其议增修群祀宜享祀者。"②两汉诏令虽未明言"岳渎"，但我们仍能体会到以岳渎为首的山川类神祇，它们有上承天地四方下连"百神"之秩次。中古以降，郊祀制度逐渐稳定，岳渎的地方大祀（此大祀非指祀典等级）地位依然未变。如隋代祈雨仍以岳渎为首。唐朝大赦，其地方祭祀也多以岳渎为首。肃宗于灵武即位赦有"自古圣帝明王、忠臣烈士。五岳四渎、名山大川、并令所在致祭"③，此处圣帝明王、忠臣烈士在岳渎前，当因国家危难急欲人鬼显灵之故。但有唐一代，逢朝廷行赦，地方祭祀多遵循以岳渎为首的规律，据《唐大诏令集》，改元天宝赦、改元永泰赦、改元大历赦、天宝八年册尊赦、天宝十三年册尊号赦、长庆元年册尊号赦、天宝十年南郊赦、广德二年南郊赦、宝历元年南郊赦、贞元二十一年册皇太子赦、元和四年册皇太子赦、元和七年册皇太子赦、太和七年册皇太子赦、太和三年疾愈德音赦皆如此。改元天宝赦文有"五岳四渎、名山大川诸灵迹、及自古帝王忠臣义士、并令所由州县致祭"④。天宝十年南郊赦有"其五岳四渎及诸山、宜令专使分往致祭。其名山大川及诸灵迹、并自古帝王、及得道升仙、忠臣义士、孝妇烈女、先有祠庙者。各令郡县长官致祭"⑤。比较两条赦文可发现，岳渎作为地方祭祀之首与其他诸祀本为地方长吏祭祀，但天宝十年改为朝廷派专使祭祀以与其他祠祀区别，这一细微差别凸显了岳渎虽在地方但实为天下象征的国家重祀形象。据《开元礼》，虽然同属中祀，散在地方的"先代帝王"在"岳镇海渎"之前⑥，但历朝赦文却多将岳渎置于先代帝王之前，这种做法更加表明在唐人心中岳渎才是地方群祀之首。数百年后，南宋发赦令仍有："五岳四渎、名山大川、历代圣帝明王、忠臣烈士，有功及民载于祀典者，并委所在差官严洁致祭。"⑦

以上足见唐代在地方上实践朝廷祀典时具有稳定的秩序，这种秩序一般以位在中祀的岳渎为首，其余诸神祠按礼秩先后排列。循此结构，

---

① 《汉书》卷1上《高帝纪上》，第38页。
② 《后汉书·祭祀志中》，第3183页。
③ （宋）宋敏求：《唐大诏令集》卷2，第8页。
④ （宋）宋敏求：《唐大诏令集》卷4，第22页。
⑤ （宋）宋敏求：《唐大诏令集》卷68，第381—382页。
⑥ 《大唐开元礼》卷1《序例上》，第39页。
⑦ 《宋会要辑稿》礼20，第765页。

便可理解朝廷加封岳渎之后,爵号何以会波及地方神祠尤其是其他山川神祠。

二、唐代朝廷祀典的下行

唐代岳渎祭祀是地方祭祀之首,这点不惟体现在以赦文、德音为代表的祭祀诏令上,更是细致入微地体现在朝廷的礼制大典中。《开元礼》记录州县祭祀部分,在诸州县祭社稷正礼之外又分祈社稷、祈祷诸神、禜城门三类,"诸州祈祷诸神"即为其中之一。"诸州祈祷诸神"礼有"祝以下以皆再拜以出其祝版,燔于斋所"条,其注为:"若祈海渎等,币沉之,设奉币位各向所祈之水沉之,仪节一与瘗同;若祈先代帝王,其瘗……"又有"得雨报祠,牢馔,饮福受胙"条,其注为:"若非岳镇海渎及先代帝王,唯饮福不受胙。"[①]观此礼祝文有"爰以农功,久阙时雨"等句,正是地方祈雨、止雨之事。又,《开元礼·祈祷》条目载:"凡州县旱则祈雨,先社稷,又祈界内山川能兴云雨者……若岳镇海渎,州则刺史上佐行事,其余山川,判司行事。县则县令、县丞行事,祈用酒脯醢,报以少牢。凡霖雨不已,禜京城诸门……若州县禜城门,祈界内山川及社稷……"[②]至此,可知《开元礼》州县除祭祀社稷正礼外,祈社稷、祈祷诸神、禜城门三礼实对应《开元礼·祈祷》所列名目,祈社稷和祈诸神为祈雨礼。既然已知"诸州祈祷诸神"条乃地方祈雨环节,则所祈"诸神"当然主要指"界内山川能兴云雨者。"

下面分析"诸州祈祷诸神"两则注文。由"若祈海渎"可知,与"海渎"相对诸州界内山川包含"岳镇"。"仪节一与瘗同"更暗示礼典正文优先指涉岳镇。由"若祈先代帝王"可知,除包含岳镇海渎的界内山川,地方还可以向先代帝王祈雨。又,唐高宗时采纳大臣意见始定历代帝王之祀[③],故其在"祈祷诸神"之列有附骥岳渎之义。此外,地方在报祠时,岳镇海渎、先代帝王因皆为中祀[④],故当"饮福受胙",而注文所记"若非岳镇海渎及先代帝王"条正适用于无此二类中祀之地方,即大部分州县只能祭中祀以下界内

---

① 《大唐开元礼》卷70《诸州祈祷诸神》,第457页。
② 《大唐开元礼》卷3《序例下》,第63页。
③ 《通典》卷53《礼十三》,第1477页。
④ 《大唐开元礼》卷1《序例上》,第39页。

山川，只能饮福不能受胙①。

上述即是《开元礼》以隐蔽的手法精心设计了以岳渎为首、名山大川"诸神"次之的地方祈雨秩序②。值得注意的是，唐代确有固定的名山大川，《唐六典》详载十道"名山"、"大川"名目③，包括岳渎在内名山六十三，大川四十二，这应就是唐诏令赦文中经常出现的"名山大川"。《十道图》系列是唐代体国经野的基本依据④，它影响到宋初编纂的《九域志》⑤。至南宋，郑樵仍赞《开元十道图》是"其山川之所分，贡赋之所出，得《禹贡》别州任土之制，远不畔古，近不违今，载之六典，为可书也。"⑥官方规定名山大川名目前朝多有之，如《封禅书》始载秦代山川。至中古，南北名山大川名目已有较大差异，大体是南少北多，南朝北郊从祀之山仅十一座，而北齐依《禹贡》立从祀之山已多达五十三座。此可知唐代确立十道名山大川与北齐设计北郊名山理念类似，意在复《禹贡》山水。结合岳渎地方长吏负责制度，可知开元所定名山大川应因其固定名目而在地方受祭。

由《开元礼》州县祈祷诸神祠一项包含岳镇海渎、名山大川、先代帝王，以及该礼《序例》所记"州县社稷、释奠及诸神祠并同为小祀"⑦，可知：到唐代，原来旨在规范百神祭祀的朝廷祀典已渐次影响延伸至地方。这便引出汉代以来国家祭祀发展的一个重大转向，即朝廷祀典的下行。

历代朝廷皆由太常礼部诸官掌一国之祀，并应有成文礼典即所谓"祀典"⑧。在早期帝国时代，"祀典"诸神基本都见于总括百神的郊庙之祀，

---

① 雷闻由《大唐开元礼》卷1《序例上》载州县"诸神祠"推论朝廷将祠祀合法性的判定权下放到地方政府，似过度诠释；其又以《大唐开元礼》卷70《诸州祈祷诸神》辅证地方具有祠祀认定权，而未查此礼是地方求雨之礼，自当有相对固定的祭祀对象。参见雷闻：《郊庙之外》，第223页，第246页，第322—327页。

② 当然也应注意，隋唐地方祈雨第一对象仍是社稷，严格来讲，岳渎乃是除社稷外其他诸祀之首。

③ （唐）李林甫等：《唐六典》卷3《尚书户部》，北京：中华书局，1992年，第64—72页。

④ 参见《新唐书》卷58《艺文志》，第1506页。

⑤ 详见《续资治通鉴长编》卷5《太祖·乾德二年》，卷66《真宗·景德四年》，卷81《真宗·大中祥符六年》，北京：中华书局，1979年，第133页、第1482页、第1851页。

⑥ （宋）郑樵：《通志二十略》，北京：中华书局，1995年，第546页。点校本为"近不违令"，当误。

⑦ 《大唐开元礼》卷1《序例上》，第39页。

⑧ 蔡宗宪认为中古祀典主要指朝廷诏令与《祠令》，笔者以为此有以偏概全之嫌；汉制郊庙礼当参照《礼记·祭法》，有完整结构，亦当有总体性礼制文本，如东汉曹褒曾制《汉礼》，《风俗通义》亦有《祀典》专篇，至于零散的具体指导诏令亦仅为正礼文本服务。参见氏著：《淫祀、淫祠与祀典——汉唐间几个祠祀概念的历史考察》，《唐研究》2007年第13卷。

"祀典"的规范功能也主要限于中央,很少与地方发生互动。以东汉建武二年初制郊兆合祭天地群神为例①,其神上起天地祖宗,中有五星、五官、五岳之属,下及诸星山林原隰。东汉经学家结合礼经与现实制度对祀典分等,如郑众提出"大祀天地,次祀日月星辰,小祀司命已下",郑玄也提出补充意见:"大祀又有宗庙,次祀又有社稷、五祀、五岳,小祀又有司中、风师雨师,山川百物。"②因早期祀典几乎完全围绕郊庙展开,官方对祭祀对象范围的理解也较为保守,故曹魏青龙元年,"诏郡国,山川不在祀典者勿祠。"③至南北朝,诸政权掀起循经复礼之风。如通过南北争相恢复的雩祀可以发现,依"雩祀百神"思想及汉代旧制④,岳渎以下的地方山川、先代帝王、百辟卿士、先儒孔子等皆进入祀典。唐承北周复大蜡,祭祀遍及《周礼》所说"百物"之"鳞、羽、蠃、毛、介、水墉、坊、邮表畷、猫、虎及龙、麟、朱鸟、白兽、玄武"⑤。此皆是中古以来,朝廷祀典在祭祀对象上的扩大。郑玄注经述及汉代民风:"今时民家,或春秋祠司命、行神、山神、门、户、灶在旁,是必春祠司命,秋祠厉也。或者合而祠之。"⑥《水经注》湟水流域山上"有风伯祠,春秋祭之"⑦,司命、风伯皆是"小祀"之神,它们与门户、灶皆是汉代按《礼记·祭法》在国都所立之祀,诸祀风行各地,此是祀典之神走出中央郊庙进入地方,是在祭祀空间上的扩展。与祀典之神自然传播相对,汉唐间历朝还有计划地将部分原来多在中央致祭的神祇推向地方,成为中央至地方通祀之神。如汉高祖令郡国县邑立灵星祠⑧并令诸侯都皆立太上皇庙⑨,东汉各级地方开始设有社稷坛⑩,中古随郡县学校而行释奠礼祀孔子及诸儒⑪。

至唐代,国家祭祀充分综合汉代以来的发展成果,除制定完备的郊庙

---

① 《后汉书·祭祀志上》,第3159—3160页。
② 《周礼注疏》卷19《肆师》,《十三经注疏》,第768页。
③ 《晋书》卷19《礼志上》,第600页。
④ 参见《玉海》卷102,第1869页、1872页。
⑤ 《通典》卷44《礼四》,第1240页。
⑥ 《礼记正义》卷46《祭法》,《十三经注疏》,第1590页。
⑦ (北魏)郦道元著,陈桥驿校证:《水经注校证》卷2《河水》,第49页。
⑧ 《汉书》卷25上《郊祀志上》,第1211页。
⑨ 《汉书》卷1下《高帝纪下》,第68页。
⑩ 《后汉书·祭祀志下》,第3200页。
⑪ 《通典》卷53《礼十三》,第1472—1475页。

礼典外,唐代尤其是玄宗时代致力于在地方扩充祀典之神。如开元十九年令两京天下诸州置太公庙,春秋祭祀①。天宝四年令诸郡置风伯雨师坛,五年又加雷师②。据《唐会要》,高宗时朝廷依《祭法》将尧舜禹汤、周朝文武二王列入祀典,令三年一祭;天宝六年又立三皇五帝庙③。天宝七年下诏,先王入祀典者向上延及有巢氏五位帝王,而对夏禹以降十二位帝王更是命各郡县在肇迹之处立庙,诸帝王庙配有文武从祀,诏书规定:"令郡县长官,春秋二时择日,粢盛蔬馔时果,配酒脯,洁诚致祭";同时该诏还规定:"其忠臣、义士、孝妇、烈女,史籍所载,德行弥高者,所在宜置祠宇,量事致祭。"此并非空泛之言,其详列所祀忠臣十六人、义士八人、孝妇七人、烈女一十四人,"并令郡县长官,春秋二时择日,准前致祭。"④至此,自汉代以来,列入朝廷祀典而在地方致祭的神祇已大大增加,郡县所供合法之神既有通祀的社稷、风伯雨师雷师、孔子、周公、太公,又有散于各处的岳镇海渎、名山大川⑤、上古及历代帝王、忠臣义士、孝妇烈女。此时便可体会到《开元礼》州县"祈祷诸神"条对地方诸神祠之统摄性而非开放性⑥。唐代朝廷祀典的扩大与下行正是遵循了《礼记·祭法》所说:"法施于民则祀之,以死勤事则祀之,以劳定国则祀之,能御大灾则祀之,能捍大患则祀之。"⑦

---

① 《通典》卷53《礼十三》,第1483页。
② 《通典》卷44《礼四》,第1242页。
③ 《唐会要》卷22《前代帝王》,第500—501页。
④ 《唐会要》卷22《前代帝王》,第501—502页。《会要》此诏下有"至十二载七月二十八日,有敕停废"。但七载诏亦见于《通典》(卷53《礼十三》),应为定制;又据《唐大诏令集》,天宝十三年(754年)册尊号敕有"五岳四渎及名山大川并灵迹之处、先贤祠庙、各委郡县长官致祭",广德二年(764年)南郊敕文有"自古圣帝明王、忠臣义士,宜令所管致祭",贞元九年(793年)南郊敕文、元和二年(807年)南郊敕同之,而据《册府元龟》(卷87《帝王部·敕宥第六》,南京:凤凰出版社,2006年校订本,第959页)肃宗即位诏就有"自古圣帝明王、忠臣烈士、五岳四渎、名山大川并令所在致祭",此足以判断天宝七年于地方建帝王、忠臣等祠,已为一代通制。又,《册府元龟》记天宝七年诏后是九年建周武王汉高祖庙事,而《唐会要》于两事间加入十二载事,殊为可疑。如十二载事非误书,则天宝七载诏亦不当废废,其所废或当是七载诏末"历代帝王庙,每所差侧近人,不课户,死人有阙续填,仍关户部处分"一条,或天宝十二载权停祀事,但应未废地方祠庙。
⑤ 《王制》有"天子祭天下名山大川""诸侯祭名山大川之在其地者",故名山大川于祀典秩次岳渎,《唐六典》详列十道"名山""大川",此应是唐代祭祀岳渎以下"名山大川"之根据。另,东汉常山国《三公山碑》《无极山碑》《白石神君碑》记录了地方名山入太常祀典历程,此或可推知"名山大川"在祀典者自古皆备案于礼官。
⑥ 参见雷闻:《郊庙之外》,第220—226页。
⑦ 《礼记正义》卷46《祭法》,《十三经注疏》,第1590页;参见《通典》卷53《礼十三》,第1477页。

此句既是朝廷为祀典增加合法神祇的理由,也是判定既有神祇是否合法的标准。总之,朝廷致力于扩充祀典的风气为唐代地方祠祀的发展提供了契机,这甚至影响到边疆地区。《唐国史补》记:"每岁有司行祀典者,不可胜纪,一乡一里,必有祠庙焉。为人祸福,其弊甚矣。南中有山洞,一泉往往有桂叶流出,好事者因目为流桂泉,后人乃立栋宇,为汉高帝之神,尸而祝之。又有为伍员庙之神像者,五分其髯,谓之五髭须神。如此皆言有灵者多矣。"① 高帝、伍员为先代帝王名臣,南中偏远地区设祠祭之显然符合开元礼制精神。

三、宋代额爵制度与"祀典"意义的变化

(一)宋代祠庙的额爵制度

唐代虽然已本着《祭法》思想努力扩大祀典名目并让祀典之神走出郊庙。但受传统祀典所限或出于尊重礼经,朝廷推向州县的祠庙或所认可的地方祠祀,似乎永远无法满足地方百姓对多种神祇的需求,唐代基层社会应如以往一样存在着大量民间祠庙。当然,在一般情况下,民间祠祀也会努力向祀典靠拢,以求获得合法性。如东汉白石山神在民间已有将军、神君之号,之后地方官以"名山"为由为其申得法食进入太常祀典②。但中古时期地方祠祀一般很难获朝廷认可,如萧齐时周山图为民间祠庙请爵号便遭拒绝。唐代沿袭前代传统,每当官方与民间祠祀关系紧张时,朝廷祀典便成为判定地方祠祀是否合法的标准,大量祀典之外的地方祠祀会被定为淫祠。以狄仁杰毁淫祠为例③,其所保留四祠④除伍子胥外,其余夏禹、泰伯、季札均在后来天宝七年所定先代帝王、义士之列,可以说狄仁杰之举恰是玄宗时定人鬼之神的先声。之后,李阳冰论城隍也以"祀典"为据,称城隍"祀典无之"⑤。或许正是囿于强大的以郊庙为中心的"祀典"观念,唐代虽偶有对岳渎之外神祠加封号之举措,但终究未成风气。

宋沿袭唐制,大中祥符五年(1012年)封五岳为帝,之后四渎、四海、五

---

① (唐)李肇:《唐国史补》卷下,上海:古典文学出版社,1957年,第65页。
② 高文:《汉碑集释》,第457—459页。
③ 参见黄永年:《说狄仁杰的奏毁淫祠》,《唐史论丛》1995年第6辑。
④ 《资治通鉴》卷204《唐纪二十》,第6448—6449页。
⑤ (宋)姚铉编,(清)许增校:《唐文粹》卷71《缙云县城隍神记》,杭州:浙江人民出版社,1986年。

镇陆续升至王爵①。真宗时代还曾因封禅、崇道多加封地方祠庙，但当时人们对随意颁发额爵仍难以接受。如仁宗时太常博士胡宿请修火祀道："祥符中交修大礼，拱揖诸神，虽偏方远国山林之祀，不出经据，偶在祀典者，尚秩王公之爵，增牲牢之品。"②文中指责地方神祇在"祀典"者多无经据，反映出宋初推行额爵与传统郊庙"祀典"观念之间存在较大张力。仁宗庆历七年（1047年）三月有诏："诸处神庙不得擅行毁拆，内系祀典者，如有损坏，去处令与修整。"③此亦可见朝廷重视的仍是载于中央祀典的少数地方祠庙。

北宋中期，自然灾害尤其是旱灾较为频繁，朝廷多次大规模地乞灵于各色神灵，这为向地方祠庙推行额爵提供了契机。皇祐二年（1050年）知制诰胡宿请"令天下具名山大川能兴云雨者，详定增入祀典"，于是有诏："天下长吏，凡山川能兴云雨不载祀典者以名闻。"④联系庆历七年诏书，可知此是北宋延续唐代保守做法，试图以扩充祀典的方式接纳地方山川神。熙宁七年（1074年）大旱，朝廷数次下令地方祈雨⑤，所祷之神已超出传统祀典范围，故在报谢诸神时下诏："应天下祠庙，祈祷灵验未有爵号者，并以名闻，当议特加礼命，内虽有爵号而褒崇未称者，亦具以闻。"⑥此诏放弃了以"祀典"为标准确立祠祀合法性的传统，而以"爵号"为标准考察地方祠庙，这开启了宋朝大规向天下祠庙、寺观推行额爵的风气⑦。此后各类祠庙也多积极申请朝廷额爵，如东南婺州有以枯骨塑像为女神庙，士大夫竟认为其应得额爵⑧。从《宋会要辑稿》所载各地得封山神来看⑨，神宗时约给三十座山神颁额加爵；徽宗时又大肆向诸神颁行爵号。此即《宋史》所

---

① 《宋史》卷102《礼志五》，第2486—2487页。
② （明）黄淮、杨士奇编：《历代名臣奏议》卷126《礼乐》，台北：台湾学生书局，1985年，第1675页。
③ 《宋会要辑稿》礼20，第765页。
④ 《宋会要辑稿》礼20，第765页。
⑤ 《宋会要辑稿》礼18，第738—739页。
⑥ 《宋会要辑稿》礼20，第765页。
⑦ 参见〔日〕须江隆：《熙宁七年の詔——北宋神宗朝期の赐额・赐号——》，《东北大学东洋史论集》2001年第8辑；曾雄生：《北宋熙宁七年的天人之际——社会生态史的一个案例》，《南开学报》（哲学社会科学版）2008年第2期。
⑧ 参见（宋）林表民辑：《赤城集》卷9《石藤石棱二夫人庙记》，《丛书集成续编》第119册，台北：新文丰出版公司，1989年，第408—409页。
⑨ 《宋会要辑稿》礼20，第806—819页。

言:"故凡祠庙赐额、封号,多在熙宁、元祐、崇宁、宣和之时。"①至南渡中兴,朝廷因迫切需要战功,故历代人鬼祠庙多得封号②,代表此趋势的莫过于岳飞死后各地纷纷为之立祠③。直到南宋灭亡前夕,奔亡在外的朝廷还不忘下敕给岳王庙增饰额爵④。

湖北江畔《富池昭勇庙记》记其神获封号事:

> 宋有天下,追录前代忠臣义士、死而能有阴功密泽者,于是以王为褒国公,开宝五年太宗皇帝赐之也。以王为褒国武灵公者,元丰五年大旱祷雨有应,郡以状闻,神皇帝赐之也。以庙为昭勇者,政和二年部使者以王功闻诸朝,徽宗皇帝赐之也。以王为武惠王者,宣和五年道士臧归真以王功上公车,徽宗皇帝赐之也。以王为武惠昭毅王者,建炎二年以灵卜惊张遇,郡以状闻,太上皇帝赐之也。以王为昭毅武惠显灵王者,建炎四年以阴兵镇金人,御营使刘光世以状闻,太上皇帝赐之也。以王为昭毅武惠遗爱灵显王者,绍兴二十一年,部使者以王功闻诸朝,又太上皇帝赐之也。⑤

此庙加封历程堪称宋代祠庙加额爵的缩影。它于宋初立国首获封号,至神宗时因求雨获加封,而因道士获加封又是徽宗时代特色,至建炎、绍兴加封则又多因护国军功(按,张遇乃南宋初知名流寇)。终宋一代,朝廷因各种需求而让各地山川神鬼祠庙获额者成百上千⑥,较之唐代零星分布已发生质变。

通过对比可以发现:同样是给予地方祠庙合法性,唐代主要是依托《开元礼》等朝廷祀典,通过发布诏令罗列名目的方式向下推行,虽已出现据《祭法》承认地方诸祀的苗头,但仍过于谨慎。宋代则放弃了本不适合作为地方祠庙合法性判定标准的较为固定的朝廷礼典,而是通过太常、礼部日

---

① 《宋史》卷105《礼志八》,第2562页。
② 参见《宋会要辑稿》礼20,第839—849页。
③ 参见(宋)岳珂编,王曾瑜校注:《鄂国金佗粹编续编校注》续编卷14、28、30,北京:中华书局,1989年。
④ (清)阮元:《两浙金石志》卷13《宋忠祐庙敕封告据碑》,《石刻史料新编》第1辑第14册,第10510页。
⑤ (宋)王质:《雪山集》卷7《富池昭勇庙记》,《丛书集成新编》第63册,台北:新文丰出版公司,1985年,第690—691页。
⑥ 诸神祠赐额封爵多见《宋会要辑稿》礼20之16至礼21之64,第772—882页。

常工作赐予地方祠庙各色额爵,以此来认可、引导地方祠庙建设,因此大批民间祠庙获得朝廷额爵。需要指出的是,唐宋应对地方祠祀策略的转变,其背后也有指导思想的转变。唐代祀典下行的两个标志皆有礼经可对照。如定十道"名山大川"对应《礼记》"天子祭天下名山大川"及《周礼》九州各有镇山之说,以地方长吏祭祀山川又可对应"诸侯祭名山大川之在其地者";唐代定先代帝王、忠臣义士等名单,可上溯到萧梁、北齐雩祭所尊《礼记》之"命百县雩祀百辟卿士有益于民者"。唐代在赋予地方祠祀合法性时,与北朝及隋代制礼类似,多是依据礼经,通过机械的列举来扩大祀典名目,其治理精神是封闭的、排他的,有浓厚的教条主义色彩。从《开元礼》复杂的州县"诸神"设计亦能体会到某种收束精神。而宋代则不囿于朝廷的正式礼典,通过普加额爵对各色地方祠祀加以承认,真正实现了"法施于民则祀之,以死勤事则祀之,以劳定国则祀之,能御大灾则祀之,能捍大患则祀之",其治理精神是灵活开放的,是实用主义的①。

(二)宋代"祀典"意义的变化

宋代对各色神祠普加额爵意味着朝廷在控制地方祠庙时,已逐渐放弃了以传统郊庙祀典为标准的刚性的判定方法。当然,判定祠庙合法性标准的变化也伴随着相关理念的转变,对于"祀典"这一包含"合法性"理念的词汇,宋人的理解也逐渐多元化。

神宗推行额爵之后,朝廷开始对享有额爵的地方祠庙统计管理。绍圣二年(1095年)礼部侍郎黄裳等建议:"天下州军籍所祠庙,略叙本末如图经,命曰某州祀典。"②此是中央欲自下而上统计全国神祠,"某州祀典"并非指地方有独立于中央的"祀典"③,州军所定名额最终应上呈朝廷,由礼

---

① 此处的唐宋之别类似于法学讲执行法律时,有严格的规则主义与合理的自由裁量之别。
② (元)马端临:《文献通考》卷90《郊社二十三》,北京:中华书局,1986年,第823—824页。
③ 皮庆生认为此是地方祀典,当误。参见氏著:《宋代民众祠神信仰研究》,第277页。皮氏或据《宋会要》礼20:"景德四年三月二十三日诏曰:五代汉高祖,宜令河南府差官以时致祭,仍编入正祠录",以"正祠录"为全国性祀典,与地方祀典对应。但《太常因革礼》卷80《新礼十三》、《玉海》卷97《郊祀》、《续资治通鉴长编》卷58(景德元年十二月)"正祠录"当为"正辞录",《太常因革礼》总例指出"正辞录"来历:"淳化二年七月,秘书监李至奏:臣职叨秘省,实掌祝辞。窃见向来所用之文多是临时撰进,辞义鄙浅,不依古式,施于圣世,实为非宜。况前代旧文,辞体典正,臣请举而用之。其或久有疑脱,或历代帝王近列祀典者,臣并拟古式修撰,凡百九十三首,内八十四首新制,余皆旧辞,分为三卷,目曰正辞录,缮写以进。诏下,以至所撰为定式。"(《太常因革礼》卷11《祝词》,《续修四库全书》第821册,第392页。)蔡宗宪亦未察此,参见氏著:《淫祀、淫祠与祀典——汉唐间几个祠祀概念的历史考察》,《唐研究》2007年第13卷。

部、太常核实；此项工作因始自州县，故地方上报祠庙应较为芜杂。徽宗时期着力于礼制建设，大观二年（1108年）礼部又进言"天下宫观寺院神祠庙宇，欲置都籍，拘载名额。"①所谓"都籍"即仿照其他中央机关统计职能，汇总各地上报的祠庙，此时礼部已发现地方上报载在"祀典"的祠庙过多，需要限制名额了。"祀典"一般多指朝廷祭祀大典，怎能随意限制名额？这便涉及宋代推行额爵制度以及宋人对"祀典"一词的新理解。

宋人对祠庙加额爵与"祀典"关系，一般有两种认识。第一种是朝廷认为："咸秩百神，凡领于祝官载在祀典者，靡不封爵有差。"②即一般被国家礼典认可的神祇应得额爵，额爵是"祀典"之神的重要标志，此种考虑较为保守，往往是朝廷最初推行额爵时的设想。第二种认识是在宋代持实用主义态度大力推行额爵制度时，人们认为既然任何祈祷有效的神祠都可以得到朝廷额爵，那么祠庙得赐额爵就等同于"载在祀典"，获得了合法性。这种认识在宋朝越来越普遍，如有人称赞临安的灵惠庙是："当中兴尽毁淫祀之际，独以众请，庙得赐额，载在祀典，与百神受职。"③武夷山升真观也因得赐额而被称为"载在祀典"④。

至于宋人所称"载在祀典"的"祀典"文本，除按传统朝廷所修的《太常因革礼》等以郊庙祭祀为中心的礼书与法令外，还另有他书用来记录获得额爵的各色祠庙。政和元年（1111年）应修《九域志》官员所请，有诏："太常寺礼部遍行取索，纂类祀典。将已赐额并曾封号者作一等，功烈显著见无封额者作一等，民俗所建、别无功德及物在法所谓淫祠者作一等，各条具申尚书省，参详可否，取旨。"⑤文中"祀典"应指有等级之分的以郊庙为中心的正式礼典，"纂类"二字表明，严格来讲，额爵体系是在传统郊庙祀典之外。所谓"遍行取索"当首先来自宋诸朝《会要》。宋朝中央处理地方额爵申请一般会令礼部太常检索《会要》。如绍兴十一年（1141年）请韩厥与程婴公孙杵臼并祀事，礼部便先"下太常寺本寺检会国朝《会要》"⑥；福州会

---

① 《宋会要辑稿》礼20，第769页。
② （宋）吴泳：《鹤林集》卷11《外制》，景印《文渊阁四库全书》第1176册，第104页。
③ 咸淳《临安志》卷72《祠祀二》，《宋元方志丛刊》第4册，第4006页。
④ （宋）熊禾：《勿轩集》卷3《升真观记》，景印《文渊阁四库全书》第1188册，第790页。
⑤ 《宋会要辑稿》礼20，第769页。
⑥ （宋）礼部太常寺纂修，（清）徐松辑：《中兴礼书》卷152《吉礼一百五十二》，《续修四库全书》第822册，第515页。

应庙(五龙祠)请额爵,太常寺便检查《会要》发现原东京会应庙赐额封爵历程,请求直接将旧京庙额庙爵加给福州的行祠①。《会要》一般会简单记载神祠身份来历以及历次获封记录,即:"本朝神祠见于《会要》,姓氏皆可考。"②据南宋淳熙十年(1183年)湖州安吉县《李卫公庙碑》,郑州管城北宋时已有李靖祠并得王爵,此构成安吉县申请依据,即:"郑之管城旧亦有祠,已封王爵。故乾道五年,邑之士民援是以有请者再焉。按,管城之祠载于国朝《会要》,其立也……且检会本朝祀典,推崇有加,自建隆至大观,赐封王爵,已加忠烈。今答灵应,宜以辅世忠烈为庙号。"③此碑"检会本朝祀典"即是"国朝会要"。因此可以大致推论,宋朝一般把额爵记录保存在历朝《会要》中,人们习惯把有额爵之祠庙称作"载在祀典",其实也就是载在《会要》④。

政和元年,参与修订《九域图志》的官员揭示出管理地方祠庙面临的问题:

> 详定《九域图志》内"祠庙"一门,据逐州供具到,多出流俗一时建置,初非有功烈于民者,且如开封府扶沟县秋胡庙、封丘县百里使君、程隐君庙之类,逐县皆称"载在祀典"。及移问太常寺,并无典籍可考。去以王畿之近而庙祀未正乃如此,则远方陬邑概可见矣。欲望申敕礼官,纂修祀典,颁之天下,俾与图志实相表里。⑤

图经方志是地方官施政概览,前文所提绍圣年间统计各州"祀典"当多以各地图志"祠庙"门为基础。图志与朝廷祀典本无直接关系,其"祠庙"门一般会尽量搜罗各类神祠,故政和元年各地照图志将本地祠庙上报到朝廷后,太常检索诸朝《会要》,发现各地新修图志所载祠庙并非都由朝廷认可或赐有额爵⑥。从政和元年官员所请"纂修祀典,颁之天下,俾与图志实相表里"来看,朝廷有一种管理地方祠庙的理想,即各地图志所载祠庙应当都

---

① 淳熙《三山志》卷8《公廨类二》,《宋元方志丛刊》第8册,第7866—7867页。
② 《三圣源流搜神大全》卷2《题五显事实序》,《道藏》第31册,第737页。
③ (清)阮元:《两浙金石志》卷10《宋李卫公庙碑》,《石刻史料新编》第1辑第14册,第10422页。
④ 蒋竹山从清代《会典》发现"祀典"新意,蔡宗宪承之,但未溯源申论。参见蔡宗宪:《淫祀、淫祠与祀典——汉唐间几个祠祀概念的历史考察》,《唐研究》2007年第13卷。
⑤ 《宋会要辑稿》礼20,第769页。
⑥ 因并非所有朝廷认可祠庙都必得额爵,故此处用"或"字。

是获朝廷认可或有额爵的祠庙。然而事实并非如此,除《九域志》纂修官提及开封上报不合格祠庙外,确如他们推测,外地上报图志也掺入很多不在中央备案的民间祠庙。以四明城奓飞庙为例,"大观之初,本州所编《九域志》乃引《淮南子》所谓'荆有奓非',不知《淮南子》之'非'实'非是'之'非',非'飞走'之'飞'。今庙新榜遂称'荆奓飞侯',岂非好事者附会其说而增以'荆'字欤?"①奓飞庙庙名来源不详,当是起于民俗非礼官所定,此外民间又伪加"荆奓飞"侯爵,地方竟将其编入《九域志》上报,此即政和元年问题之个案。

需要指出的是,因为朝廷的理想就是依据《会要》对祠庙的封赐记录编纂图志,以达到各地图志"祠庙"门能与《会要》完全匹配,因此某种程度上,宋人说"载在祀典",也可以宽泛地理解为载在图志的"祠庙"门。如有人指责四明荆奓飞庙附会之事:"传流至今,载在祀典,竟未有辨之者。"②荆奓飞庙既是伪造爵号,未经朝廷认可,未载于《会要》,而人们称其"载在祀典",当是就本地图志的"祠庙"门而言之。

至此,可以初步判断宋人对"祀典"的理解已有多个向度。第一是传统保守的理解,即认为"祀典"仅指以郊庙祭祀为中心的礼典,它们以《开元礼》、《开宝通礼》、《太常因革礼》等形式经历朝传承改定,是各朝正礼的基本依据,它们规定的神祇最为稳定也最受朝廷重视并由官方负责祭祀。第二,受额爵制度影响,人们认为录名于礼部太常,载在历朝《会要》即是载在祀典,此是对"祀典"开放的理解③;受其影响,地方图志"祠庙"门有时也可笼统称为"祀典"。最后,需要提及的是对"祀典"最"教条主义"的理解,即直接称《礼记·祭法》篇为"祀典"。汉代以来知识界就有把《祭法》篇称为《祀典》的。刘歆等议礼时提到:"《礼记》祀典曰:'夫圣王之制祀也,功施于民则祀之,以劳定国则祀之,能救大灾则祀之。'"④汉儒称《礼记·祀典》,

---

① 宝庆《四明志》卷11《叙祠》,《宋元方志丛刊》第5册,第5129页。
② (宋)刘昌诗:《芦浦笔记》卷4《荆奓飞庙》,北京:中华书局,1986年,第32页。
③ 笔者以为结合宋代推行额爵制度以及宋代"祀典"内涵的丰富,与其说宋代有祀典的开放,不如说基于额爵风行,宋代有对"祀典"开放的理解。参见〔日〕水越知:《宋代社会と祠廟信仰の展開——地域核としての祠廟の出現——》,《東洋史研究》2002年第60卷4号;雷闻:《郊庙之外》,第270—273页。
④ 《汉书》卷73《韦贤传》,第3127页。

苏舆指出"今见《礼记·祭法》篇,或汉时一名《祀典》与?"①确实,古人因《祭法》篇乃制定天下群祀依据,故习惯名之为"祀典"。如唐人陆龟蒙即说:"灶在祀典,闻之旧矣。"②宋人真德秀引《祭法》亦称:"《礼记·祭法》曰,夫圣王之制祀也……"③大儒陈淳也说:"古人祀典,自《祭法》所列之外,又有有道有德者死,则祭于瞽宗,以为乐祖。此等皆是正祠。"④直至明代丘濬仍说:"所谓祀典,即所谓《祭法》也。"⑤由以上诸例,可知《礼记·祭法》篇在知识界一直有被称作"祀典"的传统,古人说"事系祀典"、"事关祀典",往往指《祭法》篇或泛指类似礼经。

(三)额爵制度与官方致祭

由额爵制度引发"祀典"意义的变化似已明确,但复杂的是:虽然额爵带来了"祀典"的开放,可此时的"祀典"即诸朝《会要》,并不能如传统祀典《太常因革礼》那样,能保证其名下所有有额爵祠庙都享受官方待遇。这便涉及朝廷向地方祠庙推行额爵时另一层面的考虑,即其所标榜的"从民之欲",予之额爵任其自然发展。如《光州孙叔敖庙祈祷感应拟遗侯广信军遂城县班妃庙封夫人制》有"惟神有德有功,灵贶昭著,宜从民欲"⑥。四明诚惠庙诰词有:"赐庙号于我国家,朕今涣明恩,宠以徽称,从民欲也。"⑦本着实用主义精神,又为"礼驭百神",于是朝廷对待诸神祠便持此种态度:"倘有功烈于民,何爱封爵于我。"⑧如此开放的态度,必然导致额爵泛滥,当然额爵也会相应"贬值",于是地方政府也不一定会对本地所有有额爵的祠庙负责。除正式礼典所载诸如社稷、风雨雷师等祠祀外,现举几则为官方负责致祭的地方祠庙。它们是临安的祚德庙⑨、建康忠烈庙⑩、上虞舜庙⑪、上

---

① 参见《汉书补注》,四部精要本,第723页。
② (唐)陆龟蒙:《甫里先生文集》卷18《祀灶解》,开封:河南大学出版社,1996年,第268页。
③ (宋)真德秀:《文章正宗》卷11《刘歆毁庙议》,景印《文渊阁四库全书》第1355册,第318页。
④ (宋)陈淳:《北溪字义》卷下,北京:中华书局,1983年,第62页。
⑤ (明)丘濬:《大学衍义补》卷55,北京:京华出版社,1999年,第482页。
⑥ (宋)慕容彦逢:《摛文堂集》卷8,《丛书集成续编》第126册,第178页。
⑦ 宝庆《四明志》卷15《叙祠》,《宋元方志丛刊》第5册,第5192页。
⑧ (宋)吴泳:《鹤林集》卷11《外制》,景印《文渊阁四库全书》第1176册,第106页。
⑨ (宋)礼部太常寺纂修:《中兴礼书》卷152《吉礼一百五十二》,《续修四库全书》第822册,第514页。
⑩ 景定《建康志》卷44《祠祀志一》,《宋元方志丛刊》第2册,第2055-2056页。
⑪ (宋)王十朋:《梅溪王先生文集》卷25《与赵安抚乞降祝版祀上虞舜庙》,《四部丛刊》本,上海:商务印书馆,1929年,第1页B。

虞朱娥庙①、青州孝妇庙②、永州零陵王祠③、宜兴周处庙④、吴江县顾野王庙⑤。以上数庙并非都有额爵，但应都为官方致祭⑥。以建康忠烈庙为例，其所祀对象是晋朝卞壸，"庆历、元祐秩公祀典，南渡中兴，赐公庙额"，卞壸庙先成官方祭祀对象后得庙额，此可知额爵不是享官祀的充分必要条件。其次，不能忽视的是：额爵的泛滥，也可能造成了各地官祀秩序的混乱。如利城永安庙，郡守作记：

> 岁之春秋，郡遣官祭其神，至则设俎豆榛棘间，行献礼。讫事弃而去。考诸图志，庙以永安目之，索其创建之本末，不得而悉。然详观称谓，摭《礼经》命祀之说，揆前世所以神。夫岂非法足以济时，功足以保国，捍灾御患，贻斯民之利者欤？又岂非丘陵川谷，出云为风雨、见怪物资万物之生者欤？抑良吏嘉政，有以入人之心，没而不能忘者欤？不然，孰能传庙祀历千百年，虽血食几废而美名尚存耶？⑦

由此文可知，永安庙所祭何神其实不详，其或因偶然而得庙额，可祭祀长官仍因其"永安"庙额妄加猜测它有合法性并坚持春秋致祭。与此相对，苏州的昭灵侯庙就没有这么幸运，作记者说它："内腐外毁，左支右吾，偶形绘容缺灭弗备，春秋荐享亦不复设，名在实废，礼甚易而人莫行。"⑧除了因爵号而享官祀，虽本享官祀纵有爵号亦不保其祀外，还有本有爵号而申请得官祀者。如漳州地区的威惠庙，其神"庙食于漳，历年数百"，早已累封"灵著顺应昭烈广济王"，可直到淳熙年间，"郡侯方公因祠者之请，于是定为春秋二祀。"⑨

---

① （宋）江公亮：《重修朱娥庙碑记》，曾枣庄、刘琳主编：《全宋文》第161册，上海辞书出版社、安徽教育出版社，2006年，第275—276页。
② （宋）商亿：《增修孝妇庙记》，《全宋文》第82册，第100—101页。
③ （宋）沈辽：《云巢编》卷6《零陵王祠》，《沈氏三先生文集》，《四部丛刊》本，第64页A。
④ （宋）沈辽：《云巢编》卷10《祷神文二》《沈氏三先生文集》，《四部丛刊》本，第74页。
⑤ （明）钱谷辑：《吴都文粹续集》卷16《祠庙》，景印《文渊阁四库全书》第1385册，第394页。
⑥ 皮庆生已指出有额爵与享祭祀的祠庙并不一定重合。参见氏著：《宋代民众祠神信仰研究》，第281页。
⑦ （宋）吕陶：《净德集》卷13《利州重建永安庙记》，《丛书集成初编》第61册，第709—710页。
⑧ （明）钱谷辑：《吴都文粹续集》卷16《祠庙》，景印《文渊阁四库全书》第1385册，第395页。
⑨ 嘉靖《龙溪县志》卷3《威惠庙》，《天一阁藏明代方志选刊》第42册，上海：上海古籍书店，1982年。该神封号履历详见《（崇祯）海澄县志》卷15《庙》，明崇祯六年刻本。

最后，试以咸淳《临安志》再次分析额爵与享官祀之关系。该志《祠祀》载临安府城有土神五座、山川诸神十六座、节义祠五座、仕贤六座、寓贤祠两处、古神祠十座、土俗诸祠二十九座、东京旧祠两座、外郡行祠八座。其中旌忠观《记文》载："谨按高宗《会要》，杭之庙食隶祠官者凡十三，而四在畿内，曰忠清、祚德、神应、通惠，而旌忠不与，岂阙文哉？"①该观南渡时先为旌忠庙，加封六字王，后加至八字王，"绍兴十九年杨殿帅存中请以旌忠赐为观额"，此是绍兴时有额爵而未得"庙食隶祠官者"。除此之外，在绍兴年间有额爵而未能享官祠者，还有：顺济庙（国朝《会要》云：浙江里民冯氏祠，绍兴三十年赐顺济庙额）、顺济龙王庙（绍兴十四年重修累封灵应、昭应、嘉应三王）、龙井惠济庙（绍兴十八年赐庙额累封为嘉应广济孚惠王）、灵惠庙（绍兴十九年赐灵惠庙为额）、显应庙（建炎间朝廷褒嘉为建庙封显灵侯）、昭贶庙（据《会要》，政和二年封宁江侯，后改安济公，赐昭贶庙额，绍兴十二年以后累封）、周绛侯庙（建炎间立功，朝廷下其事奉常见议封爵）、清元真君义勇武安王庙（关羽祠，绍兴三十二年建）。从以上祠庙记述来看，修志官员应参照了《会要》额爵记录，此体现了图志与"祀典"相表里的理念。此外，该志除收录有额爵祠庙外，还有大量无额爵祠庙，此见宋代以来地方图志之开放②。

虽然宋代给地方祠庙加额爵并不与官方祭祀配套，但不可忽视的是，额爵日渐成为祠庙享有祭祀优先权的资本。在地方祈雨等活动中，宋代州县官员已习惯检索图志寻找祠庙，有额爵者优先致祭。如嘉定年间镇江府知府祈雨"并走群祀，雨不时应"，其后"乃按图考志"，才发现金坛龙荡湖有早已在北宋得额爵的灵济庙，于是遣官致祭③。再如真德秀祈泉州福远庙文有：

乃季春以来雨不时，若几于靡神弗举矣，而旱气弥烈，窃意庙貌之

---

① 咸淳《临安志》卷72《祠祀二》，《宋元方志丛刊》第4册，第4002页。
② 八十年前的乾道《临安志》（卷1《宫观》、《庙宇》，《宋元方志丛刊》第4册，第3217页）只有宫观六所（含皇家宫观），庙宇一所即祚德庙，祚德庙为皇家神庙，秩在中祀。笔者认为二志差别似乎体现了唐宋图经到方志之转变，图经编纂须上下配合由中央核准，简要得当，故备案于中央的祠庙也能随图经分发而下。而后来图经方志修纂渐失上级审核，地方更具主动性，各类祠庙得以汇集，于是到方志发展成熟时，在体例上便要区分"祀典"（秩祀）与其他"祠庙"了。参见谭其骧：《长水粹编》，第389页。
③ （宋）刘宰：《漫塘文集》卷21《重修灵济庙记》，景印《文渊阁四库全书》第1170册，第566页。

灵，有当躬祷而未及者矣。考按图志，惟神之居于方为东，所主者生，于位为辰，其象为龙。绍兴中，守臣因旱以请，又有变化飞腾之异。某昔在嘉定，亦尝致祷而有获焉。昨者仅命官僚而未果亲谒，此某之罪也。是用涓日之良，顿首庭下，顾庙虽有号，而封爵未崇，愿神昭示威灵……①

福远庙为当地龙王庙，唐宋朝廷都重视五龙之祀，故祭龙之俗风行于下。而泉州龙王庙在长吏"几于靡神弗举"后才得关注，当因该庙有赐额且载在图志。

（四）额爵制度与打击淫祀

额爵制度虽不一定能让祠庙得享官祀，但它们给祠庙添加的官方色彩能让其免于归入淫祠。宋代之前，朝廷禁淫祠之标准多据郊庙祀典或参照《祭法》；进入宋代，祀典意义发生变化，只要经敕赐额爵、载在《会要》便堪称"载在祀典"。于是宋代打击淫祀提出的"境内神祠非祀典者，期一月毁撤"②，"诏诸路淫祠，非在祀典者，并令日下毁去"③，"乞行下所属应淫祠不载祀典者，尽行毁拆勿令再造"④等等，这些法令禁止的多为无额爵祠庙。故地方官在打击淫祀时直接标榜"非敕额者并仰焚毁"⑤。结合徽宗时官员对祠庙分类，"已赐额并曾封号者作一等；功烈显著见无封额者作一等；民俗所建别无功德及物在法所谓淫祠者作一等"，其以有无功德为标准分类，体现了额爵制度源自《祭法》的初衷。以官员打击淫祀时有无额爵的标准，映射朝廷以有无功德划分的三种祠庙状态，可以体会到：在朝廷眼里，中间一等即有功而无额爵的祠庙最终会得到额爵而与无功德的民祠、淫祠最终分开。

以上就是因额爵制度引发的宋代禁淫祀之特色。打击淫祀作为历朝传统政策，其定罪标准无外乎祭祀神祇本身非法与祭祀行为非法。如徽宗时所禁妲己庙等就属所祀之神不合法，除此之外宋代还禁止种种非法祭祀

---

① （宋）真德秀：《西山先生真文忠公文集》卷50《福远庙祝文》，《四部丛刊》本，第12页。
② （宋）苏颂著，王同策等点校：《苏魏公文集》卷52《钱起居神道碑》，北京：中华书局，1988年，第790页。
③ （宋）李心传：《建炎以来系年要录》卷155，北京：中华书局，1988年，第2500页。
④ 《宋会要辑稿》刑法2之132，第6561页。
⑤ （明）张四维辑：《名公书判清明集》卷14，北京：中华书局，1987年，第541页。

行为①,这些与古无异②。值得注意的是,或许因额爵泛滥,有的官员开始试图越过"额爵"之保护,打击一些偶得额爵的祠庙。如《名公书判清明集》"淫祀"首篇是胡颖③的《不为刘舍人庙保奏加封》(他还做了《非敕额者并仰焚毁》),他已知"刘之建祠于湘,受爵于朝,迄今已数十年",但仍论其虚妄,无功于民,视之为淫祀,坚持上报,"并将谕俗印牒一本缴呈,伏望明公特赐嘉纳,焚之庙中,使此等淫昏之鬼有所愧惧,榜之庙前,使世间蠢愚之人有所觉悟,其于世教,实非小补。"④

胡颖行为有超越朝廷法令之嫌,但似有更为深远的思想背景。关于何种祠庙应得祭祀,宋代知识界至少有三种思想倾向,这三种倾向与前文所分析宋人对"祀典"的三种理解有一定关联。第一种倾向是较重视所祀对象是否在朝廷郊庙祀典之列。如北宋文彦博在修翼城县孔庙时提到:"质之县图,载祀典享庙食者,惟宣圣之祠焉。"他还认同韩愈所说:"自天子至郡邑守长,得共祀而遍天下者,惟社稷与孔子。"⑤此种倾向较为保守,但并不孤立。大约同时的余靖也提到:"群神之在祀典者众矣,惟社稷得用笾豆,奠贽币,以修万民之报。"⑥余靖所提"在祀典者"包括有额爵的各色神祠,但他却独重历朝祭祀之社稷。

第二种倾向即依托经典,主张百神皆得祭祀。如《礼记·祭法》"有天下者祭百神",《尚书·洛诰》言"咸秩无文",认为百神皆可祭。宋初杨亿一篇《邠州灵应公庙记》将此义说尽:

> 夫有天下者,遍祭于百神;载祀典者,非止于一族。故成周之盛,咸秩无文;春秋所记,并走群望。秦并六国,祠官之领实繁;汉继三代,

---

① 参见皮庆生:《宋代民众祠神信仰研究》,第283页。
② 蔡宗宪指出中古淫祀至唐宋别出"淫祠"一义,故禁淫祀至唐宋有凸显禁具象祠庙之义。参见氏著:《淫祀、淫祠与祀典——汉唐间几个祠祀概念的历史考察》,《唐研究》2007年第13卷。笔者以为淫祀行为与淫祀对象皆与祠庙具体场所密切相关,自古皆然。禁淫祀(抽象的)执法对象多在祠庙(具体的),故"淫祠"之义渐凸显。限于史料差异,在不能对唐宋之前禁淫祀做具体考察的前提下,不能论断禁"淫祠"为唐宋特点。
③ 南宋名将赵范乃胡颖堂舅,赵范乃朱子后学,见《宋元学案》卷70《沧州诸儒学案下》,北京:中华书局,1982年,第2329页。
④ (明)张四维辑:《名公书判清明集》卷14,第538—541页。
⑤ (宋)文彦博:《文潞公文集》卷12《绛州翼城县新修至圣文宣王庙碑记》,《丛书集成续编》第125册,第424页。
⑥ (宋)余靖:《武溪集》卷5《海州社稷坛记》,景印《文渊阁四库全书》第1089册,第45页。

有司之传弥广。是知出云见怪，不必主于山川；捍患御灾，固悉存于尸祝。①

正是基于天子得祭百神思想，朝廷才会对诸神开放，"诏天下求神之未秩于祀典，出处可以自得。"②体现"咸秩无文"精神最典型的莫过于方志"祠庙门"。如嘉定《赤城志》"祠庙门"纲领为：

> 夫以劳定国，以死勤事，御大灾捍大患则祀之，此先王之制也。余观州之神祠，错峙纷出，以其牖一时之民而庙千里之食，岂曰无之。亦有空山断蹊，踵讹沿谬而风靡波荡，遂赘尤其间者，岂其乐鬼重巫、越之遗风固尔耶？昔狄仁杰巡抚江南，毁淫祠至千七百，惟存禹、太伯以下四人。夫四人者不可数见，而千七百之淫祠今未必不烂漫于宇宙间也。犹以土俗传信，重于锄剔，姑并存之，使来者择焉。③

咸淳《重修毗陵志》"祠庙"纲领与之类似：

> 社稷，生民之本也，故郡国首重严事。外是则表厉风俗、捍御灾害，其得庙祀兹土也亦宜。昔狄梁公使江南，撤淫祀千七百所，而存者四，太伯、季子、伍员与焉，可谓知所权度矣。今自社稷而下，德如季子、功如忠佑者书之，余亦附见焉。④

修志的地方官一般都知道按礼经国法，地方祠庙有高下、正淫之分。但从《赤城志》一反狄仁杰做法收录"土俗"之祠，《重修毗陵志》所说"余亦附见"，可知不少地方官大概本着天子"咸秩无文"或"有其举之，莫敢废也"等经义，对地方杂祠多能容忍并加以收录。

然而百神得祭不能随意，严宽之间应有一定标准，于是笃信《祭法》"夫圣王之制祭祀也，法施于民则祀之，以死勤事则祀之，以劳定国则祀之，能御大灾则祀之，能捍大患则祀之"，便成为认定祠庙合法的第三种倾向。该条是额爵制度的基本依据，常被当作"祀典"精义，可以说是官方的意识形态。

---

① （宋）杨亿：《武夷新集》，福州：福建人民出版社，2007年，第109页。
② （宋）刘挚撰，裴汝诚、陈晓平点校：《忠肃集》卷10《应诏祈雨文》，北京：中华书局，2002年，第220页。
③ 嘉定《赤城志》卷31《祠庙门》，《宋元方志丛刊》第7册，第7516页。
④ 咸淳《毗陵志》卷14《祠庙》，《宋元方志丛刊》第3册，第3071页。

在神祠额爵泛滥的宋代，擅长以理气之说反鬼神的理学逐渐流行，士大夫阶层里又兴起了一股对"祀典"的复古主义理解。这种复古主义大体以经典诠释为动力（尤其多以《祭法》为中心），以恪守礼经的传统郊庙祀典为标准，从某种程度上说，它是重视传统郊庙正祀这一保守倾向得到思想充实后的再回归。程颐回答"到官三日，例须谒庙，如何"时说："正者谒之，如社稷及先圣是也。其他古先贤哲，亦当谒之。"回答城隍是否当谒时说："城隍不典。土地之神，社稷而已。何得更有土地邪？"①朱熹谈到祀典下行地方方程："唯社稷自天子之都至于国里通得祭，而风雨之神，则自唐以来诸郡始得祀焉。至于雷神，则又唐制所与雨师同坛共牲而祀者也。国朝礼文大抵多袭唐故，故今郡国祀典，自先圣先师之外，唯是五者。"②王应麟也说："窃惟祀典行乎郡县，惟先圣先师暨社稷，达天下亘万世。是尊是奉，实为政教之本。"③社稷、风雨、先贤，宋儒推崇这些传统祀典内的神祇，其实都是在诠释《祭法》之义，但他们多以政教风化为出发点，这必然会限制北宋以来对《祭法》的开放式理解。除通祀之神外，宋代士大夫更重视忠臣义士之祀，此承唐代以来扩充祀典之传统。如朱熹曾积极从事为两宋之际功臣张叔夜（抗金）、滕膺（平方腊）立祠求额④。章如愚叙"忠臣孝子庙"时说道："圣王之制，法施于民，以死勤事，以劳定国，能御大灾，能捍大患者，皆在祀典。忠臣孝子，义妇烈女，国史有传，血食有庙者，一念足以动天地，方寸足以贯日月，庙而祀之。于以表倡风俗，砥砺生民，其有功于天下不细矣。神仙之事，若果有之，则列仙传所载，亦惟忠孝者为之。信乎，正道无往而不存也。"⑤此处，宋儒虽引《祭法》，貌似与额爵制度同出一源，但落脚点在"忠孝"二字，并非持有功即得额爵的包容心态，即其与额爵制度虽同据《祭法》而立意已偏狭。宋代士大夫既秉承道学义理又多为在朝官员，国法虽规定诸神有功即可得额爵，但士大夫之思想及个人好恶亦能对封爵对象有所选择，这便是自神宗推行额爵制度后，敕书额爵多偏向人鬼之祠的

---

① （宋）程颢、程颐著，王孝鱼点校：《二程集》卷22上，北京：中华书局，2004年，第295页。
② 《晦庵先生朱文公文集》卷79《鄂州社稷坛记》，《朱子全书》第24册，上海古籍出版社、安徽教育出版社，2002年，第3771页。
③ （宋）王应麟：《四明文献集》卷1《奉化社稷坛记》，北京：中华书局，2010年，第38页。
④ 参见《晦庵先生朱文公文集》卷89《旌忠愍节庙碑》、《义灵庙碑》，《朱子全书》第24册，第4150—4151页、第4162—4164页。
⑤ （宋）章如愚辑：《群书考索》续集卷26《礼乐门》，扬州：广陵书社，2008年，第1028页。

原因。至此,理解"祀典"时的复古主义态度(包括对《祭法》理解的偏差),也必然会让保守的士大夫对滥行额爵展开反思,甚至在打击淫祀时会忽视额爵国法。于是南宋时,以毁淫祀著称的胡颖一方面按有无额爵打击淫祀,另一方面又跃跃欲试,想越过地方祠庙的额爵保护线。

第二节 唐宋五岳礼遇及其地位

一、唐代五岳与皇帝关系的变化

唐代五岳封爵激活了"五岳视三公"理念与现实皇权的关系。武则天特重中岳,其先封嵩山神为"天中王",再封为"神岳天中黄帝"。这是五岳历史上首次获官方爵号,此前历朝皇帝虽不乏礼敬岳渎神祇者,但都不曾以人爵加诸其神。王、公爵级相类,五岳封王合于经义,而封帝则与礼经相悖。虽然武则天封岳神为王为帝,但这并不意味着皇帝对岳神更加恭顺。证圣元年(695年)有司上言曰:"谨按'五岳视三公,四渎视诸侯',天子无拜公侯之礼……五岳以下,署而不拜。"①武则天同意此奏,其祭岳渎亲署祝版而不拜,改变了唐初所立御署且拜的习惯,而御署且拜或是唐初所立或是唐承前代传统。证圣元年御署不拜之制是据礼经因人神比视之义而定,在唐代之前历代祝版制度难考的情况下,不宜将其夸大为皇权在有意识地塑造自身高于岳渎神祇的形象(毕竟武氏已加嵩山帝号之殊封)②。中宗复位,即改嵩山"天中黄帝"为"天中王"③。此应是据"五岳视三公"经义对武则天封岳神为帝的修正。

开元九年(721年)因五岳既获世俗爵称,礼臣又继续调整它们与天子的礼秩关系,有人建议:"伏准唐礼,祭五岳四渎皆称嗣天子,祝版皆进署。窃以《舜典》'五岳视三公,四渎视诸侯',则不合称嗣天子及亲署其祝文。

---

① 《通典》卷46《礼六》,第1283页。《通典》"五岳以下"前有"请依旧仪",然对比《唐会要》(卷22《岳渎》,第498页)裴堪引证圣元年奏文,应是"其日月以上,请依旧仪","请依旧仪"非对五岳而言。
② 参见朱溢:《论唐代的山川封爵现象》,《新史学》(台北)2007年第4期,第93页。
③ 《唐会要》卷47《封诸岳渎》,第976页。

伏请称皇帝谨遣某乙，敬祭于某岳渎之神。"①诏从之。《礼记·曲礼下》有"（天子）践阼，临祭祀，内事曰孝王某，外事曰嗣王某。"郑注："皆祝辞也，唯宗庙称孝，天地社稷祭之郊内而曰嗣王，不敢同外内。"②据此可知，礼经主张天子祭祀时因所祭对象有内外之分而自称不同，落实到唐代便有"天子"、"皇帝"之别。开元九年改制，礼臣因岳渎享天子所赐爵号，就越过礼经人神比视之义，混同内外，认为岳渎是皇帝之臣，因此皇帝不应亲署祝文且称谓只称"皇帝"。这种称"皇帝"不御署的岳渎礼秩较武周时代"署而不拜"已是明显下降，祝文称谓从"嗣天子"变为"皇帝"，已是发生质变。

十年后，开元礼定祭五岳祝文又改为："嗣天子某。"③这里需要指出，光绪十二年洪氏公善堂本《大唐开元礼》祭岳镇、海渎祝文称"嗣天子开元神武皇帝某"；而四库本《大唐开元礼》祭五岳四镇祝文称"嗣天子某"，惟祭四海四渎祝文称"嗣天子开元神武皇帝某"。此外宋本《通典》卷112《开元礼类纂·祭五岳四镇四海四渎》统称"嗣天子某"④。是知诸本同名之祭而祝文称谓不同，公善堂本岳镇、海渎两处俱称"嗣天子开元神武皇帝某"，殊为可疑。

因祝文称谓涉及岳渎神格与皇帝之关系，故有必要作出辩证。首先，公善堂本《开元礼》除正祀外，其余祈岳镇海渎处祝文皆称"嗣天子某"⑤。其次，四库本《开元礼》称"嗣天子开元神武皇帝某"另有一处，在卷15《立夏祀赤帝于南郊有司摄事》祭神农氏祝文。而据四库本、公善本及宋本《开元礼纂类》，五郊祭五人帝祝文皆只称"开元神武皇帝"，是知四库本立夏南郊祭神农氏祝文应是在"开元神武皇帝"上衍"天子"二字。至此，四库本《开元礼》称"嗣天子开元神武皇帝某"仅剩《祭四海四渎》一处可疑。又据四库本，旱时祭岳神海渎等处与公善堂本一样未将天子与皇帝并称，结合

---

① 《通典》卷46《礼六》，第1283页。殿本作"开元元年"，宋本与《唐会要》作"开元九年"，又据《册府元龟》开元五年十二月诏定岳渎等祭礼，故九年于理为长。
② 《礼记正义》4《曲礼下》，《十三经注疏》，第1260页。汉制以皇帝、天子各三玺以别诸侯内外，与此义同。参见（清）孙星衍等辑：《汉官六种》，第30—31页。金子修一较为重视皇帝在各类祭祀中的自称，参见氏著：《古代中国与皇帝祭祀》，第42—45页。
③ 《大唐开元礼》卷35《祭五岳四镇》，第263页。
④ （唐）杜佑撰，王文锦等点校，〔日〕长泽规矩也、尾崎康校订，韩昇译订：北宋版《通典》第5册，上海：上海人民出版社，2008年，第161页。
⑤ 《大唐开元礼》（公善堂本）卷66《时旱祈岳镇于郊》，卷67《时旱就祈岳镇海渎》，卷22《皇帝腊日蜡百神于南郊》，北京：民族出版社，2000年，第349页、第350页、第140页。

第五章　唐宋五岳祭祀考论

四库本《祭五岳四镇》只称"嗣天子某",宋本《通典》祭岳镇海渎只称"嗣天子某",可知四库本《祭四海四渎》祝文当在"天子"下衍"开元神武皇帝"。最后,因公善堂本《开元礼》祖本或与四库本不同①,但其晚出,又经清末人校勘,若校勘者以四库系列为底本,则极有可能以四库本《祭四海四渎》祝文"嗣天子开元神武皇帝某"校补《祭五岳四镇》祝文"嗣天子某",于是公善堂本两处便皆为"嗣天子开元神武皇帝某"②。

其实,以嗣天子与皇帝并称,这种兼具内外的情况本非常见,亦非常理,故用公善堂本所记"嗣天子开元神武皇帝"论证皇帝与五岳关系时当谨慎③。又《大唐郊祀录》岳镇祝文、时旱祈岳镇海渎山川祝文皆称"嗣天子"④,当是沿袭开元礼。

安史之乱起,权停中小祀,五岳礼衰,祝文不再御署。贞元四年(788年)应太常卿董晋奏,皇帝又开始御署五岳四渎祝版⑤。此时值德宗复礼之时,岳渎虽已恢复御署祝版,但当时所遣祭官不对岳渎行拜礼,似是受证圣元年"署而不拜"影响,即皇帝御署祝文不拜,故所遣祭官也可以不拜。此事引发争论,太常博士裴堪结合礼制与经义展开论述,力主遣官须拜。裴堪主要依据《开元礼》,其先述自唐初"岳渎以祝版御署讫,北面再拜"到证圣"署而不拜",又论:"至开元修理五岳四渎,皇帝无亲祭礼仪,其祝文皆云:'嗣天子某,谨遣某官,敢昭告于某岳某渎之神。'读讫,皆申再拜。祭五龙神,但云:'献官再拜。'此则有司行事,皆有拜文。"⑥

裴堪论理以"三才之尊,各申所极,尊有所统,礼亦宜差,若无比视,何

---

① 池田温已指出此点,又据东洋文化研究所研究人员指出,公善堂本所据当为明刻(http://www.ioc.u-tokyo.ac.jp/~hidemi/ajideji/3.html),又据《增订四库简明目录标注》,四库著录为钞本,《天禄后目》又有影宋钞本,四库底本应较公善堂底本为优。参见(清)邵懿辰撰,邵章续录,上海:上海古籍出版社,1979,第340页。

② 国图所藏开元礼清抄本多以四库本为底本,其中价值较高的附王念孙辩证本多参考《通典》,但亦仅辩证前30卷,未及祭岳渎礼。参见《大唐开元礼》,清抄本13册本,国家图书馆缩微胶卷编号05484。近期赵永磊博士对公善堂本《开元礼》成书过程做了系统考察,指出该版本为校勘性文本,其具体文字并非尽然可从。参见氏著:《洪汝奎公善堂刊本〈大唐开元礼〉编刊考》,《文史》2017年第1辑。

③ 参见雷闻:《郊庙之外》,第45页。

④ 参见《大唐郊祀录》卷8、卷10,《续修四库全书》第821册,第329页、第348页。又,卷8《海渎祝文》称"嗣皇帝某",待考。

⑤ 《通典》卷46《礼六》,第1283页。

⑥ 《唐会要》卷22《岳渎》,第498页。

以辨等"？即三才之神各有等差，比视之法可用来辨别神祇等级；他又引郑玄"不臣人之臣"说，以星辰岳渎"既是天地从官，恐人君不得如公侯之礼而臣下之也。"而且"王者父天母地，兄日姊月，星辰视昆弟，岳渎视公侯。以此明之，星辰岳渎，是天地之臣也，秩视人臣也。陛下与天地为子，遣使申祭，恐不合令受天父地母从官之拜。"即天地岳渎关系虽可比视君臣关系，但不能因此就将岳渎神祇视为皇帝之臣，即比而不同。最后，他建议"依证圣元年定制，有司行事，须申拜礼。"①所谓证圣元年定制，其实就是他所言及的《开元礼》，有司按《开元礼》对岳渎应行拜礼。

权德舆对此事表现得较为激进，其遍引《仪礼》、《礼记》，逐条注疏以申天子礼岳渎当拜。他说道："《礼记·乐记》云：'礼主于减，乐主于盈。礼减而进，以进为文；乐盈而反，以反为文。礼减而不进则销，乐盈而不反则放。'注云：'减，人所倦也。进，谓勉强文也。'"据此指出，"勉进于礼，以防减倦。自证圣已前，御署祝版讫，北再拜，自后不拜。今若祭，官又不拜，恐减至于销，失进之义。"②他提出的制度理由是比照风雨之神："风伯雨师，本皆小祠，天宝中始升为中祠。贞元初，陛下又以事切苍生，屈己再拜。况岳镇海渎，能出云为雨，故祝文有'赞养万品，阜成百谷'之言。国朝旧章，诸儒损益。伏请依《开元礼》祭官再拜为定。"③从权德舆之言，可知《开元礼》也是沿袭了证圣御署不拜之制；但御署不拜在权德舆看来是减礼，故不能一减再减。最后他虽请以《开元礼》为准，祭官当拜，但从其以岳渎比照风雨御署且拜来看，他认为皇帝拜岳渎也可接受。关于此事最终结果，可比照德宗处理祭风师雨师之事，《大唐郊祀录》载：

> 案开元礼，凡帝社以上合至尊亲祭，而使有司摄者，其祝版皆祀前先请御署，讫，皇帝北面再拜，侍中奉出，分付所司。其风师雨师自升在中祀，但亲祀无再拜。及德宗在位，虔修祀事。贞元二年四月二十三日问礼官其版署记名合再拜否，太常博士陆淳奏曰："以本是小祀，准礼又无亲祭之文，今虽御署，检详经据，无再拜礼。"诏曰："风师雨师自升为中祀，有烈祖成命，况在风雨，事切苍生，礼虽无文，朕当屈己再

---

① 《唐会要》卷22《岳渎》，第499页。
② (唐)权德舆撰，郭广伟校点：《权德舆诗文集》卷29《祭岳镇海渎等奏议》，上海：上海古籍出版社，2008年，第454页。
③ (唐)权德舆撰，郭广伟校点：《权德舆诗文集》卷29《祭岳镇海渎等奏议》，第454页。

拜，以申子育万民之意。"仍永为恒式,今礼行焉。①

据开元礼,皇帝不拜岳渎、风雨等中祀。贞元初,礼臣认为风雨二祀地位不高,故欲按开元礼不让皇帝拜之。而德宗不用礼臣之言,顺承烈祖（玄宗）崇祀风雨之义,御署而拜。参照此事,德宗遣官致祭岳渎应恢复开元之制,祭官必有拜礼。

综上所述,唐初给五岳加帝王爵号,让五岳神祇之神格与天子神格有混同之势,后来礼臣们反复据"五岳视三公"调整二者关系。武则天时代,五岳礼的天子御署且拜变为御署不拜,同时她又让嵩山获帝号。至开元九年,朝廷越过人神界限,直接以岳渎神祇从属人间天子,岳渎祝版称谓一度从"嗣天子"变为"皇帝",且皇帝不再御署祝版。应是有礼经约束,嵩山才由"帝"恢复为"王",至《开元礼》确立,五岳祝版称谓又从"皇帝"回归到"嗣天子",同时皇帝御署不拜才成为定制。

二、玄宗时代的遣使致祭

唐代沿用东汉之制,五岳常祀由都督、刺史等地方长吏致祭②,同时不乏中央遣使特祭。有唐一代,玄宗关注五岳祭祀最多,除按五郊迎气日祭岳渎,玄宗又开启非时特祭岳渎之风。开元七年七月诏礼部侍郎王丘、太常少卿李暠分往华岳、河渎祈雨③。八年三月,为农事求风调雨顺,"令左常侍元行冲摄侍中,祠南郊;太常长官分祭华岳、温汤。"④开元十四年六月,朝廷因久旱特分命六卿祭五岳海渎,其中:

> 工部尚书卢从愿祭东岳,河南尹张敬忠祭中岳,御史中丞兼户部侍郎宇文融祭西岳及西海、河渎,太常少卿张九龄祭南岳及南海,黄门侍郎李暠祭北岳,右庶子何鸾祭东海,宗正少卿郑𬤊祭淮渎,少詹事张晤祭江渎,河南少尹李晕祭北海及济渎。⑤

此应是玄宗时代第一次大规模遣使祭祀五岳四渎。按长吏主祭制度,

---

① 《大唐郊祀录》卷7,第318页。
② 《旧唐书》卷24《礼仪志四》,第910页。
③ 《册府元龟》卷144《帝王部·弭灾第二》,第1615页。
④ 《册府元龟》卷33《帝王部·崇祭祀第二》,第341页。
⑤ 《册府元龟》卷144《帝王部·弭灾第二》,第1615—1616页。

五岳所在州刺史官品依次为：东岳—兖州（上州）刺史从三品、中岳—河南府尹从二品、西岳—华州（四辅）刺史从三品、南岳—衡州（中州）刺史正四品上、北岳—定州（上州）刺史从三品①。此次所遣祭使官品分别为：工部尚书（正三品）—东岳，河南尹（从二品）—中岳，御史中丞（正五品上）兼户部侍郎（正四品下）—西岳，太常少卿（正四品上）—南岳，黄门侍郎（正四品上）—北岳。虽然西岳、北岳祭官品级较所在地方长吏稍低，但考虑到京官之重及高品稀缺，仍可大体判断朝廷是按地方长吏祭祀制度相应顾及了所遣祭官的品级。

《开元礼》颁布前夕，玄宗曾两次派中央官员祭祀岳渎。开元十九年四月，"命有司祭五岳、四渎，以尚书省诸曹郎分往诸州祭焉"；二十年四月，"命有司择日就祭五岳、四渎。"②两次祭祀皆在四月，或是从《月令》孟夏雩祭之说，而诸曹郎不过从五品上，较十四年遣官官品下降一等。

《开元礼》制定后，玄宗仍多次遣使致祭岳渎，显示出他对山川神祇的持久兴趣。开元二十二年二月因秦州地震命尚书左丞相萧嵩往祭山川③。同年六月因春季多雨祈晴报谢，"令高品官祭五岳、四渎，其天下名山大川各令所在长官致祭。"④自此之后，逢非时祭祀岳渎，玄宗多派中央高品官。现将开元二十年后，遣使祭五岳四渎统计列表如下：

表 5.1 开元二十年（732 年）后遣使致祭岳渎表

时间	官品及所祭岳渎	事由	史料来源
开元二十二年（734年）六月	高品官（具体不详）	祈晴报谢	《册府元龟》卷33《帝王部》
开元二十五（737年）年十月	尚书左丞相（从二品）—中岳、礼部尚书（正三品）—东岳、御史大夫（从三品）—西岳、太子宾客（正三品）—北岳、国子祭酒（从三品）—南岳	丰年报谢	《册府元龟》卷33《帝王部》

---

① 据《唐六典》卷3《尚书户部》；《元和郡县图志》卷2《关内道二》、卷4《河南道一》、卷10《河南道六》、卷18《河北道三》、卷29《江南道五》；《旧唐书》卷40《地理志三》。
② 《册府元龟》卷33《帝王部·崇祭祀第二》，第342页。
③ 《旧唐书》卷8《玄宗本纪上》，第200页。
④ 《册府元龟》卷33《帝王部·崇祭祀第二》，第342—343页。

续表

时间	官品及所祭岳渎	事由	史料来源
开元二十八年（740年）十月	令侍中牛仙客等分祭郊庙社稷岳渎等。	丰年报谢	《唐会要》卷22；《玉海》卷102《郊祀》
天宝元年（742年）十二月	光禄卿（从三品）—东岳、太子詹事（正三品）—中岳、太常卿（正三品）—北岳	丰年报谢	《册府元龟》卷33《帝王部》
天宝三年（744年）四月	太子詹事（正三品）—东岳、光禄卿（从三品）—中岳、宗正卿（从三品）—西岳、少府监（从三品）—南岳、卫尉卿（从三品）—淮渎、光禄少卿（从四品上）—河渎	去岁丰年报谢	《册府元龟》卷33《帝王部》
天宝七年（748年）十一月	工部尚书（正三品）郭虚己等分祭五岳四渎。	农事报谢	《唐会要》卷22
天宝八年（749年）九月	宗正卿（从三品）—西岳、太仆少卿（从四品上）兼单于安北副大都护（从三品）—北海、蜀郡长史（从三品）①—江渎、太子詹事（正三品）—北岳、尚书右丞（正四品下）—河渎	以蛮夷款附、稼穑丰穰等报谢	《册府元龟》卷33《帝王部》。
天宝十载（751年）三月	吴王（从一品）—东岳、鲁王（从一品）—南岳、秘书监（从三品）—中岳、国子祭酒（从三品）—西岳、宗正少卿（从四品上）—北岳、卫尉少卿（从四品上）—江渎、京兆少尹（从四品下）—河渎、太子左谕德（正四品下）—淮渎、河南少尹（从四品下）—济渎、道王（从一品）—沂山、吴郡太守（从三品）—会稽山、大理少卿（从四品上）—吴岳山、颍王府长史（从四品上）—霍山、范阳郡司马②（不详）—医无闾山	因南郊大赦、四海册封，岳渎镇并专使致祭	《册府元龟》卷33《帝王部》。

从上表来看，玄宗高度重视岳渎主云雨、保丰年之功能并因此形成了祈报习惯，多次遣使报谢被记录下来。有谢必有祈，祈岳渎地点当就近在北郊坛，即应符合《大唐开元礼》规定的北郊祈岳渎制度③。从遣官品级来

---

① 蜀郡此时为大都督府，故长史级别高。
② 范阳郡为范阳节度使所，其司马或可视大都督府司马从四品下。
③ 《大唐开元礼》卷66《时旱祈岳镇于郊》，第441页。

看,开元二十二年后遣官品级严格遵从高品原则,几乎都是五品以上,此更见玄宗对岳渎山川之重视。故《唐会要》有:"旧礼皆因郊祀望而祭之,天宝中,始有遣使祈福之祀。"①朝廷遣使祭岳渎,一般会命地方要员协助参与,如开元年间玄宗遣许国公苏颋至华山祈雨,华州刺史就命长史辅助②。遣使选高官祭祀岳渎的习惯一直保持到唐后期,如大中三年(849年)左谏议大夫充弘文馆学士判馆事李贻孙曾奉敕至华山祈雪③。

现试以几则华山石刻材料展现唐代祭祀五岳情形④。《金石粹编》华山题名有《苏颖题名》,其文为:"开元廿六年八月廿七日,朝请大夫守别驾临潼县开国男苏颖,从内使奉敕祭"⑤,其后又有"郊社丞苏炎记",二记当为一事⑥。此记虽有遣使,但似为宦官(亦或即郊社丞);郊社丞为从八品上,别驾是刺史之辅,华州别驾为从四品下;又,此年八月廿七日已在立秋后。综合判断,这应是一次朝廷非时遣使致祭,郊社丞或只行协办行礼具体职事,同时地方亦派出刺史高级僚佐陪同。《李虞仲题名》:"正议大夫使持节华州诸军事守华州刺史御史中丞充潼关□□国军等使上柱国□□□开国男食邑三□□□□金鱼袋李虞仲,大和四年七月十□□,诏以立秋修祀,南都团练判官□□□事柳乘同来□□。"⑦李虞仲为华州刺史,所领当为"潼关防御镇国军使",其于太和四年(830年)年立秋日祭祀,是为岁时常祭。

还有一则立秋致祭,会昌二年(842年)《常侍□□祀岳庙残诗》有:

……鬼神陪。质明三献虽终礼,祈寿千年别上杯。岂是琐材□祀事,宏(弘)农太守主□来。常侍曾领此郡,故有□句,会昌二年六月廿

---

① 《唐会要》卷22《岳渎》,第498页。此句极易使人误认为天宝年间因遣使而废北郊望祭,二者实是共存;又经上文整理,遣使之祀开元年间已有数次,非自天宝年间始也。
② (清)王昶:《金石萃编》卷72《华岳精享昭应碑》,《石刻史料新编》第1辑第2册,第1237页。
③ (清)王昶:《金石萃编》卷80《李贻孙祈雪题记》,《石刻史料新编》第1辑第2册,第1356页。
④ 朱溢以北岳祭祀为例强调了唐代地方遵从了长吏祭祀岳渎之制,此不赘论。参见氏著:《论唐代的山川封爵现象》,《新史学》(台北)2007年4期。
⑤ (清)王昶:《金石萃编》卷79,《新史学》《苏颖题名》,《石刻史料新编》1辑第2册,第1340页。
⑥ 参见(清)孙星衍:《寰宇访碑录》卷3,《石刻史料新编》第1辑第26册,第19894页。
⑦ (清)王昶:《金石萃编》卷80《李虞仲题名》,《石刻史料新编》第1辑第2册,第1353页。

二日立秋。①

从时间来看,此是一次立秋致祭。通过诗文内容,可知此诗作者为时任华州刺史周墀,此诗引出李景让酬和之《寄华州周侍郎立秋日奉诏祭岳》②。据《新唐书·李景让传》,其"历中书舍人、礼部侍郎、商华虢三州刺史"③,后于会昌六年以右常侍为浙西观察使④;《旧唐书》记李景让于开成二年(837年)十月出任华州刺史,四年为礼部侍郎,五年曾选贡士,武宗会昌年间景让仕途不详⑤。结合新旧《唐书》,会昌年间李景让应相继刺华、虢二州,虢州治弘农,李景让任虢州刺史即周诗所说"弘农太守"⑥,他与周墀先后刺华州,应互有来往。华州刺史本为主祭华山长吏,而会昌二年奉诏主祭华岳者竟为虢州刺史兼常侍李景让。李景让先前曾为华州刺史,故其诗有:"关河豁静晓云开,承诏秋祠太守来……往岁今朝几时事,谢君非重我非才。"⑦李景让知祭祀西岳本为华州刺史之职,其以邻州虢州长官身份来祭,实为代行周墀之职,故面对周墀所说"岂是琐才能祀事,弘农太守主张来"⑧,他只好自谦"非才"。这一唱一和让唐代长吏祭岳常制与遣使致祭的微妙关系跃然纸上。

玄宗时代不惟能立制度,更能尽力维护。当时礼部在安排岳渎祭祀时北岳用祭川泽之沉辜礼,御史纠以失礼,礼部竟不服。御史台又群起而攻之,他们历数礼部失职:"所司有事,故实无稽,沉既殊乎大川,辜亦非乎小祀,山川反覆,礼物徒施,职业废堕,刑章安舍?"⑨其中御史张秀明⑩言辞犀利,其文有:"御史以宝符作气,虽久歇于无恤,沈辜受欺,曾不若于林放。

---

① (清)王昶:《金石萃编》卷80《常侍□□祀岳庙残诗》,《石刻史料新编》第1辑第2册,第1355页。
② 详见(宋)计有功撰,王仲镛校笺:《唐诗纪事校笺》卷50《李景让》、卷55《周墀》,北京:中华书局,2007年,第1710页,第1847—1848页。
③ 《新唐书》卷177《李景让传》,第5290页。
④ 《资治通鉴》卷248《唐纪六十四》,第8026页。
⑤ 《旧唐书》卷187下《李景让传》,第4891页。
⑥ 郁贤皓指出李景让在会昌二年任虢州刺史,参见氏著:《唐刺史考全编》,合肥:安徽大学出版社,2000年,第826页。
⑦ (宋)计有功撰,王仲镛校笺:《唐诗纪事校笺》卷50,第1710页。
⑧ (宋)计有功撰,王仲镛校笺:《唐诗纪事校笺》卷55,第1848页。
⑨ (宋)李昉等编:《文苑英华》卷516,北京:中华书局,1966年,第2644—2645页。
⑩ 履历详见(清)赵钺、劳格:《唐御史台精舍题名考》卷3,北京:中华书局,1997年,第113页;(清)徐松:《登科记考》卷5、卷7、卷8,北京:中华书局,1984年,第153页、第255页、第277页。

按以失礼,窃谓其宜,诚合没齿无怨,岂为噬腊遇毒？所司不伏,虽闻饰非,敢陈愚见,以罚白金。"①此事处理结果不详,但当对之后的岳渎祭祀起到了规范警示作用。《文苑英华》有《祭四镇判》,事由与北岳失礼类似,题为"祭医巫闾非是五郊迎气日,复无祀官,法司科营州刺史罪,不伏"。此法司应为派至营州的监察御史等官,判文提到：

> 凡诸岳渎,年则一祭,祭当何日？五郊迎气之辰。祀用何官？千里宣风之职。只如无闾峻崤,作镇边方,营州刺史须崇望秩,自合颙若观盥,率由旧章。岂容祀匪其时,身不预祭,自贻厥咎,何逭其愆？行暌奠祭之规,坐招法司之议。准法科附,仍下营州。②

连地位略低于岳渎的镇山都要求刺史主祭,足见唐礼之重。御史远行至帝国边疆仍不忘纠察山川祀事,这展现出玄宗朝以礼治国的政治风气。至五代乱世,长吏祭祀山川仍有余响,如后晋开运二年(945年)卢琼上书请按四岳以诸观察使致祭例遣河南尹祭中岳③。

三、忌讳私祷——以西岳为例

除重视山川祭祀正礼外,唐代也注意规范士人尤其是官员拜谒岳渎祠庙的行为。按一般习惯,游宦官员对所经载在祀典的祠庙有拜谒之礼,而祠庙又多有巫祝之属行祈祷之事。天子之臣私祷山川,此为历代忌讳。如曹魏时特进曹洪的乳母与临汾公主侍者共事洛阳无涧山神,即被以妖刑逮捕④。隋代晋王杨广曾以私祷华山罪治死蜀王杨秀。士人官员私祷山川虽不一定会带来严重后果,但这种行为既不合天子祭天下山川等礼经规范,也不合地方长吏常祀之制,同时私祷又为儒家日常行为准则所非⑤,故官方对该行为也尝试进行规范。

白居易曾为"得甲至华岳庙不祷而过,或非其违众,甲云祷非礼也"一事拟判词。当时人们拜谒岳庙多行私祷,故白居易对不祷而过表示赞扬：

---

① 《文苑英华》卷516,第2645页。
② 《文苑英华》卷516,第2645页。御史能远至营州巡视,此当在安史之乱前,又营州至玄宗朝始获稳定三十余年,故祭北镇可能为玄宗朝事。参见《旧唐书》卷39《地理志二》,第1520页。
③ 《册府元龟》卷594《掌礼部·奏议第二十二》,第6819页。
④ 《三国志校笺》卷12《司马芝传》,第489页。
⑤ 如《论语》有孔子病而不祷之事。

第五章 唐宋五岳祭祀考论

> 岳则配天，自修常事；神虽福善，安可苟求？宜率道以去邪，岂从众而失正？甲志惟守义，言乃合经。以为视以三公，实天子之所飨；降其百福，宁匹夫之可禳？如修苹藻之诚，是用秕稗之礼。况人之僭滥，徒欲乞灵；而神实聪明，岂歆淫祀？①

秕稗之礼即私祷行为，经巫祝之流私祷岳神乃非礼之淫祀，故当禁止。白氏此判应为虚判②，它因坚持合理之正祀而否定带有淫祀色彩的私祷行为。可需要指出的是，该判对岳庙不祷而过的鼓吹有些理想主义，实为矫枉过正。终唐一代，更常见的是士人官员经华岳者多行拜谒之礼，当然他们对私祷之过也存有警惕。如士人陈黯赴长安应举，他虽因西岳庙巫者谒庙但终无祷词，他回答巫者道：

> 余其来拜，句（苟）以岳长群山，犹人之有圣贤，草木之有松兰，百川之有河海，鳞羽之有虬鸾。屹屹崇崇，干霄柱空，载国祀典，宜人攸宗。拜之思尽乎余之敬，词之黯惧乎神之聪。且神视果高而听果深，必福其善而祸其淫。余行合乎神也，必照而临，如欺乎神也，祈之乎何心？巫兮，余言无妄兮，为妄言者之箴。③

由陈黯之词可知，士人拜谒岳庙乃因其为国之正祀，行礼仅尽其敬心，而不敢造辞以巫师之属沟通岳神。咸通八年（867年）宣歙观察使杨收过华岳庙，"施衣物，使巫祈祷，县令诬以为收罪"，言官趁机告发杨收以他罪，朝廷贬其为端州司马④。唐代因西岳庙在交通要道上⑤，故往来拜谒华岳庙的大小官员不计其数，其所行之礼当不过按礼致祭与日常拜谒，若参与私祷，安敢竞相刻石记名⑥？可以推测，过往拜谒官员对礼岳之界限当如陈黯一样多有明确认识，即拜谒而无私祷之词，这就是官员士人礼岳渎之标准。它的形成不是直接来自朝廷法令的威慑，而是多出于士人对非礼不行原则的自觉遵守。

---

① （唐）白居易著，朱金城笺校：《白居易集笺校》卷66《判》，上海：上海古籍出版社，1988年，第3569—3570页。
② 此点承陕西师范大学杜文玉教授指出，特此致谢。
③ （宋）姚铉编，（清）许增校：《唐文粹》卷45《拜岳言》。
④ 《资治通鉴》卷251《唐纪六十七》，第8118—8119页。
⑤ 《唐会要·行幸》（卷27，第606页）记开元十二年"勒石于华岳南至通衢"。
⑥ 详见（清）王昶：《金石萃编》卷79、80，《石刻史料新编》第1辑第2册，第1340—1359页。

需要补充的是，官员尤其是重臣私祷岳庙表面上是触犯礼制，但实际上往往破坏了君臣上下之隐喻关系。如隋蜀王尊华岳之神为父母，文帝即认为这是无君无父之大逆①；杨收以前相及地方大员之尊私祷华山，自然引发朝廷猜忌。五代后晋赵莹为布衣时曾祷华岳庙，梦岳神授以一笔二剑这一出将入相之兆②，赵莹后来位至宰辅，当不敢再行私祷岳神之事。

唐代士人确立的忌讳私祷岳渎之准则被宋人发扬光大，宋代士大夫凡祭山川诸神一般皆不行私祷。如宋祁《长源公庙再祈雨文》《南岳祈雪文》皆书"不敢私请"③。韦骧祭庙明确划分守土之臣为民祈祷与私祷之别：

> 古者诸侯得祭境内山川，盖守斯土者必保斯民。有能为斯民之福而血食于此，载在祀典者，守土之长，皆得以祠之，亦所以为民也，岂容有诣祭曲祷于其间哉？某叨被朝命，来守兹郡，恭谒祠下，修告至之礼。神必鉴其为民之意，而不以为诣祭曲祷之端也。④

宋代士大夫在抵制私祷上习惯标榜"为民请命"，或可视作时代特色。如张孝祥报谢南岳时不忘声明"不敢私谢，敬为民谢"⑤；许景迁祭太湖时说："实民情之公愿，而非吏之私祷也。"⑥黄震拜道教祠山真君时也特意声明："某亦为民社计，匪求一己之私。"⑦

士大夫鼓吹公祈反对私祷，并不意味着私祷现象已尽绝。宋代福建漳州地区流行灵著王信仰⑧，现举两则漳州通判王迈所书祷词：

一、《告灵著王文》：

> 某闻王威名，如日杲杲。今拜祠庭，不敢私祷。时事多难，天步未妥。川陕淮襄，方罹兵火。内地虽善，安岂可保？惟臣忧边，寸心如捣。王于此时，宜相天兆。不独著其灵于闽南，自当昭其烈于江左。

---

① 《隋书》卷45《庶人秀传》，第1242—1244页。
② （宋）苏易简：《文房四谱》卷1《四之杂说》，《丛书集成新编》第48册，第242页。
③ （宋）宋祁：《景文集》卷48，景印《文渊阁四库全书》第1088册，第438、442页。
④ （宋）韦骧：《谒诸庙文》，《全宋文》第82册，第93页。
⑤ （宋）张孝祥著，徐鹏校点：《于湖居士文集》卷27《南岳谢晴文》，上海：上海古籍出版社，1980年，第268页。
⑥ 《永乐大典》卷2260，北京：中华书局，1986年，第730页。宋人祷祠庙标榜"为民"者甚多，此仅选取几则为代表。
⑦ （宋）黄震：《黄氏日钞》卷94《祝文》，景印《文渊阁四库全书》第708册，第1005—1006页。
⑧ （明）黄仲昭：《八闽通志》卷59《祠庙》，福州：福建人民出版社，2006年，第541—544页。

二、《告灵会妃文》：

某日于家庭，虔奉香火，此来佐州，敢申私祷。微臣忧国，寸心如捣。身其康强，家可以保。晚得一男，方离褓襁。子其承家，父可以老。富贵倘来，耻非其道。神之相之，正直是好。①

从第一则来看，通判王迈祈祷灵著王能在边疆显灵以抵抗蒙古入侵，是为公为国。第二则所祈灵会妃。妃以配王，据《八闽通志》《闽书》等志书，灵著王为当地惟一有王爵之神，故灵会妃当为其配。王迈生于仙游，仙游亦有灵著王行祠②，王迈一家在仙游时可能已信奉灵著王神，因此到漳州后能继续供奉二神。此次祈祷灵会妃是为其子求健康，属于私祷。私祷灵会妃在王迈看来并不与"公"祈灵著王矛盾，其根本原因应在于祈祷场合不同。作为通判，王迈亲至灵著王庙当然"不敢私祷"；但作为信众，他在家奉香火求福亦为合理。此虽属宋代个案，但它将同庙神祇（夫妻）分为公祈私祷，既承袭了前代官员忌讳于正神之庙行私祷的传统，又揭示了在何种情形下能将正神转为私祷对象。

最后再回到华山祭祀，唐代虽忌讳在西岳庙行私祷之事，但神庙之外并不禁止华山信仰。如《太平广记》记张克勤"其家世祝华岳神，祷请颇有验"③，此是信众在家祷神。宋人《谈苑》记"华山下有西岳行宫，祈祷甚盛，云台观常以道士一人主之"④。云台观唐初已立，是知华山信仰早已通过正庙之外的行祠因道教扶助广为流传。

四、唐宋五岳之"高下"

五岳就五方之山来讲，并无轻重之分。但自汉代立制，泰山因封禅之礼而独尊于五岳。巫鸿从五行角度考察，认为中岳嵩山早在秦汉时已具有与泰山抗礼的政治象征资源，并将此与武则天尊奉嵩山联系⑤。笔者以为五岳高下不一定与五行有关，相反五行思想恰恰更讲求五方之平等。如隋代二帝积

---

① （宋）王迈：《臞轩集》卷10《杂著》，景印《文渊阁四库全书》第1178册，第589页。
② （明）黄仲昭：《八闽通志》卷60《祠庙》，第571页。
③ （宋）李昉等编：《太平广记》卷388《张克勤》，北京：中华书局，1961年，第3094页。
④ （宋）孔平仲：《谈苑》卷1，《全宋笔记》第2编第5册，郑州：大象出版社，2006年，第299页。点校者据四库本改底本"南岳行宫"为"西岳行宫"，恰当。
⑤ 〔美〕巫鸿著，郑岩等译：《礼仪中的美术》，第634—641页。

极恢复巡狩五岳礼,文帝东巡泰山后,炀帝又巡北岳、西岳,诸岳所告之天为五精帝之类,此是五行思想带来的五岳平等礼遇。至唐代,高宗东封后,"又欲遍封五岳"①,此思维与隋代遍巡诸岳一致。自上元三年(674年)起,高宗三次欲封禅嵩山而未果②,武后继其遗志,称嵩山为神岳并最终完成中岳封禅。至玄宗开元十八年,朝野又请封西岳③。以上足见唐代有五岳皆可封禅思想④,武后封禅嵩山也不过在此思想脉络之内。就五行五方来讲,五岳虽是平等,但在具体选择何岳告封问题上,现实政治与地理因素就凸显出来。

(一)唐代重嵩华二岳

巡狩与封禅既是天子宣示正统的礼仪,更是一场关系时政的非常态的政治运作。如唐代数次封禅未果就多因灾害或边疆不稳。贞观十五年(641年)太宗封禅之心渐长,朝廷针对封禅多有议论,之后太宗或因突厥入贡、边疆安定与农事丰收再欲封禅,他曾一度巡游至嵩山。此时薛延陀真珠可汗试图因其东封入侵,他言道:"天子封泰山,士马皆从,边境必虚,我以此时取思摩,如拉朽耳。"太宗只得在回长安路上匆匆迎敌⑤。高宗乾封元年(666年)封禅前,令"诸州都督刺史,以二年十二月便集岳下,诸王十月集东都。缘边州府襟要之处,不在集限"⑥。把地方军政长官与诸王集合起来表面上是邀其从天子封禅,实际上此举应有防范内乱考虑。武周代唐,虽然武后或因个人偏好而选嵩山封禅,但考虑到她面临的复杂政局,地近神都的嵩山或许是其惟一选择。至玄宗时,政治稳定,开元二十三年萧嵩等竟请并封嵩华二岳⑦。

嵩华二山因近洛阳、长安,唐代之前已多并称。中古南北分裂,嵩华更是北方黄河流域之象征。如《隋书》称:"后魏克平诸国,据有嵩、华。"⑧唐

---

① 《旧唐书》卷23《礼仪志三》,第889页。
② (清)秦蕙田:《五礼通考》卷51《四望山川》,景印《文渊阁四库全书》第136册,第137页。
③ 《旧唐书》卷8《玄宗本纪上》,第196页。
④ 参见许东海:《山岳·经典·世变——唐华山赋之山岳书写变创及其帝国文化观照》,《汉学研究》(台北)2010年第2期。
⑤ 详见《资治通鉴》卷196《唐纪十二》,第6168—6171页。
⑥ 《唐会要》卷7《封禅》,第113页。
⑦ 《唐会要》卷8《郊议》,第161页。
⑧ 《隋书》卷33《经籍志二》,第964页。

太宗称:"嵩华表西中之固。"①李邕有"德厚嵩华,群岳朝之莫阶"②之句。唐代二都并重,嵩华因地缘而多享祭祀。士人往来也多在嵩华之间,如皇甫湜说:"朝吾既去夫帝乡,越嵩华而幷河。"③此类诗文不一而足。至五代,中原王朝疆域又多局促于两都之间,故朝廷祈祷又只得面向嵩华。如乾化元年、二年后梁两次遣宰臣向二岳求雨④。

嵩华之中,华山在隋唐又更为显要。前已言及隋代王室笃信华山神。至唐代,玄宗又公开宣称自己是西岳降生,这与隋蜀王杨秀称华山神为父母如出一辙。玄宗与西岳关系,研究者已有论及,此不赘述⑤。现仅提出,唐代重视华山始自建国。据《新唐书》,高祖在武德二年(619年)十月、武德三年四月祠华山,两次间隔仅半年,不同寻常。结合《通鉴》可知,武德二年河南王世充、河北窦建德相继称帝,势力发展迅速;而唐之山西本部为刘武周渐次吞并,唐军节节败退,太原、河东数月内尽失。与此同时,长安还一直受到梁师都与突厥威胁,自起兵以来李渊父子气势降到低谷。十月,蒲坂王行本又与刘武周相应,随时可能进入关中,李渊只得提出"宜弃大河以东,谨守关西而已",而秦王李世民毅然提出要夺回河东太原,于是李渊"悉发关中兵以益世民所统,使击武周"。此时唐王朝命运系于秦王一身,故李渊"幸华阴,至长春宫以送之",九天后即祠华山⑥。李世民在河东与宋金刚胶着至武德三年初,在此期间李渊频繁出现在华山一带:一次在武德二年十二月"猎于华山",一次在三年二月"上幸华阴",至三年四月李渊再祭华山⑦。华山地近蒲坂,俯视河东,李唐倾关中之力东出华山迎敌,有孤注一掷之情势。河东战事久战不下,皇帝半年内多次抵达华山,足见其紧张心情。在这段时间里,华山的关中门户地位表露无遗,李渊两祠华山定有求神祈兵之事⑧。至此,再联系唐初承周隋重视山川祭祀之风,如唐

---

① 《初学记》卷5《地理上》,第102页。
② (唐)李邕:《李北海集》卷2《谢书上考表》,景印《文渊阁四库全书》第1066册,第16页。
③ (唐)皇甫湜:《皇甫持正文集》卷1《东还赋》,《四部丛刊》本,第1页B。
④ 详见《册府元龟》卷193《闰位部·弭灾》,第2163—2164页。
⑤ 参见贾二强:《唐宋民间信仰》,第40—41页。
⑥ 《资治通鉴》卷187《唐纪三》,第5871页。
⑦ 《资治通鉴》卷188《唐纪四》,第5873页、5877页、5880页。
⑧ 《龙城录》(旧题柳宗元著)传言李渊为隋平龙门事曾得东岳神阴兵相助,其事或为附会,但不违正史所记李渊祠华山之精神。参见《续修四库全书》第1264册,第421页。

礼仍将岳渎崩视作一品官员表①,可推测证圣元年改制之前皇帝对岳渎行拜礼或出自武德故事,即"旧仪,祝版御署讫,北面再拜"②。唐兴曾祠华山,唐衰华山亦有预兆。相传僖宗广明年间,华岳庙明皇御制碑有异象,"其石忽鸣,隐隐然声闻数里,浃旬而后定。明年巢寇犯阙,其庙亦为贼火焚爇,仍赜其门观。"③

华山既获朝廷尊崇,便更能融入地方信仰。华山以主神金天王为中心,又有华山三郎、华山玉女等附属神祇,如同泰山有炳灵公、碧霞元君一样,附属神祇是诸岳深入民间的重要标志。在地域上,华山不惟在本地已有行祠,其信仰还波及他处。《宣室志》"淮南军卒"④故事,讲述了军卒赵某受陈少游派遣送书至长安,经华阴为金天王所托,送信至成都金天王婿,之后自蜀地返长安才完成任务。赵某往返于广陵、华阴、长安、成都四地而心存西岳信仰,这暗示西岳观念已沿交通要道得到传播。据该故事,西岳之婿家在汝郑间,其为西岳神选中,乃"昔岁赴调京师,途至华阴,遂为金天王所迫为亲"。这是对现实中仕宦之人往来拜谒岳庙习惯的反映。与"淮南军卒"故事相应,唐代伏牛山东端鲁山县已出现华山玉女祠⑤,蜀郡亦有华山信仰⑥。鲁山县地处南阳荆襄与中原的交通要道,蜀郡作为长安后方曾是玄宗、僖宗临幸之地,此或二地有华山信仰之原因。此外,华山信仰在道教中也有突出表现,如江西玉笥山飙御庙即唐代"西岳之别祠"⑦。

以上是唐代嵩华二山因地理优势获得尊崇,其余几岳未获同等关注。尽管贞观十九年太宗曾因征高丽在定州亲祭恒山,之后大臣又偶因北边战事祈于恒山⑧。但通过玄宗时误以大川之礼祭北岳,可知北岳地位并未如嵩华一样突出。

---

① 《大唐开元礼》卷3《序例下》,第64页。
② 《旧唐书》卷24《礼仪志四》,第914页。
③ (宋)钱易:《南部新书》辛部,《全宋笔记》第1编第4册,郑州:大象出版社,2003年,第93页。
④ 《太平广记》卷304《淮南军卒》,第2411—2412页。
⑤ 《太平广记》卷312《夏侯祯》,第2470—2471页。
⑥ 《酉阳杂俎》记成都有董氏巫"事金天神",能"祈华岳三郎"。参见(唐)段成式撰,北京:中华书局,1981年,第216页。
⑦ (宋)曾敏行:《独醒杂志》卷3,《全宋笔记》第3编第1册,郑州:大象出版社,2008年,第138页。
⑧ 光绪《曲阳县志》卷11《金石录上》,第22—25页。

（二）宋代重衡山

随着唐宋政治中心的变迁，华山、嵩山渐失地理优势，宋代五岳大体又回到了泰山独尊的格局。宋仁宗时，南岳衡山因皇帝本命而受重视。仁宗生于孟夏四月，五行属赤，其即位之时丁谓倡言立其生日为"乾元节"，理由有："阶（陛）下清宁毓粹，聪哲凝华。候回炎律，气应熏风。协离德之融辉，仰荣河之启瑞"①，不难发现丁氏试图将南方火德与仁宗生日勾连起来。与此同时，宋人还因仁宗降诞等异象认为仁宗乃南岳"赤脚仙人"转世②。或许出自对本命仙缘的体认，仁宗除在京城兖州诸常见宫观建本命道场外，又特选中荆南府紫府观、潭州南岳真君观③。宋仁宗虽未如唐玄宗一样大肆鼓吹山岳本命，但民间传说早已流行开来。如《括异志》记嘉祐八年仁宗驾崩事，有衡山僧得见南岳神受职于新天子，又有庞籍梦仁宗为南岳真人④。北宋有两则私祷南岳文非常有趣，作者分别为范纯仁、吕陶⑤。二人祷南岳皆在年老遭贬、仕途陷入低谷之时。两文皆详述仕宦经历，多有反躬自省感恩戴德之义，饱含凄苦。范纯仁当时已患眼疾，祷文有：

> 伏念臣幼承父训，长服朝绅，从宦四十五年，历官三十一任……今蒙削除禄秩，投窜遐方，适当垂死之年，无复全生之望。双瞳蒙翳，百口流离，同气阻急难之情，病妻乖将养之便。屯难已极，忧惧未涯，非人事之可图，庶阴灵之或佑。

范纯仁因南岳帝号而自称"臣"，同时范、吕二人对南岳圣帝极富情感，似有超出尊一般神鬼之嫌。此二人皆为仁宗皇祐年间进士，当已知仁宗因本命与南岳发生联系，甚至或已知仁宗之灵为南岳神祇传说，故二人或是借祷南岳圣帝以抒其前朝旧臣之情。

其次，大而言之，宋为火德，南岳因位在南方又与火德匹配，故宋人视南岳关乎朝运。南宋初沈作喆记衡山南岳庙：

---

① （明）陈耀文：《天中记》卷12《诞圣》，景印《文渊阁四库全书》第965册，第523页。
② （宋）王明清：《挥麈录》，上海：上海书店出版社，2001年，第43页；（宋）陈田夫：《南岳总胜集》卷下，《丛书集成续编》第219册，第530页。
③ （宋）欧阳修撰，李之亮笺注：《欧阳修集编年笺注》，成都：巴蜀书社，2007年，第103—104页。
④ （宋）张师正：《括异志》卷1《南岳真人》，北京：中华书局，1996年，第8页。
⑤ （宋）范纯仁：《范忠宣公文集》卷12《祭衡岳文》，景印《文渊阁四库全书》第1104册，第665—666页；（宋）吕陶：《净德集》卷7《谢责降南岳庙表》，《丛书集成新编》第61册，第694页。

旧官庙台门,屹立中天,气象雄杰,其西掖门常以两铁础重各千钧撑门,不得妄启。遇国家出大兵,有所征讨,则遣中使祭告,用武士百人移铁础,视出兵之数,凡兵出几万,则启门若干尺寸,法甚严,不得少差,大约不过尺余。事毕,又遣使告谢,武士举铁础塞门如故。从有庙来如此,皆莫知其所谓也。自庙焚之后,础亦莫知所在,此制亦废矣。①

此文记录了宋代逢战事为配合朝廷出兵而请南岳阴兵习俗②。至高宗南渡,五岳失其四而南岳独存,南岳竟又以此获朝廷重视③,此即:"天地凝结,五岳环峙,奠镇方维,炎运中微。金戎干纪,俶扰华夏,岱、常、嵩、华,或沦夷狄,或污僣窃。独兹衡岳,岿然雄尊,作镇南土,为朝廷重。"④南宋祭岳镇海渎以是否在疆域之内分为"路通去处"与"路未通去处"。绍兴十三年(1143年),南宋首次行圜丘郊祀大礼并祭告山川,礼臣请"依绍兴十年明堂大礼例,赍降香祝前去逐处祭告,所有道路未通去处亦乞依礼例,于行在设位祭告",诏准。而以南岳衡山为首的南方山川则独享遣使致祭⑤。

本章结语

五岳封爵本是较为孤立的事件,但封爵行为事关唐宋对地方祠庙的管理策略,故本章先顺承唐宋岳渎封爵,试图对额爵制度、"祀典"意义等重要问题略陈浅见。

从唐到宋,地方祠庙加额封爵蔚然成风,但这只表明受封祠庙不过与寺观各色基层信仰一样获得了官方认可而已。它们与传统郊庙祀典之神还存在着很大差距,体现这种差距最典型的就是城隍信仰。城隍信仰起自中古,风行于唐宋,虽然宋朝曾大规模为各地城隍加额爵⑥,但直至明初,

---

① (宋)沈作喆:《寓简》卷8,《全宋笔记》第4编第5册,第79页。
② 参见(宋)陈田夫:《南岳总胜集》卷下,《丛书集成续编》第219册,第530页。
③ 五代南方割据政权也特重南岳,如马希萼曾被奉为衡山王,湖南使论及后唐元宗李璟曰:"尔不识东朝官家,南岳真君不如也。"参见(宋)陈彭年:《江南别录》,《全宋笔记》第1编第4册,第204页、第206页。
④ (宋)李纲著,王瑞明点校:《李纲全集》,长沙:岳麓书社,2004年,第1516页。
⑤ 参见(宋)礼部太常寺纂修、(清)徐松辑:《中兴礼书》卷30、31、32、77等卷;谢一峰:《天下与国家:试论南宋初年五岳祀典双轨体制的形成》,《史林》2015年第1期。
⑥ 参见《宋会要辑稿》礼20,第773—774页。

城隍才附祭山川坛,因设立都城隍才进入正式祀典①。在城隍入祀典之前的八百年里,为其辩护者虽明知其不合正祀,但也努力寻经附会。唐开元年间张说祭城隍有:"山泽以通气为灵,城隍以积阴为德,致和产物,助天育人。人之仰恩,是关礼典。"②此是以《易经》阴阳之说为城隍寻求依据,"是关礼典"表明祭祀者希望城隍能进入祀典成为朝廷正礼祭祀对象。唐开成年间吕述还曾把城隍比附《周礼》八蜡之"坊与水庸"③。进入宋代,虽然早期理学家仍认为"城隍不典"④,但祭城隍风气甚盛,城隍已成为新生的土地神,故政和元年开封府毁神祠时将土地像迁城隍庙⑤。至南宋,理学家已渐次承认城隍之正当性。如孙应时认为:"古礼祠后土氏,封境之神也。后世加祠城隍,都邑之神也。今俗又祠土地,室宅之神也。义有可通,则礼不为渎"⑥,黄震认为社稷与城隍只是古今礼仪之别,"礼虽二,神则一也。"⑦至元代,大儒吴澄也认为城隍虽不见礼经国典,但因它能庇护城池故应待之以殊礼,专门祭祀⑧。伴随着儒学思想的接纳,历代朝廷不断提高城隍神之爵位,风行数百年的城隍信仰终于结束长期的额爵"准祀典"待遇而附骥朝廷郊庙祀典。城隍作为民间祠祀进入朝廷祀典是极为特殊的个案,而其经历之漫长过程更能反映传统以郊庙为中心的朝廷祀典的稳定与保守。

回到山川祭祀,宋代虽向山川大肆加额封爵,但这并不意味着宋代的山川地位获得提高。唐代向下扩充祀典大体有两个方向,一是面向名山大川,一是面向先代帝王、忠臣义士等人鬼。宋人承唐祀人鬼传统,但似未承唐祀名山大川之传统,或可以说对名山大川重视不够。对于岳渎镇海来说,它们本是国之重祀,加爵实为踵事增华,而对于其他名山大川,宋代或未似唐代那样由朝廷立山川名目并通过图经推行。以淮南霍山为例,隋代

---

① (清)秦蕙田:《五礼通考》卷45《社稷》,景印《文渊阁四库全书》第135册,第1159页。
② 《文苑英华》卷995,第5229页。
③ (宋)董弅编:《严陵集》卷7《移城隍庙记》,《丛书集成初编》本,第81—82页。
④ (宋)程颢、程颐著,王孝鱼点校:《二程集》卷22下,第295页。
⑤ 《宋会要辑稿》礼20,第771—772页。
⑥ (宋)孙应时:《烛湖集》卷13,景印《文渊阁四库全书》第1166册,第685页。
⑦ (宋)黄震:《黄氏日钞》卷94《祝文》,景印《文渊阁四库全书》第708册,第1006—1007页。
⑧ (元)吴澄:《吴文正集》卷38《江州城隍庙后殿记》,景印《文渊阁四库全书》第1197册,第405—407页。

废其南岳名号,唐代它仍为淮南道"名山"。北宋大中祥符元年(1008年)秘书丞董温为霍山请求"令本州春秋致祭,列在常祀"。礼臣竟拒绝之,仅妥协以非时致祭:"本州如遇水旱祈求及非时敕祭名山大川,即委本州县致祭。"诏可。天圣六年(1028年)官员梅询再次请求"春秋二祭",礼臣再次拒绝,并说:"其若民俗祈报,听之可也。盖有其废之,莫可举之,其梅询所乞春秋二祭,请不行。"诏可①。在臣子请求下,朝廷貌似恢复了霍山名山地位,但此时与名山大川同为正祀的社稷风雨以及日益增多的人鬼祠皆在享受官方岁时致祭,相比之下,霍山的礼遇已相当怠慢。然而与其他名山大川相比,霍山之类已算幸运。如太湖曾为唐代江南道"大川";至宋代,太湖之祀散在民间,有号称"平水大王"者,几同淫祠②。

随着额爵制度流行,大量山川祠庙为民间推动,其神祇也多是借各类人鬼附会。不久,理学家们兴起复古礼之风,其虽重视山川之祀,但绝不能与民俗同流。宋代士大夫反对立人偶而祭山川,即反对将山川神祇人格化;也反对给山川神祇加额爵予其"官格";甚至反对秦汉以来以祠庙形式祭山川的传统。以朱熹、张栻等人为代表③,他们以复兴古礼为宗旨,开始推行一种"新"的山川祭祀形式,它就是后来风行州县的山川坛。

回顾唐宋五岳祭祀,它们虽承隋代制度,但在实践层面又有部分调适。不难发现,玄宗时代是唐代五岳祭祀制度的确立与稳定时期。这一时期,玄宗通过《开元礼》将始自武则天时代的御署不拜之制确立下来,此原则为后世所继承。玄宗本人对五岳有浓厚的兴趣,他多次派遣高级官员奔赴地方祭祀五岳,甚至自认为是华山本命。在漫长的周秦汉唐时代,嵩华二岳因地近洛阳长安二都,颇为君王重视。以华山为例,从战国秦骃祷华山到秦末华山山鬼预言"祖龙死",再到隋唐帝王崇信华山,可知华山因其特殊地理位置,与关中立国王朝及其帝王的命运紧密相连,而唐玄宗自认华山本命、朝臣请封禅华山④似乎让这一关系达到高潮。既然五岳时常被皇权

---

① 《太常因革礼》卷49《祭五岳四镇》,《续修四库全书》第821册,第520—521页。
② (宋)胡宿:《文恭集》卷7《论太湖登在祀典》,《丛书集成新编》第60册,第555页。
③ 《晦庵先生朱文公文集》卷20《乞增修礼书状》,《朱子全书》第21册,第932页;(宋)张栻撰,邓洪波校点:《张栻集》之《南轩先生文集》卷10《尧山漓江二坛记》,卷42《乌龙公神》、《漓江尧山》、《尧山漓江二坛》,长沙:岳麓书社,2010年,第574—575页,第894—896页。
④ 此前安乐公主违制内容之一就有"累石为山,以象华岳",可见华岳颇为关中皇室所重。参见(唐)张鷟:《朝野佥载》卷3,北京:中华书局,1979年,第70—71页。

纳入王朝合法性塑造活动之中,那么皇帝的臣子们就不得不谨慎处理他们与位至"王"、"公"的岳渎神祇的关系。于是唐代士人开始尝试确立避免私祷岳渎的行为准则。至宋代,忌讳私祷山川已逐渐成为士大夫之共识。此外,与唐代重视嵩华二山不同,宋代因火德重视南岳,南渡后五岳惟南岳能享遣使致祭。

第六章　唐宋五岳真君祠研究

在比较唐代以降诸朝祭岳礼时，笔者发现各朝皇帝祝文大都自称"天子"，而北宋真宗时定制，皇帝对岳镇海渎就直接自称"皇帝"①。这一现象或许与宋朝特重道教有关，即宋朝皇帝把诸岳之神视为道教神祇，而他们自己又是道教上神保生天尊大帝（圣祖）之后，皇帝与诸岳帝君既属同类，他们面对诸岳神祇时当然也可称"皇帝"。这就引出唐宋五岳祭祀的另一重大发展，即五岳祭祀的道教道场化，它的标志便是五岳真君祠。

第一节　五岳真君祠建立与发展

一、五岳真君祠的设立背景

前文提及北朝曾允许道士以道教科仪侍祀岳渎。唐开元十九年（731年）天台道士司马承祯上言："今五岳神祠，皆是山林之神，非正真之神也。五岳皆有洞府，各有上清真人降任其职，山川风雨，阴阳气序，是所理焉。冠冕章服，佐从神仙，皆有名数。请别立斋祠之所。"玄宗从其言，敕五岳各置真君祠一所，其形象制度，皆令司马承祯推按道经创意为之②。自此，五岳除行朝廷正礼之神庙外又立道教真君祠。此事多被看作是道教与五岳祭祀发生紧密联系之标志，笔者在此仅指出司马承祯的真君祠提议虽不乏创意，但更有其历史背景。

五岳自古与方士活动有密切联系，道教产生后，五岳元素又被其吸纳，《五岳真形图》便是明证③。与五岳符箓风行相应，五岳相关神祇在道教神仙系统中亦多出现。以陶弘景《真灵位业图》为例，其第二位阶左位有左圣南极南岳真人、左仙公太虚真人赤松子、司命东岳上真卿太元真人茅君，右

---

① 《太常因革礼》卷11《祝词》，《续修四库全书》第821册，第393页。
② 《旧唐书》卷192《司马承祯传》，第5128页。
③ 相关研究参见雷闻：《郊庙之外》，第191页。

位有右辅侍帝晨领五岳司命右弼桐柏真人金庭宫王君,女真位有紫虚元君领上真司命南岳魏夫人、八灵道母西岳蒋夫人、北岳上真山夫人、华山夫人。第三位阶右位有西岳卿副司命季翼仲甫。第四位阶左位有中岳真人高丘子、华山仙伯秦叔隐,右位有五岳司西门叔度、中岳仙卿衍门子、中岳真人孟子卓、西岳真人冯延寿、南岳真人傅先生、中岳真人王仲甫,使者有衡山使者。该位阶又有太清五帝自然之神"东方灵威仰,南方赤熛弩,西方曜魄宝,北方隐侯局,中央含枢纽",紧接其后有"五岳君(五百年而一替)、河侯、河伯(此三条,是得道之人所补),西岳丈人、三天玉童、洛水神女(此三条,亦是学道人所补)"①。第六位阶左位有:岱宗神侯领罗丰右禁司鲍元节、地仙散位有中岳仙人宋来子、中岳李先生;第七位阶人鬼有泰山君荀顗。

  上述五岳相关神祇分散在各阶。其中第二位阶诸神多见上清经典②,体现了陶弘景道派特点③。第四位阶集中罗列了诸多五岳仙真。研究者指出该位阶以"太上老君"为主神,"主要是彰显主神在现实世界中的教化作用",其左右罗列诸多道士、方士则表明"人们不仅可以让修道成仙的理想变为现实,而且可以上升天界,入于真灵之班"④。五岳诸仙集于此列,可见五岳诸山被视为凡人修仙的重要场所。北周《无上秘要》"众圣冠服品"引《洞真五帝内真经》,在五帝冠服下附以"五岳君冠服"⑤;"天帝众真仪驾品"引《洞真金玄羽章玉清隐书》有诸方诸帝消魔大王"游宴五岳",还附以《洞真九赤斑符五帝内真经》"五岳帝君仪驾"⑥。此是上清经系以五岳(帝)君配儒家经学中的五方(精)帝。据此反观《真灵位业图》第四位阶,后代道士在太清五帝下补入"五岳君",这便是将五岳与五精帝(五行)联系起来,此或见上清经系仙真系统之发展。以上即司马承祯所称五岳"上清真人"之源⑦。

---

  ① (梁)陶弘景纂,(唐)闾丘方远校订,王家葵校理:《真灵位业图校理》,北京:中华书局,2013年,第195—199页。
  ② 参见〔日〕吉川忠夫麦谷邦夫编,朱越利译:《真诰校注》,北京:中国社会科学出版社,2006年,第7—8页。
  ③ 参见卿希泰主编:《中国道教思想史》,北京:人民出版社,2009年,第472—473页。
  ④ 卿希泰主编:《中国道教思想史》,第475页。
  ⑤ 《无上秘要》卷18,《道藏》第25册,第43页。
  ⑥ 《无上秘要》卷19,《道藏》第25册,第47页。
  ⑦ 参见雷闻:《郊庙之外》,第190页。

司马承祯主张五岳立真君祠必有道士主之，而道士活跃于五岳乃中古道教常识。再以《无上秘要》为例，其"山洞品"引《道迹经》，首列"五岳及名山皆有洞室"①，称"五岳及名山"应是受朝廷正祀山川秩次影响。其"上清神符品"引《洞真九赤班符经》、《洞真凤台曲素经》，多有"某岳先生"行符箓事②。灵宝系经文多重五岳自不待言，如《元始灵宝告五岳灵山除罪求仙上经》即有"上清五岳真人"③。三皇文亦多与五岳相关。如《抱朴子》有"道书之重者，莫过于《三皇内文》、《五岳真形图》也。古者仙官至人，尊秘此道，非有仙名者，不可授也。受之四十年一传，传之歃血而盟，委质为约。诸名山五岳，皆有此书"④。相传帛和得《三皇文》同时得《五岳图》⑤。其次，《无上秘要》中"某岳先生"又多为授受符箓主体，多次出现在"授度斋辞宿启仪品"、"授道德五千文仪品"、"授洞神三皇仪品"、"授洞玄真文仪品"、"授洞真上清仪品"中。如"授洞神三皇仪品"引《太极隐注经》有："太岁某乙某月某朔某日，某乙某郡县乡里清信弟子某甲年若干岁，今诣师某岳先生姓名甲，受三皇内文天文大字并及众符。"⑥此是某岳先生传三皇文。"授洞玄真文仪品"引《明真经》："太上灵宝无上三洞真人某岳先生姓名等稽首再拜，上言：昔以某年某月某朔某日甲乙承先师三洞真人某岳先生某甲，奉受灵宝洞玄经符图玉字，修行佩身。今有上学道士某甲年若干，某甲等信向精勤，赍信自誓，求受洞玄灵宝经文符图玉字五卷……"⑦此是某岳先生自"先师"某岳先生受灵宝经文后，再传于弟子。隋唐之际，释法琳考察道教，提到"余尝历观道经，备详其要，见《玄中经》云，道士受戒及符箓，皆置五岳位，设酒脯再拜"⑧。五岳藏道家符箓，关涉道徒日常修习升级，故五岳仙真对于道教更有现实意义，"某岳先生"或有沟通五岳仙真（符箓）之色彩。后世道教徒解释"某岳先生"称谓的来历："《太上丹简墨箓经》云，若受法位，至真一及太一素券之号，可署先生之位。其生年属东方宿者，当

---

① 《无上秘要》卷4，《道藏》第25册，第11页。
② 《无上秘要》卷27，《道藏》第25册，第82页、第83页。
③ 《无上秘要》卷41，《道藏》第25册，第139页。
④ 王明：《抱朴子内篇校释》卷19《遐览》，第336页。
⑤ （晋）葛洪撰，胡守为校释：《神仙传校释》卷7《帛和》，北京：中华书局，2010年，第251页。
⑥ 《无上秘要》卷38，《道藏》第25册，第126—127页。
⑦ 《无上秘要》卷39，《道藏》第25册，第128页。
⑧ （唐）释法琳：《辩正论》卷2，《大正新修大藏经》第52卷，第479页。

署东岳先生之号;生年属南方宿者,当署南岳先生之号;生年属西方宿者,当署西岳先生之号;生年属北方宿者,当署北岳先生之号;生年属辰戌丑未并中央七宿,当署中岳先生之号。此五岳先生皆始入地箓,有应署之德,非有精灵感应,不可空署之。"①依此经,地之五方应天之五方,五岳即地之五方的坐标,故得地箓者称某岳先生,此是道教杂糅五行与五岳的又一表现。此外,《太上丹简墨箓经》明载"某岳先生"为道士位阶,所谓"某岳先生"并非直接与某岳有关。综上,中古三洞经文皆重五岳,"某岳先生"已为道教修行之重要位阶。

五岳在开元设真君祠之前早已有道教宫观,此在情理之中。如《水经注》记华山有"下庙"、"中祠"、"上宫神庙"之属②。泰山亦有下中上三庙③,其间必多羽冠之流。嵩山东魏嵩阳寺至唐初也改名嵩阳观④。

中古佛道二教争论,佛教批评道教多涉及五岳,也正是因为五岳区域内道教元素日益增多。《法本内传》杜撰汉明帝迎佛法时,五岳道士为道教领袖与佛教斗法,号称"五岳十八山观太上三洞弟子"⑤。佛教徒形容儒道二教时也说"又有鲁邦孔氏,导礼乐于九州;楚国李聃,开虚玄于五岳"⑥。隋文帝崇佛,即位之初便下令于五岳立僧寺,此举可能会加剧佛道二教争五岳名山之情状。至唐前期,五岳元素已充分融入道教。首先,当时道教诸岳先生活动频繁。如《岱岳观碑》题名有显庆六年"敕赐东岳先生郭行真"行道,天授二年"金台观主中岳先生马元贞"投龙,长安四年"中岳先生周玄度"投龙⑦。五岳之外,诸岳先生活动可见于景龙二年(708年)《龙兴观道德经碑》,碑文有"三洞弟子南岳先生"、"三洞弟子东岳先生观主格超然"、"三洞弟子□岳先生李仙芝"等⑧。《唐江州冲阳观碑》记开元初年"北岳先生洞玄苏慕道"建观事⑨。其次,唐代亦多见道士游访五岳名山修习经箓事迹。如大弘道观法师常存,"属则天升中,度为道士,住弘道观,乃诣

---

① 《道典论》卷2,《道藏》第24册,第842—843页。
② (北魏)郦道元著,陈桥驿校证:《水经注校证》卷4《河水》,第108页。
③ (北魏)郦道元著,陈桥驿校证:《水经注校证》卷24《汶水》,第580页。
④ (明)傅梅:《嵩书》卷3《卜营篇》,《嵩岳文献丛刊》第1册,第44页。
⑤ (唐)释道宣:《广弘明集》卷1,《大正新修大藏经》第52卷,第98—99页。
⑥ (唐)释道世撰,周叔迦、苏晋仁校注:《法苑珠林校注》卷55,第1648页。
⑦ 陈垣编纂,陈智超、曾庆瑛校补:《道家金石略》,北京:文物出版社,1988年,第56、79、94页。
⑧ (清)陆耀遹:《金石续编》,《石刻史料新编》第1辑第4册,第3123—3124页。
⑨ 《文苑英华》卷849,第4486—4488页。

南岳桓尊师受洞经秘要,三箓五法。又诣西岳王尊师,迁阳平治。至开元四年,擢授本观监斋。"①与常存仅求道于两岳相比,王屋山道士刘若水则遍求五岳尊师,以下为其行状:

> 神龙中有敕。士人诵经入道。配瑢台观。既慕神仙之术。旋作率真之游。遂诣中岳韩尊师。受洞神经法。便居劳盛山五载。保其道也。至开元初。又诣东岳任尊师。受洞玄中盟八景之要。便居泰山日观台十载。已外物矣。时遇茅山任尊师游山。见而异之曰。此道宝也。遂授以灵飞六甲豁落七元八箓秘文大洞真要。仍传养生隐诀……又诣恒山。居大光焰峰三载。至如九丹秘要。三洞经法。皆成诵在心。如示诸掌。至开元廿四载。道门威仪使奉玉真公主教。请诣中岳兴唐观校定经箓……至天宝三载有诏。尊师德行纯和。尤精科戒。请住西岳云台观上方太清宫……②

上文可见刘若水先后于四岳求得经文符箓③,后移住西岳,其行迹遍历五岳;其在泰山遇上清道士,更可见道教尊信五岳不限于地域、派别。

各地道士游历五岳,五岳道士也多外出游访其他名山道场。如天宝二年玉真公主谒谯郡真源宫返回至嵩山,"北岳洞灵宫胡先生贲然来会",授箓于公主,公主道阶自此提升为"玉真万华真人"。可以想见公主于嵩山受北岳道士传箓应是按日程约定。之后,官僚道俗为公主在王屋山立碑记事,参与者有"中岳三洞炼师冯齐□、王玉京。同法坛西岳道士敬延寿",此是五岳道士又有追随玉真公主至王屋山者④。

至此可知,中古时期五岳已深入道教经箓、道法位阶及日常修习等诸多层面。需要补充的是,《通典》等记司马承祯提出五岳山林之神"非正真之神"而应立真君祠后,"上奇其说。"⑤此易让人认为司马承祯提议为标新立异之举,甚至依后来道派之别将立真君祠归为上清派之功⑥。其实与之同时,着力清整道教仪范的天师道士张万福也提出:"星辰岳渎,皆是真仙

---

① 陈尚君辑校:《全唐文补编》,北京:中华书局,2005年,第1867页。
② 陈尚君辑校:《全唐文补编》,第448页。
③ 参见丁煌:《汉唐道教论集》,北京:中华书局,2009年,第180页。
④ 详见陈尚君辑校:《全唐文补编》,第458—460页。
⑤ 参见《通典》卷46《礼六》,第1283页;《唐会要》卷50《杂记》,第1029页。
⑥ 参见雷闻:《郊庙之外》,第193—200页。

主之。不究根寻源,直信邪说,若斯之类,吁可痛哉。"①此见岳渎有"真仙主之"乃各派道教常识,据之厘正岳渎典礼为道教各派共同诉求,此构成立五岳真君祠的思想背景。

如果说以上对道教的分析可算是在内在理路上理解立五岳真君祠之事,那么唐初诸皇帝与道教的密切关系则提供了认可司马承祯主张的外部政治环境②。如在高宗武则天时代,皇家频频于岱岳观设醮③,岱岳观几乎已取代官方岳庙,俨然成为朝廷祈福之地。《岱岳观碑》有《陪敕使麻先生祭岳诗》,麻先生即神都青玄观主麻慈力,他的名字亦见同碑久视二年(701年)碑记。据该碑记,道士斋醮礼岳也可称作"祭岳"④,这表明时人不太在意正礼祭岳与道教礼岳之别。先天二年(713年)玄宗封华岳为金天王时所遣祭官是鸿胪卿员外置越国公道士叶法善⑤,此是延续北朝以方外道士祭五岳之传统。

可以说,开元十九年立五岳真君观是官方对中古以来道教与五岳紧密联系的再次肯定。一年后玄宗下令:"五岳先制真君祠庙,朕为苍生祈福,宜令祭岳使选精诚道士以时设醮。"⑥此诏命令正礼祭岳时还应有道士设醮,确立了五岳真君祠的官方道场地位,开启了五岳祭祀史上朝廷正礼与道教科仪并行的新规范。

二、五岳真君祠简况

雷闻已对五岳真君祠修建时间及相关碑刻做了详细考察,并指出南岳、北岳二真君祠地点⑦,现再聊作补充。

诸真君祠建立情况较为明确的是南岳。南岳是道教发源地之一,故早有道家宫观,其代表是始自晋朝的衡岳观。唐《南岳小录》载:

---

① (唐)张万福:《醮三洞真文五法正一盟威箓立成仪》,《道藏》第28册,第492页;参见葛兆光:《屈服史及其他:六朝隋唐道教的思想史研究》,北京:生活·读书·新知三联书店,2003年,第96—117页。
② 参见王永平:《道教与唐代社会》,北京:首都师范大学出版社,2002年,第17—56页;李斌成:《试论唐代的道教》,《山东师范大学学报》1978年第6期;雷闻:《郊庙之外》,第205页。
③ 据(清)王昶《金石萃编》卷53《岱岳观碑》,仅此碑就记录9则高宗武后时代设醮文。
④ (清)王昶《金石萃编》卷53《岱岳观碑》,《石刻史料新编》第1辑第2册,第889、894页。
⑤ (宋)宋敏求:《唐大诏令集》卷74,第418页。
⑥ 《册府元龟》卷53《帝王部·尚黄老第一》,第558页。
⑦ 参见雷闻:《郊庙之外》,第166页。

晋太康八年，徐真人灵期、邓真人郁之建置，梁天监二年周真人静真再加弘葺……至隋大业八年诏请蔡天师法涛、李天师法超住观焚修，兴行教法……唐贞观二年太宗重书额，请张天师惠朗度道士四十九人为国焚修。高宗弘道元年，请叶天师法善封岳，辟方四十里充宫观长生之地……观内有田先生得道降真堂、刘天师真堂，后有尹真人上升坛。①

又据该书："真君庙，在岳观之东五十余步。本与司天王同庙各殿。开元中司马天师上言：五岳洞天各有上真所治，不可以血食之神同其享祀。既协圣旨，爰创清庙。是岳也，启夏之际，洁斋致醮，兼度道士五人，长备焚修洒扫，即开元十五年五月十五日明制也。"②此处"岳观"即衡岳观③。由此可知，司马承祯主张的上清仙真（即南岳真君）本在南岳司天王庙中同庙别殿，地方执行上命立真君祠不过是将真君像请出另立新庙而已。至此，唐代衡山除正礼举行之地司天王庙外，有两个道教宫观最为重要，一即古老的衡岳观，一即新立的真君祠。虽然真君祠是玄宗法定道教宫观，但直到宋代，衡岳观依然是朝廷祈福之所："太宗真宗仁宗三圣御书泊金宝牌，每辰焚御香祝圣寿，亦国家祈福之所，真宗朝敕差冲靖大师单惟岳来住持，提举岳门宫观兼管烟火。"④唐末衡岳观改名为九真观，后仍为南岳名观⑤；而真君祠至明代仍存⑥。当代《南岳志》据清李元度《南岳志》指出："降真观，又名降圣观，在岳庙东十二华里，旧为白云庵，唐代道士司马承祯建。丞相张九龄曾来此访司马道士。现已废。"⑦此降真观或与真君庙有一定联系。

北岳真君祠地址明确。《元和郡县志》记："恒岳观，在县南百余步。真

---

① （唐）李冲昭：《南岳小录》，《道藏》第6册，第862—863页。
② （唐）李冲昭：《南岳小录》，《道藏》第6册，第862页。
③ （宋）陈田夫：《南岳总胜集》，《丛书集成续编》第219册，第491页）记"真君观，在铨德观东五十步"，又据该书"紫霄峰，下有铨德观"（第474页）、"衡岳观，在紫盖峰南下，紫霄峰前"（第491页），是知铨德观与衡岳观毗邻。
④ （宋）陈田夫：《南岳总胜集》，第492页。
⑤ 详见湖南省地方志编纂委员会编：《南岳志》，长沙：湖南人民出版社，1996年，第189—190页。
⑥ 详见弘治《衡山县志》卷3《寺观》，《中国地方志集成》湖南府县志辑第38册，江苏古籍出版社、上海书店、巴蜀书社，第72页；（明）龚黄：《六岳登临志》卷2，《续修四库全书》史部第721册，第634页。
⑦ 湖南省地方志编纂委员会编：《南岳志》，第191页。参照该志《衡山地势图》，祝融峰下岳庙距紫盖峰区域约在十里之外；又据《南岳总胜集》紫霄峰下有白云堂，则知清代山志所说有据。

君庙,在县东北十里嘉禾山下。"①是知如南岳一样,与北岳真君祠(庙)并立北岳也有恒岳观,恒岳观或如衡岳观一样可能早于真君祠。光绪《曲阳县志》搜集了三通有关北岳真君庙的唐碑,其中《北岳真君碑》于开元二十年正月立,内容无考,当为立观之记。第二碑是乾符四年(877年)《北岳真君叙圣兼再修庙记》,道士崔航撰,甄宣教行书,县志作者周斯亿亲见此碑"在县城东十里北岳真君庙"。碑文内容有:

> 真君姓徐名来,初建庙于大茂山之幽谷西北五十里,天宝十一载复于嘉禾山前椒造,院四所,旅仕一营,以御奸寇。至乾符一百二十三祀,所存廊庑四之惟一,尚有基址四十亩,榱台一百余间,道士刘知微黾勉二十寒暑。咸通十五年,方镇主公刑部尚书崔季康支本庙钱一百三十贯,乾符二年复发给人匠、物料,计役功二千五百,至三年五月十八日斤斧事毕。②

第三碑为《王处直重修真君庙碑》(据县志,当在光化三年后、天祐元年前),此次官方派出节度押衙与知庙道士刘和光合作修庙,碑中盛称王氏德政,行文近两千字,"铺张逾分而藻采丰腴。"③结合二碑,可知北岳真君庙经历:曲阳地方奉开元诏令最初建真君庙于恒山山谷,或因祈祷不便移至县城东北嘉禾山(今称嘉山)下。该观长期由道士经营,经中唐丧乱出现破败,后得方镇重视获得官方资助,故终唐一代能勉强维持。

华山真君祠地点也有迹可循。全真道士王处一《西岳华山志》记:"西岳真君庙,宋崇宁年改为崇宁万寿观,绍兴年改为报恩广孝观,阜昌年改为迎祥观。昔司马温公奏天下建置五岳真君,给赐金牌永镇洞天福地。"④乾隆《华阴县志》"迎祥观"条引前山志:"西岳真君庙,宋崇宁年改为崇宁万寿观……"又引前县志:"黄神峪,宋时建真君观,朝使祈报多在此崖间,有熙宁间游人题名,元符中邵伯温同游字,址废碑存。"⑤又,道光《华岳志》"黄

---

① 《元和郡县图志》卷18《河北道三》,第514页。
② 光绪《曲阳县志》卷11《金石录上》,第109页。
③ 光绪《曲阳县志》卷11《金石录上》,第116—122页。
④ (金)王处一:《西岳华山志》,《四库全书存目丛书》子部第259册,济南:齐鲁书社,1997年,第73页。
⑤ 乾隆《华阴县志》卷5《观》,《中国地方志集成》陕西府县志辑第24册,第133页。志中言宋建真君观,当是作者亲见唐《真君祠碑》并据碑阴"大中祥符"年号误断为宋代。参见张江涛编著:《华山碑石》,西安:三秦出版社,1995年,第258—259页。

神谷"引前山志:"西岳神君庙,在黄神谷口,唐天宝九年天台道士奏请天下建置五岳真君庙,给赐金牌,永镇洞天福地。"并按"天台道士司马承正也,处一以为文公,误矣"①。综合以上诸志,可知唐代所建西岳真君庙在华山黄神谷,多有改名,终为"迎祥观"。当然,与真君庙并行,华山亦早有道教宫观,如明人所谓汉武遗制"华岳观"②。

与以上三观地点相比,泰嵩二山真君祠庙较难考实,但并非无迹可寻。首先谈泰山真君祠,周郢指出其祠当在岳麓,"惟元后废圮,遗址今不能确指。"③泰山南麓多道教宫观,其三庙之中庙唐代便改为岱岳观④,此观影响最大,至明代尚存⑤。由《岱岳观碑》诸题名来看,真君祠道士亦积极参与观中活动。如"王圆题名"记"淄州刺史王圆、山人王昌宇大历十四年二月廿七日同登太岳,时真君道士卜皓然,万岁道士郭紫微,各携茶药相候于回马岭,同憩于王母池,登临之兴,无所不至"⑥。该碑又有四道士题名:"上清玄都大洞三景□□□微,真君庙院主检校道门道士卜皓,岱岳观三洞法师尹□□,万岁观主道士。"⑦由此两则题名,可推知卜皓(然)当即东岳真君庙道士。再由《岱岳观碑》记立真君祠事,即"开元十九年十一月,都大弘观道主张游雾、京龙观大德杨琬建立真君于此,修斋三日三夜"⑧。立真君祠事刻于岱岳观,而岱岳观规模宏大⑨,或可推测真君庙即立于岱岳观范围内。此推测可从后代记录得到相关佐证。其一,宋代官方可能混称"真君观"与"岱岳观"。如兖州景灵宫朝修使王旦并称"东岳庙、真君观"⑩,而宋设泰山祠禄官仅见"管勾岱岳观"⑪。其二,岱岳观曾以汉代松

---

① 道光《华岳志》卷1《旁列之谷》,《中华山水志丛刊》山志第7册,北京:线装书局,2004年,第40页。
② 参见(明)张维新:《华岳全集》卷2,《续修四库全书》第722册,第246页。参见李之勤:《〈华山之神封金天王懿号册〉当系北宋以后之人所伪托——兼驳西岳庙原建于黄神谷口后移于官道北说》,《文博》1997年第4期。
③ (明)汪子卿撰,周郢校证:《泰山志校证》,合肥:黄山书社,2006年,第119页。
④ (明)汪子卿撰,周郢校证:《泰山志校证》,第380页。
⑤ 明《泰安州志》之《泰安州境图》,《中国方志丛书》华北地方第10号,台北:成文出版社,1970年;(明)于慎行:《穀城山馆文集》卷16《登泰山记》,《四库全书存目丛书》集部第147册,第509页。
⑥ (明)顾炎武:《顾氏求古录》,《石刻史料新编》第3辑第2册,第327页。
⑦ (清)王昶:《金石萃编》卷53《岱岳观碑》,《石刻史料新编》第1辑第2册,第895页。
⑧ (清)王昶:《金石萃编》卷53《岱岳观碑》,《石刻史料新编》第1辑第2册,第892页。
⑨ 参见(明)汪子卿撰,周郢校证:《泰山志校证》,第380—381页。
⑩ 《宋会要辑稿》礼5之11,第470页。
⑪ (宋)程俱:《北山小集》卷19《碑记》,《四部丛刊》本,第13页B。

柏知名,其"内有石刻'汉柏'二字"①。元好问于1236年游泰山提到"岱岳观有汉柏,柯叶甚茂"②。其后,郝经于1255年游泰山作《下泰山题真君观壁》,其文有:"绝顶秦碑裂,阴崖汉柏香。"③元好问游记提及泰山道观有岱岳观等而无真君观,则可知郝经所称"真君观"即岱岳观。又,《苏沈良方》记"祥符东封,有扈驾军士昼卧东岳真君观古松下"④。岱岳庙在登山路口左,近山南城北大路。元人咏《岱岳观柏》有"影摇御路昭群望,翠锁天门闭九重"⑤,此又可推知《苏沈良方》之"东岳真君观"当为岱岳观⑥。总之,笔者更倾向推定东岳真君庙在岱岳观内,或许正因为岱岳观影响较大,观中早供有东岳真君,玄宗立真君祠不过就地依之。

嵩山真君祠情况与泰山相似。据《嵩书》:"仙官庙,在中岳顶,昔唐明皇封太山回,问司马承祯曰:五岳,何神主之?对曰:岳者,山之巨镇,而能出云降雨,为国之望。然灵仙所隐,亦有仙官主之。于是诏于五岳山顶各立仙官庙。今亡。"⑦此似为嵩山立中岳真君祠事,然他志皆无此庙,文中司马氏之言与《太平广记》诸书之"司马承祯传"⑧一致。故《嵩书》记"仙官庙"事当是作志者据道教之类文献杜撰。其实,嵩山真君祠实另有所在。据嵩岳诸志书,除中岳庙外,崇福宫与嵩阳观为中岳历史最悠久影响最大的宫观⑨。崇福宫至宋设提举管勾官,而嵩阳观则是唐代嵩山道教活动中

---

① (明)汪子卿撰,周郢校证:《泰山志校证》,第240页。
② (金)元好问:《元好问全集》卷34《东游略记》,太原:山西人民出版社,1990年,第778页;北京图书馆出版社影印室编:《辽金元名人年谱》上册,北京:北京图书馆出版社,2005年,第555—556页。
③ (元)郝经撰,秦雪清点校:《陵川集》卷14《律诗》,太原:山西古籍出版社,2006年,第207页;《辽金元名人年谱》下册,第105页。
④ (宋)苏轼等:《苏沈良方》卷1《记松丹砂》,《丛书集成新编》第46册,第383页。
⑤ (元)胡祗遹:《紫山大全集》卷6《岱岳观柏》,景印《文渊阁四库全书》第1196册,第85—86页。
⑥ 即使不能断定唐立真君庙于岱岳观区域,亦可断定其必在泰山入口"岱宗坊"左至西王母池这一山麓观庙聚集地带。参见《岱史》卷1《泰山新图》(《续修四库全书》第722册,第431页)、明《泰安州志》之《泰安州境图》、今《泰安市市区图》等。
⑦ (明)傅梅:《嵩书》卷3《卜营篇》,《嵩岳文献丛刊》第1册,第44页。
⑧ 详见《太平广记》卷21《司马承祯》,第144页;(宋)张君房编,李永晟点校:《云笈七籤》卷113下《续仙传》,北京:中华书局,2003年,第2507页;(元)赵道一:《历世真仙体道通鉴》卷25《司马承祯》,《道藏》第5册,第247页。
⑨ 参见明《嵩岳志》,《嵩岳文献丛刊》第1册,第20—21页;(明)傅梅:《嵩书》卷3《卜营篇》,《嵩岳文献丛刊》第1册,第44—45页,两宫观名称多变化,此处从简。

心。隋炀帝时曾因炼丹为嵩山道士造嵩阳观①，唐高宗封禅时权把嵩阳观饰为"奉天宫"，于此接待嵩山道士潘师正②。不久，嵩阳观复名，之后于此观修道者有韦善俊③、崔泌④、吴筠⑤等，其间天宝初年玄宗亦派道士孙大冲于此观炼丹⑥。李林甫记炼丹事提到"于是考灵迹，求福庭，以为嵩阳观者，神岳之宅真，仙都之标胜"⑦。此透露出嵩阳观乃唐代道教在嵩山之正观，号称是上清真仙所居。开元所立真君祠或就嵩阳观改造，因而"真君祠"之名未能流传。此推论于后代亦有佐证。宋人李廌游嵩阳观作《真君观》一诗，其首句言："嵩山胜地神仙宅，真君独作嵩山伯"，此处当是用潘师正代陶弘景为嵩山伯之典⑧。后句有："忆昔元丰己未游，仙泉犹作雨深湫。十年新事还堪笑，庙貌今祠灵惠侯。"⑨所谓仙泉即嵩阳观侧之龙湫。由此可知，宋人是以嵩阳观为真君观。

至此，开元五岳真君祠实际建设情况已更为明晰。可以看出，名气略逊且当时道教不发达之南岳、北岳、西岳皆独立真君祠，泰嵩二岳则因道教传统浓厚，所立真君祠或仅附建在已有道教宫观而已。

三、宋代真君祠的发展

宋代皇家崇道更具连续性与制度性，这些也体现在与五岳相关的道教活动中。宋承唐制，与正礼祭祀五岳并行，五岳真君祠仍为官方道场。如按宋制，水旱祈祷即差朝臣或内侍持祝版就祈五岳四渎庙，同时又要遣内

---

① 《资治通鉴》卷181《隋纪五》，第5658页。
② 参见(清)王昶：《金石萃编》卷62《潘尊师碣》(《石刻史料新编》第1辑第2册，第1061—1064页)，(明)傅梅：《嵩书》据《唐会要》以"永淳元年(682年)七月造奉天宫于嵩山之南"疑《潘尊师碣》调露二年(680年)"以嵩阳观为奉天宫"，不察《唐会要》又记"文明元年(684年)二月改为嵩阳观"，则嵩阳观称"奉天宫"时间不及两年，《唐会要》与碑刻所记奉天宫事或因有先后并不致矛盾。后世道教看重高宗于嵩阳观礼潘师正事，故言嵩山多及嵩阳观。
③ 《历世真仙体道通鉴》卷36《韦善俊》，《道藏》第5册，第305页。
④ 《册府元龟》卷98《帝王部·征聘》，第1074页。
⑤ 《新唐书·吴筠传》(卷196，第5604页)记"天宝初，召至京师，请隶道士籍，乃入嵩山依潘师正"，《旧唐书·吴筠传》(卷192，第5129页)记"筠知天下将乱，坚求还嵩山，累表不许，乃诏于岳观别立道院"，此岳观当即吴筠师事潘师正之嵩阳观。
⑥ (明)傅梅：《嵩书》卷20《章成篇二》，《嵩岳文献丛刊》第1册，第473—474页。
⑦ (明)傅梅：《嵩书》卷20《章成篇二》，《嵩岳文献丛刊》第1册，第474页。
⑧ 参见《太平广记》卷49《潘尊师》，第303页。
⑨ (宋)李廌：《济南集》，景印《文渊阁四库全书》第1115册，第738页。

第六章　唐宋五岳真君祠研究

臣于五岳真君观建道场①。史载，太祖太宗时期，至少有五次遣"中使"、"中黄门"至岳渎祈雨②，这些活动或皆有在岳庙行道教斋醮事。之后，真宗曾亲制五岳醮告文，刊石于岳庙③。与此相应，宋初还命高级品官在五岳宫观主持斋醮。如大中祥符七年（1014年）十月辛未"命知制诰盛度为兖州会真宫醮告使，入内押班周怀政为都监。上以真灵不测，虑祠祭有所不及，乃作文令度等特诣宫南择地建坛场醮告，知兖州王臻读之，科法甚盛"④。此次在泰山会真宫由醮告使及地方长官参与醮告，极似在五岳正庙遣使祭告。又，仁宗天圣五年（1027年）三月，"罢兖州知州天贶节朝拜乾元观。观在奉符县，距州三百里，岁皆知州自行，而有道路供办之劳，上因命奉符知县代之。"⑤此可知兖州长吏不惟负责祭祀东岳正庙，也曾按朝廷要求按时朝拜东岳道观。道士在岳庙正祀之地行斋醮，品官于五岳道教宫观主持斋醮，这些表明宋代道教与五岳祭祀进一步融合，已打破了祭者身份与祭祀地点限制，五岳的道教道场色彩日渐浓厚⑥。在此氛围下，唐代所立真君观制度自然不会停滞。

由于五岳真君祠在具体落实上存在差异，泰嵩因传统道观影响较大，衡山又因少得崇祀，故三岳真君祠相关文献较少。还应指出，北宋除诸岳庙宫观使及诸监岳庙外，还可据五岳其他道教专祠设官，如东岳会真宫、岱岳观、中岳崇福宫、西岳云台观等⑦。道教在五岳的自由发展可能会冲淡五岳真君祠的地位。现主要依据西岳、北岳相关材料对真君祠展开分析。

首先，以西岳为例。据《金石萃编》华岳庙唐宋题名，宋代明确于西岳庙做斋醮者至少有十则⑧。较早所设醮事是大中祥符三年三月、四月为韩

---

① 《宋会要辑稿》礼18，第733页。
② 《宋会要辑稿》礼18（第734页）记建隆四年、淳化元年、至道元年三次；《宋史》卷4《太祖本纪一》（第67页）记太平兴国七年一次、卷5《太宗本纪二》（第99页）记至道二年一次。
③ 《玉海》卷102《郊祀》，第1879页。
④ 《续资治通鉴长编》卷83《真宗·大中祥符七年》，第1899—1900页。
⑤ 《续资治通鉴长编》卷105《仁宗·天圣五年》，第2437页。
⑥ 如元丰元年（1078年）山东大旱，诏令有"虽已差内臣，见在东岳道场，可遣礼官诣彼祈祷。"（《宋会要辑稿》礼18，第740页）这透露出祈雨时朝廷已不按规则先遣官以正礼祭岳渎，此种设醮优于正礼作法确实表明皇帝已将诸岳笼统视为道教道场。
⑦ 参见梁天锡：《宋代祠禄制度考实》，台北：学生书局，1978年。
⑧ 参见（清）王昶：《金石萃编》卷128《宋·华岳题名八十六段》，《石刻史料新编》第1辑第4册，第2376—2393页；（清）陆增祥：《八琼室金石补正》卷87《华岳庙题刻五十六段》，《石刻史料新编》第1辑第7册，第5417—5424页。

国公主祷谢消灾,其文有:"入内内侍省内侍高班张怀则奉宣,为韩国长公主消灾祈福于西岳庙,请道士二七人修建灵宝道场三昼夜,散日设五岳谢恩大醮一座,□刊于石□记,云台观悟真大师贾得升题。"一个月后公主疾愈,又遣张怀则至岳庙设道场致谢①。值得注意的是,两次道场皆由云台观道士贾得升主持,这可能暗示西岳真君观地位不及云台观。之后八则是《李怀□设醮题名》(大中祥符三年,告祀汾阴)、《张怀彬等题名》(大中祥符九年正月,投龙)、《王怀珪设醮记》(大中祥符九年六月)、《李知常设醮题记》(大中祥符□年六月)、《段微明设醮记》(乾兴元年二月)、《张恭礼设醮题记》(嘉祐四年三月)、《内侍省□□设醮题记》(治平二年正月)、《王子文设醮题记》(元丰八年正月,神宗祷病)。以上八则皆由内臣奉旨请当地道士设醮,其中真宗时《王怀珪设醮记》、《李知常设醮题记》、《段微明设醮记》三则皆记在岳庙、真君观二地各设道场,这彰显出唐立真君观以与岳庙并行祈祷的初衷。岳庙之外,《唐华岳真君碑》②附有四则宋代西岳真君庙设醮事。其中碑阴《华山醮告碑》详细记录了大中祥符三年(1010年)内侍奉御制青词祷雨事,为首道士仍为云台观主贾得升。碑侧题记三则,其一为大中祥符六年九月因奉祀太清宫先于真君观行醮告事。另外两则,大中祥符七年三月题记有:"入内内侍省内侍高班黎贞吉奉□宣奉祀,礼毕于西岳庙及真君观两处开启道场";元祐八年正月题记:"南郊大礼毕,上遣入内供奉官冯熙赍御封香词,于西岳祠及真君观开启道场各五日。"③此两则皆记岳庙、真君观各作道场,其中元祐八年因南郊大礼告祀西岳兼及真君观,更可见宋代对真君观礼遇之制度化。至此,华山岳庙、真君观碑刻所记录二地并行道场事,表明宋代在唐代岳庙、真君祠双轨建置基础上,推广了以道教之礼祭祀五岳的方式,以至岳庙与真君观难分彼此。

北岳方面保留了较多真君祠史料。清末周斯亿修《曲阳县志》,实地访碑并参考诸金石文献汇编为《金石录》三卷,所收唐宋北岳碑目最全。以下主要据该志《金石录》分析北岳真君观(即真君祠)的发展情况。真宗时期有三则题名提及岳庙与真君观并行道场事。一为大中祥符二年《内侍高班

---

① (清)王昶:《金石萃编》卷128《宋·华岳题名八十六段》,第2376—2377页。
② 据称此碑现存华山北麓玉泉院,然据历代方志知真君庙在华山东麓黄神谷,庙、碑何以分离,待考。
③ 张江涛编著:《华山碑石》,第260页。

李□题名》①,它只记先在真君观作道场后诣岳庙,事由不详。第二则为《杨永贵北岳题名》,其文记"大中祥符五年十月二十四日,圣祖九天司命天尊大帝降延恩殿,宣差入内内侍内侍高品杨永贵于安天元圣帝庙并真君观,请道士二七人、僧二七人起建道场各三昼夜,于闰十月十七日开启,至二十三日罢散"②。圣祖降灵为真宗朝道教盛事,故告祭诸岳,延及真君观。第三则为《康廷让北岳题名》,其记:

> 大宋大中祥符六年二月十九日奉敕移塑安天元圣帝尊像,先于真君观请道士二七人起建道场七昼夜,罢散。至二十二日夜,质明,用。三献官并祭礼,祭告安天元圣帝,讫。至二十五日卯后四刻,用。乙时,移安天元圣帝于后殿,与靖明后相并安置,讫。当日亥时,请道士二七人起建安神道场七昼夜,罢散(日)各设醮一座。③

在北岳庙置帝像先请真君观道士做道场,此见庙观之配合;正礼祭告安置后,再于岳庙行斋醮,即又以道教科仪收尾。这足见北岳观、庙,道教与正礼结合得十分紧密。

在北岳区域内,唐代以来岳庙与真君祠(观)并行制度经宋初崇道活动被再次确认。仁宗朝官方至少两次关照曲阳城东十里的北岳真君观。一次在天圣三年(1025年)十一月,朝廷下发北岳真君观牒文,特禁嘉山采樵④;一次在景祐三年(1036年)八月重修真君观,主其事者乃勾当北岳庙之曲阳知县⑤。后代对北岳真君观的重视也可从拜谒情况看出。与北岳庙诸碑题名相应,真君观仅《王处直重修真君庙碑》、《北岳真君叙圣兼再修庙碑》两碑至少附有仁宗以后题名四十九则。其中年代明确的,仁英神哲四朝有十九则,徽宗朝十七则。元祐八年(1093年)《内侍徐题名》记"诣北岳真君观告谢南郊礼毕"⑥。大观二年(1108年)《承受李安国等题名》记:"被诏旨恭谢受宝礼毕道场,当日谒岳祠,即赴真君观开启。"⑦此皆是朝中

---

① 光绪《曲阳县志》卷12《金石录中》,第17页B—18页A。
② 光绪《曲阳县志》卷12《金石录中》,第20页B—21页B。
③ 光绪《曲阳县志》卷12《金石录中》,第21页B—23页A。
④ 陈垣编纂,陈智超、曾庆瑛校补:《道家金石略》,第254页。
⑤ 光绪《曲阳县志》卷12《金石录中》,第49页B。参见陈垣编纂,陈智超、曾庆瑛校补:《道家金石略》,第265页。
⑥ 光绪《曲阳县志》卷12《金石录中》,第106页A。
⑦ 光绪《曲阳县志》卷12《金石录中》,第121页A。

行大礼告祭北岳延及真君观。需要补充的是，该观频频得拜谒，不仅是基于庙观并行的祭祀制度，也得益于其便捷的交通条件。皇祐三年（1051年）一则题记有"李柬之字公明，礼谒真君毕，取北平路巡按而归"①。熙宁八年（1075年）定州知州率僚属于北岳祈雨谢雨，其记有"往来皆诣真君之祠瞻谒而还"②。据史志地图，真君观所在嘉山位于曲阳城东，该地向东南通定州，向东北经唐县、北平通保州即"北平路"。唐《叙圣碑》中记真君观有"旅仕一营，以御奸寇"，清人按语："原文不知何解，岂道士亦有兵自卫耶？"③其实联系安史之乱时，曲阳之唐军引定州叛军会战于嘉山一事④，可知因嘉山地处交通要道，故设有驻兵，山下真君观亦得往来士庶拜谒。

以上以五岳真君观为中心探讨了宋代五岳祭祀的道教道场化。宋代五岳的道教色彩较唐代更为浓厚，以至祭祀五岳便意味着"乃询甲令于掌礼之官，乃访秘科于修真之士"⑤。需要注意的是，既然在原来行正礼的岳庙也可以行道教科仪⑥，则最初意在与岳庙正礼并立的真君观系统似变得多余。外加诸岳真君观因各自道教环境差异，自建立之初就未如司马承祯设想那样卓然独立于其他宫观，因此真君观系统的维持就更需要依靠皇家对道教的兴趣。元代前期道教与皇帝关系密切，道士一度为祭岳专使⑦，此时真君观又暂获注意。《大朝曲阳县重修真君观碑》载1251年李志常修观事：

> 诏命掌教大宗师真常真人代礼名山，降香望祭。越十月二十七日，先诣北岳圣帝庙恭焚御香，修设清醮，保安国祚。礼毕，真人周览附庙镇岳及真君观，陈迹零替，空无所有……古礼禋祀望秩山川，必预监岳真君之所……公举寂照安和大师杜志寥者，乃能其事，众佥允之。

---

① 光绪《曲阳县志》卷12《金石录中》，第70页A。
② 陈垣编纂，陈智超、曾庆瑛校补：《道家金石略》，第284页。
③ 光绪《曲阳县志》卷11《金石录上》，第109页B。
④ 《资治通鉴》卷218《唐纪三十四》，第6963—6965页。
⑤ 光绪《曲阳县志》卷12《金石录中》，第33页B。
⑥ 宋代五岳的道化曾遭抵制，如真宗时学士集团就不满单独在岳庙行道家礼仪而特别申请："岳、渎、四海诸祠庙，遇设醮，除青词外，本庙神位并增祝文。"《续资治通鉴长编》卷78《真宗·大中祥符五年》，第1788页。）
⑦ 周郱：《全真道与蒙元时期的五岳祀典》，刘凤鸣主编：《丘处机与全真道——丘处机与全真道国际学术研讨会论文集》，弘道网：http://www.hongdao.net/hd_index.php?message=101000&item=hd_zxwz&key=art_id&id=2147。

真人乃付文以充真君观提点，俾重修焉……大师承命……及蒙真人教旨，令真定、顺天两路道司协赞。丁巳，复承嗣教诚明真人克绍前烈，给物以完。太岁壬子，方经始之年，乙丑冬十月，其功告成……原夫地之五岳，山之峻极者，巨镇五方，古封岳神为圣帝，各以真君主之，载在祠典，今不赘云。盖取昔之得道真仙附近者，署而封之，为监岳真君也……今嘉禾山之阳，古立真君观，汉唐以来，传袭故迹，是名监岳，以镇北方……①

"陈迹零替，空无所有"足见真君观在金元时期的衰落。承司马承祯思想余绪，蒙元道士反复强调五岳真君与正礼之五岳诸帝并行乃是古礼，并据此修观。然而从参与修观人物来看，与唐宋相比，真君观复建已纯属道教内部事务，需要四方周济，故断续历经十四年才完成。随着元代恢复传统祭岳正礼，道教又逐渐淡出代祀五岳活动。《元史》载：

> 岳镇海渎代祀，自中统二年始。凡十有九处，分五道。后乃以东岳、东海、东镇、北镇为东道，中岳、淮渎、济渎、北海、南岳、南海、南镇为南道，北岳、西岳、后土、河渎、中镇、西海、西镇、江渎为西道。既而，又以驿骑迂远，复为五道，道遣使二人，集贤院奏遣汉官，翰林院奏遣蒙古官，出玺书给驿以行。中统初，遣道士，或副以汉官。至元二十八年正月，帝谓中书省臣言曰："五岳四渎祠事，朕宜亲往，道远不可。大臣如卿等又有国务，宜遣重臣代朕祠之，汉人选名儒及道士习祀事者。"②

自中统二年（1261年）起，蒙元开始纠正原来几乎专任道士祭祀山川之权制，遣使致祭改以正官。至元三年（1266年）又定岳渎五郊迎气日之常祀，"祀官，以所在守土官为之。"③至此蒙元祭岳制度既有遣使致祭（代祀）又有地方长吏常祀，实际上又回到了汉唐传统。此后逢岳渎正礼或杂选儒道，不过只是以道士聊备祀事而已④。以至正四年（1344年）祭东岳为

---

① 陈垣编纂，陈智超、曾庆瑛校补：《道家金石略》，第585—586页。
② 《元史》卷76《祭祀志五》，北京：中华书局，1976年，第1900页。周郢对此段材料的解读有误，他认为中统二年制度较初年更有利于道教掌控五岳祭祀。参见氏著：《全真道与蒙元时期的五岳祀典》，刘凤鸣主编：《丘处机与全真道——丘处机与全真道国际学术研讨会论文集》。
③ 《元史》卷76《祭祀志五》，第1902页。
④ 参见马晓林：《元代岳镇海渎祭祀考述》，《中国史研究》2011年第4期。

例,《代祀记》称:"历代以来,至于我元,岁举殷礼,崇尚祀典,复古之制也。"①遵从历代儒家"祀典",这是限制五岳道场化的底线,是中统改制之义。此次朝廷所遣人员有二,一为主祭者内八府宰相塔剌海,二为道士张德隆,此合"杂选儒道"精神。总而言之,到了蒙元时期,道教自身虽有长足发展,但它与政治的关系极不稳定,唐宋树立的真君祠系统式微,宋代道教科仪与祭岳正礼混同的繁盛局面也逐渐趋于平静,道教不再是五岳祭祀的必备元素②。研究者不应因此时道教徒所称"致祭"、"代祀",就认为他们已夺得了朝廷品官代祀岳渎之权。至明初,在严肃的政治氛围下,道教终于从五岳正礼中淡出③。

第二节 宋代开封的五岳观

宋代除承唐代加封五岳四渎、发展五岳真君祠外,还创造了一种独特的五岳祭祀方式,那就是建立"五岳观"。五岳观,顾名思义即将五岳之神汇集到一个道教庙宇来供奉。宋代皇家修建五岳观始于真宗时期,它坐落在开封外城南端。因五岳观在宋代皇家宫观中颇为重要,又涉及宋代五岳祭祀之演变,故对其做专节讨论。

一、百神所集在帝都:五岳观的修建

宋初,太祖在统一战争中就特别注意五岳四渎祭祀。平定湖南后,太祖命给事中李昉祭南岳,继而"令有司制诸岳神衣、冠、剑、履,遣使易之"④。及平定岭南南汉政权,又遣司农少卿李继芳祭南海⑤。太祖还确立了由地方长贰为岳渎祠庙长官,其诏令:"岳、渎并东海庙,各以本县令兼庙令,尉兼庙丞,专掌祀事。"⑥宋太宗在位期间完善了岳渎祭祀制度,承唐制

---

① (明)汪子卿撰,周郢校证:《泰山志校证》,第45页。
② 参见马晓林:《国家祭祀、地方统治与其推动者:论元代岳镇海渎祭祀》,《西南大学学报》(社会科学版)2011年第5期。
③ 据诸岳山志,除明初曾偶遣道士代祀以及后世帝王私醮外,明代祭岳正礼中道教因素已极少。
④ 《宋史》卷102《礼志五》,第2485页。
⑤ 《宋史》卷102《礼志五》,第2485页。
⑥ 《宋史》卷102《礼志五》,第2485页。

在五郊迎气日分祭各地岳渎①。

北宋的岳渎礼经太祖、太宗两朝确立,真宗初年皇帝还能按照祖宗制度祭祀岳渎,即岁时常祀与水旱祈福等非时致祭。但自大中祥符元年(1008年)封禅泰山活动一启动,真宗对岳渎神祇的兴趣高涨起来。在封禅泰山之际,真宗先加号泰山为仁圣天齐王,遣官祭祀。又大封与泰山有关神祇,如封威雄将军为炳灵公,通泉庙为灵派侯,亭山神庙为广禅侯,峄山神庙为灵岩侯,并各遣官致告。当车驾回至澶州时,皇帝又祭祀黄河,并进号河神为显圣灵源公。之后又分三段诏封长江,"江州马当上水府,福善安江王;太平州采石中水府,顺圣平江王;润州金山下水府,昭信泰江王。"②将江神一分为三已是渎礼不经。

大中祥符四年春,真宗又北上祭汾阴后土,回京路上,他又先后命大臣祭西海、汾河、西岳、河渎;真宗还亲谒华阴西岳庙祭祀,并加号岳神为顺圣金天王。到该年五月,加封岳渎上升到高潮,真宗加"东岳曰天齐仁圣帝,南岳曰司天昭圣帝,西岳曰金天顺圣帝,北岳曰安天元圣帝,中岳曰中天崇圣帝"③。五岳封帝不单只是增加名号,六月真宗即命"详定五岳衣冠制度及崇饰神像之礼"④。此时,五岳之神已僭越"五岳视三公"之经义,上升到与人间天子等齐的帝号。为册封五岳,真宗皇帝亲作《奉神述》,是年九月,命大臣向敏中等为五岳奉册使;十月,真宗御朝元殿发五岳册,派大臣分至四方祭祀册封。

五岳册封完成后不久,大中祥符五年八月,真宗命令在京师开封建立五岳观,以便朝廷日常祭祀五岳神祇⑤。天禧元年(1017年)真宗仍觉五岳崇祀不够,又仿帝王之礼命刻玉宝置于五岳观⑥,显然五岳观已成为官方总祀五岳之处⑦。其实修建五岳观的谋划早在进行,据《续资治通鉴长编》:"(大中祥符五年)秋七月戊辰,新作保康门于朱雀门之东,徙汴河广济

---

① 详见《宋史》卷102《礼志五》,第2485—2486页。
② 《宋史》卷102《礼志五》,第2486页。
③ 《宋史》卷102《礼志五》,第2486—2487页。
④ 《续资治通鉴长编》卷76《真宗·大中祥符四年》,第1729页。
⑤ 《宋史》卷8《真宗本纪》,第151页。
⑥ 《续资治通鉴长编》卷90《真宗·天禧元年》,第2089页。
⑦ 如果说五岳封王封帝是延续礼经"五岳视三公"之思路,五岳观是真宗崇道教之产物,那么将五岳帝王玉宝奉置于五岳观便暗示着真宗时代正礼与道教之融合。

桥于大相国寺前,榜曰'延安',又作桥跨惠民河,榜曰'安国'。时将建观以奉五岳,故辟此门。寻命修玉清昭应宫使丁谓等就奉节、致远三营地及填乾地之西偏兴筑,内侍邓守恩董其役。"①为建五岳观,朝廷对开封城南进行了大规模改造,特修建一座城门,足见该观之地位非同寻常。

《汴京遗迹志》载:"会灵观(即五岳观),在南薰门内东北,普济水门西北,宋大中祥符五年创建,内设延真献殿、祝禧斋殿,西则崇元殿以奉灵宝天尊,二夹殿则奉中茅、小茅真君,东西列五岳圣帝五殿,左右二夹殿则奉五岳之储副佐命之山,罗浮、括苍、霍山、抱犊、少室、武当等十山真君。"②五岳帝殿的具体布局是:"正东,东岳天齐仁圣帝;正西,南岳司天昭圣帝;正西,西岳金天顺圣帝;次东,北岳安天元圣帝。皆相对面,西岳、北岳稍退。中位,中天崇圣帝又稍退",其内"皆设真君像,殿廊各图山岳形及得道事迹。"③首先,五岳观内设灵宝天尊等道教神祇,它们与五岳帝君并存,表明在真宗眼中,五岳之神就是道教之神。其次,宋代正礼所定五镇是东镇沂山、南镇会稽山、西镇吴山、北镇医巫闾山、中镇霍山④,而观内设置五岳储副却皆是道教名山,此更见五岳观之道教色彩。

如果说唐代真君祠制度是依道教思想为五岳真君分立道观于五岳,宋真宗在京城立五岳观便是对五岳真君之汇集,此一分一合,显示了宋代五岳道教道场化的加深。同时这一发展又让人联想起西汉移祀五畤与确立郊祀的历史过程。

汉高祖刘邦在秦代雍地四畤基础上按五行加上北畤凑够五畤以祭祀五方帝。据《汉书·郊祀志》,文帝即位,先是"诏有司增雍五畤路车各一乘,驾被具"⑤;不久,在博士建议下文帝开始至雍地亲行郊祀礼,"郊见五

---

① 《续资治通鉴长编》卷78《真宗·大中祥符五年》,七月戊辰,第1773—1774页。该条有李焘小字注:"实录于八月己未书,命中使邓守恩修五岳观;九月丁亥书,初建五岳观于南薰门内之东偏。既云修,又云初建,不知何也。今从本志及会要联书之。"由此可知,《宋史》所记八月建立五岳观事乃据《实录》。另据《宋会要辑稿》(礼5之21,第475页):"集禧观,旧曰会灵。真宗大中祥符五年九月,诏修玉清昭应宫使丁谓等就南薰门内奉节、至远三营地,及填乾池之西偏建观,以奉五岳帝。又命内侍邓守恩监修。"结合《实录》,真宗或于八月初命中使建观,待九月大臣接手负责修建后中使只负责监修。
② (明)李濂:《汴京遗迹志》卷10《寺观》,北京:中华书局,1999年,第165页。
③ 《宋会要辑稿》礼5之21,第475页。
④ 《宋史》卷102《礼志五》,第2485—2486页。
⑤ 《汉书》卷25上《郊祀志上》,第1212页。

时,祠衣皆上赤"①;最后,文帝又据新垣平建议,于长安东北渭阳建五帝庙,五帝同宇,"帝一殿,面五门,各如其帝色。祠所用及仪亦如雍五畤。"②将远在西方雍地的五帝之祀汇集于一庙,皇帝便可就近在长安祭祀。可文帝还不满足,后又因在长门亭③"若见五人于道北,遂因其直立五帝坛,祠以五牢"④。至此,长安区域一度出现两处合祭五帝的场所。

汉文帝祭五畤(五帝)进程与真宗祭五岳进程十分相似,都是先增加所祀神祇的礼仪待遇,再就地亲祀(真宗只亲祀了泰山与华山),之后皇帝终于在帝国都城总汇四方神祇。或许可以尝试把这种将分散在各地的神祇汇集于都城的做法称为帝国祭祀的向心性,这种向心性是皇帝集权体制在控制礼仪及神祇上的内在诉求,汉文帝在渭阳五帝祠之外又不厌其烦地再建五帝坛场便是这种诉求最自然的表达。

不惟如是,西汉郊祀之形成也显示出帝国祭祀的向心性。汉武帝于元鼎五年(公元前112年)十月亲祠上帝于雍地五畤后,于是年十一月建立甘泉泰畤以郊祀泰一(后演化为昊天上帝)⑤。依匡衡所言,"甘泉泰畤紫坛,八觚宣通象八方。五帝坛周环其下,又有群神之坛。"⑥可知泰畤在某种程度上也是以另一种方式集中来自雍地五畤的五帝(后演化为昊天上帝之佐即五方帝),只不过在泰畤内它们是作为泰一的从祀神祇。从此,甘泉泰畤祭天、汾阴祭后土在相当长一段时间内成为汉家最初的郊祀制度。至建始元年(公元前32年)十二月,朝廷才徙甘泉泰畤、河东后土于长安南北郊,罢甘泉、汾阴祠⑦。这样经历两次集中,一即汇集诸神,二即移祀都城,汉武时代的泰畤终于演变成长安的南郊祭天之祀。这种祭祀发展的向心性

---

① 《汉书》卷25上《郊祀志上》,第1213页。
② 《汉书》卷25上《郊祀志上》,第1213页。
③ 据《长安志》:"长门宫,武帝陈皇后退居长门宫,沅按,宫在长安故城之东。"又据《后汉书·郡国志一》:"霸陵有枳道亭,有长门亭。"《三辅黄图》载:"文帝霸陵在长安城东七十里。"故可知新修五帝坛在长安之东。(宋)宋敏求:《长安志》卷4《宫室二》,民国铅印本。何清谷:《三辅黄图校释》,北京:中华书局,2005年,第366页。
④ 《汉书》卷25上《郊祀志上》,第1214页。
⑤ 《史记正义》引《括地志》"云阳城在雍州云阳县西八十里,秦始皇甘泉宫在焉。"参见《史记》卷6《秦始皇本纪》,第232页。
⑥ 《汉书》卷25下《郊祀志下》,第1256页。
⑦ 《汉书》卷10《成帝本纪》,第304页。其后多有反复。

与汉文帝祭五畤、千年后宋真宗祭五岳是一致的①。

宋代帝国祭祀的向心性还在建立太一祠时为官员总结表达出来。太平兴国八年(983年),当司天监事占者提议在苏州建太一祠时,司天春官正楚芝兰进言道"京师帝王之都,百神所集"②,所以应在京城建立太一祠。五岳观兴建两年后改名为"会灵观"③,皇佑年间会灵观又改名为"集禧观"④,无论"会灵"还是"集禧",它们都符合帝国对"百神所集"于京城的期待。

二、北宋皇帝与五岳观之关系

(一)真宗与会灵(五岳)观制度

五岳观建成后得到真宗崇祀,成为开封皇家四大宫观之一(其余三座为玉清昭应宫、景灵宫和醴泉观)。大中祥符六年(1013年)五岳观甫一落成,真宗即驾临之,并"赐官吏器币、工徒缗钱有差"⑤。其后五岳观成为朝廷日常祭祀祈福之所。如《宋会要辑稿·祈雨》载:"(大中祥符)八年二月十七日,命宰臣以下分诣寺观祈雨,遣官祷岳渎,仍命参知政事丁谓建道场于五岳观。"⑥祈雨祷祀岳渎本为常礼,但同时在五岳观起道场又是以道教科仪祭五岳,此是宋代五岳祭祀道教化的又一表现。除祈福功能外,城南五岳观也是皇帝日常临幸之所。大中祥符七年九月,宋真宗"御试服勤词学、经明行修举人。辛丑,幸五岳观"⑦。《长编》详细记录了皇帝在五岳观所为:"辛丑,幸五岳观,宴从官,赐兵匠缗帛有差。翌日,上梁。又命宗室、辅臣往观,复赐宴。许百司休务,士庶行乐。赐观名曰会灵。"⑧此次真宗驾临五岳观可视作忙完公事后的休闲娱乐活动,皇帝监督岳观上梁,上梁

---

① 周振鹤指出西汉郊祀等各种神祠向长安集中是秦汉宗教地理特点之一,笔者依据汉宋两朝五方帝、五岳及五方太一集中于首都的现象提出帝国祭祀的向心性,这一概念似更有长时段的结构性意义。参见氏著:《秦汉宗教地理略说》,《长水声闻》,上海:复旦大学出版社,2010年。
② 《续资治通鉴长编》卷24《太宗·太平兴国八年》,第545页。
③ 《续资治通鉴长编》卷83《真宗·大中祥符七年》,第1896页。
④ 《续资治通鉴长编》卷174《仁宗·皇祐五年》,第4213页。
⑤ 《续资治通鉴长编》卷80《真宗·大中祥符六年》,第1824页。
⑥ 《宋会要辑稿》礼18之7,第736页。
⑦ 《宋史》卷8《真宗本纪》,第157页。
⑧ 《续资治通鉴长编》卷83《真宗·大中祥符七年》,九月辛丑,第1896页。

前后两宴群臣,皇帝还因此事特别给假,足见真宗对五岳观之重视①。

五岳观的地位还可以从皇帝任命的宫观官来印证。会灵(五岳)观宫观使月给收入达六十千,仅次于玉清昭应宫使和景灵宫使②。如此高的收入只能由宰执级别的官员受领,即《文献通考》所说"在京宫观,宋朝旧制以宰相执政充使"③。以下是根据相关史料对北宋曾任会灵观(集禧)观使所作统计:

表6.1 北宋会灵(集禧)观使表

姓名	出任或在任时间	时任官职(衔)	宫观官职	史料来源
丁谓	大中祥符九年正月	参知政事	会灵观使	《续资治通鉴长编》卷86《真宗》
陈彭年	大中祥符九年九月	参知政事	会灵观使	《宋会要辑稿》礼5《祠宫观》
王钦若	天禧元年三月	枢密使同平章事	会灵观使	《续资治通鉴长编》卷89《真宗》
曹利用	天禧二年	检校太师兼太子少保	会灵观使	《宋史》卷290《曹利用传》
钱惟演	天禧四年八月	枢密副使	会灵观使	《宋会要辑稿》职官54《宫观使》
张耆	真宗朝	枢密使兼群牧制置使	会灵观使	《宋史》卷290《张耆传》
王曾	仁宗初	同中书门下平章事、集贤殿大学士	会灵观使	《宋史》卷310《王曾传》
张知白	仁宗初	同中书门下平章事、集贤殿大学士	会灵观使	《宋史》卷310《张知白传》
王德用	仁宗朝前期	同中书门下平章事判郑州	会灵观使	《宋史》卷278《王德用传》

---

① 关于北宋皇帝行幸开封诸地,参见〔日〕久保田和男:《关于北宋皇帝的行幸——以在首都空间的行幸为中心》,〔日〕平田茂树等编:《宋代社会的空间与交流》,开封:河南大学出版社,2008年。此外据《洛阳伽蓝记》,北魏诸帝亦多至都城南部活动,或许历朝因都城布局类似都易产生向南的行幸。

② 《宋史》卷172《职官志》,第4144页。

③ 参见《文献通考》卷60《职官十四》,第550页。

续表

姓名	出任或在任时间	时任官职(衔)	宫观官职	史料来源
富弼	治平四年九月	观文殿大学士	集禧观使	《宋会要辑稿》职官54《宫观使》
曾公亮	熙宁三年九月	司空兼侍中、河阳三城节度使	集禧观使	《宋史》卷211《宰辅表》
王安石	熙宁十年六月	镇南军节度使、同平章事	集禧观使	《续资治通鉴长编》卷283《神宗》
韩绛	元祐二年三月	镇江军节度使、开府仪同三司	集禧观使	《续资治通鉴长编》卷396《哲宗》
苏颂	元祐八年三月	观文殿大学士	集禧观使	《续资治通鉴长编》卷482《哲宗》

以上十四人中以宰执任宫观使者七人①；将领王德用以使相任；曹利用、富弼、曾公亮、王安石、韩绛、苏颂六人皆为前任宰执，因优容差异，其中曹利用以检校三师任，富弼、苏颂以大学士任，曾公亮、王安石、韩绛以使相任。通过此表可以看出：真宗时期任使者多为在任宰执，仁宗以后任使者多为前任宰执。此一微妙变化表明宫观使已逐渐成为优容无职事高官的制度设计，此即李心传所说："近制，前宰相、见任使相领京祠者，并为宫观使。若在外，则少保已上始得使名，使相已下提举宫观而已。"②会灵观使名下又设有属官，《宋史》载："玉清昭应宫、景灵宫、会灵观三副使，十人；判官，五人。"③由属官设置规模来看，会灵观地位与玉清昭应宫和景灵宫差能鼎足。

五岳观成为著名的皇家宫观，不仅得益于真宗时代的制度保障，也得益于优越的地理位置。据前引《续资治通鉴长编》可知，五岳观在南薰门内

---

① 冯千山以"李迪"曾任会灵观使，当是仅据《宋史·宰辅表》之误，据《续资治通鉴长编》卷87有"(大中祥符九年八月)丙子，以陕西都转运使、右谏议大夫李迪为翰林学士，置会灵观副使，以迪为之"，卷90有"(天禧元年九月)翰林学士、右谏议大夫李迪为给事中、参知政事，依前会灵观副使"，且此二年为会灵观使者为陈彭年和王钦若，李迪后当不得与之同位。参见氏著：《宋代祠禄与宫观》(上)，《宗教学研究》，1995年第3期参见冯千山：《宋代祠禄与宫观》(上)，《宗教学研究》，1995年第3期。

② (宋)李心传：《建炎以来朝野杂记》甲集卷12《宫观使》，北京：中华书局，2000年，第247页。

③ 《宋史》卷171《职官志》，第4122页。

东偏,又据《宋会要辑稿》:"仍作保康门于朱雀门之东,又作延安、安国二桥,南辟街与观北门相直。"①可知五岳观在由朱雀门南出御街之东②。又据《东京梦华录》记蔡河路线:"南壁曰蔡河,自陈蔡由西南戴楼门入京城,迤绕自东南陈州门出,河上有桥十一,自陈州门里曰观桥(在五岳观后门)。"③陈州门是开封外城南壁东南门,在外城正南南薰门之东,由此可推断五岳观规模相当大,西起南薰门,东至陈州门。五岳观西门靠近外城正南门,又近御街,其一落成就成为开封城一道亮丽景致。它不仅是皇帝祈福休闲之地,也成为开封城举行日常节庆的重要场所。真宗规定:"令会灵观每朔望、三七、正室、寒食、上巳、三元,许士庶焚香,着为定式。"④其后又详细规定节日开放时间,即"每月朔开观一日,上元、清明节各三日,中元、下元节各一日"⑤。

(二)会灵(五岳)观的继承与发展

真宗之后,后代皇帝大多继承了重视道教这一"祖宗家法",这也反映在五岳观后来的命运上。天圣二年(1024年)三月仁宗遣官祭五岳求雨,其求雨方式是:"遣官诣五岳四渎祈求,仍诣会灵观池上塑龙。"⑥即派官到五岳四渎所在地方祭祀的同时并于会灵观塑龙祈雨,如真宗时五岳祭祀与会灵观道场并行一样。其谢雨礼是:"岳渎在外者,止就会灵观望祭,更不差官。"⑦即不再烦劳官员前往地方告谢。其求雨方式承袭了真宗以来正礼五岳与道教祭祀并行的传统;从其谢雨方式来看,于会灵观谢雨看似是简省礼仪,但谢雨礼本为正礼环节,朝廷竟就简于道教会灵观望祭,此时正礼与道教的界限几乎完全被打破。

仁宗时会灵观发生火灾⑧,有臣子对于将山川神祇汇集一观的做法表示不满,借机提出废罢会灵观⑨。但这种提议未获认可,相反仁宗下令重

---

① 《宋会要辑稿》礼5之21,第475页。
② 参见〔日〕久保田和男:《宋代开封研究》之《北宋开封概略图》(徽宗时期),上海:上海古籍出版社,2010年。
③ (宋)孟元老撰,伊永文笺注:《东京梦华录笺注》卷1,北京:中华书局,2006年,第24页。
④ 《宋会要辑稿》礼5之21,第475页。
⑤ 《宋会要辑稿》礼5之21,第475页。
⑥ 《宋会要辑稿》礼18之8,第736页。
⑦ 《宋会要辑稿》礼18之8,第736页。
⑧ 《续资治通鉴长编》卷174《仁宗·皇祐五年》,第4192页。
⑨ 《宋史》卷302《贾黯传》,第10015页。

修会灵观,修复过程中为纪念真宗所做《奉神述》,特立"奉神殿"①。同时这次重修还将会灵观改名为"集禧观",仁宗照旧于集禧观祈福求雨雪。仁宗之后的英宗在位较短,崇道活动自然较少。英宗之后的神宗似不太重视包括集禧(五岳)观在内的诸宫观,但也非毫无作为。如熙宁二年他下诏于集禧观神藻殿"奉安唐、葛、周三真君,仍取真宗皇帝御集之字,令于天章阁收掌"②。这表明集禧观作为道家神祇汇集之地还在继续吸纳着众神。

值得注意的是,在继承真宗逢节日开放五岳观习俗的同时,后代皇帝还特别重视正月十四驾临集禧(五岳)观观灯。开宝七年(974年)正月十四宋太祖"幸大相国寺焚香,还御东华门,召从臣观灯"③。从此正月十四巡行京城寺院宫观并顺便观灯,成为皇家上元节活动之一。在五岳观修建之前,皇帝一般于宫城南门乾元门(后称宣德门)观灯。真宗时,"自京师四宫观庆成之后,每岁正月以十四日诣会灵观,十五日诣玉清昭应宫朝,十五日或别诣景灵宫,十四日或别诣祥源观"④,至此皇帝观灯便稳定地与游五岳观联系起来。据《宋会要辑稿·巡幸》统计,哲宗曾九次驾临集禧观,其中五次是在正月十四,皇帝先驾至外城南端的集禧观,宴乐完毕后顺着繁华的御街回内城,以便晚上能到宣德门上观灯⑤。至于观灯的场面,《东京梦华录》留下了徽宗时的详细记录:"正月十四日,车驾幸五岳观迎祥池,有对御〔谓赐群臣宴也〕。"宴赐群臣后,皇帝在盛大的仪仗中离开,引发臣民聚集观望,这时扈从侍卫会喝道:"看驾头!"以至"有高声者捶之流血",之后"驾登宣德楼,游人奔赴露台下"⑥。正月十四日从五岳观至宣德楼的观灯活动又叫"试灯山"⑦。试灯山这天,皇帝出游五岳观,然后自

---

① 《续资治通鉴长编》卷174《仁宗·皇祐五年》,第4213页。胡宿曾为此事作《集禧观大殿上梁祭告青词》,参见《全宋文》第22册,第262页。
② 《宋会要辑稿》礼5之22,第476页。神宗时文臣王安礼作《集禧观洪福殿开启谢雨道场青词》,可见集禧观作为皇家宫观依然在发挥日常祈福功能,参见陶福履、胡思敬原编:《豫章丛书》集部一,南昌:江西教育出版社,2004年,第329页。
③ 《宋会要辑稿》帝系10之3,第210页。
④ 《宋会要辑稿》帝系10之5,第211页。
⑤ 《宋会要辑稿》礼52之10,第1558—1559页。
⑥ (宋)孟元老撰,伊永文笺注:《东京梦华录笺注》卷6,第583页。
⑦ (元)刘应李辑:《新编事文类聚翰墨全书》丙集卷3载:"正月十四日'试灯山',梦华录正月十四日车驾幸岳观凝祥池,夜归试灯山。"(《四库全书存目丛书》子部第169册,第218页。)

南而北由御街回銮,最后在万众瞩目下登上宫城正南的宣德门,"宣和与民同乐"①的狂欢达到高潮。

徽宗崇道比真宗有过之而无不及,五岳观也得到更大发展。徽宗即位之初,集禧观再遭火灾,又有大臣反对重修,但徽宗一笑了之,继续大兴土木重修该观并复名为"五岳观"②。孟元老回忆开封外城时说道:"五岳观最为雄壮。"③有理由相信,徽宗时期新修的五岳观规模形制大大胜过之前。那时的五岳观不仅仅是皇家道场,京都名观,它还因皇帝的个人爱好成为宋朝书画文化发祥地。邓椿《画继》载:"始建五岳观,大集天下名手,应诏者数百人,咸使图之,多不称旨。自此之后益兴画学,教育众工如进士科下题取士,复立博士,考其艺能。"④新修的五岳观规模宏大,装饰华丽,以至于徽宗希望招天下画家作图纪念,这次以五岳观为题的作画比赛有力地推动了宋朝绘画艺术发展。《画继》记载了一位"闾丘秀才",他"长于画水,无所宗师,自成一家,尝画五岳观壁"⑤。五岳观作画成为宋代绘画史上的佳话,元人杨维桢曾提到:"宣和中建五岳观,大集天下画史,如进士科下题抡选,应诏者至数百人……"⑥清王士禛《宣和御墨枇杷图歌》怀想北宋文物时说道:"画学岁收五岳观,图书尽识太清楼。"⑦

三、五岳观的变迁

五岳观作为皇家信仰与官民狂欢的集结地,它不仅见证了北宋开封城的繁华景象,也见证了宋帝国百年后的磨难。五岳观地处开封外城东南,

---

① (宋)孟元老撰,伊永文笺注:《东京梦华录笺注》卷6,第541页。"宣和与民同乐"立于彩山上,彩山正对宣德门楼。据《淳熙三山志》"上元彩山:州向谯门,设立巍峨,突兀中架棚台,集俳优娼妓,大合乐其上。"又据《铁围山丛谈》,彩山上又有"大观与民同乐",可知其名号依年号而变。参见《东京梦华录笺注》卷6,第579页。

② (明)陶宗仪等编:《说郛三种》,上海:上海古籍出版社,1989年,第2294页。又据《宋史》卷314《范纯礼传》,知纯礼为右丞时当在徽宗即位之建中靖国元年左右。另邓烨在概括北宋历代东京城道教宫观营建情况时漏掉此事,参见氏著:《北宋东京城市空间形态研究》,清华大学硕士学位论文(建筑学),2004年。

③ (宋)孟元老撰,伊永文笺注:《东京梦华录笺注》卷2,第100页。

④ (宋)邓椿:《画继》卷1《圣艺》,景印《文渊阁四库全书》第813册,第506页。

⑤ (宋)邓椿:《画继》卷4《缙绅韦布》,第523页。

⑥ (元)杨维桢:《东维子集》卷11《序》,景印《文渊阁四库全书》第1221册,第482页。

⑦ (清)王士禛著,李毓芙等整理:《渔洋精华录集释》卷1《顺治戊戌》,上海:上海古籍出版社,1999年,第96页。

位于南薰门和陈州门之间,外围有水运要道蔡河,战略位置极为重要,北宋末年的危机与败亡也多跟此地有关。靖康元年(1126年)金人兵临开封城下,内外汹汹之时,钦宗也不忘到五岳观祈福,而当时太学生们正伏阙候驾。这次祈福大概是朝廷在危急关头突然意识到了承平之日所忽略的五岳神祇捍卫一方的功能①。汴京第二次被围,北宋朝廷把城内五分之二的防军布在五岳观②。此时,五岳观所在的南薰门首当其冲。

靖康元年闰十一月,开封城被攻破。破城之处就是五岳观后门所在的宣化门(即陈州门),时"妖人郭京用六甲法,尽令守御人下城,大启宣化门出攻金人,兵大败。京托言下城作法,引余兵遁去。金兵登城,众皆披靡。金人焚南薰诸门"③。二十六日,城南百姓惊起向北,"金兵下城,入五岳观、醴泉观",城中大乱,"百姓皆以布被蒙体而走,士大夫以绮罗锦绣易贫民衲袄布袴,以藏妇女,提携童稚于泥雪中走。惶急弃河者无数,自缢投井者动万人。号哭之声,上彻穹苍。"④宋人回忆是日金兵劫掠时曾"以五岳观犒军"⑤,此是五岳观初遭蹂躏。

三十日,钦宗亲赴金营受降,"平旦上拥数骑将出南薰门。"钦宗亲赴敌营牵动开封百姓,"百姓父老见上出城,争持金银彩帛往献军前,自内门至南薰门不绝,人迹如蚁。"是日晚,钦宗未归,开封城人情恟惧,焦急的人们看到"有黄旗自南薰门入",钦宗自金营下诏抚慰,但开封士庶仍通夕忧虑⑥。靖康二年正月,金兵入城,"下含辉门剽掠,焚五岳观。"⑦此是五岳观毁于兵火。二月金人立张邦昌为伪楚皇帝,同时掳二帝及宗室北归。当徽钦二帝远离开封后,留守的傀儡皇帝张邦昌率百官在五岳观北向拜别,史载:"邦昌法驾缟素,率百官诣五岳观遥辞二帝。邦昌恸哭,百官军民皆哭,有号绝不能起者。"⑧

从开封保卫战到兵败城破,从钦宗受降到傀儡张邦昌遥送二帝,开封

---

① 参见(宋)徐梦莘:《三朝北盟会编》卷96,上海:上海古籍出版社,1987年,第706页。
② (宋)徐梦莘:《三朝北盟会编》卷64,第484页。
③ 《宋史》卷23《钦宗本纪》,第434页。
④ (宋)夏少曾:《朝野佥言》,《全宋笔记》第3编第4册,第262页。
⑤ (宋)丁特起:《靖康孤臣泣血录》,《四库全书存目丛书》史部第4册,第616页。
⑥ (宋)徐梦莘:《三朝北盟会编》卷70,第533页。
⑦ (宋)徐梦莘:《三朝北盟会编》卷76,第575页。
⑧ (宋)李心传:《建炎以来系年要录》卷3,第81页。《三朝北盟会编》(卷87,第646页)载:"二十八日戊午,张邦昌诣南薰门遥辞二帝。"

城南的五岳观没有为庇佑赵家王朝显圣,反而见证了靖康之难的惨痛历程。最后城破观焚,往昔天子与民同乐的繁华景象已恍如隔世,百年无事的圣朝转瞬间化作灰烬。

靖康之役后,开封城因处两国交锋地带遭到持续破坏。直至金海陵王立开封为南京并大规模修城时①,五岳观又在废墟上重建。据《癸辛杂识》:"(汴京)南门外有五岳观、太乙宫、岳帝殿,极雄壮华丽,宫连跨小楼殿,极天下之巧,俗呼为暖障。闻汴有大殿九间者五,相国、太乙、景德、五岳,尽雕镂,穷极华侈,塑像皆大金时所作,绝妙。"②公元1214年金人迫于蒙古进攻迁都开封,五岳观至此又成了京城里的胜景,赵秉文③有《五岳观四绝》记之。同时,失去开封的南宋不再设集禧观使等祠禄官,但人们依然不忘旧京的"集禧观",《梦粱录》载:"在城宫观,则以太乙、万寿为首,余杭洞霄次之。其他外郡如醴泉、佑神、集禧、崇禧等观又次焉。"④

金朝接管开封重修五岳观表明五岳观作为一种文化现象已渐入人心。其实五岳观这种集五岳神祇于一观的做法,在宋代之前可能已零星出现,如江城(南昌)五岳观,其"在进贤门内东营巷,唐长庆二年建"⑤。但可以肯定的是,自北宋开封立五岳观后,受其影响,各地修五岳观或改名"五岳观"的现象逐渐增多。如河北晋州城东关就有五岳观,为金代道士朱志希创建⑥。广西临桂县五岳观,"唐建,名天庆观,宋改今名,亦名东观。"⑦以下是据《古今图书集成·职方典》对清初全国各地五岳观的粗略统计:

---

① 王曾瑜:《金代的开封城》,《史学月刊》1998年第1期。
② (宋)周密:《癸辛杂识》,北京:中华书局,1988年,第218页。
③ 据《闲闲老人年谱》,赵秉文自崇庆元年(1212年)由外任入京为兵部郎中后未获外任,后官至礼部尚书直至金亡,其长期居于开封成为金朝遗老,故可推测其所书五岳观当为开封五岳观。(《辽金元名人年谱》上册,第47—78页。)
④ (宋)吴自牧:《梦粱录》卷15《城内外诸宫观》,清《学海类编》本,第5页B。
⑤ (清)陈宏绪:《江城名迹》卷2《考古二》,景印《文渊阁四库全书》第588册,第308页。
⑥ 参见(清)沈涛:《常山贞石志》卷15《晋州五岳观碑》,《石刻史料新编》第1辑第18册,第13428—13429页。又据《嘉庆重修一统志》(卷28《正定府二》,1134页)该观建于北齐,然据《五岳观碑》晋城东关为该地道教传统活动区域,故金代所立五岳观或在前代旧观基址上。
⑦ 《嘉庆重修一统志》卷462《桂林府二》,第23553页。

表 6.2　五岳观分布简表

五岳观所在地	具体信息
武昌府蒲圻县	道会司,在五岳观。
平阳府临汾县	五岳观,在东关北街。
南阳府淅川县	县西北十五里上张陂保。
桂林府	道纪司,在府治东南五岳观。
顺天府	在府北,宣德年建(应为元代,见《顺天府志》)。
顺天府文安县	在文安县治,东邑人王缄撰文。
南昌府	在进贤门内东营巷,唐长庆二年建。
吉安府	一名玉虚观,在郡城西永丰门外,旧名黄真观。东晋间江夏真君黄辅字紫庭,结庐于此,后仙去,药炉丹井具存,故号黄真坛也。

从上表来看,五岳观这一道教建筑形式自宋代以后已遍布大江南北。

不惟如是,与宋同时,周边政权的政治中心似乎也流行建五岳观。靖康之难不久,越南李朝就于天彰宝嗣元年(1133年)在都城河内"造延生五岳观"①,这极有可能是受宋开封五岳观影响。在北方,辽代或金代也可能在大定府建立了五岳观。《元一统志》载:"五岳观,在大定府西南隅利通坊。"②大定府曾为辽代中京,辽圣宗时修建③,其后至辽亡一直为辽代实际都城④,后又为金代北京⑤,至元初才改名为"大宁"⑥,故大定府五岳观可能就是辽金仿宋制所做。此外,元大都北京城内也有一座五岳观,据《顺天府志》载:"五岳观,古刹也,其地即以观名。观创自宋、元间,明万历八年重修,有碑,吏科给事中吴文灿撰。《寰宇通志》作宣德年建,误,今观已圮。(《五城寺院册》)"⑦此五岳观的修建者是全真道士冯志亨。据《佐玄寂照

---

① 佚名:《越史略》卷下,景印《文渊阁四库全书》第 466 册,第 596 页。
② (元)孛兰肹等著,赵万里校辑:《元一统志》卷 2《辽阳等处行中书省》,北京:中华书局,1966 年,第 211 页。
③ 据《辽史》卷 36《兵卫》:"圣宗统和二十三年,城七金山,建大定府,号中京。"(北京:中华书局,1974 年,第 428 页)又据《金史》卷 24《北京路》:"大定府,中,北京留守司。辽中京。统和二十五年建为中京,国初因称之。"(北京:中华书局,1975 年,第 557 页)可知中京应在辽代初具规模。
④ 参见王宏北、树林娜:《辽代中京大定府述略》,《黑龙江民族丛刊》2007 年第 6 期。
⑤ 参见《金史》卷 24《北京路》,第 557 页。
⑥ 参见《元史》卷 59《地理志二》,第 1397 页。
⑦ 光绪《顺天府志》卷 16《京师志十六》,北京:北京古籍出版社,1987 年,第 499 页。

大师冯公道行碑》,冯志亨在蒙古初入北京时教授蒙古贵族子弟,其文有:
"又劝宣抚王公改枢密院为宣圣庙。命弟子薛德琚修葺武庙而守祀之。又创建五岳观及道庵十余处。为道众修进之所。"①冯志亨作为大都文教恢复的参与者,在为蒙古贵族服务之余,也不忘建立五岳观等道家宫观以为日后传教布道之基地。

与开封一样,越南河内城、辽中京(金北京)以及元大都(金中都),这三座华夏边缘上的都城也都修建了五岳观,这种情况当不是偶然。中原之外的五岳观极有可能是边疆政权模仿开封建制的产物,或是道教徒对开封五岳观这一建筑形式的推广,它们与开封五岳观一样体现了"京师帝王之都,百神所集"的理念。

第三节 五岳信仰的下行:东岳行祠的普遍出现

道教作为土生宗教,本在民间有广泛影响,唐宋官方修建真君祠、五岳观,让道教充分涉足五岳之祀,这些当然有助于五岳信仰深入基层。具体而论,唐宋五岳信仰下行可从两个层次讨论,一是诸岳神祇谱系的发展,二是诸岳行祠的发展。五岳得爵号后,其赫赫"官格"让五岳信仰更易为人们接受。唐宋封五岳延及五岳配偶,此是官方扩大五岳神谱。同时五岳在民间早已衍化出更多神祇,其中以泰山为繁②。宋承五代传统封泰山神第三子为炳灵公③,此是官方对民间泰山信仰的认可。还须提及的是,泰山碧霞元君更是从唐宋开始日渐成为中国北方影响最大的民间信仰之一④。笔者限于学力,现仅以诸岳行祠发展为线索,试对宋代以来五岳信仰下行做出概览。

---

① (清)张金吾:《金文最》卷84《碑》,北京:中华书局,1990年,第1234—1235页。又据《元史》(卷81《选举志》):"国初,燕京始平,宣抚王楫请以金枢密院为宣圣庙。"冯志亨事迹又见《窝阔台立国子学诏书碑》,参见王宗昱:《金元全真教石刻新编》,北京:北京大学出版社,2005年,第97—98页。

② 参见刘云军:《两宋时期东岳祭祀与信仰》,北京师范大学博士学位论文(中国古代史),2008年,第85—91页。

③ 《文献通考》卷90《郊社二十三》(第823页)记后唐长兴三年(932年)封泰山三郎为威雄将军,宋真宗封禅后加封为炳灵公。

④ 碧霞元君信仰研究成果颇多,最新研究以叶涛的《泰山香社研究》(上海古籍出版社,2009年)为代表。

与"不崇朝而遍雨天下"相比,泰山因是"万物之始"、"阴阳交代"之处更受民众关注,汉代以来泰山主鬼日益成为人们的普遍认同。同样是汉代,荀悦指出郡守可于县外(即朝廷指定祀岳渎之庙)祀岳渎,"其神之祀,县有旧常。若今郡祀之,而其祀礼物从鲜可也。"①此可视作岳渎行祠之思想依据。至宋代,随着诸岳封帝,以天齐仁圣帝为主要祭祀对象的东岳行祠遍及天下。在北方边疆,北宋中期保州治下清苑县已有东岳庙,并为历届长吏拜谒、修治②。在东部沿海,元符三年(1100年)昌国县官员开始在舟山岛上营造东岳行宫③。北宋广州官方道观天庆观已设有东岳行宫④,南宋初期海南岛上也已立庙⑤。宋神宗时,宋夏边境熙州也立岳庙求军功⑥。宋代东岳行祠既已播及四方极边之地,内地诸路自不待言。泉州《东岳庙碑》记有"自秦汉一四海,无有远迩,毕为郡县。凡山川不在其境,祷祠之盛,犹或举之。而阴骘降监庙而遍天下者,亦惟是东岳为然"⑦。南宋四川井研修东岳庙记道:"天以岳渎镇五方,而岱宗为之长,故其祠遍于天下,自省城都会,下至偏方小聚,所在有之。"⑧又据五代时期《澶州建奈河将军堂记》、元丰三年《东岳高里山相公庙新创长脚竿记》⑨,黄淮流域也早有浓厚的泰山信仰。成化《山西通志》说"各府州县乡镇多建"东岳庙⑩,此亦当承宋余绪⑪。需要指出的是,东岳行祠传播并不囿于宋境,金元时

---

① (汉)荀悦撰,(明)黄省曾注,孙启治校补:《申鉴注校补》,第84页。
② 详见民国《清苑县志》卷5《重修东岳庙记》,《中国方志丛书》华北地方第127号,第691页。
③ 详见乾道《四明图经》卷10《东岳行宫记》,《宋元方志丛刊》第5册,第4945页。
④ 参见(清)阮元:《广东通志·金石略》,广州:广东人民出版社,2011年,第205-206页。另,天顺《东莞县志》目录有《重建东岳行宫记》,崇祯《东莞县志》卷3《学校志》有"东岳庙,宋崔□之有记,茶山刘钜建于象岭。"二志俱见《广东历代方志集成》广州府部(二二),广州:岭南美术出版社,2009年。
⑤ 正德《琼台志》(《天一阁藏明代方志选刊》第61册,1982年)卷26《坛庙》记"东岳庙,旧在城东北一里,元大德中元帅张温重建";据该志卷29《秩官上》,刘荐、冯田二知州以"东岳志新增",二人皆为宋高宗时人,故可推知东岳庙始建自南宋。
⑥ 《续资治通鉴长编》卷323《神宗·元丰五年》,第7781页。
⑦ (宋)韩元吉:《南涧甲乙稿》卷19《东岳庙碑》,《丛书集成新编》第63册,第556页。
⑧ 傅增湘辑:《宋代蜀文辑存》卷77《改修东岳庙记》,民国32年本。
⑨ 参见叶涛:《泰山香社研究》,第64-70页。
⑩ 成化《山西通志》卷5《祠庙》,《四库全书存目丛书》史部第174册,第113页。
⑪ 据刘云军统计,东岳庙南多于北。但若仅以现存宋元方志为依据,其代表性或不足;又东岳传播,按常理亦当由北而南,北方祠庙数量应不会太少。参见氏著:《两宋时期东岳祭祀与信仰》,第106页。

第六章 唐宋五岳真君祠研究

期的北京地区,众道俗也热衷建庙。如房山东岳庙在泰和八年(1208年)前已建立①,平谷有东岳庙,"重修于胜国至元三年(1266年),不知创自何许。"②

东岳行祠传播有三个特点。第一,依托神祇多元化。除碧霞元君信仰外,宋代携泰山信仰下行的神祇还有泰山神第三子炳灵公。泰山三郎信仰传至南方,南唐始封其为将军,并于江宁府立庙。至宋真宗封禅泰山再加封为公,于岳庙设炳灵殿③,炳灵信仰又回归泰山。不久泰安县于天圣二年(1024年)创置炳灵行宫④。而在江东,炳灵信仰继续发展。如元代镇江已有炳灵公庙⑤,明洪武十八年(1385年)常熟县立"至圣炳灵公庙"⑥。炳灵信仰还远及四川中江县,该县阳平镇有庙即奉"泰山府君三郎之神",庙记有:

> 今夫神之有庙于斯,其亦由来且久……而可详者惟长庆年月而已。考其岁时,即大唐之朝……比屋之人,以正月八日为府君斋辰……又以九月二十三日为三郎斋辰……凡此春秋二辰,然莫究其所自,且复从其所传,古今相与维持,未尝一日苟废,后继世者岂可忽哉。⑦

该庙以"三郎"为名,并奉泰山府君,以二神生辰为重要节日。

东岳信仰传播不仅依靠岳神及其衍生神祇,随着民间信仰的交流互动,它们还与各地其他神祇发生联系,最典型的就是崔府君信仰。宋代崔府君信仰流行于今晋冀二省,然名目繁多⑧,其不变者乃掌鬼之功能。张冬冬指出崔府君名号来源之一有敦煌变文《唐太宗入冥记》中的冥府"崔判

---

① (清)张金吾纂:《金文最》卷112《塔铭》,第1616—1617页。
② 光绪《顺天府志》卷24《地理志六》,第795页。
③ 参见(明)汪子卿撰,周郢校证:《泰山志校证》,第332—333页。
④ 详见民国《重修泰安县志》卷14《孙元供香炉记》,《中国地方志集成》山东府县志辑第64册,第662页。
⑤ 至顺《镇江志》卷8《庙》,《宋元方志丛刊》第3册,第2731页。
⑥ 弘治《常熟县志》卷2《庙》,《四库全书存目丛书》史部第185册,第90页。
⑦ 傅增湘辑:《宋代蜀文辑存》卷98《阳平镇府君三郎庙记》。该文出自嘉庆《中江县志》,作者为中江人,又据《蜀水经》卷15"涪江"(《续修四库全书》第728册,第393页)经阳平镇过中江县,即碑文所言"阳平镇"。
⑧ 参见王颋:《宋、元代神灵"崔府君"及其演化》,《社会科学》2007年第3期。

官",此即日后崔府君演变之根本①。景祐二年(1035年)宋封崔府君为护国显应公,定其履历为:"唐贞观中为滏阳令,再迁蒲州刺史,失其名。在滏阳有爱惠名,立祠后,因葬其地。"其加爵前信奉情况为:"咸平三年,尝命磁州葺其庙,而京师北郊及郡县建庙宇,奉之如岳祠。"②朝廷此举一方面显示官方在努力厘清崔府君名号来源③,另一方面"奉之如岳祠"透露出崔府君信仰能流行一方乃因其如东岳天齐仁圣帝一样(或与其直接有关)掌管阴鬼,即"生著令猷,没司幽府"④。实际上,在此之前崔府君为东岳天齐帝之辅臣可能早已是北方信众的共识。大中祥符九年(1016年)忻州定襄县立东岳庙,其神位结构是:"正殿三间塑天齐仁圣帝,兼真君三郎、崔府君。东西堂各三间,塑北极、五道将军兼诸部从鬼神。"⑤此知崔府君已与炳灵公并为东岳圣帝之辅。至此或可以推测,唐宋间河北、山西本流行掌生死的崔府君信仰,随着五岳封爵,泰山掌生死的民间信仰因东岳封帝逐渐占领上风,于是晋冀二省本土的崔府君信仰便主动或被动地"臣服"于天齐仁圣帝。退一步推论,虽不能排除崔府君信仰本与东岳有关,但至少可以肯定北宋前期崔府君已稳定地与东岳信仰联系起来⑥。元代山西蒲县东岳庙结构为:"仁圣帝后宫以祠圣妃,东西庑七十有四楹以祠诸神,门有卫神高禖。若崔府君,若十王,咸有殿以安神栖。"⑦此知延续宋代传统,元代崔府君仍为东岳辅臣。联系崔府君为冥司判官的早期传说,更可知后世崔府君与天齐仁圣帝形成匹配结构,实得益于其自古未变的掌鬼功能。金元时

---

① 张冬冬:《崔府君故事流变论考》,河北师范大学硕士学位论文(中国古代文学),2010年。

② 《续资治通鉴长编》卷117《仁宗·景祐二年》,第2745页。

③ 如《梁溪漫志》、《攻媿集》等皆引此说,参见(宋)费衮:《梁溪漫志》卷10《伏波崔府君庙》,《丛书集成新编》第117册,第74—75页;(宋)楼钥:《攻媿集》卷54《中兴显应观记奉敕撰》,《丛书集成初编》本,第743页。黄正建力图区分山西、河北二崔府君,惜论证不详。笔者以为民俗信仰本来以交叉融合为特色,宋代官方既已统而言之,再区分彼此实为难题。参见黄正建:《关于唐宋时期崔府君信仰的若干问题》,《唐研究》2005年第11卷。

④ (宋)费衮:《梁溪漫志》卷10《伏波崔府君庙》,第75页。

⑤ (清)胡聘之:《山右石刻丛编》卷12《东岳庙碑》,《石刻史料新编》第1辑第20册,第15199页。

⑥ 王颋推论崔府君在元代始与五岳联系,似不确。参见氏著:《宋、元代神灵"崔府君"及其演化》,《社会科学》2007年第3期,第137页。

⑦ (清)胡聘之:《山右石刻丛编》卷39《重修东岳庙碑铭》,《石刻史料新编》第1辑第21册,第15855页。

期,磁州崔府君庙之所以成为望祀南岳之选①,或因它早已因东岳而与五岳发生联系。在南方,与东岳圣帝互动的地方神祇有康太保威显善利灵应英烈王。此神源于信州弋阳县,其江西行祠称颂该神:"庙食之广,于江于淮,于闽于浙";此神坐大之后,便与北来东岳信仰碰撞,于是"惟王之神,东岳之毗","岳祐之,王辅之;岳甄之,王宣之。"②与北方民众以崔府君从属东岳圣帝类似,此是南方民众以本土大神从属东岳圣帝。当然岳帝与诸神的爵位差异或是让地方诸神俯就的直观原因。

东岳行祠传播的第二个特点是与地方宗教紧密联系,特别是道教。如王闽时代福州东华宫有太(泰)山庙,宋初以东华宫为天庆观,观中太山庙因香火甚盛独立为东岳行宫③。与之相对,广州东岳圣帝仍寓于天庆观中,元丰二年该观铜钟有记:"广州天庆观东岳行宫住持赐紫道士胡日新铸造,永充圣帝殿内供养。"④天庆观为地方道教管理机构⑤,它对东岳信仰的传播似乎起到了助推作用。如南宋衢州一次重修东岳帝殿就由天庆观道士发起⑥。与诸岳真君观一样,东岳行祠也多由道士主持。如北宋末年,陕西朝邑县岱岳行宫在道士王永清主持下发展迅速,朝廷特赐额"崇佑观"⑦。嘉兴东岳行宫由道士苏大亨募缘增建,宋绍定四年请额开山⑧。东岳行祠既多为道士主持,自然也为道士提供庇护之所。如道士倪太和在修浙江遂安洞神宫前就"寓岱岳行宫东偏"⑨。得益于道教支持,不惟东岳行祠能流布维持于各地,道士还将东岳圣帝神位带入各色宫观。如治平年间,南浔镇建祠山行宫,"中为三清殿,后为东岳殿。"⑩南宋四川巴西县偏

---

① (元)胡祗遹:《紫山大全集》卷17《碑·齐圣广祐王庙碑》,景印《文渊阁四库全书》第1196册,第299—300页。参见张冬冬:《崔府君故事流变论考》,第18页。又,同治《河曲县志》(卷6《艺文类》,《中国地方志集成》山西府县志辑第16册,第178页)所收明正德九年《重修府君庙记》除言及崔府君北岳降生外,亦提及府君有"南岳崔府君"之称,此是对金元制度的反映。
② 光绪《江西通志》卷75《建置略·坛庙三》,台北:华文书局,1967年,第1635页。
③ 《淳熙三山志》卷8《公廨类》,《宋元方志丛刊》第8册,第7862页。
④ (清)阮元:《广东通志·金石略》,第205—206页。
⑤ 参见唐代剑:《宋代道教管理制度研究》,北京:线装书局,2003年,第153页。
⑥ (宋)袁甫:《蒙斋集》卷12《衢州重修岳帝殿记》,《丛书集成新编》第65册,第45页。
⑦ (清)王昶:《金石萃编》卷147《崇佑观牒》,《石刻史料新编》第1辑第4册,第2724页。
⑧ 至元《嘉禾志》卷12《宫观》,《宋元方志丛刊》第5册,第4491页。
⑨ 雍正《浙江通志》卷233《洞神宫》,景印《文渊阁四库全书》第525册,第336—337页。
⑩ (清)《南浔镇志》卷28《广惠宫碑记》,《中国地方志集成》乡镇志专辑第22下,第321页。

远的涌泉观也是"中有三清玉皇大殿,旁列东岳、北帝祠"①。此足见东岳圣帝座已逐渐成为道教宫观的重要元素。东岳信仰发展迅猛,在个别地方东岳神祇竟进入佛教道场。如北宋湖州安吉县民众曾在当地寺院立东岳圣帝之像,之后寺僧以为"佛祠非岳帝之所",不得已"乃施寺西之地,俾经营之",东岳庙得独立②。无独有偶,明代潜江万寿寺亦曾有东岳圣帝与佛陀并立。该寺创立者刘寅记道:"余施地五亩,公为殿奉东岳神,于中后草房一所居佛",之后"邑侯曹公为之鼎建山门,余亦捐赀修饰东岳殿。今庚子岁,余于佛堂复更新之,僧人给田一井"③。

第三,宋代东岳行祠风行天下,以其为中心的民间香社组织也遍及南北。据研究,宋代北方有奉符县、澶州、淮泗船户泰山香社④,南方海盐、杭州也有香社活动⑤。现再补几则相关史料。北宋常熟县福山镇东岳庙有香社:"福山庙经始于至和之中,垂六十年……江淮闽越水浮陆行者,各自其所有以效岁时来享之诚,上祝天子万寿,且以祈丰年,以后保其家。凡有求必祷焉,率以类至,号曰会社,箫鼓之音相属于道,不知几千万人,不及之乎太山,则之福山焉。"⑥此即南方信众以泰山太远,就近选本地福山东岳庙朝拜并形成香社。浙江衢州岳庙应亦有会社组织,绍兴三年官员上报:"衢州所盖东岳神祠气象雄伟,州人每遇岳神生日,人户连日聚集,百戏迎引,其服饰仪物,大段僭侈。"⑦该庙进香声势浩大,车仗服饰僭越,以至官方明令禁止。江北高邮东岳庙传说乃太平兴国中敕建,历建炎绍兴弥显。南宋重修岳庙记其"雨旸休咎,有祷辄应,士民信向,远近若一,岁时朝献。盖自浙江以西、淮堧以东,来者肩摩袂接,旁午道途,而此邦岳庙之盛,甲于天下"⑧。于是该庙社首与社众向太守申请确立庙界并刻石为记。

---

① (清)刘喜海:《金石苑》卷6《宋涌泉寺碑》,《石刻史料新编》第1辑第9册,第6554—6555页。
② (清)阮元:《两浙金石志》卷7《宋安吉县新建东岳天齐仁圣帝行宫碑》,《石刻史料新编》第1辑第14册,第10351—10353页。
③ 甘鹏云:《潜江贞石记·万寿寺记》,《石刻史料新编》第3辑第14册,第46页。
④ 刘慧、陶莉:《关于宋代的泰山香会》,《民俗研究》2004年第1期。
⑤ 叶涛:《泰山香社研究》,第72—73页。
⑥ (宋)郑虎臣辑:《吴都文粹》卷3《重修东岳庙记》,景印《文渊阁四库全书》第1358册,第673页。
⑦ 《宋会要辑稿》刑法2之147,第6569页。
⑧ 道光《高邮州志》卷11《艺文志·重修东岳庙记》,《中国方志丛书》华中地方第29号,第1976—1977页。

以上主要探讨宋代东岳行祠的发展，其余四岳信仰之下行在宋代亦有所表现。如前述华山信仰自唐代就波及较远，华山衍生神祇有华山三郎、华山玉女等。与东岳附近山川神得封类似，北岳大茂山总真洞龙神于熙宁间得封利泽侯①。值得注意的是，河北地方还出现了较早的北岳行祠。元氏县修庙碑记有：

> 先有洛昌□，永发愿心，尝诣常山岳庙请神，来此□缔□□庙。又于元祐元年有□□□鲍荣、何方重修厥庙，并磋砌全备，□□庙□明白记，宏且壮，不美不陋，得□之中。顾其社众路安、鲍宣、何方等，□有定制，以陈祭祀……□□众庶，意每时有水旱必致祷祠下。②

观此碑记，可知北宋河北民众已有朝拜曲阳岳庙习惯，或已有类似泰山香社之组织。元氏距曲阳两百余里，信众为免往来朝拜之累，故到曲阳请香火至家乡建庙。此外，距曲阳不远的无极县还有北岳神第五子祠，该庙曾于熙宁六年重修③，此知北岳帝君亦有子嗣为神。同时在宋代，南岳、中岳周边亦渐有行祠且有收编地方神祇之事④。

综上所述，宋代五岳行祠发展以东岳独盛，其余四岳行祠亦有萌芽。金元承宋五岳封帝之制，亦颇重视岳渎之祀，故诸岳行祠发展迅速。据成化《山西通志》，元代山西有八座西岳行祠⑤，位于蒲州、猗氏县、洪洞县、灵石县、孝义县、汾州、太谷县，分布在自涑水流域沿汾河而上的平原河谷地带。其中最早建立西岳行祠的是蒲州与猗氏县，它们隔河与华山相对，是华山信仰传到河东的第一站。同时山西或因多山，自金元起亦多合祠诸岳。据成化《山西通志》，自金元至明初山西有五岳（四岳）行祠九座⑥，大多分布在该省东部太行山脉及北部山区。南岳在五岳中名望最低，但其行

---

① 《宋会要辑稿》礼20，第800页。
② 民国《元氏县志》卷14《北岳庙碑》；参见《全宋文》卷2525，第117册，第200页。
③ 《宋会要辑稿》礼20，第772页。
④ （宋）张舜民《画墁集》（《丛书集成新编》第62册，第476页）卷8《郴行录》记"发潭州，循西岸牵行，舣舟王公亭，莫南岳行祠，游岳麓，升中洞真观"，不远即达衡山县；中岳行祠见弘治《偃师县志》（《天一阁藏明代方志选刊》第52册）卷1《祠》，宋政和二年创建。湖南沅州政和二年曾加封南岳张太保，此是地方神祇归附南岳神（参见《宋会要辑稿》礼20，第772页）。又，诸岳信仰下行亦非易事，如嵩山寺院北宋时曾塑"中岳圣帝受戒之像"，此是佛教对五岳信仰之吸纳。参见《宋会要辑稿》刑法2之90—91，第6540—6541页。
⑤ 成化《山西通志》卷5《祠庙》，第113—125页。
⑥ 成化《山西通志》卷5《祠庙》，第113—125页。

祠发展不可小觑。据嘉靖《湖广图经志书》，湖广至少有十九座南岳行祠[①]，它们最北以江畔之松滋、公安、监利为限，其余皆在长江以南诸州县，总体以衡山为中心。其中华容行祠与衡山附近行祠一样建于宋代[②]，为南岳诸行祠之先。

本章结语

　　道教自古以来就与五岳联系密切，唐玄宗诏令在五岳立道教真君祠，这标志着朝廷对正礼与道教双轨供奉五岳的认可。宋代承唐代真君祠系统，五岳道教道场化更加深入，五岳正庙不惟与真君祠（观）并行致祭，其本身也成为内使与道士斋醮之处。宋代五岳祭祀道教化的高潮是开封五岳观（会灵观）的建立，该观中正礼所祭五岳帝王完全被当作道教仙真，五岳观甚至成为朝廷正礼祈谢岳渎之处。总之，除岳渎带动的众神加额爵风潮外，五岳祭祀道教道场化，是唐宋特别是宋代以来五岳祭祀的又一重要特点。

　　随着五岳神祇帝王名位的稳固以及五岳祭祀与道教的充分融合，各地的五岳信仰获得较大发展。东岳行祠在宋代已遍布全国各地，甚至发展到四方边疆，同时其他几岳行祠也渐次发轫。

---

　　① 详见嘉靖《湖广图经志书》（《日本藏中国罕见地方志丛刊》第 21 册，北京：书目文献出版社，1991 年），第 527 页、第 707－708 页、第 1015 页、第 1114 页、第 1295 页、第 1408 页、第 1573 页、第 1594 页。

　　② 据志书，华容行祠"宋淳熙丁未建，元祐甲寅重修"，按：元祐早于淳熙，且元祐年无甲寅，故"元祐甲寅"当为淳熙之后宝祐甲寅。

第七章 明清北岳移祀考论

自汉代树立五岳制度以来，诸朝政权对五岳的认同并非一成不变，其中最典型的莫过于汉代以安徽霍山为南岳而隋唐以湖南衡山为南岳。南岳的变化因年代久远，史料有限，细节难考，几乎完全变为思想史问题。金元定都北京，恒山在国都之南，于是北岳移祀问题又提上日程。北岳移祀完成于清初，它是明清五岳祭祀制度之最大变革，故拟作专章讨论。关于北岳移祀的史料颇多，这为研究者提供了多角度考察五岳变动的机会，以下从三个方面展开讨论：首先详考北岳移祀历程，其次考察思想知识领域对北岳移祀的反应，最后阐发北岳移祀的区域史意义。

第一节 经学遗义与岳随都定

通过考察汉隋间南岳的变化，我们已发现经学思想对五岳变动有重要影响。经学家释经不仅有保持经典稳定性的一面，也有其权变一面。由《史记·封禅书》《汉书·郊祀志》述《尧典》巡狩，可知汉儒皆以泰衡嵩华恒为上古五岳；两书述及周制则统用《王制》"五岳"、"四渎"；述及汉代，对汉立霍山为南岳，两家亦实录之。《史》《汉》这种记录历代五岳的模式为五岳变动留下了想象空间。也正是在汉代，南岳发生了改变，这势必对儒生所持五岳自古不变的理念产生冲击，如郑玄注《周礼·大司乐》就以雍州的"岳"山取代华山为西岳。

如果说汉代部分经学家坚持衡山为古南岳是不受汉制南岳影响之表现，那么汉儒因宗周而改西岳为"岳"山以代尧舜之华山，这与汉立新南岳在思维上又有异曲同工之处，即五岳可因异代而变。《尔雅》首言五山，以雍州之岳山代替华山，此与《大司乐》郑注一致，与《大宗伯》郑注"岱衡华恒嵩"相左。《尔雅》这一做法应源自早期儒生注经生事，他们认为西周定都丰镐而西岳华山在其东，似不合理，故改经义以岳山为周之西岳。后儒如郑玄等，察其与古义矛盾，故只能调和两说，于是有《杂问志》所言："周都丰镐,故以吴岳为西岳。"①(按,前文述及中古多将《封禅书》吴、岳两山视为一山,此说或源自郑学。)总而言之,正是汉代经史之学开启了五岳随都而变之思维。后来随着郑注经义被奉为圭臬,此思维流传颇广。至中古,经学家持五岳可变者有之,如前引南朝崔灵恩即以霍山南岳是自周始。至唐代,孔颖达等定《五经正义》,在《毛诗正义》、《周礼注疏》中力辟郑玄之周以"岳"为西岳说及其衍生的岳随都定说②,这也可以反证两说影响颇大③。

唐肃宗至德二载(757年)安史叛军已下河南,朝廷下令"改汧阳郡吴山为西岳,增秩以祈灵助"④,这是自汉武违经义定霍山南岳以来,正统王朝又一次改动五岳,这次改动恰好是恢复了郑玄等鼓吹的周代西岳。至上元二年(761年),又有术士"请改吴山为华山,华山为泰山,华州为泰州"⑤,吴山既已夺华山"西岳"之位,此又欲改华山本山之名;而改华山为泰山是以华山为东岳,兼改州名,又欲夺泰山地望。此计若"得逞",则唐代又会给后世五岳名号徒添争议。此计虽未实现,但亦见"岳随都定"思维之影响。当然,产生"岳随都定"这一经学歧义的根本原因还是天子应居天下之中的政治理想。唐代始加五岳王号,五岳成为塑造王朝合法性而被着意崇饰的礼制元素。进入五代十国,中国再次陷入分裂,其历时虽远不及南北朝,但短短几十年间,诸小政权竟有效仿大唐制定五岳者。在此期间,诸政权皆热衷于郊庙及各种礼制建设⑥,名山大川因其奠方功能自然得到重视。如杨吴承唐制封东海与江、淮二渎,又因长江为境内大川将其分三段封为诸水府王⑦,此踵事增华之举后为北宋继承。据研究,五代十国明确制定五岳的政权有南汉、王闽和吴越⑧。而在此之前,唐代的五岳文化早已传至边疆。如南诏异牟寻于784年以境内名山大川为五岳四渎,南诏封官亦有

---

① 《毛诗正义》卷18之3《崧高》,《十三经注疏》,第566页。
② 参见《毛诗正义》卷18之3《崧高》,《十三经注疏》,第566页;《周礼注疏》卷18《大宗伯》,《十三经注疏》,第758页。
③ 清人郝懿行仍在批评郑玄曲解《尔雅》之意。参见(清)郝懿行:《尔雅义疏》卷中之七,上海:上海古籍出版社,1983年,第890页。
④ 《旧唐书》卷24《礼仪志四》,第934页。
⑤ 《旧唐书》卷24《礼仪志四》,第935页。
⑥ 参见任爽主编:《十国典制考》,第1—48页。
⑦ 《新五代史》卷61《吴世家》,北京:中华书局,1974年,第758页。
⑧ 参见任爽主编:《十国典制考》,第42—44页。

"岳侯"①。据《滇志》,云南府有五岳诸庙,大理府有东、南二岳庙,永昌府有东岳庙(蒙氏建)、西岳庙、南岳庙,鹤庆府有东西二岳庙及北岳庙(蒙氏建),丽江府有北岳庙(蒙氏建)②。以上可见,自南诏立五岳起,云南地方也如中原一样开始出现五岳行祠。南诏五岳传统并未因国灭消失,至元代,忽必烈曾封丽江雪山为"大圣北岳定国安邦景帝"③。与南诏同时,东北之新罗亦受唐制影响设立本国岳渎。据《高丽史》,新罗时以杨广道杨津为北渎,清州牧熊津为西渎,公州鸡龙山为西岳,南原府智异山为南岳;该书记耽罗县得名故事,更有西海、中岳降神子三人配三日本公主事④。南诏、新罗或因单纯模仿唐制设立岳渎,而五代十国诸分裂政权各立岳渎更有争夺、粉饰正统之意。当然,这些边疆、地方政权擅立岳渎,大概都与"天子居中"而"岳随都定"这一开放思维有关。

第二节 北岳移祀的历史背景

"岳随都定"毕竟与儒家经典记载的五岳之固定性相矛盾,因此唐肃宗时改岳之议仅昙花一现,终未改变传统的五岳认同。历宋金元,其间虽有分裂,统治者仍未因"岳随都定"擅改传统五岳。但此时出现了改动五岳之说。《金史·范拱传》载:

> (大定)七年(1167年),召赴阙,除太常卿。议郊祀。或有言前代都长安及汴、洛,以太、华等山列为五岳,今既都燕,当别议五岳名。寺僚取《崧高》疏"周都酆镐,以吴岳为西岳"。拱以为非是,议略曰:"轩辕居上谷,在恒山之西,舜居蒲坂,在华山之北。以此言之,未尝据所都而改岳祀也。"后遂不改。拱尝言:"礼官当守礼,法官当守法,若汉张释之可谓能守法矣。"故其议论确然不可移夺。⑤

---

① 详见(明)杨慎:《南诏野史》,《中国野史集成续编》第2册,成都:巴蜀书社,1993年,第506页、第575页。
② (明)刘文征:《滇志》,昆明:云南教育出版社,1991年,第548—554页。
③ (明)刘文征:《滇志》,第553页。
④ 详见(朝鲜)郑趾麟:《高丽史》,清华大学图书馆藏,1958年,第412页,第419页,第421页,第443页,第452页。
⑤ 《金史》卷105《范拱传》,第2313—2314页。

金代定都北京，天子居于幽州，偏离天下之中，于是就有人提出重新定位五岳。虽然这个提议还未及列出新五岳名目便被否定，但它毫无疑问会给既有的北方岳渎系统带来冲击。明清依然定都北京，顺治十七年（1660年）科臣再次提及移祀北岳，"给事中粘本盛疏，言查汉唐以来，皆祀北岳于曲阳，今科臣条议，宜祀于浑源州。应敕晋抚察浑源州有无北岳祠迹。再行酌议。"①其后，"礼部奏言，北岳祀典已经晋抚查明，原在浑源州，应如科臣所请，嗣后停曲阳之祀，移祀浑源州。从之。"②清朝决定将直隶曲阳县之北岳祭祀礼移至山西浑源州，这为自明代以来的北岳移祀议题画上了句号，从此朝廷不在曲阳祭祀北岳。细查官方改祀理由，提议的给事中明知汉唐祀北岳于曲阳，而要求移祀至偏北的浑源，足见其持岳随都定思维，以致可以忽视传统。而礼部支持移祀的理由是北岳祀典原在浑源，即曲阳北岳恒山不是古北岳，浑源州之恒山才是自上古所认可的北岳③。当然，清人理由未必可据，这次北岳移祀也不过是明代以来北岳之议的最终结果。下面围绕明代北岳移祀之争做出相关考察。

一、明代北岳移祀论争

明弘治六年（1493 年）兵部尚书马文升上《题为厘正祀典事疏》，称舜帝置五岳五镇，其中："北封恒山为北岳，在今大同府浑源州。"④而北岳应在浑源祭祀的原因为：

> 三代而下历秦汉隋唐，俱于原封之山致祭，至五代失河北之地，宋有天下，未能混一。北为契丹所有，后以白沟河为界，所以祭北岳恒山于真定府曲阳县，俗传有飞来石之说，不知祭医巫闾山于何处。盖宋建都于汴，而真定汴京之北，是亦不得已，权宜之道也。⑤

马文升指出北岳最初在浑源祭祀，宋代因北方失北岳于契丹而依托飞

---

① 《清实录》顺治十七年三月，北京：中华书局，1985 年，第 1027 页。
② 《清实录》顺治十七年七月，第 1065 页。
③ 详见（清）王崇简：《青箱堂文集》卷 1《奏疏八首》，《四库全书存目丛书》集部第 203 册，第 310—312 页。
④ （明）马文升：《题为厘正祀典事疏》，（明）陈子龙等选辑：《明经世文编》卷 62，北京：中华书局，1962 年，第 513—514 页。
⑤ （明）马文升：《题为厘正祀典事疏》，（明）陈子龙等选辑：《明经世文编》卷 62，第 513 页。

石传说改在曲阳祭祀。这里需要说明,马氏所说浑源恒山即今山西北部的恒山山脉,传统在曲阳祭祀的恒山(大茂山)在今河北曲阳西北、阜平与唐县两县交界之地,属今太行山脉,浑源恒山相对偏北。马文升指出太祖定都于南京而真定在京师之北,故在曲阳祭祀北岳也就因循下来;至成祖迁都北京,虽然曲阳已在北京之南,但礼官失职未及时提出厘正。他又说:"我朝《一统志》亦载'恒山在浑源州南二十里,即北岳。'以此观之,则北岳当在浑源州为无疑矣。今本州北岳庙址犹存,故老犹能相传。"①因此应当改变在京师之南祭北岳的乖礼行为而在浑源祭祀北岳。

马文升的提议可谓是明清北岳移祀的滥觞,以后几乎所有认为北岳应移祀浑源的观点都以此为宗。但马氏此提议立即遭到礼部尚书倪岳的驳斥,倪岳指出:

> 考得北岳祠事录内附载《浑源州志》一段,云"恒山在南二十里,乃古北岳也,上有岳庙,乃陶唐氏所建。至舜时十有一月,北巡狩至于北岳,驾诣大茂山谷,值大雪,岩壑冱寒,驾不能进,而遥祀之。忽岳庙之右飞一石坠帝前,因名曰安王石,乃建庙于大茂山。又五载,复巡狩,其石飞于曲阳,复建庙于曲阳。今州之恒山有观,乃唐武德中道士高明素所建也。"其言陶唐建庙、帝舜遥祀,事属无稽,飞石之说亦出谚语,不足为据。别无其他碑记可考,止有本朝洪武十二年(1379年)《重修古北岳庙碑》一通。内载"浑源恒山为古北岳,粤自有虞氏受禅,岁十一月北巡狩,帝躬行望祀。厥后飞石东迁,卒建祠于曲阳,历代因之,永以为典,于是恒山之祠废不复举。"是则北岳之纪于浑源州者如此。②

之后,倪岳引用《禹贡》、《汉书·地理志》、《周礼》、《尔雅》、《文献通考》等经典文献,认为恒山自古就在曲阳,曲阳祭祀北岳也不是始于五代③。

从二人罗列证据来看,马文升提出移祀文本依据是《大明一统志》和

---

① (明)马文升:《题为厘正祀典事疏》,(明)陈子龙等选辑:《明经世文编》卷62,第514页。
② (明)倪岳:《青溪漫稿》卷11《奏议》,景印《文渊阁四库全书》第1251册,第116页。
③ 《昭代典则》亦载此事,其于马文升题奏后记道:"礼部尚书倪岳曰:'北岳恒山,祀于曲阳,历汉至今两千余年,不可辄改。昔金世宗时议者以都燕请别议五岳,太常卿范拱言轩辕居上谷在恒山之西,虞舜居蒲坂,在华山之北,未尝据都改岳。'上从礼官议。"(明)黄光升:《昭代典则》卷22《孝宗敬皇帝·弘治元年至十年》,《四库全书存目丛书》史部第12册,第802—803页。

《浑源州志》，同时在浑源还存在始自唐代的道教宫观以及洪武初年重修北岳庙碑。倪岳继承了金人范拱的岳不随都说，他首先驳斥州志中描述的舜帝故事和飞石传说乃虚妄之事，然后主要依据《禹贡》等经典据理对宋代移祀之说予以反驳。因为倪岳的反驳有理有据，这次移祀浑源的建议未能施行。

嘉靖年间科臣陈斐又题请正岳祀①，他认同马文升五代失浑源北岳的说法，反对延续陋宋之迹，指出："石晋失燕云十六州之地，宋未能混一，北为契丹所掳，无缘至幽蓟之域而睹所谓北岳者。所以直得祭之于曲阳，诡言飞石之谬以粉饰其削弱之迹耳……我成祖文皇帝建都北平，而真定已在京师之南，使当时有礼官建明，顾有南面而登踵宋人削弱之迹哉？"②理由和马文升如出一辙。

万历十四年（1586年）大同巡抚胡来贡又请改祀北岳于浑源州，这时礼臣言："《大明集礼》载，汉、唐、宋北岳之祭，皆在定州曲阳县，与史俱合。浑源之称北岳，止见州志碑文，经传无可考，仍祀曲阳是。"③这是继马文升后明代官员第三次提出将北岳移祀到浑源。此时礼部尚书沈鲤作《议改北岳书》，其意与前礼部尚书倪岳奏疏相似，也是引经据典驳斥《浑源州志》之谬④。于是移祀又不能施行⑤。直到清顺治年间，科臣粘本盛再次提出移祀，清廷才决定将北岳移祀至浑源。

---

① 另据齐仁达考察，弘治十五年马文升似又提出移祀一事，详见其《明清北岳祭祀地点转移之动态考察》，《史学月刊》2009 年第 9 期。

② （明）王圻：《续文献通考》卷 109《祭山川》，《四库全书存目丛书》子部第 187 册，第 128 页。其事又见乾隆《恒山志》赵开祺序："嘉靖二十五年(1546 年)，户科给事中陈公亦有飞石之辨，竟不果。"参见《恒山志》标点组：《恒山志》，太原：山西人民出版社，1986 年，第 11 页。

③ 《明史》卷 49《礼志三》，第 1284—1285 页。

④ 详见（明）沈鲤：《亦玉堂稿》卷 2《议改北岳疏》，景印《文渊阁四库全书》第 1288 册，第 229 页。

⑤ 又据《涌幢小品》载："恒山为北岳，在大同府浑源州南二十里。唐以前皆于山所致祭，石晋割赂契丹，宋承其后，以白沟为界，遂祭于真定府曲阳县，文之曰：地有恒山飞来石。入国朝，未及厘正，北平迁都，则真定反在其南。弘治中，马钧阳疏请改祀浑源，礼部尚书倪岳覆寝，止建庙于恒山之下。万历十六年，巡抚胡来贡又申钧阳之说，礼部尚书罗万化覆如故。"参见（明）朱国祯：《涌幢小品》卷 26《山》，北京：中华书局，1959 年，第 606 页。这里朱国祯的记载当有误，据《明史》，万历十六年时礼部尚书并非罗万化，其任礼部尚书在万历二十一年到万历二十二年（《明史》卷 112《七卿年表》，第 3480 页）。

二、对浑源北岳说的检讨

继明代礼臣对浑源北岳说的批驳后，清代学者有人继续为曲阳北岳辩护，其中以顾炎武的《北岳辨》和阎若璩的《论北岳中岳》为代表①。顾炎武还专门做实地考察，他结合曲阳北岳庙唐宋碑文，认为曲阳确实是传统祭祀北岳之地。自倪岳以来，支持曲阳北岳说者多以经典为据展开辩护，但他们与倪岳、顾炎武等类似，都过于依赖正经正史，并未认真对待马文升的论据。马文升主张浑源北岳说论据有：一、五代失去恒山，所以移祀曲阳；二、《大明一统志》和州志中有浑源北岳记载；三、浑源有恒岳观和重修古北岳庙碑。

五代失恒山而移祀曲阳的说法，曾被以后支持浑源北岳说者广泛认可，可这条一开始便被倪岳指出谬误，即宋初是缘唐制祭北岳于曲阳，并不存在五代移祀。下面笔者举几则唐宋史料以补正之：

《大唐开元礼》载："北岳恒山祭于定州界。"②曲阳即属定州。《旧五代史》载，天祐十年（913年）十二月晋王李存勖"甲申，次定州，舍于关城。翌日，次曲阳，与王处直谒北岳祠"③。《旧五代史》又载："定州奏，大风雹，北岳庙殿宇树木悉摧拔之。"④《续资治通鉴长编》有："国初缘旧制，祭东岳泰山于兖州，西岳华山于华州，北岳恒山于定州。"⑤顾炎武在其《北岳辨》中也提出："宋初庙为契丹所焚，淳化二年重建。而唐之碑刻未尝毁。至宋之醮文、碑记尤多，不胜录也。自唐以上，征于史者如彼；自唐以下，得于碑者如此，于是知北岳之祭于上曲阳也，自古然矣。"⑥总之，以上史料足可确认，北岳并非在唐宋间从浑源移祀到定州曲阳。但在此期间曲阳范围内北岳个别祠庙地点确有变化。

《元和郡县图志》载："恒岳观，在（曲阳）县南百余步。真君庙，在县东

---

① 详见（清）贺长龄：《清经世文编》卷55，北京：中华书局，1992年，第1386—1387页，第1387—1388页。
② 《大唐开元礼》卷35《祭五岳四镇》，第262页。
③ 《旧五代史》卷28《唐书四·庄宗纪二》，第383页。
④ 《旧五代史》卷84《晋书十·少帝纪四》，第1108页。
⑤ 《续资治通鉴长编》卷9《太祖·开宝元年》，第209页。
⑥ （明）顾炎武：《北岳辨》，《清经世文编》，第1386—1387页。

北十里嘉禾山下。恒岳下庙,在县西四十步。"①这里曲阳县城西的恒岳下庙即历朝祭祀北岳之所,即今曲阳北岳庙前身。既然有"下庙",也当有"上庙"。关于李存勖访北岳庙事,《资治通鉴》载:"甲申,至定州,舍于关城。丙戌,晋王(李存勖)与王处直谒北岳庙。"胡三省注:"北岳庙在恒山之大茂山;恒山在定州曲阳县西北。"②胡注未说北岳庙在曲阳,而说在距曲阳城一百多里外的大茂山,这可能就是恒山的"上庙"。对照二史,可知李存勖行军目的旨在南行走井陉道回晋阳,从其抵达定州到拜谒曲阳北岳庙不过一二日之间,而曲阳境内的恒山(即大茂山)在曲阳西北太行山区,从定州至大茂山又近二百里,故可知两位方镇首领拜谒之庙必是曲阳城边的北岳下庙。结合前文所述唐宋岳庙与真君祠双轨祭祀制度,此庙又近城东嘉山下北岳真君祠,更可知其为祭岳正庙。胡注虽非,但它透露出曲阳恒山脚下另有一所知名的北岳祠庙。

《太平寰宇记》有:"北岳恒山,在(曲阳)县西北一百四十里……其下有祠曰'安天王'。"③"其下有祠"可能就暗示北岳祠当在恒山附近。沈括也指出:"北岳恒山,今谓之大茂山者是也。半属契丹,以大茂山分脊为界。岳祠旧在山下,石晋之后,稍迁近里。今其地谓之神棚,今祠乃在曲阳。祠北有望岳亭,新晴气清,则望见大茂。"④沈括此说极易使人误认为原来大茂山下的岳祠才是汉唐祭祀北岳之所,其实真相可能是:因大茂山一带陷入契丹,故山下北岳祠庙相关建制内迁到百里之外的北岳正庙。沈括之说确实让后人产生了误解,如两宋之际吕颐浩《忠穆集》载:"惟北岳在大茂山,山大半陷敌境,移庙于中山府曲阳县。县在中山府北七十里,封安天元圣帝。殿前有一亭,沈括《笔谈》载亭中有李克用题名,云'克用亲领步骑五十万问罪幽陵',乃出兵讨卢龙节度使刘仁恭时留题也。"⑤

通过以上分析,大致可判断唐宋间朝廷祭祀北岳的主庙仍在曲阳城西,并未变化,可能变动的是,原大茂山下的北岳祠庙因五代战乱移到了曲

---

① 《元和郡县图志》卷22《河北道三》,第514—515页。
② 《资治通鉴》卷269《后梁纪四》,第8781页。
③ 《太平寰宇记》卷61《河北道·定州》,第1276页;据《旧唐书》(卷9《礼仪志四》,第934页)载:"天宝五载,封中岳神为中天王,南岳神为司天王,北岳神为安天王。"
④ (宋)沈括撰,胡道静校注:《新校正梦溪笔谈》卷24《杂志一》,第245页。
⑤ (宋)吕颐浩:《忠穆集》卷8《杂记·燕魏杂记》,景印《文渊阁四库全书》第1131册,第334页。

阳城①。但这个转移很可能不是另起炉灶，《元和郡县图志》记曲阳城周边既有北岳正庙即"恒山下庙"又有"恒岳观"，此二庙当是移祀首选。

北宋末年，北边战事日益吃紧，连致祭曲阳城的北岳庙也困难重重。周必大嘉泰三年（1203年）作《宝文阁学士通奉大夫赠少师梁公（汝嘉）神道碑》载："（梁汝嘉）初以迪功郎主管吏部官告院，三被赏。循儒林郎调中山府司兵曹事，减员改仪曹，每以不可开边衅为言。帅怒，劾奏未报，敌兵薄境，委公持御香祝版祠北岳，欲陷公死地。公蹈履艰危，礼成而返。"②北宋末年，梁汝嘉奉命从定州至曲阳祀北岳被认为是陷于死地，可见虽然宋朝为安全起见曾将大茂山下北岳祠庙内迁至曲阳县城，但此时在金兵压境情况下，曲阳县城也暴露在了锋芒之下。

至此，唐宋间北岳祠庙变动的史实已基本厘清，汉唐国家正祀北岳之地一直是曲阳城西的北岳庙；在五代之际的边境战争压力下，确实有恒山（大茂山）下的北岳祠庙移到曲阳县城，但这绝不是马文升所说的北岳正祀从浑源移到曲阳③。

至于浑源北岳说的方志依据，一般总志资料取自地方志。明代《浑源州志》最早的版本被收入《文渊阁书目》中④，《文渊阁书目》成书于正统六年（1441年），明代浑源第二部州志成书于弘治六年（1493年），马文升于同年提出移祀浑源⑤，故他奏疏所引《浑源州志》应为早期《浑源州志》。此外成书于成化十一年（1474年）的《山西通志》中多次引到旧《浑源州志》⑥，可见收入文渊阁的早期州志并不难得。《明一统志》成书于天顺五年（1461

---

① 拙著该部分曾以《从曲阳到浑源：北岳移祀过程补考》为题发表在《中国历史地理论丛》2009年第4辑，后承张珈批评，略有修改。参见张珈：《祀典与叙事——重探明清北岳移祀及其空间意象》，《汉学研究》（台北）2014年第1期。

② （宋）周必大：《文忠集》卷69《神道碑九》，景印《文渊阁四库全书》第1147册，第730页。

③ 参见梁勇：《再论北岳恒山地望及其历史变迁》，《中国历史地理论丛》2004年第2辑。

④ （明）杨士奇等编：《文渊阁书目》卷4《新志》，景印《文渊阁四库全书》第675册，第228页。

⑤ 据研究，景泰年间（1450—1456年）以前浑源有两部明代《浑源州志》，一据《文渊阁书目》（正统）定为"约永乐、正统间刻本"，一据《寰宇通志》（景泰）、《明一统志》（天顺）、《山西通志》（成化）定为"约景泰七年（1456年）以前刻本"。之后《浑源州志》又有弘治六年（1493年）本、嘉靖四十五年（1566年）本，万历三十九年（1611年）本，详见李晋林、畅引婷：《山西古籍印刷出版史志》，北京：中央编译出版社，2000年，第363—364页。笔者以为正统、景泰两年号相连，山西编写方志活动当不致如此频繁，该书所称景泰七年前存在的两部州志当为一本，而在此之后，正统景泰至弘治六年存在另一部《浑源州志》的可能性也极小，故弘治年间的《浑源州志》当为明代浑源的第二部方志。

⑥ 参见成化《山西通志》，《四库全书存目丛书》史部第174册。

年),晚于《文渊阁书目》,故可推知马文升所据州志内容当反映在《明一统志》中。《明一统志》关于北岳恒山的记载如下:

《真定府·山川》:"恒山,在曲阳县西北一百四十里。《天文志》'恒山,星辰主焉'。《尔雅》曰:'恒山为北岳',盖祀典五岳之一。《舆地要览》'其山有大玄之泉,神草十九种,服之成仙。'唐贞观间忽有飞石坠于县西,因建祠,自是皆于祠望而祭之。"

《真定府·祠庙》:"北岳庙,在曲阳县治西,距恒山百余里,祀北岳恒山之神。本朝载在祀典,事详济南府东岳庙。"

《大同府·山川》:"恒山在浑源州南二十里,即北岳也。《水经》谓之玄岳,其山高侵云汉,舜北巡狩至于恒山,即此山。"

《大同府·祠庙》:"北岳庙,在浑源州南五里,详见恒山。"[①]

由上文可见,明初已出现的浑源北岳说同曲阳北岳说并立于《明一统志》中,它当出自马文升所引《浑源州志》,但从地方志到一统志,传说故事得到了国家权威的认可,浑源北岳说的合法性大大增强。虽然《明一统志》并没有直接否认曲阳恒山的地位,但这种两可的说法无疑是对传统曲阳北岳的挑战。从两说的叙述来看,浑源北岳说突出的是舜时北岳,曲阳北岳说提到的却是为礼臣所不屑的飞石传说[②]。相比之下,曲阳北岳说的合法性当然会大大降低。

三、浑源北岳说源头蠡测

虽然上文梳理了《明一统志》和《浑源州志》的关系,但问题并没有得到根本解决,即诸志中浑源北岳说的源头何在?马文升列举的浑源北岳庙遗迹及所存洪武十二年《重修古北岳庙碑》又应如何解释?《浑源州志》所说北岳之祀乃舜帝时移至曲阳,虽与马文升的说法在时间上有异,但皆认为浑源之山乃古北岳,因此有必要对浑源古北岳说的起源做出探析。据道教碑刻《浑源县真常子刘君道行记》:

[①] (明)李贤等:《明一统志》卷3《真定府》、卷21《大同府》,景印《文渊阁四库全书》第472册,第76页、第81页、《473页》、第478页。

[②] 可以发现马文升所引的《浑源州志》中提到的因飞石定祀于曲阳乃是舜帝时代,而《明一统志》则记曲阳因飞石建祠为贞观年间事,又《文渊阁书目》收录了《曲阳县图志》(旧志)、《曲阳县志》(新志)(《文渊阁书目》卷4《新志》),因此笔者推测后一飞石传说当采自《曲阳方志》。

第七章 明清北岳移祀考论

　　君讳道宁，云中白登人……泰和壬戌，闻浑源隐士刘柴头号得道，乃与家人诀，诣屏风山金泉观，师事焉……贞佑之甲戌，避地张村，穴洞以居。岁丙子，乡里稍安帖，土官冯禄闻君之在并也，迎归云内……庚辰春，浑源长高定饱闻君誉，敬请之来，曰龙泉、曰金泉、曰玄元，皆名观也，君更为住持，而兴废起顿之功为多。癸未（1223年）秋，真人丘长春入觐回，君执弟子礼……因授秘诀，加号真常，令筑室西京。未几，推为道宫长，游戏十年……丙申（1236年）之春，尹清和谒祖庭还，会君于古恒岳之阳，语之曰："吾近游陕右，奉田侯德粲之命，凡玄宫道宇，皆择人主之。惟华山之云台，地灵物秀，实仙家一洞天，非君无可托者。"君再辞不获，遂遣门人为经营，君亦往返再三，大兴筑构……是年（丙午年，1246年）夏五月庚申，旋车古恒，越二十二日壬午，请州牧高仲拣泊门人许志安，属以后事。①

　　山西北部道教起源于北魏，至金元时期，北方全真等教派兴起，山西道教再次繁荣。刘道宁先在浑源大起道观，其后一生致力于雁北地区的道教事业。他所在的浑源可以说是全真教在山西北部的中心。1223年秋他被丘处机调到西京（今大同）作道宫长十年。丘处机死后，刘道宁与尹志平交好，曾协助尹志平发展西岳道教。1246年参加完燕京大醮后，刘道宁便仙逝于浑源。刘道宁去世后，其门人曾请浑源学士魏邦彦书其行状，魏邦彦又嘱托名士王鹗，最终由王鹗撰写。

　　碑文中两次提到"古恒岳"与"古恒"。如1236年刘道宁会见尹志平，碑文言"会君于古恒岳之阳"。通读碑文可知刘道宁一生几乎全在雁北地区活动，若与尹志平相会不应奔波到河北的大茂山。据《甘水仙源录》，尹志平在陕西复兴道教后，"既而被命于云中，令师选天下戒行精严之士，为国祈福，化人作善。时平遥之兴国观，崞之神清，前高之玉虚白云洞，定襄之重阳，沁之神霄，平阳之玄都皆主于师。"②可见尹志平行踪也是不出山西，正是在此时他请求刘道宁出山帮助发展西岳道教。因此二人相会地点"古恒岳"当为浑源附近的"恒山"。当然，碑文中"旋车古恒"表示返回浑

---

① 陈垣编纂，陈智超、曾庆瑛校补：《道家金石略》，第493页。
② （元）李道谦：《甘水仙源录》卷3《清和妙道广化真人尹宗师碑铭》，《道藏》第19册，第743页。参见樊光春：《西北道教史》，北京：商务印书馆，2010年，第418页。

源,表明浑源之南的山脉此时已被称作"古恒山",这一称谓应与当地道教之繁荣有一定联系。最后,该文为由金入元名臣王鹗撰写,表明有些知识精英已接受了浑源古北岳说。

据成化《山西通志》,山西已有数座北岳行祠,它们以浑源北岳庙为主庙:"北岳庙,在浑源州南二十里,唐武德间建,详见'恒山'。又行祠有五,五台县有二,一在县西北四十里,元至元三年建,一在县东北四十里元大定四年建。一在孝义县北门外半里大孝里,元至大初建。一在沁州城北广佑卫,洪武中建。一在泽州西四十五里黄河山上。"①此知山西个别地方在元明之际开始流行北岳信仰,这亦当与浑源已享北岳地望有关。

马文升奏疏所引州志载:"今州之恒山有观,乃唐武德中道士高明素所建也",又提及洪武十二年《重修古北岳庙碑》②。恒山观更表明浑源古北岳说与道教联系紧密。此处"恒山观"应与《重修古北岳庙碑》指同一道教宫观,当然即使不是也不妨碍判断:明初的"古北岳庙"之称显然受到了金元已出现的浑源古北岳说影响。且无论如何,浑源"古北岳庙"并非历朝行正礼之岳庙,《重修古北岳庙碑》自述其曾在唐代被赐名"龙泉观"③,其来源与地位都不堪作朝廷常祀之地。正德《大同府志》载:"恒山,在浑源州城南二十里,即北岳也……其顶名天峰岭,岭下建北岳观,观侧有飞石窟,上建后土祠镇之。"④此处对浑源恒山祠庙仅称"北岳观"。虽然成化《山西通志》在努力营造浑源北岳庙为北岳主庙,但当地方志北岳庙、观混称的现象再次暴露出浑源"北岳庙"的非正规色彩⑤。该庙处在山上,形势险峻,确实更似道教宫观,《恒山志》载:"弘治十四年,敕扩修,都御史刘宇以古庙狭,度地中峰之阳,建朝殿,改古庙为寝宫。古庙在巅,遂广若溜,中空若窟。两翼山削如壁,去殿五丈许。左翼自前折而右,如障不接;右翼者才丈许,如箭笞;爰建门焉。"⑥

---

① 成化《山西通志》卷5《祠庙》,第122页。
② (明)倪岳:《青溪漫稿》卷11《奏议》,景印《文渊阁四库全书》第1251册,第116页。
③ 《三晋石刻大全·大同市浑源县卷》,太原:三晋出版社,2013年,第43页。
④ 正德《大同府志》卷1《山川》,《四库全书存目丛书》史部第186册,第215页。
⑤ 清代所修的《恒山志》则明确把山上道观作为北岳庙来叙述:"岳庙创自元魏太武帝太延元年,宣武帝景明元年灾。唐武德间复建,唐末圮。金复建,天会、大定间重修,金末毁于兵。元复建,元末毁。明洪武中,都指挥周立复建……"参见《恒山志》标点组:《恒山志》,第106页。
⑥ 《恒山志》标点组:《恒山志》,第106页。

第七章　明清北岳移祀考论

浑源北岳祠庙虽因地势过险不堪为祭岳正庙,但自金元以来该地区就有古北岳说,周边又开始出现北岳行祠,浑源的古北岳认同日渐发展。马文升《题为祛除邪术以崇正道事疏》提到宪宗(1465—1487年)派内侍至五岳五镇封石函全书事:

> 臣访得东岳、东镇、西岳、西镇、中岳、中镇、北岳、北镇等祠庙俱有御用监太监陈喜、太常寺卿邓长恩安造石函一座……及有外官所撰皇帝遣御用监太监陈喜致祭于东岳泰山等神祭文,石碑一座……乞敕河南、陕西、山西、山东、辽东各处巡抚等官,将前项岳镇等庙,但系陈喜、邓常恩安造石函,并所立石碑,俱各拆毁仆倒,磨去文字。①

从文中内侍所祭四岳四镇及马文升所请命参与的地方官员,可以判断内侍所祭北岳应是在山西而不是在河北,而山西祭祀北岳的地点当然是在浑源。在明代,浑源北岳庙为地方人士和地方官员所重视,其庙曾数次重修,并请数位官员包括耿裕、吴宽两位曾任礼部尚书的重臣撰写碑铭。值得注意的是这两位礼部尚书都认可浑源北岳说,其中耿裕主掌礼部时的侍郎便是其后任礼部尚书倪岳②。

综合以上论述,明代北岳移祀论争的历史背景得到充实:唐宋以来朝廷祭祀北岳之地一直是在曲阳城边的恒山下庙,但五代之际河北的北岳祠庙可能确实发生过变动,即最初在恒山(大茂山)下的祠庙,在边境军事压力下迁到了曲阳城内。更重要的是,浑源北岳说至少可上溯至金元时期,它的形成与传播与当地道教有一定联系。明代浑源古北岳说记入地方志最终为《明一统志》采纳,这使其合法性大大增强。另外,在马文升提出移祀浑源前后,两任礼部尚书曾对浑源北岳说表示支持,成化年间还出现过皇帝派内侍在浑源祭祀北岳的事件。这些足见浑源北岳说已经有能力并且也实际影响到了朝廷的祭祀活动。所有的这些史实构成了马文升提出移祀浑源的历史背景。

---

① (明)马文升:《题为祛除邪术以崇正道事疏》,(明)陈子龙等选辑:《明经世文编》卷62,第514—515页。该事又见《明实录》附录《孝宗宝训》卷2,台北:"中研院"历史语言研究所校印,1962年,第177—178页。

② 详见《恒山志》所收《文志》,第230—256页;耿裕、吴宽皆为名宦,耿裕于弘治元年十月至弘治六年六月任礼部尚书,吴宽于弘治十六年进礼部尚书,参见《明史》卷183《耿裕传》、卷184《吴宽传》。

第三节 明清北岳移祀的知识背景

在清理北岳移祀的来龙去脉时，笔者发现移祀之前，特别是自明代中期以来，浑源北岳说在人们的思想意识中已越来越占有优势。下面对明代有关北岳的知识史做一番考察。考察角度分别为：经典注疏、官方地理与大众认知。

《尚书》所记上古帝王巡狩活动是后代帝王封禅与祭祀山岳的文本依据，其《禹贡》篇关于恒山的记录为："导岍及岐，至于荆山，逾于河……太行、恒山至于碣石，入于海。"①此为《汉书·地理志》所采，颜师古注曰："太行山在河内山阳西北。恒山在上曲阳西北。"②与师古注相应，唐孔颖达《尚书正义》疏"导岍及岐"句为："《地理志》云，太行山在河内山阳县西北，恒山在常山上曲阳县西北。"③这表明汉代以来人们一直认为恒山是在"上曲阳"（今河北曲阳县及其西北），且官方史志与经典注疏的认识保持一致，但这种情况在明代发生了变化。

一、明代官方地理志与一般知识中的北岳

在明洪武、永乐年间官修经学教材《书传会选》、《书经大全》中，"导岍及岐"条"恒山"注疏延续了颜师古注与孔颖达疏④。随着成祖迁都北京，明代官方地理对"恒山"的认定开始出现问题，如前文提到《明一统志》让浑源北岳与曲阳恒山并立。该志详记浑源北岳地貌与名胜，《大同府·山川》："《水经》谓之玄岳，其山高侵云汉，舜北巡狩至于恒山，即此山。有天峰岭、大茂山、安王石、龙泉观及通元谷、步云路、望仙岭、碧峰嶂、虎风口、集仙洞、白云堂、紫芝峪、潜龙泉、琴基台、会仙府、聚仙台、得一庵、夕阳岩、白虎峰、古老岭、石脂图、白龙洞。"⑤这种古史传说结合现实景观的描述手法让浑源北岳说显得极具说服力。

---

① 《尚书正义》卷6《禹贡》，《十三经注疏》，第151页。
② 《汉书》卷28上《地理志上》，第1533页。
③ 《尚书正义》卷6《禹贡》，《十三经注疏》第151页。
④ 参见（明）刘三吾《书传会选》、（明）胡广《书经大全》，二书俱见景印《文渊阁四库全书》第63册，第50、353页。
⑤ 《明一统志》卷21《大同府》，第473页。

（一）明代舆图中的北岳

既然《明一统志》兼收曲阳北岳说和浑源北岳说，那么此二说在其他明代地理著作中是否出现？它们在一般知识层面是否有所反映？

现存明代最早全国舆图为《大明混一图》①，该图北岳位置在山西河北两省交界，更近北直隶顺天府。之后笔者又检索了十种明代及清初的全国性舆图②，从这类材料中主要选取三类舆图（即全国总图与二省别图）来考察图中所标"恒山"，详见下表③：

表 7.1　明及清初舆图所见"恒山"、"北岳"

舆图名称	全国总图	北直隶地方舆图	山西地方舆图
《广舆图》	《舆地总图》："恒"字在山西北直隶交界处	《北直隶舆图》："恒岳"在北直隶界内且在省边界处	《山西舆图》："北岳"在浑源南
《广舆图叙》	《大明一统图》："北岳"在大同界内	《北直隶舆图》："北岳"在大同府	《山西郡县图》："北岳"在浑源南
《皇舆考》	《皇明一统总图》："北岳"在山西境内	《北直畿内郡县图》："北岳"在北直界外且其东标示"山西大同界"	《山西郡县图》：浑源南标"岳"字
《广皇舆考》	《一统图》难辨	《北直隶舆图》："北岳"在"山西大同界"	《山西图》："北岳"在"浑源州"南
《方舆胜略》	《舆地总图》："恒"在两省交界	《北直隶舆图》："恒岳"在界内且在省边界处	《山西舆图》："北岳"在浑源南

---

① 曹婉如等编：《中国古代地图集（明代）》，北京：文物出版社，1995年。
② 采用全国性舆图可以避免地方性舆图中可能存在的偏见，这样可以保证对两种北岳说做出较客观的考察。
③ 表中十种图志来源分别为：朱思本（罗洪先等增补）《广舆图》（《续修四库全书》第586册），桂萼《广舆图叙》（《四库全书存目丛书》史部第166册），张天复《皇舆考》（《四库全书存目丛书》史部第166册），张天复《广皇舆考》（张元忭增补）（《四库禁毁书丛刊》史部第17册），程百二等《方舆胜略》（《四库禁毁书丛刊》史部第21册），程道生《舆地图考》（《四库禁毁书丛刊》史部第72册），陆应阳（蔡方炳增辑）《广舆记》（《四库全书存目丛书》史部第173册），朱思达等《地图综要》（《四库禁毁书丛刊》史部第18册），潘光祖、李云翔《汇辑舆图备考全书》（《四库禁毁书丛刊》史部第21册），朱约淳《阅史津逮》（《四库全书存目丛书》史部第173册）。

续表

舆图名称	全国总图	北直隶地方舆图	山西地方舆图
《舆地图考》	《大明一统图》："北岳"在山西界内	《畿内郡县图》："北岳"在"山西大同界"之内	《山西郡县图》："岳"字标在浑源南
《广舆记》（清初增辑本）	《广舆总图》难辨	《直隶》："恒岳"在直隶界内且在省边界处	《山西》："北岳"在浑源南
《地图综要》	其总图性质地图难辨	《北京分界图》：用"山西大同界"将"北岳"划出北直隶	《山西分界图》："北岳"在山西境内
《汇辑舆图备考全书》	《天下总图》难辨	《北直隶图》："恒岳"在北直隶界内且在省边界处	《山西省图》："北岳"在山西境内
《阅史津逮》（清初）	《舆地总图》："恒"在二省交界	《北直隶舆图》："恒"北直隶界内且在省边界处	《山西舆图》："北岳"在浑源南

  以朱思本（罗洪先等）的《广舆图》为例，在其全国舆图中"恒"山位于山西、河北交界处，偏近河北，似与《大明混一图》同出一系；但在分省图中又分别以"恒岳"属北直隶、以"北岳"属山西，这种做法显然与《明一统志》思想一致[①]。其后《方舆胜略》、《广舆记》、《汇辑舆图备考全书》、《阅史津逮》在处理北岳问题上与《广舆图》保持一致，应当是受其影响[②]。需要注意的是，浑源北岳说在其他舆图中超出了《明一统志》及《广舆图》二说并存的做法。首先，可以发现桂萼《广舆图叙》已在全国性舆图中明确将"北岳"划在山西，这一方式为《皇舆考》和《舆地图考》采用[③]。其次，更为激进的是，《广舆图叙》、《皇舆考》、《舆地图考》、《广皇舆考》、《地图综要》等图志在北直隶舆图中直接将"北岳"划入山西，并在其旁标注"山西大同界"

[①] （元）朱思本撰，（明）罗洪先、胡松增补：《广舆图》，《续修四库全书》第586册，第412、414、425页。

[②] 如清人评增订本《广舆记》："因明陆应阳《广舆记》而稍删补之，大抵抄撮《明一统志》，无所考证。"参见（明）陆应扬撰，（清）蔡方炳增辑：《广舆记》，《四库全书存目丛书》史部第173册，第511页。

[③] 《皇舆考》自序中明确表示受到了桂萼影响，详见《四库全书存目丛书》史部第166册，第275页。

以明示北岳之归属。当然在这些图志的山西图中,"北岳"更与北直隶脱离了关系。

图 2　桂萼《广舆图叙》之《北直隶图》

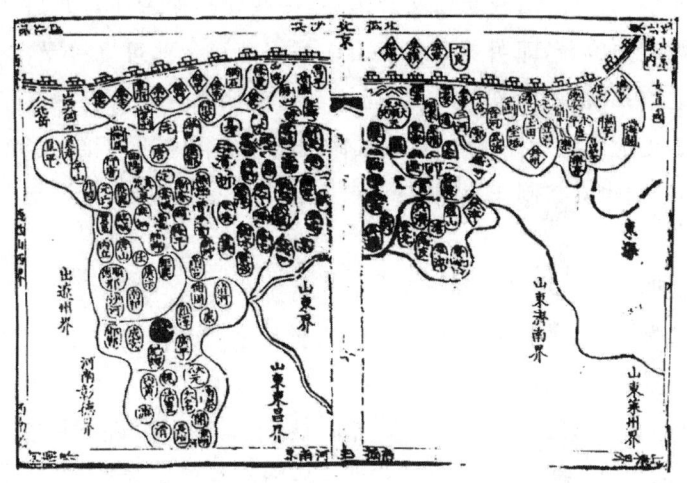

此外,考察以上图志文字部分,依然可见浑源北岳说的强势发展。如《皇舆考》将恒山归为大同之山,"浑源州,即北岳,水经谓之玄岳。"①在作图上依照《明一统志》采取二说并存的《方舆胜略》,在文字介绍部分却与《明一统志》出现了差异,其《大同府形胜》载:"恒山,浑源,即北岳也,《水经》谓之玄岳,山上有飞石窟,两崖壁立,豁然中虚,相传飞去曲阳县,历代怯登者就祠于曲阳,以为岳灵所寓也。"②虽然作图以《明一统志》为标准,但《方舆胜略》志文中掺入了不利曲阳北岳之传说,这一图与志之间的微妙变化似乎见证了二北岳说的此消彼长③。

综上,对十种舆图材料的考察可以得出以下结论:一、有明一代自《明一统志》开始,曲阳、浑源二北岳说多并存于各种舆图方志中。二、在二说的选择上,无论是图像表述还是文字介绍,浑源北岳说的影响越来越大。现存明中前期《杨子器跋舆地图》对二北岳说亦有表现,其在曲阳附近用

---

① (明)张天复:《皇舆考》,第321页。
② (明)程百二等:《方舆胜略》,第161页。
③ 类似的情况也出现在与《明一统志》保持一致的《广舆记》(第38页)中,其介绍河北恒山时直接说:"恒山,曲阳旧传一峰自浑源州恒山飞来。"

"北岳"二字标示庙宇,而在山西境内应县南部则用"恒"字标示大山①。杨图以"北岳"庙来承认曲阳乃祭祀北岳之处,又以"恒"山来确定北岳恒山当属山西,这显然受到了浑源北岳说的影响,即他认为:恒山本在山西而后于河北建庙祭祀。此外,或受马文升影响,一些舆图作者还对北岳变迁提出了岳随都定的解释,即明初真定恒山在都城南京之北可以接受,但后来王朝定都北京,北岳就应改在山西浑源②。这表明部分学者已抛弃了汉唐以来尊重经史记录的态度,他们从现实政治的象征需求出发接受了浑源北岳说,虽然他们也会在制作舆图时标榜"远合于经史之遗意,近则与一统志相表里"③。

(二)明代游记中的北岳

明人好游,故多有游记作品传世,在此笔者仅选几例以考察二北岳说。

首先是何镗(1507—1585年)的《古今游名山记》。该书目录在"恒山"下书"山西诸山泉附"④,足见作者已认同浑源北岳说。其次,王士性(1547—1598年)曾至河北曲阳,其见北岳庙第一反应竟是"因忆岳在浑源之南",他认为浑源北岳才是古北岳,批评曲阳借飞石说盗"北岳"之名,并发出"宁渠一至浑源以得当所谓真岳者"的感慨。他到浑源又据图论证,"余披舆地图,河北盖有两恒岳",但"在浑源者近是"⑤。王士性所据"舆地图"当是受《明一统志》影响的舆图。之后,明代著名旅行家徐弘祖(1586—1641年)在日记里亦只认同浑源北岳⑥,明末龚黄的《六岳登临志》里记载的也尽是浑源恒山风景⑦。

如果说王士性及其后来旅游者因为传播已久的浑源北岳说而失去了澄清史实的机会,那么他们的前辈明代才子王世贞(1526—1590年)却早对二北岳问题发表了客观的看法。王世贞也曾亲到曲阳北岳庙,并在《历三关记》中说道:"余犹记孝庙时马端肃公上言,岳故在浑源州,则当从浑源

---

① 参见曹婉如等编:《中国古代地图集(明代)》之《杨子器跋舆地图·北京部分》。
② (明)吴国辅、沈定之:《今古舆地图》,《四库全书存目丛书》史部170册,第723页。
③ (明)陆应阳,(清)蔡方炳增辑:《广舆记》,第3页。
④ (明)何镗:《古今游名山记》,《续修四库全书》第736册,第580页。
⑤ (明)王士性:《王太初先生五岳游草》,《续修四库全书》第737册,第57—59页。
⑥ 详见(明)徐弘祖:《徐霞客游记》,上海:上海古籍出版社,1982年,第87—91页。
⑦ 详见(明)龚黄:《六岳登临志》卷5,《续修四库全书》史部第721册,第725页、第729页、第730页。

以祀,而倪文毅公在礼部不能从。说者以为恨,且谓石晋弃兹岳契丹,宋不能复,而托辞于飞石以文其陋。然真定在汉为常山郡,即恒山也。读壁间李克用题石,其庙貌著于唐,固不自宋始,姑阙之以俟考。"①他并不盲目从俗,指出北岳五代移祀曲阳的说法不可信,认为在曲阳祭祀恒山乃源自汉唐。王世贞在分辨恒山问题上展示出其治学的客观精神,然而明代像他这样有见地的游者毕竟不是多数。

不惟好游文人认同浑源北岳,在普通民众的日常知识层面,人们亦渐渐不认可河北恒山。如成书于正德年间的《三才广志》在介绍恒山时,还以《明一统志》为准保持了两种北岳说②;至明末,在商人常用的《一统路程图记》里却只记载:"北岳恒山,古北岳乃在浑源州南二十里……秦汉隋唐皆祀于浑源州北岳之恒山,至五代失河北之地,宋建都于汴梁,真定府在北,移祀于曲阳县。国朝亦因之未更"③云云。

二、明代经典注疏对浑源北岳的接受

通过以上分析可知,明代浑源北岳说已被众多地理图籍所采纳,并影响到人们的日常行旅。五岳既出自儒家经典,现再考察明代《禹贡》注疏中浑源北岳说之表达。明后期茅瑞征曾汇集诸家《禹贡》注疏为《禹贡汇疏》,其看重本朝学者郑晓、王樵和胡瓒④三人的意见,这里不妨先考察一下这三位的《禹贡》成果。

首先是郑晓的《禹贡图说》,其《禹贡总图》标识恒山在河北境⑤,在"导山"一节中未提到北岳移祀事件⑥。其次是王樵的《尚书日记》,该书提到:"恒山北岳在云中者为是,历代以上曲阳县之山为北岳,非古之恒山也。"⑦可以看出,王樵解释《尚书》时对古义之恒山开始质疑,并认为恒山北岳在浑源。最后是胡瓒的《禹贡备遗》,该书在导山一节注"太行"地理位置而未

---

① （明）王世贞:《弇州四部稿》卷72,景印《文渊阁四库全书》第1280册,第233页。倪文毅指弘治朝礼部尚书倪岳。
② （明）吴玭:《三才广志》,《续修四库全书》第1226册,第267页、第273页。
③ （明）黄汴:《一统路程图记》,《四库全书存目丛书》史部第166册,第492页。
④ 详见（明）茅瑞征:《禹贡汇疏》序言,《续修四库全书》第54册,第501页。
⑤ （明）郑晓:《禹贡图说》,《续修四库全书》第54册,第432页。
⑥ （明）郑晓:《禹贡图说》,第464—465页。
⑦ （明）王樵:《尚书日记》,景印《文渊阁四库全书》第64册,第358页。

注"恒山",似有所回避①。

以上三著作中,只有王樵在解释"太行恒山"时认为山西北岳为古恒山,其他二人并未提及此事,可后学茅瑞征在汇集诸家成果时引入了浑源北岳说:"今考《通志》,在浑源州南二十里即北岳也,《水经》谓之玄岳。"②其自作笺文更是表达了对浑源北岳说的支持:"恒山北岳在云中者为是,历代以上曲阳县之山为北岳,非古之恒山也……国朝定鼎金陵,以真定之恒山为北岳,后迁都北平,则真定在其南,复以山西浑源州之恒山为北岳。"③

茅氏在注疏《禹贡》时采用浑源北岳说也不无原因,其《禹贡汇疏》凡例载:"九州沿革大略以近代正统舆图为据,在某时为某州境,参订同异,宁详无略。本朝则旁采郡县志,然以《大明一统志》为准。"④可见茅氏在注释《禹贡》地理时也曾参考《明一统志》,他于二说中选择浑源北岳说并非突兀之举。有意思的是,他还误认为明代官方早已更定了北岳。

茅瑞征这种"以今注古"的做法并非特例,受其影响明末夏允彝(1596—1645年)《禹贡古今合注》在注释导山一节时说到:"国初定鼎以真定之恒山为北岳,后迁都北平,则真定在其南,宜以浑源州之恒山为北岳,惜未厘正。"⑤可见夏氏也是主张浑源北岳说的,只不过他并不是纠结于何为真正的古北岳,而是本着"岳随都定"精神简单认为,既然曲阳北岳已在京城之南,当然应另选他山为北岳。

以上以茅瑞征为中心,其前有王樵,其后有夏允彝,这三人在各自《尚书》作品中都明确支持浑源北岳说,代表了明中期以降《禹贡》研究者的态度。另外,笔者还考察了明代其他《尚书》注疏作品,支持浑源北岳说的还有王鉴的《禹贡山川郡邑考》、张居正的《书经直解》和史维堡的《尚书晚订》。其中张居正明确表示:"恒山,即是北岳,在今山西浑源州。"⑥他的著作乃为皇帝讲《尚书》而作,意义尤显重要。综上,浑源北岳说已被明代一些重要的《尚书》作品接受,它们在经典注疏上舍古义而取新知,这或许可

---

① (明)胡瓒:《禹贡备遗》,《四库全书存目丛书》经部第52册,第291页。
② (明)茅瑞征:《禹贡汇疏》,第693页。
③ (明)茅瑞征:《禹贡汇疏》,第694页。
④ (明)茅瑞征:《禹贡汇疏》,第500页。
⑤ (明)夏允彝:《禹贡古今合注》,《续修四库全书》第55册,第105页。夏氏此书目的即欲补充茅瑞征研究之不足,参见《禹贡古今合注》凡例。
⑥ (明)张居正:《书经直解》,《四库全书存目丛书》经部第50册,第74页。

以算是经学对现实政治需求的无意识屈从。

三、小结

清初,汉礼部尚书王崇简赞成移祀浑源并积极推动①,之后朝廷便决定在浑源祭祀北岳。可清代学术界对此事仍有强烈的反对,其中最著名的莫过于顾炎武的《北岳辨》,他以自己在山西河北两地的考察为依据,论证曲阳才是真正的古北岳;阎若璩也作《论北岳中岳》支持顾炎武之说②。对于浑源北岳,胡渭在《禹贡锥指》中指出:"古北岳恒山,历代史志皆云在上曲阳。并无异论。自宋世以恒山没于辽,从曲阳望祀之。因废曲阳之恒山,而指此为禹迹。"③他认同阎若璩等人的说法,又引孔颖达疏《嵩高》时所鼓吹的不能"岳随都定"的观点,指出不能因为曲阳在都城之南而违背经义擅改古制。针对清初北岳移祀,他发出感叹:"本朝顺治七年,始改祭祀于浑源,当其时惜无如范太常、沈宗伯引经史以正之者。"④可惜,这三位清代学术巨擘的意见并未引起官方注意。

自元明定都北京,北方原有的岳镇海诸祀便有了变化的动力。以北岳为例,明代还有人提出以北京城北的天寿山为北岳⑤。清代北方版图大幅扩张,都城北京在地理形势上更加接近天子居天下之中的理想格局,这为北方岳渎山川的改动提供了条件。康熙年间曾议移祀北海,徐乾学作《北海祀典或问》,提出:"臣愚以方位当以建都为准,往南而祭北海非是……且北岳之祭于曲阳,旧制也。本朝改之浑源州矣。岳祭可改,何独于海而疑之?"⑥由此来看,北岳移祀不久便成了北海改祀的先例。

总而言之,汉唐以来官方史志与经典注疏对"北岳"认定一致的状态在明代开始打破,其中《明一统志》的作用不可小觑。它最初提供了曲阳、浑源二北岳说。后来无论是舆图还是游记,无论是日用图书还是经典注疏,

---

① 礼部《覆北岳祀典疏》和《再覆北岳祀典疏》两文俱见王崇简《青箱堂文集》,《四库全书存目丛书》集部第203册,第310—312页。
② 二文俱见《清经世文编》卷55。
③ (清)胡渭:《禹贡锥指》卷11上,第352页。当然这里亦能看出胡氏还受到五代北宋恒山失陷说影响。
④ (清)胡渭:《禹贡锥指》卷11上,第352页。
⑤ (明)谢肇淛:《五杂组》,上海:上海书店,2001年,第42页。
⑥ 详见《清经世文编》卷55,第1388—1390页。

都逐渐选择了浑源北岳说。直至清代,官方祭祀终于与经典注疏分道扬镳。当然,这一酝酿数百年才得以实现的变化,其根本原因十分简单,那就是历代统治者对"天子居中"这一理想天下布局的向往。清代地理学家赵一清曾游历至山西恒山,他从北京出发,北出德胜门经昌平至山西①。虽然浑源恒山与北京几乎同一纬度,但从北京至大同一般须北行,或许正是这种北行祭祀北岳路线满足了清朝在天下象征仪式上的完美要求。

第四节 再造传统:北岳文化变迁及其军事背景

前文虽已大致勾勒出北岳祭祀从河北移到山西的历史及知识背景,但北岳变迁又涉及山西、河北两地已有的北岳文化与北岳信仰,其地方史意义仍值得挖掘。笔者通过爬梳史料并结合对曲阳北岳庙的实地考察发现:在北岳移祀这场持续数百年的官方议题下,河北山西两地早已围绕北岳文化资源展开争夺,两地的博弈涉及"飞石"传说、大茂名号以及灵迹竞争等等。与此同时,两地都在围绕各自的"北岳"建立行祠,分别出现了对北岳的地域崇拜。这些现象大都出现在清朝移祀北岳之前。更为重要的是,北岳信仰的变迁与明代雁北边防将士的精神需求有一定联系,这让原本一场单纯的礼仪之争又饱含了现实政治意义。

下面笔者以北岳信仰之功能为起点展开考察。

一、北岳的军事功能

清顺治《恒岳志》②及明代《北岳庙集》③保留了明代祭祀北岳记录:

表7.2 明代祭祀北岳简表

时间	人员	事项
洪武二年正月	内藏库副使魏士举	代祀
洪武三年七月	祠祭署令王俊齐	祭告北岳

---

① (清)赵一清:《东潜文稿》,沈阳:辽宁教育出版社,1998年,第12—20页。
② 顺治《恒岳志》卷上《祀纪》,《四库全书存目丛书》史部第236册,第28—30页。
③ (明)何出光:《北岳庙集》卷2《圣谟述》,《北京图书馆古籍珍本丛刊》第118册,北京:书目文献出版社,1988年。

第七章 明清北岳移祀考论

续表

时间	人员	事项
永乐七年三月	车驾驻跸景州	望祭恒山
洪熙元年	顺天府尹甄仪	即位告祀
宣德元年	兴安伯徐亨	即位告祀
正统元年正月	都察院右金都御史鲁穆	即位告祀
正统九年四月	翰林院编修倪谦	祷雨北岳
景泰元年正月	翰林院修撰周旋	即位告祀
景泰四年二月	太常寺寺丞丘晟	恒阴积雪
景泰四年七月	翰林院编修曹恩	大水
景泰五年四月	翰林院典籍吴衡	大旱
景泰六年六月	中书舍人刘福	大旱
天顺元年三月	中书舍人王成（《北岳庙集》作"中书舍人程洛"）	复位告祀
成化元年三月	礼部右给事中王诏	即位告祀
成化四年四月	真定府知府邢简求雨	大旱
成化七年正月	礼部左侍郎邢让求雪	大雪
成化十三年四月	真定府知府田齐	夏四月雨雪
成化二十年十二月（《北岳庙集》作"二月"，当误）	真定府知府余瓒	求雪
成化二十三年五月	吏部右侍郎刘宣求雨	大旱
弘治元年三月	礼科右给事中张九功	即位告祀
弘治四年三月	吏部左侍郎彭韶求雨	大旱
弘治六年四月	巡抚都御史张琳	大旱
弘治十年四月	巡抚都御史高铨	大旱
弘治十四年三月	宣大巡抚都御史刘宇	宣大延绥马灾，祷祀北岳于山西浑源恒山，灾止。
弘治十五年	马文升倡议移祀	诏建庙于山西浑源之恒山
弘治十七年五月	右副都御史王沂求雨	大旱（祷祀北岳于上曲阳）
正德元年三月	通政司右参议熊伟（《北岳庙集》作"左"，待考）	即位告祀

续表

时间	人员	事项
正德六年秋八月	真定府通判孙邦直	宁夏逆党平,谢祀北岳
正德七年十一月	真定府知府李璞	流寇复起
嘉靖元年四月	鸿胪寺左寺丞翟宗仁	即位告祀
嘉靖九年五月	右副都御史钱如京	大旱蝗灾
嘉靖十一年七月	真定府知府胡效才	大涝
嘉靖十七年六月	真定府知府宋宜	天赐元储
嘉靖十八年二月	帝南巡楚	望祭恒山
嘉靖三十三年四月	巡抚都御史艾希淳	大旱,祈祀北岳
嘉靖四十年	巡抚都御史毛恺	蝗为灾,祈祀北岳
嘉靖四十三年八月	巡抚张师载	皇帝生日告祀
隆庆元年八月	通政司右参议夏范	即位告祀
万历元年三月	吏科给事中李日强	即位告祀
万历十五年八月(《北岳庙集》作"正月",当误)	巡抚都御史贾三近	雨雹伤禾稼,祈祀北岳
天启元年四月	太仆寺少卿杜士全	即位告祀
崇祯元年四月	礼部仪制司主事张定志	即位告祀

  以上活动,除弘治十四、十五年在山西浑源祭祀、建庙外,其余都在曲阳北岳庙。从时间分布看,明代历朝都曾祭祀北岳;从内容上看,明初以后几乎每位皇帝即位都要告祀北岳[①],足见明代五岳祭祀的制度化。天子即位告祀是期望通过北岳之神向上天通告新天子统治天下,彰显的是北岳坐奠一方的政治象征意义,属于抽象层次。其余祭祀活动多是求风调雨顺以保一方平安,体现的是北岳神祇作为一方神明的实际庇护功能。

  上述功能与其他几岳无多大差异,但北岳神祇还因其特殊的地理位置具有一定的军事庇护功能。现存于曲阳北岳庙的开元九年(721年)碑记道:

---

① 这或又与成祖迁都北京,北岳地近京师有关。

第七章　明清北岳移祀考论

  北岳恒山者,北方之巨镇也……限华夷之表里,壮宇宙之险害……以先天二年,有瀛州清苑县人魏名确,爰因行李至岳庙之前,乃见二人,一者白衣,一者紫服,侍从甚肃,进止不凡。自云:我是五岳大使,发兵马六十万众,为国讨贼。五岳大神九月三日俱来此山,大为欢会。名确迁延未去,诸神遂乃作怒,牵至庙中,用申责罚。祝史杨仙童亲见其事,乃驰告官司,州将骇之,随以闻奏。敕遣上官及内谒者,赉神衣礼物以赴会期,凡厥寮采,共陪享祭。①

  据光绪《曲阳县志》分析,碑中岳神所讨之贼正是唐代幽州边疆劲敌——奚和契丹。此碑所载战事的前一年,幽州发生两次大战,先天元年(712年):"(六月)庚申,幽州大都督孙佺与奚酋李大酺战于冷陉,全军覆没……十一月,乙酉,奚、契丹二万骑寇渔阳,幽州都督宋璟闭城不出,虏大掠而去。"②碑中所载地方官将岳神显灵上报朝廷,朝廷殷勤遣使乞灵于岳神,足见官方对军事胜利的渴求。另一通唐代碑刻突出了当时北岳的特殊地理位置:"嵩华乃局于近甸,衡泰不逾乎方域,孰与夫包括绵长,经纶中外?"③的确,唐前期国家外患集于幽州,当时五岳之嵩山、华山、衡山和泰山都远离边疆,只有北岳地近幽并,北岳神祇自然承担起捍卫边疆的重任。对神祇功能的需求总会让灵迹再次出现,第三通唐碑提到开元二十二(734年)年张守珪战胜契丹事④,并记录在开战前有人曾见岳神现形且预先被告知岳神将帮助唐军得胜:"初有高阳人田登封,于此祈福,神君降形而谓之曰:吾方助顺,取彼残孽,殄歼元恶,悬诸槁街。果如其期。"⑤这次神迹与开元九年碑所记如出一辙,它们都倾向把唐王朝获得的军事胜利视为北岳山神之杰作。

  唐代五代之后,北宋北边内缩至河北中北部,曲阳恒山(大茂山)地处辽宋边境,故人们在心理上仍期待北岳恒山能继续捍卫边疆。曲阳北岳庙现存碑刻中有数通宋碑。宋初《重修北岳安天王庙碑》⑥记载:"先是匈奴

---

 ①　光绪《曲阳县志》卷11《金石录上》,第22—25页。该碑整理本见王丽敏等编著:《北岳庙碑刻选注》,北京:中国文联出版社,2003年,第10—23页。
 ②　《资治通鉴》卷210《唐纪二十六》,第6672页,第6678页。
 ③　光绪《曲阳县志》卷11《金石录上》,第29—31页。
 ④　《资治通鉴》卷214《唐纪三十》,第6807—6808页。
 ⑤　光绪《曲阳县志》卷11《金石录上》,第38—41页。
 ⑥　光绪《曲阳县志》卷12《金石录上》,第6页。

之犯塞也,来诣祠宇,卜其吉凶,不从猾夏之心,遂纵燎原之火。殊不知天惟辅德,神实依人。乏祀虐民,自作败亡之计;彼曲我直,坐观荡覆之期。"此为一次契丹犯边,契丹人曾抵达曲阳并在北岳庙占卜,后焚其庙。依光绪《曲阳县志》推断,这次战事可能发生于淳化二年(991年)①。此外,北宋治边名臣韩琦所作《重修北岳庙碑》(1050年)记载了宋王朝祭祀北岳礼仪,其中有"每岁立冬,天子以所署祝册,就遣守臣,以祇祀事"②。此见北岳祭祀受到朝廷高度重视③。

直至明代,北岳神祇的军事功能也时有发挥。如正统八年(1443年)蒙古骑兵曾深入至曲阳,有碑文载:"若唐清苑人魏名确过庙前,见衣白紫衣二人自称五岳大使,发兵马六十万,为国讨贼者,亦其一证也。又闻去年冬十月胡寇犯曲阳有经庙门者,骇视不敢入,而奔匿庙中之人皆获免,鬼神之威灵尤彰彰可征若是乎!"④显然,正统年间岳神显灵事件再次被当地人当作唐代神迹的搬演。唐代神迹还出现在另一则明代碑刻中,嘉靖四十三年(1564年)保定巡抚张师载撰文:"惟丑虏频年暴横,扰我疆场,虐我人民。闻昔朱袍白服二使发兵六十万,殄彼妖氛。又胡骑犯曲阳,阴褫其魄,张目骇视而不敢一及门庭。是皆神武宣著,正气发扬,海宇赖是以廓清也。"⑤该文提到的"朱袍白服"即唐代故事里的五岳大使,与之并列,百年前的正统灵迹也被刻诸碑石。

从以上诸碑来看,历代王朝的边患为岳神显灵提供了机会,于是产生了一个又一个北岳神迹。这些神迹刻于碑石,让北岳信仰更具生命力,保卫边疆似乎成了北岳神祇的一项专职。唐代岳神遣兵之事反复为后人称道,直至明代它依然让河北官民对北岳的军事功能充满期待。

---

① 该志所据《宋史·李若拙传》(卷307,第10134页。)有"淳化二年,出为两浙转运使。契丹寇边,改职方员外郎,徙河北路,赐金紫。"参见光绪《曲阳县志》卷12《金石录中》,第8页。

② 光绪《曲阳县志》卷12《金石录中》,第60页。

③ 皮庆生发现宋朝频繁于北岳祈雨并推断这与北岳距离北宋首都较近有关(皮庆生:《宋代民众祠神信仰研究》,第180页),其理由似过简单。很明显,与中岳嵩山甚至东岳、西岳相比,北岳并不比它们距离开封更近。笔者认为正是因北岳地处北宋边防重地定州,故多受朝廷及边臣眷顾,至于祈雨北岳次数较多,当与北方干旱频发有关,甚至与北宋所传世祈雨史料分布不均有关。

④ (明)何出光:《北岳庙集》卷9《岳文考·大明碑》,第809页。

⑤ 嘉靖四十三年《祭文碑》在曲阳县北岳庙三山门东,碑目为《北岳恒山探源》(王丽敏著,石家庄:河北美术出版社,2006年,第166页)所收。

二、北岳信仰转移与晋冀北岳文化之争

（一）北岳信仰向山西偏移

笔者赞同对中国传统信仰采取功能主义的解释，这甚至可以说是基本出发点。中国传统信仰总是服从于现实需求，哪里有对某种功能的需求哪里便会产生具有此种功能的神祇，最明显的例子就是集各种神通于一神的关公信仰。明代作为九边之一的大同镇，它与南部山西镇及京师西部的宣化镇合归宣大总督指挥，直至明末宣大防区始终是京师西北最重要的边防要地。在宣大之南，河北大茂山及曲阳北岳庙已偏居畿内，于是大同新边境的出现为浑源北岳信仰的发展提供了契机。

在马文升提出移祀之前，与曲阳的国家北岳正祀并行，浑源恒山经常得到当地官方崇祀。浑源地方所修《恒岳志》将本地北岳祭祀的合法性上溯到洪武八年，声称此年朝廷下令在曲阳祭祀北岳的同时也祭祀浑源北岳。之后浑源岳庙逐渐被重视："（洪武）十三年修恒山岳庙，时龙虎将军周立出镇云中，因盛夏不雨，□麦不收，入秋淫雨洊至，禾□黑，三冬不雪，乃备牲醴祈祝，捐赀修葺。成化四年，都宪王世昌捐修恒山岳庙。六年大同总兵官杨信出征，祷恒岳，大捷。时寇困威远，信诣山，祭祷乞神佑，至胡柴沟，大破之。十四年大同巡抚李敏祷雨恒岳。时大旱，祷毕大雨……"①以上参与浑源北岳庙活动的人多有军职军务，这些捍卫边塞的将领官员为了获得精神支持，就近选择了浑源北岳庙祈祷；浑源北岳神成功满足他们需求的灵验事迹，相应也会加深既有的浑源北岳说。这里需要指出的是，明代首次将北岳移祀提上议程的兵部尚书马文升就是曾在山西等处任职的治边名臣②。

（二）浑源曲阳两地对"飞石"、"大茂"名号的经营

对神祇的需求会带来相关象征符号的流动。随着北岳信仰在浑源的兴起，明代大同地方官参与修庙立碑的频率也高了起来。据顺治《恒岳志》载，在马文升提出移祀之前就有两次修庙记录③。其中弘治六年的一通碑

---

① 顺治《恒岳志》卷上《事纪》，第 34 页。
② 《明史》卷 182《马文升传》，第 4838—4839 页。
③ 参见顺治《恒岳志》卷中《碑记》，第 58—61 页。依据二碑记载可推断一次为洪武年间，一次为成化年间。

文竟是刚刚卸任的礼部尚书耿裕①所作,其首句便言:"恒山,北岳也,距大同浑源州南二十里。"②这恰恰发生在耿裕的继任者倪岳驳回马文升提议后不久,很难想象,若马文升的建议较早提出会有何种结果。之后,关于明清大同地方官对浑源北岳的修建及祭祀活动多集中在顺治《恒岳志》及乾隆《恒山志》中③,此不再赘述。下面笔者将重点谈及山西官员及士人是如何争夺曲阳北岳原有的文化资源。

马文升奏疏中称舜帝时北岳在浑源,又说真定府曲阳县"俗传有飞来石之说",他力图以此来证明浑源之山就是最早的北岳,曲阳祭祀北岳的合法性来源是浑源飞过去的灵石。马氏的这一说法在山西官民中相当流行。如早期《浑源州志》载:"恒山在南二十里,乃古北岳也,上有岳庙,乃陶唐氏所建。至舜时十有一月,北巡狩至于北岳,驾诣大茂山谷,值大雪,岩壑冱寒,驾不能进,而遥祀之。忽岳庙之右飞一石坠帝前,因名曰安王石,乃建庙于大茂山。又五载,复巡狩,其石飞于曲阳,复建庙于曲阳。"④浑源史志通过将飞石传说与《尚书》巡狩故事结合,力图使浑源古北岳说这一"地方知识"从经典文本中获得合法性。这里还应注意到,浑源飞石传说有两次"飞石"故事,第一次是舜时安王石飞至大茂山,五年后飞石又至曲阳。

马文升指出曲阳民间有飞石传说。《大明一统志》记真定府"恒山":"唐贞观间忽有飞石坠于县西,因建祠,自是皆于祠望而祭之。"⑤嘉靖《真定府志》亦载此传说:"恒山,唐贞观间忽有飞石坠于县西,因建祠,自是皆于祠望而祭之。"⑥可见河北地方确实早有飞石之说。王世贞曾提到:"北岳庙在曲阳,中有一白石梁,相传云是舜时从岳飞至者,因祀于此,其说迂诞不可信。"⑦联系前文论证五代之际大茂山下岳祠移至曲阳县之事,或许可推测,正是随着北岳本山失陷,曲阳当地才制造出飞石传说来文饰其山、庙隔离状态。当然,飞石传说更可能就是对移庙之事的隐喻。如此,无论是唐代飞石说还是舜帝飞石说更像源自曲阳。明昌四年(1193年)金朝以

---

① 《明史》卷111《七卿年表》,第3435页。
② 顺治《恒岳志》卷中《碑纪》,第60页。
③ 参见顺治《恒岳志》卷中《碑纪》及乾隆《恒山志》的《文志》、《诗志》等。
④ (明)倪岳:《青溪漫稿》卷11《表议》,景印《文渊阁四库全书》第1251册,第116页。
⑤ 《明一统志》卷3《真定府》,第76页。
⑥ 嘉靖《真定府志》卷10《地里》,《四库全书存目丛书》史部第192册,第140页。
⑦ (明)王世贞:《弇州四部稿》卷136,景印《文渊阁四库全书》第1281册,第247页。

北镇和曲阳西北之地置阜平县①,自此作为曲阳北岳的恒山即大茂山与北岳庙长期处在不同行政区划内,飞石传说又可继续为曲阳北岳文化调节这一新的矛盾②。可能也正是河北北岳这种山、庙两地不同县的新格局给浑源北岳说提供了发展空间,于是本是为曲阳北岳服务的飞石传说被浑源方面利用。如前引《浑源州志》所记,山西人士逐渐认为,不论大茂山还是曲阳,它们都是飞石所到之地,飞石的来源即浑源恒山才是最古老的北岳,真正的北岳。

　　随着浑源北岳说的日益增强,二地对北岳的象征符号展开了争夺。首先来说"飞石",明代浑源地方为此颇费周章。成化《山西通志》载浑源北岳观旁有飞石窟,"上建后土祠镇之。"③由此可知,明前期浑源为配合飞石传说已造好飞石窟,并在其附近建立后土祠,以后土神镇之防止其再飞。弘治年间当地官员再次确认"飞石窟",其做法是到曲阳北岳庙测量飞石④大小,测量结果是曲阳飞石与浑源之洞窟大小果然吻合。此事有碑为记:"其飞石有窟,在庙右,锡(董锡,时为浑源知州)遣人至曲阳,量彼石,长九尺,阔四尺,厚一尺二寸,□此窟广狭不少□差,钲(闾钲,时为大同知府)上题'飞石窟'三字。"⑤此二官又为此作《古北岳飞石岩诗》以志之⑥。之后,飞石窟多见诸史料⑦。此外,浑源地方还依据舜时飞石传说(即《浑源州志》中第一次飞石)制造了一块安王石,"安王石,在岳庙右,州志云:帝舜十有一月巡狩北岳,诣大茂山谷,值大雪,不能进而遥祀之,忽庙右飞一石冉冉坠帝前,今恒山庙右安王石是也。"⑧

---

①　《金史》卷25《地理志》载"阜平,明昌四年以北镇置。"
②　如诸本《恒山志》收金赵秉文之《登五岳》中已有"飞石"一词。
③　成化《山西通志》卷2《山川》,第46页。
④　由此可见曲阳在明代当保留飞石一块,此飞石屡次为明清士人提及,此处不再一一举证。
⑤　《三晋石刻大全·大同市浑源县卷》,第53页;参见吕兴娟:《北岳庙建立飞石殿的年代及原因初考》,《文物春秋》2005年第5期。
⑥　参见(清)嵇璜等:《钦定续通志》卷169《金石略三·明》,杭州:浙江古籍出版社,1988年,第4276页。
⑦　如《六岳登临志》中《北岳恒山》载:"飞石窟:在岳庙东上有后土祠,俗传恐石再飞,建后土祠以镇之。"见(明)龚黄:《六岳登临志》卷5,《续修四库全书》史部第721册,第727页。至明末浑源飞石说又有了新版本,《大明一统名胜志》载:"《名山记》云:恒山在州(浑源州)南二十里,即北岳也⋯⋯云云:恒山高侵霄汉,其顶名天峰岭,下建北岳观,观侧有飞石窟,相传石自塞外飞来,因建后土祠以镇之。"见(明)曹学佺《大明一统名胜志》卷5《山西名胜志·大同府》,《四库全书存目丛书》史部第168册,第77页。
⑧　(明)龚黄:《六岳登临志》卷5,《续修四库全书》史部第721册,第728页。

曲阳方面也紧随其后,为自己的飞石建立飞石大殿。有学者推测,该殿最晚成于嘉靖年间①,现已焚毁。飞石殿位于北岳庙正殿之前,基址颇大,仅次于正殿,足见其地位之重要。值得注意的是,浑源方面并未停止营造飞石传说,万历年间在浑源城南新造的北岳行宫中多了一方宣称贞观十九年的"天下第一宫"石碑②,伪造者托名"贞观",大概就是针对河北流传的贞观恒山飞石说而作。

然而至清代,随着北岳成功移祀到浑源,飞石传说反遭到山西官员刻意忽略。如顺治《恒岳志》介绍浑源恒山景致部分并未提及飞石窟与安王石③,至乾隆《恒山志》已如此介绍飞石窟:"飞石窟,在旧殿内右侧,可容三客坐。山中如是窟者,奚止百区?讹说荒唐,不足深辩,存其名可也。"④

明清浑源地方对飞石符号的塑造历程颇为有趣,即在争夺国家正祀名位时,官员们积极塑造飞石形象,以此来扩大浑源北岳影响;而争到"北岳"名位之后,当地官员便对此讳之不提。

下面再看两地"大茂"名号的变化。"大茂"名号至少在唐代已出现,敦煌文书《诸道山河地名要略第二》(伯 2511 号)《蔚州·山名》载:"太白山,一名大茂山,在灵丘县南,此〔山〕/有钟乳穴,其深不测,即望穴中乳如县穗之也。"⑤宋《太平寰宇记》收"大茂山",一次是在真定县:"大茂山。《隋图经》云:'大茂山,恒山之异名也。山南俗谓之太白山。'是。"⑥一次在曲阳县:"太史公云:'北岳有五名山,一曰兰台府……五曰太乙宫。或曰大茂山。'"⑦唐代灵丘县南即曲阳县,此处"大茂山"即恒山别名⑧。宋代"大茂"一词多见诸史料,被引用较多的就是《梦溪笔谈》。至明代,《大明一统名胜志》介绍阜平县说:"大茂山在县东北七十里,帝舜巡狩柴望于此山,下有古祠,详见'恒山'。"⑨阜平县是金代划曲阳北部所立新县,此知"大茂山"地

---

① 参见吕兴娟:《北岳庙建立飞石殿的年代及原因初考》,《文物春秋》2005 年第 5 期。
② 《三晋石刻大全·大同市浑源县卷》,第 5 页。
③ 参见顺治《恒岳志》卷上《游纪》,第 36—37 页。
④ 《恒山志》标点组:《恒山志》,第 126 页。
⑤ 郑炳林:《敦煌地理文书汇辑校注》,兰州:甘肃教育出版社,1989 年,第 180 页。
⑥ 《太平寰宇记》卷 61《河北道·镇州》,第 1249 页。
⑦ 《太平寰宇记》卷 62《河北道·定州》,第 1276 页。此处"太史公"当是《史记正义》引《括地志》所记,参见《史记》卷 43《赵世家》,第 1812 页。
⑧ 《太平寰宇记》把大茂山归入真定县当有错置之嫌。
⑨ (明)曹学佺:《大明一统名胜志》卷 7《直隶名胜志·真定府》,第 348 页。

望未变,仍是"曲阳"之北岳。可随着浑源改造飞石传说,又造飞石窟、立"安王石",有人居然认为大茂山也在浑源。如明末杨述程登浑源恒山有记:"其东顶则为大茂山殿,碑云:舜巡狩诣此山谷。"①

曲阳等地文物工作者在大茂山发现一残碑,兹录部分于下:

□茂山总真洞□□□②

……而有何……旱则民不远千里而来……及万类。或有稍泄渎,则洞……不获应者。由是四方之民……爵为利泽侯,后又遣使来祷……圣朝因而其旧封而不改焉。今天子即位以来,遵崇道教,每……人所不及处。自承安元年(1196年)丙辰季……投龙焉,使者至于洞下者屡矣。使……究其所建立之岁月,□即杜师者。真……修二殿,与其道众而谋之。继有乡豪……者,愿情以施财,贫者……

此碑当为大茂山总真洞一次修殿记载,而关于此洞的碑刻材料另有一则较为易得,即《道家金石略》所收《大茂山总真洞修殿碑》③。该碑先说大茂就是北岳恒山,然后详细介绍总真洞来历、信仰情况及修殿过程,其内容与大茂山残碑高度重合,可判断二者记录当为一事,二文甚至可能同出一碑。即使不同出一碑,至少可断定《大茂山总真洞修殿碑》与大茂山残碑同出一地。笔者发现,成化《山西通志》还未收《大茂山总真洞修殿碑》,但到了清朝,雍正《山西通志》将之收录④。此外,这则碑文也为顺治《恒岳志》所收⑤,正如该山志所说:"按,旧岳志制敕碑碣石凡在曲庙皆不收录,惟纪其在山者,盖以望秩久迁故耳。今圣明御极,特行厘复,曲庙更为行宫,恒山始正禋祀,故凡历代祭告之藻翰,名臣撰缮之碑碣,擩撮悉载,冠以皇上殷荐之文,以昭圣治而隆岳祀也。"⑥确实如此,该志几乎将原曲阳庙内碑文悉数收进,至今仍藏于深山的《大茂总真洞修殿碑》(笔者倾向二碑实为

---

① 顺治《恒岳志》卷中《碑纪》之《登恒山记》,第65页。又《大明一统名胜志》在浑源恒山名下收诗第一句便是"大茂惟岳古帝孙",此亦可见时人对大茂名号归属浑源的认识。参见《大明一统名胜志》卷5《山西名胜志·大同府》,第77页。
② 曲阳县文物保管所:《古北岳遗存碑石录》,内部资料,2007年,第21页。
③ 陈垣编纂,陈智超、曾庆瑛校补:《道家金石略》,第1054页。
④ 参见雍正《山西通志》卷203《艺文二十二》,景印《文渊阁四库全书》第549册,第605—606页。
⑤ 顺治《恒岳志》卷中《碑纪》,第58页。
⑥ 顺治《恒岳志》卷中《碑纪》,第75—76页。

一碑)也不例外。作为争夺北岳的胜利者,浑源北岳终于占有了"北岳"所有的符号象征资源①。

以上就是浑源曲阳两地在"飞石"、"大茂"等名号上的纠葛历程,大体以浑源占优势。更有甚者,明代宣大地区名士尹耕还作《三曲阳辩》②,对河北"曲阳"之名提出质疑,他认为明代之曲阳是汉代的曲逆而非《地理志》之"上曲阳",因此明代曲阳与古代祭祀北岳毫无关系,真正的"曲阳"就是在浑源恒山一带。

最后,除了在诸种北岳象征符号上的争夺,二地还在北岳灵迹上有过竞争。比如嘉靖三十五年(1556年)皇帝下令于曲阳北岳求灵芝,不获之后又至浑源北岳求得,此事为浑源当地所称道并刻石立碑记之③。求灵芝失败必定对曲阳北岳产生巨大冲击,几十年后,万历年间,刚好在钦差陈幼学拜谒曲阳北岳不久,北岳庙旁终于长出灵芝。该钦差还为此作《题岳庙灵芝》一文④,对此事大为称赞,这或许可视作曲阳方面在力图洗雪上次求灵芝失败的耻辱。此外,曲阳方面可能还与甚嚣尘上的移祀北岳之议有过直接交锋,现存曲阳北岳庙的《北岳庙图记》有嘉靖二十六年"河南陈公诬奏罢曲阳庙祠",此即前述嘉靖年间科臣陈斐提议移祀北岳事,大概出于回应,曲阳官方才为岳庙刻图作记。

三、山西北岳地域崇拜⑤的出现及其军事意义

(一)山西的北岳崇拜

浑源与曲阳除了在北岳象征符号上的博弈(当然浑源方面更为主动),

---

① 值得注意的是,明代曾任直隶巡按并在完县(曲阳邻县)卒于官的何出光在修《北岳庙集》时,收录了曲阳祭文之后也收录了几则浑源北岳碑文。参见《北岳庙集》卷9《岳文考·大明碑》。

② 顺治《恒岳志》卷中《考辩》,第75页。

③ 顺治《恒岳志》卷中《碑纪》,第66页;《三晋石刻大全·大同市浑源县卷》,第60页。

④ 此事有碑记,碑在曲阳北岳庙西北,德宁殿之右。在此仅抄录如下:"题岳庙灵芝:予以简刑抵曲阳,瞻拜北岳庙,见所谓飞石者,业心异之,未几而□(疑为'芝')生庙旁,其色黄,稍带轻红,层层如云可爱也,匪休曷征乎……钦差审录北直隶刑部山西清吏司事陈幼学谨识。"和诗部分如下:"锡山筼塘陈公奉钦命恤刑畿辅,驻节恒山之阳,越翼日谒庙,越又十有九日芝草生于庙之庑旁……万历二十九年八月吉日文林郎知曲阳县事平阴赵岱顿首拜书。"此碑初级录文又见薛增福、王丽敏主编:《曲阳北岳庙》,石家庄:河北美术出版社,2000年,第153页,编号38。

⑤ 这里借用 territorial cult,并非突出北岳神祇的特殊性及地方北岳崇拜的狂热,仅表明国家信仰下行到地方的地域性。

第七章 明清北岳移祀考论

明清以来两地在北岳信仰上还存在着实实在在的较量。

唐宋封王封帝带来的至高"官格"有力地推动了五岳信仰在基层传播①。前文提到,宋代河北曲阳周边开始出现北岳行祠。通过检索地方志②,可发现明清河北地区又有更多北岳行祠,详见下表:

表 7.3 河北北岳行祠简况表

地点	参与人物	时间、地点等信息	史料来源
清苑县	知府施景昭	永乐三年,在城北二里北关大街。	弘治《保定郡志》卷 20《祠庙》,《天一阁明代方志选刊》
易州	耆老刘伯渊	至元二十一年,耆老刘伯渊等因旧修建,在州治西北八里。	同上
完县	不详	在城北二十里林尖山。	同上
深泽县	元时人修	元代,在县治西一十五里石桥社吕村。	同上
束鹿县	乡民粟伯义	洪武十年,在县治西南六十里新兴社。	同上
高阳县	民人王智重	洪武八年,在县东五里。	同上
藁城县	邑人王颐若	在县南七里刘村西隅。	嘉靖《藁城县志》卷 3《群祀志》,《中国方志丛书》
新乐县	不详	一在城北韩村,一在城西长寿村。	光绪《新乐县志》卷 1《祠宇》,《中国方志丛书》
定县	州牧王灼	在县治南,金大定创建,明景泰时州牧王灼重修。	民国《定县志》卷 3《政典志》,《中国方志丛书》
行唐县	不详	恒山庙在南郭外无影山后。	乾隆《行唐县新志》卷 7《坛庙》,《中国地方志集成》
新河县	不详	在东关东口路北。	民国《新河县志》之〈经政考〉,《中国方志丛书》

---

① 虽然明太祖曾下诏禁止为山川神祇设立偶像,但此命令似未得到认真执行。
② 本书统计行祠方志主要依据《中国方志丛书》《中国地方志集成》《天一阁藏明代方志选刊》《天一阁藏明代方志选刊续编》等材料。

续表

地点	参与人物	时间、地点等信息	史料来源
隆平县	不详	在县北关	乾隆《隆平县志》卷2《建置》,《中国方志丛书》
徐水县	不详	在城内西后街	民国《徐水县新志》卷4《建置记》,《中国方志丛书》
南宫县	不详	在北关	民国《南宫县志》卷5《法制志》,《中国方志丛书》
望都县	不详	庆邑	民国《望都县志》卷2《舆地志》,清华大学图书馆
正定县	不详	北宋村	民国《正定县志》卷1《名胜》,清华大学图书馆
灵寿县	不详	在磁峪镇	康熙《灵寿县志》卷3《祀典》,清华大学图书馆
元氏县	不详	黄山	嘉靖《真定府志》卷10《地里》,《四库全书存目丛书》史部第192册

注:光绪《束鹿县志》(《中国方志丛书》)记北岳行祠时间地点与明代方志有别,或因此县常遭水灾并曾改县治所致。

以上约计有行祠十九座,多位于明清保定、真定二府,可以认为是构成了一个以曲阳北岳庙为中心的"北岳信仰圈"①。从建庙时间看,它们断续建立于自金元至明清较大的时间跨度内。修建者或官或民,身份特征不明显。

山西方面也毫不示弱。那位曾量身制定飞石窟的大同知府闾钲,因目睹浑源北岳进香盛况,回府后立刻下令在怀仁县建北岳行祠②。山西地方人士更是为浑源北岳著书立传,以扭转其缺乏文献依据的劣势。明代第一部《恒岳志》③由明末浑源知州赵之韩同邻县山阴县举人王潚初合作修纂。

---

① 这里的信仰圈仅表明行祠分布的地域范围较广,并不涉及信徒组织。参见林美容:《由祭祀圈到信仰圈》,《第三届中国海洋发展史研讨会论文集》,台北:"中研院"三民主义研究所,1988年,第95—125页。

② 参见《敕建北岳庙记》,光绪《怀仁县新志》卷10《艺文》,《中国地方志集成》山西府县志辑第6册,362页。

③ 参见《四库全书总目》卷76《史部·地理类·存目五》,北京:中华书局,1965年,第661页。

第七章　明清北岳移祀考论

《涌幢小品》载:"恒岳自石晋时没于虏,我朝始涤入版图,志书刻于近年,乃赵王二公所纂。中列图赞不知即出其手,抑前人所留？摘出俟知者。赵名之韩,氾水人。王名潜初,山阴解元,太保王文端之子。"①据《明史》,王姓大臣谥文端者有二,一为雷州王直,英宗时大臣,二为山阴王家屏,万历时大臣,因此王潜初当为王家屏子②。

王氏父子对浑源北岳十分推崇并多次为之撰文③。王家屏在朝中掌权,其认同浑源北岳当拥有较大影响力,其子作为士绅则活跃于地方,积极从事为浑源北岳张目的实际建设。如王潜初在天启二年(1622年)曾为化悲岩北岳庙作《化悲岩北岳庙记》④,该文介绍化悲岩立庙是因北岳之神降雨显灵,天启年间的这次修葺是在庙祝领导下由当地士绅参与完成。有趣的是,在叙述完修庙事迹后,王潜初用了相当篇幅攻击曲阳北岳并为浑源恒山辩护,他发出"意者神所栖不安于侨,又不得藉天子宠异复庪悬旧秩"及"质诸鬼神"之类感叹,着实值得揣摩。

正是在地方官员和王潜初之类地方士绅的鼓吹下,明代山西北部除浑源北岳庙外也出现了多个北岳行祠。下面是依据方志对山西北岳行祠所做统计:

表7.4　山西北岳行祠简况表

地点	参与人物	时间、地点等信息	史料来源
五台县	不详	一在县西北四十里,元至元三年建。一在县东北四十里,元大定四年建。	成化《山西通志》卷5《祠庙》,《四库全书存目丛书》史部174册
孝义县	不详	北门外半里大孝里,元至大初建。	同上
沁州	不详	城北广佑卫,洪武中建。	同上
泽州	不详	州西四十五里黄河山上。	同上

---

① (明)朱国祯:《涌幢小品》卷22《恒岳图赞》,第516页。
② 《明史》卷217《王家屏传》,第5731页。
③ 《恒山志》标点组:《恒山志》,太原:山西人民出版社,1986年。其中收王家屏《谢予告祭北岳文》、《和魏中丞望谢北岳二首》,王潜初《恒岳志序》及和《登恒山》韵二首。
④ 光绪《代州志》卷6《金石志》,清华大学历史系古籍室藏,第33—34页。

续表

地点	参与人物	时间、地点等信息	史料来源
五寨县	不详	北岳台在芦芽山,上有北岳庙。	雍正《山西通志》卷22《山川六》
山阴县	王潜初	明末,在西南四十里化悲岩。	同上,卷165《祠庙二》
广灵县	不详	在千福山,嘉靖二十九年建①。	同上
广昌县	不详	在聚云山,明代建②。	同上
右玉县	不详	在南关	同上
马邑县	不详	在东关	同上
左云县	不详	在城东南	同上
平鲁县	不详	在南门外北山	同上
偏关县	兵备叶清	明景泰四年所建,在老营堡。	同上;又见乾隆《宁武府志》卷9《祠庙》,《中国地方志集成》
怀仁县	不详	一在县西南五十里金仙山,一在西北四十里玉龙洞,俱明时建。	同上;后一所仅见乾隆《大同府志》卷15《祠祀》,《中国地方志集成》
应州	不详	在西关瓮城,明洪武二十七年建,万历十年修,国朝乾隆十五年重修。	同上;又见乾隆《大同府志》卷15《祠祀》,《中国地方志集成》
静乐县	不详	金天会中建,在马头山。	同上,卷166《祠庙三》
河曲县	不详	在五门楼奷蚧寨上。	同上,卷167《祠庙四》
岢岚州	不详	在东山,康熙年重修,同治九年重修。	同上,卷168《寺观一》;光绪《岢岚州志》卷4《祀典》,《中国地方志集成》
阳高县	万历间总督萧大亨创建	在北城外,高与北台埒。	乾隆《大同府志》卷15《祠祀》,《中国地方志集成》
天镇县	不详	北岳庙二,一在北月城内,明弘治元年建;一在新平堡月城内。	乾隆《天镇县志》卷6《庙寺》,《稀见中国地方志汇刊》

---

① 《三晋石刻大全·大同市广灵县卷》,太原:三晋出版社,2013年,第37—38页。
② 国家图书馆地方志和家谱文献中心编:《明代孤本方志选》第12册《(崇祯)广昌县志》,2000年,第486页。

第七章　明清北岳移祀考论　　255

续表

地点	参与人物	时间、地点等信息	史料来源
蔚州	不详	东关外	崇祯《蔚州志》卷3《祀典》，日本藏《中国罕见地方志丛刊》
浑源州	知州张述龄	万历四十一年，在南门外。	乾隆《浑源州志》卷8《祠庙》，清华大学图书馆古籍室
大同县	不详	在城南五里，附建魁星阁风神庙。	道光《大同县志》卷5《营建》，《中国地方志集成》
繁峙县	不详	在大宋峪	道光《繁峙县志》卷2《坛庙门》，《中国地方志集成》
保德州	明乡官张元、清乡约严赟、乔利见、僧宽普、郡人袁允吉	明代重修，在南门外之东。	康熙《保德州志》，卷2《形胜·庙社》，方志丛书；乾隆《保德州志》卷3《风土》，《中国地方志集成》
临县	不详	在县治东北八里，黄云山巅，明末焚毁，今重建。	民国《临县志》，卷16《古迹考》，《中国地方志丛书》

　　以上搜集了二十九座北岳行祠，多在山西北部州县①，数量上多于河北。现对以上诸行祠做简要分析。

　　首先，从明清两部省志记载来看，成化《山西通志》有北岳行祠五座，最北五台县两座还在雁门关之内，其余三座散落在太原府以南三州之地，其行祠数量还不及弘治年间河北保定一府六座。但到雍正《山西通志》，山西北岳行祠已增至十四座，除去五寨、偏关、静乐、河曲、岢岚五座，其余九座均在雁北大同府一带。其次，据乾隆《大同府志》、光绪《天镇县志》、崇祯《蔚州志》及乾隆《浑源州志》可发现：除雍正《山西通志》九座行祠外，大同周边还有五州县在明代已有约六座行祠（阳高、蔚州、浑源各一座，怀仁多出一座，天镇两座），共十五座。最后以大同府为限，明代大同府辖四州七县，假设雍正《山西通志》所载马邑县行祠不晚于明代，则明代大同府拥有北岳行祠九座，它们分布在浑源州、应州、蔚州、山阴县、怀仁县、广灵县、广

---

① 限于精力，未对明代汾州以南山西中南部方志作极力检索，虽然介休、灵石等地偶有北岳行祠，但其与全国其他地方也偶有北岳行祠一样，已超出区域比较范围。刘景纯已注意到清代晋北地区北岳信仰流行的态势，参见氏著：《城镇景观与文化：清代黄土高原地区城镇文化的地理学考察》，北京：中国社会科学出版社，2008年，第148-149页。

昌县①、马邑县等三州五县。据乾隆《大同府志》，大同城明代东门瓮城已有五岳庙②，之后最晚至清中后期大同县也有了北岳行祠。最终大同府未建北岳行祠的大概只有朔州和灵丘两地，而据雍正《朔州志》，朔州也早有五岳庙③，此或是其无北岳行祠之原因。退一步说，即使马邑县行祠不是建于明代，也当在清初，这与明代大同府已出现的八座行祠时间相隔不远，在行祠传播上仍有较紧密序列。通过以上简要分析，可知自明代中期开始，以浑源北岳庙为中心，大同府及其以北地区迅速形成了河北之外另一个"北岳信仰圈"。

（三）山西北部北岳行祠及其军事意义

明代雁北地区设有以大同为中心的山西行都司，与大同镇同治大同城。前述明至清前期雁北地区北岳行祠约为十五座，除去大同府属州县的九座外，其余六座分别位于天镇、阳高、左云、右玉和平虏（清改为平鲁）④，此五地属明代山西行都司。表 7.4 所示天镇、阳高行祠明确记载为明代所建。近期朔州市平鲁区发现正德五年（1510 年）《新建北岳行祠记》⑤，可知雍正《山西通志》所记平鲁行祠始自明中期。又据雍正《重修朔平府北岳庙碑记》⑥，右玉北岳行祠于明代移至城南，是知右玉明代已建行祠。最后，雍正《山西通志》所记左云行祠建立时间也可能不晚于明代。综上分析，明代山西行都司五个北岳行祠在大同城两翼一字展开，有排兵布阵之势。

---

① 蔚州、广昌明代属大同府，清代属河北，严格来说不在雁北地区。表 7.4 仅依明代政区，此二地与广灵、灵丘为晋冀两省交界处，其中三地有北岳行祠，可视作晋冀两"北岳信仰圈"之交叉地带。

② 参见乾隆《大同府志》卷 15《祠祀》，《中国地方志集成》山西府县志辑第 4 册，第 284 页。

③ 参见雍正《朔州志》卷 4《建置祠祀》，《中国地方志集成》山西府县志辑第 10 册，第 329 页。

④ 实际上明代雁北地区北岳行祠可能更多，如据近出《三晋石刻大全》，平鲁城西北阻堡村亦有北岳庙；山西镇所在宁武关亦有北岳行祠。参见《三晋石刻大全·朔州市平鲁卷》，太原：三晋出版社，2012 年，第 64—65 页；《三晋石刻大全·忻州市宁武县卷》，太原：三晋出版社，2010 年，第 304 页。

⑤ 《三晋石刻大全·朔州市平鲁区卷》，第 14—15 页；参见杨瑾：《晋北堡寨与明至清初边地社会变迁》，山西大学硕士学位论文（中国近现代史），2010 年。

⑥ 雍正《朔平府志》卷 12《艺文·碑记》，《中国地方志集成》山西府县志辑第 9 册，第 399 页。

图 3 雁北地区北岳行祠分布图(据《山西省历史地图集》绘制)①

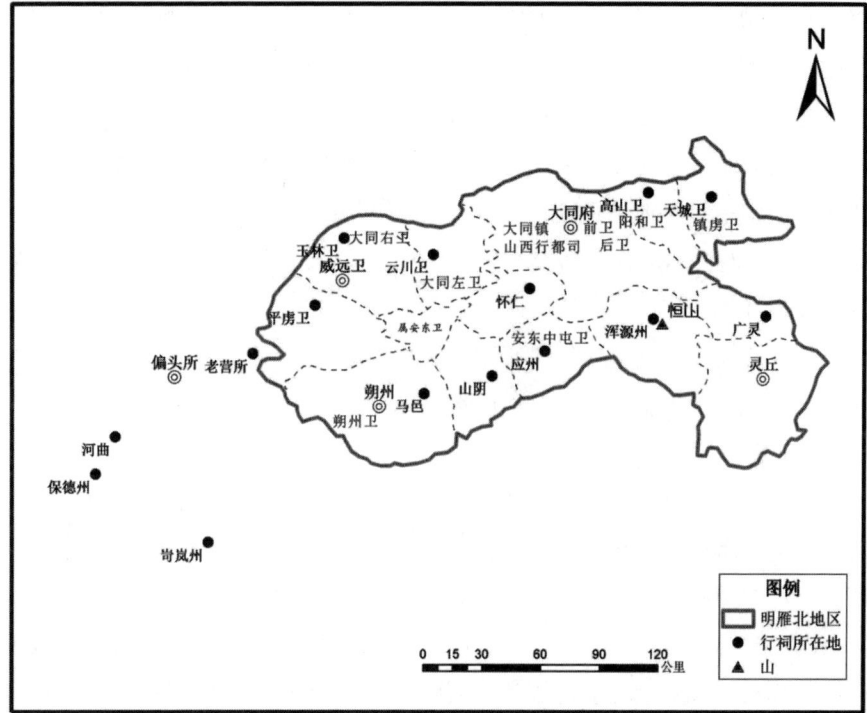

山西行都司辖十四卫②,除朔州卫与应州之安东中屯卫,其他十二卫集中在大同府、天镇、阳高、左云、右玉、平房(此五地清代立县)、威远堡(清未立县)等七个地点③。除大同城二卫外,天镇、阳高各集二卫共四卫在大同城东,左云、右玉各集二卫共四卫在大同城西,威远、平房各集一卫布在镇西之南、北。此十卫六地自东至西为行都司极边重地,集中了全区主要兵力④,它们也是山西行都司在雁北地区的实土卫⑤。在六个实土卫辖地

---

① 此图为中央民族大学黄鸣老师制作,特此致谢。
② 关于山西行都司建置演变可参考张鹏:《明代山西行都司设置军事地理研究》,中央民族大学硕士学位论文(历史地理学),2010 年;王蕊《明代山西行都司建置研究》,陕西师范大学硕士学位论文(历史地理学),2010 年。
③ 参见《明史》卷 41《地理志二》,第 970—974 页;孙建军:《明代中期宣大地区军事防务研究》,西北民族大学硕士学位论文(专门史),2007 年。
④ 天镇有镇房卫、天成卫,阳高有阳和卫、高山卫,左云有大同左卫、云川卫,右玉有大同右卫、玉林卫,威远堡有威远卫,平房有平房卫。
⑤ 参见周振鹤:《体国经野之道》,上海:上海书店出版社,2009 年,第 142 页。

中，除威远堡外，其余九卫五地皆有北岳行祠①，其中天镇一地有两座。据表7.4，阳高行祠明确记载由军区最高长官修建，联系前引顺治《恒岳志》所载明代大同军将时常乞灵于浑源北岳，可知这些出生入死的军士已迫不及待地将北岳神祇从浑源请至自己的栖身之所。

天镇的北岳行祠最能表现北岳神祇之军事捍卫功能。首先，据乾隆《天镇县志》，该地不惟北月城有北岳庙，其东、西、南三月城又有东岳、西岳、南岳三庙；月城即瓮城，城池攻防首当其冲。从光绪《天镇县志》附图来看，该城四月城极小，仅依门而立②，四岳庙各处其中，足见将士们期待战时可与岳神并肩作战。其次，从四岳庙建立时间来看：北岳庙弘治元年建；东岳庙弘治八年建，正德四年重修，嘉靖四十五年重修，清雍正八年再修；西岳庙，明弘治十二年建，正德五年修，崇祯元年重修，清康熙三十三年再修；南岳庙仅提及明时建，清康熙三十七年重修③。可以判断，天镇县北月城之北岳庙最先建成，其后东西南三面岳庙才逐次树立，这表明天镇县（即明两卫治所）较早接受了浑源的北岳信仰而立庙。其次，明代将士还在天镇四月城外各建四岳坊。如"天齐大帝坊在城东，明正德十四年建；衡山胜境坊在城南，明弘治十八年建；位镇华岳坊在城西，明正德十四年建；恒山胜境坊在城北，明弘治十八年建"④。这些岳神牌坊与月城内岳庙结合在一起，仿佛在向外宣示此城为五岳神祇保佑，不可侵犯。需要指出的是，天镇城以北岳牵头的诸岳庙建置大多集中在弘治年间，此时恰为明孝宗着力整顿北边之时⑤，天镇建置当为边政内容之一，时任兵部尚书的治边名臣马文升也正是在此期间提出北岳移祀大同之议。最后，天镇卫另一北岳行祠所在地为新平堡。该堡在县志"关隘"位列第一，为本卫最重要据点，其"在县东北六十里，明嘉靖二十五年置，隆庆六年增修，堡城砖甃，周三里有奇，今新平路参将驻之"⑥。顾祖

---

① 威远卫在左云、右玉、平虏三地之间，或因地促而未建。
② 参见光绪《天镇县志》之《城池图》，《中国地方志集成》山西府县志辑第5册，第385页。
③ 参见乾隆《天镇县志》卷6《庙寺》，《稀见中国地方志汇刊》第4册，北京：中国书店，1992年，第732页。
④ 乾隆《天镇县志》卷6《坊表》，《稀见中国地方志汇刊》第4册，第739页。
⑤ 参见景戎华：《明代弘治年间的北部边防》，《求是学刊》1988年第1期。
⑥ 光绪《天镇县志》卷2《关隘志》，第441页。

禹指出："本路孤悬口外,备御最切。"①可以推测,该地将士拒敌任务繁重,时刻生活在刀光剑影之中,卫城岳神已不能满足他们的求生欲望,故在立堡城后不久就再修一所北岳行祠②。

清初雁北地区沿袭了明代的卫所制度,直到雍正三年,天镇等五地才化卫所为县治③。从雍正《山西通志》可判断,五地北岳行祠显系卫所旧制产物(据此似更有理由相信左云行祠建于明代)。于是,在清代天镇等五县建置史上,伴随着卫所改县,出现了立庙先于立县的现象,这一现象再次突出了卫所作为军管型政区的特点④。

此外,南部的安东中屯卫驻地应州,地属大同府而非山西行都司实土,但应州亦因军事因素而崇祀北岳,其瓮城的北岳庙当然体现出应州的军事重镇色彩。同时应州军人还在州东边墙要塞北娄口建有恒山庙,该庙建于万历初年,明末重修,其参与者皆为当地军官⑤。至此可以大体判断,山西行都司从行都司治所大同城到各卫治所大都出现了北岳信仰。

浑源北岳信仰的辐射不仅限于雁北地区。从山西行祠统计来看,大同府以南亦有数座,它们分布在山西西部偏关、河曲、保德州、岢岚州、静乐、临县六州县以及靠近浑源的繁峙县。从成立时间来看,静乐县行祠始于金代,偏关、保德州、岢岚州、临县可确定为明代所建,河曲行祠亦是明代所建⑥,繁峙行祠时间待考。偏关、河曲、保德、岢岚四地属明太原府,同时也是山西镇驻军所在。偏关为外三关之首,在山西镇中位置最为重要,设有参将,其所属老营堡即北岳行祠所在地设有守备⑦。河曲县在偏关之南,地位重要,设有参将;河曲之南保德有千户所,亦为河曲参将服务⑧。岢岚

---

① 《读史方舆纪要》卷44《山西六》,第2027页。点校本此处为"本路孤儿口外备御最切",本文据光绪《天镇志》引《读史方舆纪要》。

② 此堡行祠建立时间不详,但所据方志为乾隆四年本,又该堡在明代长期存在且经增修,其战略意义大于清代,故笔者认为此行祠当建于明代。

③ 参见《嘉庆重修一统志》卷146《大同府》。参见罗远道:《清雍正初年卫所制度的大变革》,《中国历史博物馆馆刊》1996年第1期。

④ 参见周振鹤:《体国经野之道》,第136页。

⑤ 参见雷云贵:《三晋石刻总目·朔州市卷》,太原:山西古籍出版社,2006年,第91—92页。

⑥ 万历《山西通志》(《稀见中国地方志汇刊》第4册第102页)卷10《祠祀》有"北岳庙,河曲县西北蚪蚄寨上,弘治年建,岢岚、保德州亦有"。

⑦ 参见(明)申时行等修:《明会典》卷126《兵部九·镇戍一》,北京:中华书局,1989年,第654页。

⑧ 参见(明)申时行等修:《明会典》卷156《兵部三十九·柴炭》,第805页。

州明初设镇西卫①,此外还设有归偏关参将统领的苛岚守备②。此四地由北而南,集中沿黄河布防,构成山西镇之西线③。老营堡行祠建立者为该地兵备长官,其军事意义一目了然。保德州北岳行祠在城外东南紧靠教场,教场乃明弘治十五年建,崇祯八年曾于此地立营伍守备衙门;保德州北西两面为黄河,其城东南为通往苛岚等处要道④,故于此驻兵,其北岳行祠亦或为该处兵将所建。至此可知,与雁北地区北岳行祠传播类似,除北岳文化认同因素外,山西镇西路诸行祠也显示出一定的军事色彩,这或许也透露出行祠所在州县具有超出一般民事政区意义的军事特殊性。如果因偏关老营堡侧应平房卫,将大同镇北部诸行祠与山西镇西线诸行祠联系,恰构成一条北岳行祠链,此行祠链即坐落在明代山西北部自西南至东北整条边防线上(参见图3)⑤。

山西北岳行祠除军事色彩外,其所承载的北岳信仰也日益深入民间。浑源当地民众一般在农历四月八日浴佛日拜谒北岳⑥,其南繁峙县、保德州及临县与之同日⑦。山阴县北岳庙后来成为日常祈雨之地,"旱祷有应"⑧;大同府东部广灵、广昌二地民众在三月定期朝庙⑨;大同府以南,与保德州、临县不同,河曲县民众于二月八日朝庙⑩。保德州北岳庙不惟进香时间与浑源统一,它也是当地香火最旺的祠庙⑪。民众定期拜庙,或选礼佛

---

① 《读史方舆纪要》卷40《山西二》,第1867页。
② 参见(明)申时行等修:《明会典》卷126《兵部九·镇戍一》,第654页。
③ 参见彭勇:《明代北边防御体制研究》,北京:中央民族大学出版社,2009年,第164—168页。
④ 参见康熙《保德州志》卷首《保德州疆域图》及卷1《因革》,《中国方志丛书》华北地方第414号,第42页、93页。
⑤ 此外,山西的北岳信仰还传到了黄河对岸的延绥镇,据《延绥镇志》载:"北岳庙,镇城北五里。营堡东路多祀,清水近府谷山之庙,弘治中独灵异。"(万历《延绥镇志》卷4《庙寺》,上海:上海古籍出版社,2011年,第277页。)可以说北岳行祠已成为明代北边的区域性祠祀。参见〔美〕韩森著,包伟民译:《变迁之神:南宋时期的民间信仰》,杭州:浙江人民出版社,1999年,第131页。
⑥ 参见《敕建北岳庙记》,光绪《怀仁县新志》卷10《艺文》,第362页。
⑦ 参见道光《繁峙县志》卷2《坛庙门》,《中国地方志集成》山西府县志辑第15册,第48页;民国《临县志》卷16《古迹考》,《中国方志丛书》华北地方第72号,第448页;乾隆《保德州志》卷3《风土》,《中国地方志集成》山西府县志辑第15册,第435页。
⑧ 雍正《山西通志》卷165《祠庙二》,景印《文渊阁四库全书》第548册,第129页。
⑨ 雍正《山西通志》卷165《祠庙二》,第133页。
⑩ 雍正《山西通志》卷167《祠庙四》,第172页。
⑪ 参见乾隆《保德州志》卷3《风土》,第435页。

之日,这些足见北岳信仰下行时已渐染民俗。

综上所述,山西北部特别是大同地区严峻的边防形势有力地推动了北岳信仰的传播,国家信仰与边疆军事诉求实现了完美结合,于是一座座行祠拔地而起。

四、河北北岳信仰的衰落

相对于浑源北岳声望蒸蒸日上,明代河北方面却表现平平,官方甚至曾公开否定当地的北岳行祠。以保定清苑县北岳行祠为例,其建立者乃永乐年间知府。但在嘉靖《清苑县志》里,这所官修行祠被县官以明太祖肃正典礼事为由附到了"淫祀"里①。清苑县为保定府附郭县,该县否定北岳行祠可能对其他州县修建行祠起到了抑制作用。与之相反,同样在明代,浑源知州就在浑源城南、恒山主庙不远处建了一所"恒岳行宫"②。万历年间山西官员在编写《山西通志》时还窜改明太祖诏书:"太祖以岳镇海渎自天地开辟,英灵之气萃而为神,岂候国家封号可加?渎礼不经,莫甚于此,因尽去前代封号而厘正之。如祭恒山于浑源州称北岳之神,祭霍山于霍州称中镇之神。"③值得注意的是,山西方面竭力塑造的浑源古北岳说竟被河北官员接受,如嘉靖十六年真定知府请名流所作修庙碑称:"恒岳肇名,浑州维始;奇踪显奕,曲阳继兴","浑州祠宇,辉煌于代北;曲阳庙廷,峨峙立于定西。"④据说在嘉靖三十五年曲阳恒山求灵芝不获后,真定官方曾"上言古北岳在山西大同府浑源州,有虞舜巡狩遗迹在焉,请下彼处求之"⑤。对比两地官员举措及态度,无怪乎山西的北岳行祠发展超过了河北。

与此同时,河北不仅北岳行祠发展不及山西,连曲阳恒山附近的北岳

---

① 嘉靖《清苑县志》卷3《淫祀》,《天一阁藏明代方志选刊续编》第1册,上海:上海书店,1990年,第140页。另该庙有碑文,大意在赞扬明太祖肃正山川祭祀礼,去除历代山岳所加封号事。
② 光绪《浑源州续志》卷5《祠祀》,清华大学图书馆古籍室藏,第8页。
③ 万历《山西通志》卷10《祠祀》,《稀见中国地方志汇刊》第4册第111页。明太祖洪武三年颁布《定岳镇海渎城隍诸神号诏》其文为:"自有元失驭,群雄鼎沸,土宇分裂,声教不同,朕奋起布衣,以安民为念,训将练兵,平定华夷,大统以正。永惟为治之道必本于礼,考诸祀典,如五岳五镇四海四渎之封,起自唐世崇名美号,历代有加,在朕思之,则有不然。夫岳镇海渎皆高山广水,自天地开辟,以至于今,英灵之气萃而为神,必皆受命于上帝,幽微莫测,岂国家封号之所可加?渎礼不经,莫此为甚……"其后涉及恒山处亦称去其历代封号改为"北岳恒山之神"而已。参见《明实录》卷53,洪武三年六月癸亥,第1033—1034页。
④ 王丽敏等编著:《北岳庙碑刻选注》,第122—123页。
⑤ 《三晋石刻大全·大同市浑源县卷》,第60页。

信仰也开始松弛。考古人员近期在大茂山发现数通碑刻,这些石刻显示明清时期河北恒山即大茂山周边逐渐兴起一种民间信仰——"天仙圣母"①。据《重新修建南尖行宫碑记》②(1850年),当地民众会定期朝山求神,明万历年间人们因山路艰难而建立行宫,该行宫在乾隆年间曾经重修。道光年间,当地"五村领袖十四人"倡议又在行宫旧庙不远处再建新庙。另一则碑刻记录了天仙圣母的功能:"兹山天仙圣母操长养之权,常应祝男之愿,专化生之运,普沾育子之功。"③可见天仙圣母是操掌人间生育之神,她能满足当地民众求子愿望,清代五村联合修建行祠之举显示了该信仰的影响力。

以"圣母"为名号的基层信仰在传统中国极为普遍,但大茂山民众却认为天仙圣母乃恒山之神。据考察,曲阳北岳主峰大茂山顶为凹字形,一边有恒山庙,一边有奶奶庙即所谓天仙圣母庙④。至少自明代以来,当地人就把天仙圣母当作北岳之神祇而不是把它视为外来信仰⑤。以同治年碑为例,其文说:"广邑城西南百里外曰尖山,旧有天仙圣母庙,考碑碣乃有唐而创建者也。其下有行宫,行宫之创建也,始于明万历年间。"⑥可见此处民众是把山顶之天仙圣母庙视为主庙。到民国时期,有人居然用先天八卦说将北岳与天仙圣母联系,为天仙圣母乃北岳神祇论证:"此山一名神仙山,一名奶奶尖,因山尖上有天仙圣母庙故也。但天仙圣母居北岳恒山,余初不解其何故,后即先天八卦思之,正北属坤,坤为老母,坤母即圣母也。坤母居北,卦属先天,故先天坤母亦可称为天仙圣母。然则圣母居北岳恒山不适合先天坤母居北方正位之义乎?"⑦这种论证将北岳、坤位与先天坤母联系的手法确实有一定说服力。至今当地人还在把这座曾享受历代王朝祭祀的神山称为"奶奶尖"。

在大茂山下,与圣母信仰形成鲜明对比的是北岳行祠的没落,这也以

---

① 曲阳县文物保管所:《古北岳遗存碑石录》,第54页。
② 曲阳县文物保管所:《古北岳遗存碑石录》,第60页。
③ 曲阳县文物保管所:《古北岳遗存碑石录》,第57页。
④ 曲阳县文物保管所:《古北岳遗存碑石录》,第3页。
⑤ 该信仰可能与风行华北的碧霞元君崇拜有一定关系。参见车锡伦:《〈泰山天仙圣母灵应宝卷〉漫言》,《民间文化论坛》2016年第1期。
⑥ 曲阳县文物保管所:《古北岳遗存碑石录》,第54—55页。
⑦ 曲阳县文物保管所:《古北岳遗存碑石录》,第63—64页。

第七章　明清北岳移祀考论　　　　　　　　263

明清两则修庙碑记为证。首先是明嘉靖二年(1523年)《重修北岳庙记》，该碑记述的是修大茂山下北岳行祠事，其文先讲述明朝崇祀北岳，并介绍该庙是奉敕所建，之后"其庙虽前代迁于恒阳，而大茂山平川之旧址犹存焉。乡氓尤瞻仰耳，彼时略□仪。道人李道信用心之笃，致意之诚，重建三门殿宇，立碑存焉，已有百载"①。据该碑记，景泰四年(1453年)有都御史再次修庙。嘉靖年间这次修庙乃道士李守渊之意，他广为宣传，地方士绅积极响应，莅临修庙盛事的还有：

> 钦差镇守倒马等关太监杨□、镇守倒马关都指挥阎、把□落路口副千户张祐、文林郎知阜平县事四川何□、阴阳官孙孺施地一所、唐县义民官刘迁、唐县生员于绍□、本县吏吴、儒学教谕山西王棠、训导山东高密刘景旸、山东平源□天锡、监生李奈、孙凤、刘朝宗、张安、贾珍、孟麟、林秉、耿鹏、霍灏，生员唐隆、顾□、刘□。②

从这则碑文来看，明代大茂山北岳行祠修建，上至钦差镇守将领，下至地方乡老义民都参与其中，足见当时曲阳北岳作为国家正祀之影响。之后，一则清代碑刻记录的却是另一番情景：

> 通都重修□□
>
> 盖谓大茂山前有一古刹玄都观一座，建立北岳神祠于内，有四五座大殿。自尧以来，重修不计其数矣。会以年久日深，风雨损坏，砖瓦凋零，至于平川之地不远矣。道人张信安到此观，内心中不忍，坐视可不理乎？恳化十方施主，□舍资财。信安住持一经三十六年无有休歇，以今通修完固，发心立碑。还有一件大事，又逢□岁大凶，康熙闻此，哀悯一郡黎民，明示去粮，道人信安之庙内征税禀告县尊。
>
> 此观孤野□□王爷察明□□□□待……
> ……七年③

从碑文中康熙年号，可判断立碑时间为清代中期以后，此次所修即嘉靖年间之行祠。可这次却只有一位道人张信安，而且他是用了三十六年积

---

① 曲阳县文物保管所：《古北岳遗存碑石录》，第43—44页。
② 曲阳县文物保管所：《古北岳遗存碑石录》，第44—45页。
③ 曲阳县文物保管所：《古北岳遗存碑石录》，第50页。从碑文提到康熙来看，此碑当为清中期之后，从文风来看，可能为清末民初之碑。

攒财力才完成修庙重任。与嘉靖年间修庙相比,此次修庙相形见绌,颇为寒酸,此又见随着北岳移祀至山西,河北恒山即大茂山区域内北岳信仰日渐衰微。

五、小结

明清北岳移祀可算是古代中国传统信仰变迁的鲜明个案。为争夺国家祭祀名位,山西河北两地在北岳的象征符号上展开了有趣的博弈。河北地方发明了飞石传说以弥补山、庙距离过远之窘境,而山西方面却将其改造以为浑源古北岳说张目,同时浑源还为飞石传说制造各种人文景观。或许在浑源北岳说的压力下,曲阳北岳庙才建立起飞石殿作为响应。随着清代移祀成功,山西史志编纂者将包括"大茂"在内的河北原有北岳文化资源悉数收入,取得了符号争夺的最终胜利。

就在浑源、曲阳两地争夺北岳文化之际,山西河北两地围绕着两个北岳分别形成了各自的北岳信仰圈,其中山西大同一带的北岳行祠发展尤为突出。与发展松弛的河北北岳信仰相比,山西的北岳崇拜具有显著特点,即北岳行祠除在浑源各邻县蔓延外,更是扩张到明代北方最重要的边防线上。北岳神祇捍卫边疆的功能在大同诸卫所发挥到极致,仿佛浑源向河北争夺北岳文化正是为此服务。这时,北岳移祀问题已不再是单纯的文化现象,它已兼具重要的军事意义。至大同诸卫转为州县,明代守边将士信奉的北岳行祠作为卫所制度遗迹被清代州县接收,它们成了新县中的旧庙。这些北岳行祠的历程既验证了山西行都司的半实土性质,更有助于理解都司卫所制度下军管区的文化独特性。最后,北岳信仰在山西日益深入,渐入民俗,而在河北却日趋没落。

纵观北岳变迁历程,清代移祀山西固然会对两地北岳信仰发展产生重要影响,比如清代山西州县还有继续兴建北岳行祠之举[①]。但在移祀诏令颁布之前,山西的北岳行祠伴随着浑源北岳说已发展得如火如荼。因此,从某种程度上说,朝廷的移祀诏令又不过是对山西战胜河北夺得北岳信仰的认可而已。

---

① 以浑源西部怀仁县为例,乾隆时期该县只有两座明代北岳行祠,而到清末又增加两所。参见光绪《怀仁县新志》卷4《坛庙》,第293页。

本章结语

综合考察完北岳移祀之后，需要补充的是，北岳移祀还存在较大的礼制变革背景。明代五岳祭祀制度进入新的演变期。这一时期，专制皇权对礼制的改造颇大，与五岳祭祀相关的礼制改革集中在明太祖与明世宗时期。明初太祖在京师南京专设山川坛合祭太岁、风云雷雨、岳镇海渎及京畿山川①，此开启明清特重于京师祭天下山川之风，五岳等山川的祭祀重心开始从四方向天子之都偏移。洪武三年，明太祖正岳镇海渎神号，去除唐宋以来岳渎诸神爵号；该年又令"每岁用惊蛰、秋分各后三日遣官祭山川坛诸神"②。或受京师春秋祭山川之制影响，不久洪武定制："凡岳镇海渎及他山川所在，令有司岁二祭以清明、霜降。"③至此，隋代以来按五郊迎气日祭五岳的传统发生了改变。嘉靖十一年，皇帝将山川坛分为天神、地祇坛，地祇坛主祭五岳五镇五陵山四海四渎④。其后嘉靖制度虽废，但地祇坛名目保留。清代承明制，除方泽坛以岳渎从祀皇地祇外，仍在正阳门外地祇坛总祭岳渎山川，同时各地仍在春秋仲月祭祀岳渎⑤。总的来说，明清虽仍以五岳为中祀，但它们于京城特立山川（含岳渎）坛位，是在地方岳庙之外再立以五岳为首的山川祭祀中心。明清这种汲汲于将天下山川神祇吸纳入京城的做法，与北宋在开封建五岳观的思路一致，是帝国祭祀向心性的再次表达。其次，明清五岳祭祀时间改在春秋二仲，这显然减少了岳渎与一般小祀的差别，不利于彰显五岳作为山川之首的地位。更重要的是，如果说隋唐定五郊迎气日分祭五岳突出了五岳的五行因素，是一种进步，那么明清此举便是一种倒退。

祭祀各色神祇固然是历代王朝以神道设教之表现，但以皇帝（天子）为中心的统治体系对诸神祭礼中的僭越也十分警惕。如北宋规定礼神限用红黄之色及龙饰⑥，南宋初衢州地方崇祀东岳因"服饰仪物大段僭侈"，遭

---

① （明）申时行等修：《明会典》卷85《礼部四十三》，第492页。
② （明）申时行等修：《明会典》卷85《礼部四十三》，第492页。
③ 《明史》卷49《礼志三》，第1285页。
④ 《明史》卷49《礼志三》，第1281页。
⑤ 《大清会典》卷47《礼部》。
⑥ 《宋会要辑稿》刑法2之74，第6532页。

官方禁止①。明太祖下令去除五岳帝号,对专制皇帝来说,这减少了非法的"帝王"象征资源,维护了皇帝名号的权威;而对岳渎诸神来说,丧失"官格"必然不利于其信仰传播。此外,明太祖反对岳渎封爵、主张立山川坛,其思想源头应在宋代理学②。理学家多以理气之说反鬼神说,进而反对用祠庙这种带有巫鬼迷信色彩的方式祭祀山川,他们鼓吹更具朴素唯物主义的坛制古礼。明太祖去五岳帝号是出于其政治敏锐性,而按理学家思路建立山川坛,则又是接受了思想家们创造的"理性"鬼神说。可以大体判断,正是专制帝王的控制欲与知识界发明的"理性"鬼神说,造就了明代山川祭祀的重大变化。自明代开始,五岳神祇的神性不再如唐宋时那样凸显,地方长吏祭祀五岳的传统虽延续下来(参见前文《明代祭祀北岳简表》),但这不能阻止神性匮乏的五岳在朝廷礼制体系内地位的下降。五岳诸神祇既然越来越俯就于现实皇权,那么本着"岳随都定"的思维,位于帝都之南的北岳当然应该有所调整。

---

① 《宋会要辑稿》刑法2之147,第6569页。
② 参见本书第五章结语部分。

结语

五岳祭祀作为古代礼制，有深厚的经学及思想文化史背景，同时五岳作为名山又有其具体的地理特征。学界对五岳祭祀多断代式研究，在通代礼制著作中五岳祭祀也没有得到应有的重视。鉴于此，本书以秦汉以来五岳祭祀演变为主要研究对象，试图从经学思想、历史地理、政治文化（包括道教）等多角度来阐释两千年来五岳礼制的新变化、新特点。本书的学术主旨包含以下几个方面：

其一，从秦立名山大川之祀到西汉神爵确立五岳四渎之礼，早期帝国最终选择了依靠儒家思想来树立山川之祀。西汉中期之后，五岳元素逐渐融入到帝国的礼制体系。它们不仅被吸纳进刚刚兴起的郊祀，在北郊从祀诸神中位列首位，还成为朝廷大事的祭告对象及日常祈祷对象。东汉或出于实际考虑，树立了以地方长吏负责为主的岳渎祭祀方式。可以说，五岳祭祀制度形成于西汉，至东汉日渐稳固成熟。与五岳在礼制中得到强调相应，人们越来越认同五岳作为天下山川的首领地位，五岳也成为汉代思想文化中的重要元素。以上这些都是日后五岳祭祀制度发展的基础。

其二，在中古分裂时期，诸政权为塑造正统多致力于礼制建设，五岳之祀得到了应有的重视，五岳的政治地理意义也展现得淋漓尽致。与汉赵政权在战时祭嵩山类似，北魏明元帝竟遣使深入敌境祭祀华山。拓跋鲜卑入主中原，五岳之中北岳恒山与北魏国运关系最大，道武帝所开恒山直道成为北魏百年间控制山东地区的大动脉。北朝多据有五岳，此更增加其华夏正统意识，同时随着实力的天平向北朝倾斜，北魏诸帝也多以封禅自我砥砺。这一时期，北魏对五岳祭祀制度的贡献颇多，如北魏早期就在平城附近总祭五岳四渎，其遣使祭祀山川之制也颇类西汉。此外，北魏还可能有道士"侍祀"五岳，即官方允许道教参与诸岳祠庙的日常维护。

其三，隋代再次设立五岳祭祀制度。隋代二帝曾尝试恢复失传已久的五岳巡狩礼，这足见其制礼作乐之气局。与两汉类似，国祚短促的隋代在五岳祭祀制度上贡献颇多。首先，隋代一改汉代五岳祭祀的一祷三祠，定为按五郊迎气日致祭。此项演变有深刻的思想及制度渊源:在制度上,它直接承自北周确立的五郊之祀;在思想根源上,它可以上溯到东汉郑玄的五精帝之说。其次,隋代一反汉武帝所立南岳霍山而立江南衡山为南岳。汉立霍山为南岳,未从传统经学意见,至后代学术昌明,经学认可的江南"衡山"终于取代汉制霍山为南岳。再次,隋代还依《周礼》等经典初步确立了镇山制度,依郑玄思想确立了以岳渎为首的祈雨礼。此外,隋代还设立"岳令",以专职官员管理诸岳。总而言之,隋代在五岳祭祀上的创新堪比西汉初立制度,这离不开北朝浓厚的循经复礼之风。

其四,唐宋五岳祭祀多承自隋代,但仍有新的特点。其中最大两点莫过于给五岳神祇封爵以及道教因素涉入五岳祭祀。岳渎加爵波及其他山川以及各色祠庙,这又涉及唐宋官方祭祀的一大特点,即传统祀典的下行。通过考察宋代诸多祠庙案例,可以发现,伴随着额爵制度的推行,人们对"祀典"的理解有了新的变化,即除了在思想层面以《礼记·祭法》篇为"祀典"以及在制度层面以传统郊庙礼典为"祀典"之外,记录祠庙神祇履历的诸朝会要也被视作"祀典"。正因大肆推行额爵以及由此产生的对"祀典"的开放理解,让宋代在治理地方祠祀上呈现出灵活的实用主义态度。在五岳祭祀与道教关系层面,唐代建立了五岳真君祠并因此树立了正礼与道教双轨祭祀五岳之制。到了宋代,五岳正庙也频频举行道教科仪,五岳道教道场化进一步加深。在开封著名的五岳观(会灵观)中,五岳诸帝完全被视作道家神祇,同时该观也成了朝廷正礼五岳之地,这标志着唐代以来的五岳道教道场化达到了高潮。除以上两点外,唐宋两朝礼遇五岳还有各自特点,如唐玄宗重遣使祭祀岳渎,唐代重华山而宋代偏爱南岳,宋代诸岳行祠兴起等等。

最后,明清北岳之祀从河北曲阳移至山西浑源,这提醒我们不能回避历史上的五岳变动问题。周隋据儒家经典推翻汉制而立衡山为南岳,此问题反映出在礼制建设中多存在着经学与政治的张力。明清的北岳移祀争议本质上是"岳随都定"的政治考量与传统经义之间的矛盾。与北岳移祀历程相应,明代知识领域日渐支持山西浑源北岳说,这构成了清初改动北岳的思想背景,虽然移祀之后清代学界仍有力主曲阳北岳说者。对比明清北岳移祀与隋代重定南岳,可以看出:隋代能据礼经而反汉制,从某种程度上说是经学对政治的胜利;而明清力主实现天子居中的五岳布局,最终违背经义史志,将北岳移祀至山西,这又是政治权力对以经学为中心的古典知识的胜利。此外,在争夺河北恒山的北岳文化资源时,明代雁北边防将士的精神需求也引导着北岳信仰北移,于是山西北部出现了规模较大的北岳信仰圈。

总的来说,经过多角度的通代考察,本书认为:两汉与隋代是古代五岳祭祀制度树立的关键时期,中古分裂时期是五岳观念的传承时期,也是五岳祭祀制度发生重大变革前的酝酿时期。从唐到宋,五岳真君祠在五岳祭祀中的影响越来越大,因此唐宋两朝又可算作是五岳祭祀的道教化时期。

当然,五岳祭祀之礼延续两千余年,还有很多内涵亟待发掘,笔者限于学力,仅试图揭示几个关键转折点而已。

附录一 《晋书·礼志》补释两则

《晋书·礼志》记东晋咸和八年(333年)确立南北二郊:"天郊则五帝之佐、日月、五星、二十八宿、文昌、北斗、三台、司命、轩辕、后土、太一、天一、太微、勾陈、北极、雨师、雷电、司空、风伯、老人,凡六十二神也。地郊则五岳、四望、四海、四渎、五湖、五帝之佐、沂山、岳山、白山、霍山、医无间山、蒋山、松江、会稽山、钱唐江、先农,凡四十四神也。"①将文中罗列二郊从祀诸神数目相加与总数"六十二神"、"四十四神"比较,似有不合,这一难题少有人提及,笔者不揣浅陋,试分析之。

一、地郊"五帝"非"五人帝"

先从咸和八年天郊数目说起。天郊从祀"雷电"应为二神,中华书局点校本《宋书》记此事即雷、电二分②。东汉初年郊祀从祀神有"雷公、先农、风伯、雨师"③,尚无电神。不过民间早已有雷、电二神之说,如裴注《三国志》引《管辂别传》有"告命南箕,使召雷公、电父、风伯、雨师"④。可以判断,电神大概在汉晋之间进入郊祀。雷、电既为二神,则除"五帝之佐"外,东晋天郊其余从祀诸神共五十二位,以总数六十二神减之,"五帝之佐"应有神十位。咸和八年地郊亦有"五帝之佐"。卢文弨《晋书礼志校正》对天郊"五帝之佐"有案语:"疑当重五帝二字,有五帝又有五帝之佐,与总数六十二神合"⑤;对地郊"五帝之佐"案语为:"案此处当云五人帝、五人帝之佐,即如此,于总数四十四神尚缺其二,疑有脱误"⑥,吴士鉴《晋书斠注》从

---

① 《晋书》卷19《礼志上》,北京:中华书局,1974年标点本,第584—585页。《宋书》卷16《礼志三》记此事与《晋书》大同小异,但不能妄断以其为史源,又后世多因《晋书》关注此事,故笔者亦从《晋书》着手。宋刻本《晋书》与三朝递修本《宋书》皆有"五帝之佐",与中华书局标点本同。
② 参见《宋书》卷16《礼志三》,北京:中华书局,1974年标点本,第432页。
③ 《后汉书·祭祀志上》,第3160页。
④ 《三国志校笺》卷29《管辂传》,第1088页。
⑤ 卢文弨:《晋书礼志校正》,《二十五史补编》第3册,北京:中华书局,1955年,第3523页。
⑥ 卢文弨:《晋书礼志校正》,《二十五史补编》第3册,第3523页。

之①。《通典》记咸和八年郊祀用"五帝及佐"②,这暗示唐人所见《晋书》、《宋书》或是"五帝及佐",应有十位;卢文弨以"五帝"应重文,如此则五帝加五帝之佐便有十位,有理。但卢文弨认为东晋以天郊从祀为"五帝"、"五帝之佐",以地郊从祀为"五人帝"、"五人帝之佐",二郊从祀有别,这不合史实,其地郊"五人帝"之说更不合理。

要正确理解《晋书》"五帝之佐",须从"五帝"入手。汉至南朝的郊祀都有"五帝"从祀,但其间官方对"五帝"的理解有所转变,这一转变也体现在郊坛上。现试对汉代至南朝从祀郊坛的"五帝"作一简单梳理。

西汉平帝元始年间,王莽奏立五方郊兆,分天地别神为五部,受《月令》影响,各部之首即"中央帝黄灵后土"、"东方帝太昊青灵句芒"、"南方炎帝赤灵祝融"、"西方帝少皞白灵蓐收"、"北方帝颛顼黑灵玄冥"③,黄帝("中央帝"后或脱"黄帝"二字)、太昊、炎帝、少皞、颛顼与后土、句芒、祝融、蓐收、玄冥,这是郊祀系统中最早的五方帝及五方帝之佐。东汉建武二年,光武帝于洛阳立郊兆,采王莽之制,从祀天地的有青赤黄白黑"五帝位"及"五官神"④;明帝时再循莽制分立五郊,所祭神为"青帝句芒"、"赤帝祝融"、"黄帝后土"、"白帝蓐收"、"黑帝玄冥"⑤。东汉五色(五方)帝及五佐遵循莽制,只不过莽制以五方称太昊等五帝,汉制以五色称之,莽制以五灵称句芒等神,汉制以五官称之,但二者实无本质差别⑥。汉代五方帝从祀郊坛成为后代典范,晋泰始二年(266年)虽暂时除明堂南郊五帝位⑦,但之后经挚虞等人建议又恢复旧制,挚虞进言有:

> 汉魏故事,明堂祀五帝之神。新礼(即泰始二年礼),五帝即上帝,即天帝也。明堂除五帝之位,惟祭上帝。案……昔在上古,生为明王,没则配五行,故太昊配木,神农配火,少昊配金,颛顼配水,黄帝配土。此五帝者,配天之神,同兆之于四郊,报之于明堂。祀天,大裘而冕,祀

---

① 吴士鉴:《晋书斠注》卷19,北京:中华书局,2008年,第419页。
② 《通典》卷42《礼二》,第1174页。
③ 《汉书》卷25下《郊祀志下》,北京:中华书局,1962年,第1268页。
④ 《后汉书·祭祀志上》,第3159—3160页。
⑤ 《后汉书·祭祀志中》,第3181—3182页。
⑥ 如《白虎通》即以五方帝神称之。参见(清)陈立撰,吴则虞点校:《白虎通疏证》卷4《五行》,第173—182页。
⑦ 《晋书》卷19《礼志上》,第583页。

五帝亦如之。或以为五精之帝,佐天育物者也。前代相因,莫之或废,晋初始从异议。《庚午诏书》,明堂及南郊除五帝之位,惟祀天神,新礼奉而用之。前太医令韩杨上书,宜如旧祀五帝。太康十年,诏已施用。宜定新礼,明堂及郊祀五帝如旧仪。①

挚虞之议表明,太康十年晋朝在五帝问题上又回到汉代传统,即仍以太昊、黄帝等为五方帝。南渡后东晋郊祀也当因袭经西晋拨乱反正后的汉魏故事,因此咸和八年二郊中"五帝之佐",实际上仍是东汉五方帝及佐,即《月令》中太昊上古五帝及句芒五神,共十位。至此,可知卢文弨推测《晋书》"五帝之佐"之"五帝"应重文,确实有据可循;再参照《通典》"五帝及佐",《晋书》自宋本起仅一"五帝之佐",或已有误。此外,挚虞提及的"五精之帝"即东汉郑玄所说五精帝。郑玄释《周礼》"兆五帝于四郊"为"五帝,苍曰灵威仰,太昊食焉;赤曰赤熛怒,炎帝食焉;黄曰含枢纽,黄帝食焉;白曰白招拒,少昊食焉;黑曰汁光纪,颛顼食焉"②。五精帝虽未进入汉代郊祀明堂,但其中所谓"太昊食焉"却是对汉制的反映。

在南朝,梁武帝时郑玄五精帝之义进入到郊祀制度③。梁初南郊之制:天皇上帝之下有"五方上帝、五官之神",北郊后土之下有"五官之神"④。此时从祀南郊的"五方上帝"已非上古五帝。天监十七年,"帝以威仰、魄宝俱是天帝,于坛则尊,于下则卑。且南郊所祭天皇,其五帝别有明堂之祀,不烦重设。"⑤由"威仰"、"魄宝"可知萧梁接受了郑玄五精帝之义并以五精帝从祀南郊,五精帝取代上古五帝成为"五方上帝",这是南朝郊祀制度一大变革;同时萧梁出于简化礼制考虑,取消南郊五帝位,保留明堂五帝位。与五方帝变化相反,萧梁南郊从祀的"五官之神"未变,仍是汉制句芒等五佐"五官",这可从陈朝除南郊"五祀"事知之。陈朝恢复梁初郊祀制度,在南郊补入五精帝,但礼臣对南北郊都有"五官之神"表示质疑:

昔梁武帝云:"天数五,地数五,五行之气,天地俱有。"故南北郊

---

① 《晋书》卷19《礼志上》,第587页。
② 《周礼注疏》卷19《小宗伯》,《十三经注疏》,第766页。
③ 五精帝入南朝郊祀,当与萧梁重经术有关。参见(清)皮锡瑞:《经学历史》,北京:中华书局,2008年,第179页。
④ 《隋书》卷6《礼仪志一》,第108页。
⑤ 《隋书》卷6《礼仪志一》,第111页。

内,并祭五祀。臣按《周礼》:"以血祭社稷五祀。"郑玄云:"阴祀自血起,贵气臭也。五祀,五官之神也。"五神主五行,隶于地,故与埋沉副辜同为阴祀。既非烟柴,无关阳祭。故何休云:"周爵五等者,法地有五行也。"五神位在北郊,圆丘不宜重设。①

礼臣用郑义,以"五祀"为"五官之神",郑玄谓:"此五祀者,五官之神在四郊,四时迎五行之气于四郊而祭五德之帝,亦食此神焉。少昊氏之子曰重,为句芒,食于木;该为蓐收,食于金;修及熙为玄冥,食于水;颛顼氏之子曰黎,为祝融、后土,食于火土。"②

至此,得知萧梁在郊祀中引入五精帝,取代《月令》上古五帝为五方帝,这一做法还波及其明堂制度③。梁制影响颇大,《隋书·礼仪志》序五郊之祀时说:"然此五帝之号(即五精帝灵威仰等),皆以其德而名焉。梁、陈、后齐、后周及隋,制度相循,皆以其时之日,各于其郊迎,而以太皞之属五人帝配祭。并以五官、三辰、七宿于其方从祀焉。"④从中可以看到,汉制郊祀五方帝太皞等神已降为五精帝之配,称作"五人帝",汉代"五方帝(太皞)—五官"二级从祀系统变为"五方帝(五精帝)—五人帝(太皞)—五官"三级从祀系统,此三级从祀系统还存在于南北朝雩祀中⑤。

综上所述,关于《晋书》"五帝之佐",卢文弨以为应是"五帝"、"五帝之佐",如此才合天郊从祀六十二神位,其推断正确;但晋朝"五帝"仍是以《月令》上古五帝为五方帝,上古五帝还未有"人帝"之名,故卢文弨以地郊"五帝"为"五人帝"不确。

二、四望或为六神位

论及地郊数目,卢文弨以四望为四座,五帝加五帝之佐即便为十座,诸神相加共四十二座,比北郊从祀"四十四神"仍少两座,故其疑此句有脱误。笔者以为"四望"名目自古颇有争议,并非只有四神,现亦从汉代开始梳理。

"四望"出自《周礼》小宗伯之职:"兆五帝于四郊,四望、四类亦如之。"

---

① 《隋书》卷6《礼仪志一》,第111—112页。
② 《周礼注疏》卷18《大宗伯》,《十三经注疏》,第758页。
③ 参见《隋书》卷6《礼仪志一》,第120页。
④ 《隋书》卷7《礼仪志二》,第129页。
⑤ 参见《隋书》卷7《礼仪志二》,第125页、第127页。

汉人主张"四望"范围较大者以许慎为代表,如《淮南鸿烈解》存其观点,以"四望"为"日月星辰山川"①;主张"四望"范围小者有郑众、郑玄,郑众以"四望"指"日月星海"②,郑玄以"四望"指"五岳四镇四渎"③。

许慎的"四望"观点受其"六宗"观点影响。六宗出自《尧典》"肆类于上帝,禋于六宗,望于山川,遍于群神",许慎指出六宗为:"天宗三,地宗三。天宗:日、月、星辰;地宗:岱山、河、海。日、月为阴阳宗,北辰为星宗,岱为山宗,河为水宗,海为泽宗。祀天则天文从祀,祀地则地理从祀。"④据此"六宗",许慎解释《春秋》鲁国"三望":"郊天,日、月、星、河、海、岱,凡六宗。鲁下天子,不祭日、月、星,但祭其分野星、其中山川,故言三望。"⑤由此可推知,许慎认为天子望祭即四望,实乃日月星河海岱六宗,可简称为四望即六宗说⑥,《淮南鸿烈解》引其观点当少一"海"。鲁公低于天子,只望祭分野星、山、川,其三望出于六宗。

六宗为《尚书》学重要议题,许慎的四望即六宗说也仅为一说。《后汉书·祭祀志》刘昭注总论汉晋诸家"六宗",其中两汉主要有以下六种:

> 伏生、马融曰:"万物非天不覆,非地不载,非春不生,非夏不长,非秋不收,非冬不藏。禋于六宗,此之谓也。"欧阳和伯、夏侯建曰:"六宗上不谓天,下不谓地,傍不谓四方,在六者之间,助阴阳变化者也。"孔安国曰:"精意以享谓之禋。宗,尊也。所尊祭其祀有六:埋少牢于太昭,祭时也;相近于坎坛,祭寒暑也;王宫,祭日也;夜明,祭月也;幽禜,祭星也;雩禜,祭水旱也。禋于六宗,此之谓也。"……文秉案刘歆曰:"六宗谓水、火、雷、风、山、泽也。"贾逵曰:"六宗谓日宗、月宗、星宗、岱宗、海宗、河宗也。"郑玄曰:"六宗,星、辰、司中、司命、风伯、雨师也。星,五纬也。辰谓日月所会十二次也。司中、司命,文昌第五、第四星

---

① 刘文典撰,冯逸、乔华点校:《淮南鸿烈集解》卷18《人间训》,第596页。
② 《周礼注疏》卷18《大宗伯》,《十三经注疏》,第764页。
③ 《周礼注疏》卷18《大宗伯》,《十三经注疏》,第764页。
④ (清)陈寿祺:《五经异义疏证》,上海:上海古籍出版社,2012年,第22页。
⑤ (清)陈寿祺:《五经异义疏证》,第22页。
⑥ 南宋薛季宣、明人王志长、清人黄以周皆直言许慎所主四望为日月星辰河海岱,此是三人皆以为许慎是以六宗为四望。参见王与之:《周礼订义》卷31,景印《文渊阁四库全书》第93册,第525页;王志长:《周礼注疏删翼》卷14,景印《文渊阁四库全书》第97册,第456页;黄以周:《礼书通故》,北京:中华书局,2007年,第681页。

也。风师,箕也。雨师,毕也。"①

以上说法中,伏生之说最古,其主六宗为天地四时,欧阳夏侯两家似反其道而行之,认为六宗无涉天地,在天地四方之间。联系《尧典》经文"六宗"在"上帝"、"山川"、"群神"之间,"上帝"即天,"山川"属地,则欧阳夏侯之说似有依本经释六宗之义,较伏生师说为周严②。孔安国说本于《礼记·祭法》,刘歆说本于《周易》,此是汉儒用它经释六宗③。晋博士吴商指出:"郑所以不从诸儒之说者,将欲据《周礼》禋祀皆天神也。"④即至郑玄,其更以《周礼》为准则,以禋祀为祭天神之法,故六宗应为天神。最后,贾逵六宗说与许慎同,其看似晚出,但实有经典、制度双重源头。

东汉元初六年(119年),司空李郃提议复六宗之祀,其叙两汉六宗祭祀状况如下:

> 六宗者,上不及天,下不及地,傍不及四方,在六合之中,助阴阳,化成万物。汉初甘泉、汾阴天地亦禋六宗。孝成之时,匡衡奏立南北郊祀,复祠六宗。及王莽谓六宗,《易》六子也。建武都雒阳,制祀不道祭六宗,由是废不血食。⑤

由李郃之奏可知,西汉天地郊祀已有六宗,元始五年(公元5年)王莽以刘歆《易》六子改制⑥,东汉百年不祀六宗。最终安帝同意李郃之奏,"以《尚书》欧阳家说,谓六宗者,在天地四方之中,为上下四方之宗。以元始中故事,谓六宗《易》六子之气日、月、雷公、风伯、山、泽者为非是",更立六宗于雒阳西北⑦,惜不知其神位数。此即两汉祭六宗之历程,然于王莽祭六宗失之简略。《三辅黄图》载元始四年(公元4年)移甘泉汾阴二祀至长安郊祀,王莽指出:"六宗,日、月、星、山、川、海,星则北辰,川即

---

① 《后汉书·祭祀志中》,第3184—3185页。
② 皮锡瑞固持伏生、欧阳、大小夏侯为今文家,在六宗问题上认为伏生与三家"似异而实不异",欠妥,参见氏著:《今文尚书考证》,第50页。
③ 参见(清)陈寿祺:《五经异义疏证》,第27页。
④ 《后汉书·祭祀志中》,第3186—3187页。
⑤ 《后汉书·祭祀志中》,第3184页。
⑥ 《汉书》卷25下《郊祀志下》,第1268页。
⑦ 《后汉书·祭祀志中》,第3184页。

河,山岱宗"①,西汉据之以六宗六神位从祀南北郊:

> (上帝坛)为周道郊营之外,广九步,营六:甘泉北辰于南门之外,日、月、海东门之外,河北门之外,岱宗西门之外……(后土坛)为周道后土官外,径九步,营岱宗西门之外,河北门之外,海东门之外,径各六十步。②

文中"甘泉北辰"暗示西汉甘泉泰畤即以北辰、日、月、海、河、岱从祀上帝,王莽元始四年所说六宗即本于此,因该年王莽所立为西汉传统旧制,故李郃述莽改六宗不及此。皮锡瑞因李郃以欧阳夏侯为说立六宗之祀,便指出"据此,则汉初已祭六宗,皆用今文之义"③,如其推断正确,则欧阳夏侯之六宗思想应与西汉郊祀传统六宗相匹配,欧阳夏侯所主六宗或即北辰日月海河岱六位,此便与刘昭注所记贾逵说相同。但笔者以为刘昭所辨两派之异当有据,故不敢妄申皮氏之论。

元始四年王莽的六宗思想还与汉代传统郊祀制度相匹配。可至元始五年,王莽即以孔光、刘歆《易》六子说改易传统,其称:

> 欧阳、大小夏侯三家说六宗,皆曰上不及天,下不及地,旁不及四方,在六者之间,助阴阳变化,实一而名六,名实不相应。《礼记》祀典,功施于民则祀之。天文日月星辰,所昭仰也;地理山川海泽,所生殖也。《易》有八卦,乾坤六子,水火不相逮,雷风不相悖,山泽通气,然后能变化,既成万物也……又日月雷风山泽,《易》卦六子之尊气,所谓六宗也。星辰水火沟渎,皆六宗之属也。④

由王莽之言可知,欧阳三家说六宗的缺陷在于"名实不相应";但三家谈阴阳变化,既有"实一而名六"内涵,故王莽干脆从刘歆说,列举六卦,以使名实相应。最值得注意的是,王莽道出了传统汉礼中六宗之义的来源,即《礼记》之《祭法》篇。《祭法》有"法施于民则祀之……及夫日月星辰,民

---

① 《后汉书·祭祀志上》,第3158页。《汉书·郊祀志》将复长安南北郊之议系于元始五年,或误,钱穆系之于元始四年,与《三辅黄图》相符。参见钱穆:《两汉经学今古文平议》,第100页。
② 宋绍兴本《后汉书·祭祀志上》,百衲本二十四史。汲古阁本、武英殿本"营"下皆有"六甘泉",中华书局标点本以"六甘泉"三字应删,不妥。
③ (清)皮锡瑞:《今文尚书考证》,第49页。
④ 《汉书》卷25下《郊祀志下》,第1267—1268页。

所瞻仰也，山林川谷丘陵，民所取财用也。"①而王莽据之衍生出天文"日月星辰"与地理"山川海泽"，传统汉礼六宗之义当由此而生，此亦许慎天宗地宗说之思想渊薮。当然研究者还应注意到，西汉欧阳三家说较为流行，虽然它的六宗观点与当时郊坛制度中的六宗不相契合。

需要指出的是，元始五年王莽虽改以《易》卦六子为六宗，但其仅据新义立分立六宗之祀于五郊兆②，未暇波及南北郊。元始四年南郊制度成为东汉甚至后世郊祀范本，其以六宗日月星河海岱从祀南郊，这便是许慎四望即六宗说之制度依据，当然其制度源头更能上溯至汉初甘泉、汾阴之祀。

再来看郑众四望观点。王莽虽曾以日月星山川海为六宗，但并不以"四望"等同于"六宗"，他议论《周礼》时说道："四望，盖谓日月星海也。"③这或是郑众"四望"源头。四望有"日月星海"而无"山川"，这一理念相当独特，其道理可能很简单，即王莽（郑众）理解"四望"严格遵循《周礼》文本④。如《周礼》春官"小宗伯"之职有"兆五帝于四郊，四望四类亦如之。兆山川丘陵坟衍，各因其方"⑤，四望与山川并列，不相包含，类似情况也在"典瑞"、"司服"、"大司乐"之职中出现⑥。王莽（郑众）或本倾向于六宗即四望，但其又恪守《周礼》，《周礼》诸官之职中"山川"既不属"四望"，故王莽（郑众）解释"四望"时只得在六宗"日月星山川海"中删掉"山川"，以"四望"为"日月星海"。

最后再分析郑玄以"五岳四镇四渎"为"四望"。汉人直接讨论"四望"较少，围绕鲁国"三望"的讨论较多，诸侯"三望"与天子"四望"为从属关系，因此要理解郑玄的"四望"，可从其"三望"观点着手。唐孔颖达疏：

> 《公羊传》曰三望者何？望祭也。然则曷祭？祭泰山河海。郑玄以为，望者，祭山川之名。诸侯之祭山川，在其地则祭之，非其地则不祭，且鲁竟不及于河。《禹贡》'海岱及淮惟徐州'，徐即鲁地，三望谓淮

---

① 《礼记正义》卷46《祭法》，《十三经注疏》，第1590页。
② 《汉书》卷25下《郊祀志下》，第1268页。
③ 《汉书》卷25下《郊祀志下》，第1265页。
④ 郑众注经依本经特点已为廖平点出，参见廖平：《今古学考》，《中国现代学术经典·廖平蒙文通卷》，石家庄：河北教育出版社，1996年，第42页。
⑤ 《周礼注疏》卷19《小宗伯》，《十三经注疏》，第766页。
⑥ 参见《周礼注疏》卷20《典瑞》，卷21《司服》，卷22《大司乐》，《十三经注疏》，第777页、第781页、第789页。

海岱也。贾逵、服虔以为三望分野之星国中山川,今杜亦从之。①

从孔疏可知,东汉贾逵、服虔至晋杜预,实际皆从上文提及的许慎三望说;此外"三望"解释还有公羊"泰山河海"说、郑玄"淮海岱"两说。唐人杨士勋疏《穀梁传》有:"犹三望,公羊以为三望,泰山、河、海。贾逵杜预之徒注左氏者,皆以为分野星、国中山川。今范同郑玄之说,取《禹贡》之文以为淮海岱也。"②杨氏同孔颖达意见一致,也将"三望"解释分为三家。

但检《公羊传》原文:

> 鲁郊何以非礼?天子祭天,诸侯祭土。天子有方望之事,无所不通。诸侯山川有不在其封内者,则不祭也……三望者何?望祭也。然则曷祭?祭泰山河海。曷为祭泰山河海?山川有能润于百里者,天子秩而祭之。③

诸侯祭土,于是公羊家"三望"限于地祇,这与郑玄三望"淮海岱"有类似之处,但公羊家与郑玄对三望的统属认识有根本差异。孔颖达等以《公羊传》"三望""泰山、河、海"与诸家并列,却未注意到此段开头所提"天子祭天"、"天子有方望之事,无所不通",这些都暗示《公羊传》有天子望祭包举天地之义。《公羊传》释鲁三望亦言"山川有能润于百里者,天子秩而祭之",此是天子更有祭地之义。又,东汉何休指出:"方望,谓郊时所望祭四方群神,日、月、星辰、风伯、雨师、五岳、四渎及余山川凡三十六所。"④他列举天地诸神以为天子"方望",当不失《公羊传》本意。由此可知《公羊传》虽与郑玄一样枚举山川,但公羊家认为诸侯望祭从属天子望祭,三望从属四望,其逻辑与许慎主三望出自六宗(四望)一致,只不过两派列举鲁国三望名目稍有差异而已。至此,与许慎三望出自六宗说有结构性差别的可能还是郑玄,因为郑玄定义"望者,祭山川之名",即无论天子还是诸侯,望祭只能限于山川地祇,于是他以鲁国"三望"为"淮海岱",天子"四望"为"五岳四镇四渎"。郑玄释《尧典》严格遵循"禋"、"望"之别,他指出在"禋也,望也,

---

① 《春秋左传正义》卷17《僖公三一年》,《十三经注疏》,第1831页。
② 《春秋穀梁传注疏》卷9《僖公三一年》,《十三经注疏》,第2403页。
③ 《春秋公羊传注疏》卷12《僖公三一年》,《十三经注疏》,第2263页。
④ 《春秋公羊传注疏》卷12《僖公三一年》,《十三经注疏》,第2263页。

偏也，所祭之神各异。六宗言禋，山川言望，则六宗无山川明矣"①。此知郑许二人对六宗与望祭的认识确实有根本差别，许慎以为六宗即四望包含山川，而郑玄以"禋"、"望"祭祀方式不同认为"六宗"无望祭"山川"，二者应并列不得互有。这便是为何郑玄释"三望"、"四望"仅限于岳镇海渎，而不包含分野星等天神。

以上综合辨析了东汉三家对"四望"的理解，可以发现三家谈"四望"或直接与"六宗"发生联系，或以"六宗"为参照。贾逵、服虔等释"三望"与许慎同，许慎六宗说又与贾逵同，这可从正面反映许慎四望即六宗说影响较大（当然贾逵三望、六宗观点皆同于许慎，其人又长于许慎，其本人或即持四望即六宗说，而后世文献中许说详于贾说，故冠之以许氏）。同时保守的郑众（王莽）以"六宗"除山川释"四望"，反四望即六宗而立说，这可从反面反映许慎四望即六宗说确为一派且颇有影响。

最后，再回归到汉至南朝"四望""六宗"的祭祀层面。汉代自甘泉汾阴之祀至元始四年长安南北郊确立，从祀天地之六宗为许慎所主日月星河海岱。其后元始五年王莽以《易》六子日月雷风山泽从祀五郊，东汉元初六年再据欧阳说单独祭六宗，魏晋祭六宗历程如下：

> 王莽以《易》六子，遂立六宗祠。魏明帝时疑其事，以问王肃，亦以为《易》六子，故不废。及晋受命，司马彪等表六宗之祀不应特立新礼，于是遂罢其祀。其后挚虞奏之，又以为："案舜受终，'类于上帝，禋于六宗，望于山川'，则六宗非上帝之神，又非山川之灵也……《月令》孟冬祈于天宗，则《周礼》祭禜，《月令》天宗，六宗之神也。汉光武即位高邑，依《虞书》禋于六宗。安帝元初中，立祀乾位，礼同太社。魏氏因之，至景初二年，大议其神，朝士纷纭，各有所执。惟散骑常侍刘邵以为万物负阴而抱阳，冲气以为和。六宗者，太极冲和之气，为六气之宗者也。《虞书》谓之六宗，《周书》谓之天宗。是时考论异同，而从其议。汉魏相仍，著为贵祀。凡崇祀百神，放而不至，有其兴之，则莫敢废之。宜定新礼，祀六宗如旧。"诏从之。②

由此上文得知，魏晋虽因汉制祭六宗，但官方于六宗之义又有新说，挚

---

① （清）陈寿祺：《五经异义疏证》，第22页。
② 《晋书》卷19《礼志上》，第596页。

虞从刘邵,以《月令》"天宗"为纽带释六宗①,以六宗为天宗,此时所祭六宗或仅一神位而已。更为重要的是,曹魏承东汉欧阳说所立六宗,而王肃竟误以王莽《易》六子释之,刘邵又以"天宗"释之。我们知道王莽《易》六子说实乃六宗六神说,刘邵天宗说实乃六宗一神说,能统两说者惟六宗乃一神位;同时又知道欧阳六宗说为抽象之说,不举具体名目,故可推知东汉元初六年据欧阳说所立六宗当只有"六宗"一神位,此一神位给后世留下了继续探讨六宗之义的空间。

然而无论六宗之义与六宗专祀如何变化,西汉元始四年六宗六神从祀南北郊制度不变。同时据有限史料记载,自东汉初采元始故事立南北二郊,历代于郊坛制作皆少言"六宗"、"四望",这为人们将从祀南北郊坛的六宗六神视作四望提供了空间。当然,在郊坛之外,六宗之义、六宗专祀与传统郊坛六宗六神制度的渐行渐远,或许也会淡化郊坛中的日月星河海岱的"六宗"色彩。至司马氏南渡,六宗之祀废,朝廷礼制中的六宗理念再次衰落,许慎将传统六宗六神视为四望的做法更易为人接受,于是东晋咸和八年复北郊设"四望"或即采许慎四望即六宗说。简言之,咸和八年北郊"四望"即元始四年长安南郊上帝坛从祀之六宗"日月星河海岱",六神位历汉晋而不变,只不过名称从"六宗"变成了"四望"。四望既有六位,再结合上文论证五帝加五帝之佐有十位,则《晋书·礼志》载咸和八年地郊从祀四十四神位便可成立,史家当无误。

但需要指出的是,元始四年北郊后土坛仅从祀六宗之三,即地宗"河海岱",这显然是因北郊主祭地祇之故。按理东晋立北郊也应如此,其从祀之"四望"应为三神,但如此则史文言"四十四神"便有误;如史文无误,则咸和八年北郊"四望"六神便印证了国运中绝的司马氏恢复礼乐之草草。

其后南朝萧梁大力整顿礼制,也波及四望。天监六年(507年):

> 议者以为北郊有岳镇海渎之座,而又有四望之座,疑为烦重。仪曹郎朱异议曰:"望是不即之名,岂容局于星海,拘于岳渎?"明山宾曰:"《舜典》云'望于山川'。《春秋传》曰'江、汉、沮、漳,楚之望也'。而今北郊设岳镇海渎,又立四望,窃谓烦黩,宜省。"徐勉曰:"岳渎是山川之宗。至于望祀之义,不止于岳渎也。若省四望,于义为非。"议久不能

---

① 卢植已用《月令》"天宗"释"六宗",参见《后汉书·祭祀志中》,第3184页。

决。至十六年,有事北郊,帝复下其议。于是八座奏省四望、松江、浙江、五湖等座。①

自咸和八年东晋始立北郊,历时一百七十余年,萧梁北郊仍有"四望"座,此是郊祀传承的一面。而明山宾、徐勉所争"四望"似仅限于岳渎,不见天宗日月星。此或是咸和八年后礼臣发现北郊四望兼祀三天宗,与北郊祀地之义不合,故去三天宗仅以三地宗"河海岱"为"四望"从祀北郊,恢复到了北郊范本即元始四年北郊之制。北郊之四望"河海岱"与岳镇海渎并列,有重复之嫌,故明山宾欲清整北郊除四望;而朱异、徐勉则认为望祀不止于山川,言外之意望祀更有天神或更多神祇。天监十一年,朱异再次提出四望之义超出郑众的"日月星海"和郑玄的"五岳四镇四渎","望是不即之名,凡厥遥祭,皆有斯目。"②然而朱异等人的努力最终未能成功,天监十六年,曾在北郊享祀五百余年的"四望"(地宗)河海岱终于走下了神坛。

---

① 《隋书》卷6《礼仪志一》,第109—110页。
② 《隋书》卷7《礼仪志二》,第126—127页。

附录二 《封禅书》"衰山"补释

《史记·封禅书》详细记载了秦朝统一后初步确立的山川祭祀制度。秦朝以崤山为界分一等名山大川为东西两部分。西部"自华以西,名山七",有华山、薄山、岳山、岐山、吴岳、鸿冢、渎山①。除华山外,西部六名山中五山地点已基本确定②。最难确定方位的是薄山。中华书局标点本《史记·封禅书》记"薄山者,衰山也"③。而中华书局标点本《汉书·郊祀志》记"薄山者,襄山也"④。"衰山"、"薄山"异同乃《史记》、《汉书》流传史中一小公案⑤。标点本《汉书》"薄山"条与北宋景祐本同⑥,而标点本《史记》"薄山"条与早期宋本的关系则相当复杂。众所周知,标点本《史记》以金陵书局本为底本,金陵书局本以汲古阁(集解)本为底本,其《索隐》、《正义》俱以明本为底本⑦。可贵的是,金陵书局本《史记》三家注虽未以宋本为底本,但其"薄山"注文与黄善夫本基本一致⑧,涉及"襄"、"衰"二字也完全统一;同时金陵书局本《史记》与黄善夫本在"薄山"条正文上又有"衰"、"襄"之别,孰是孰非,详见下文分析。

早期《汉书》之《郊祀志》即有"薄山者,襄山也",此可称作薄山即襄山说。针对《封禅书》"薄山",《史记索隐》有:"薄山者,襄山也。应劭云'在潼关北十余里。'《穆天子传》云'自河首襄山'。郦元注《水经》云'薄山统目与

---

① 《史记》卷28《封禅书》,北京:中华书局,1982年标点本,第1371—1372页。2013年标点本《史记》修订版涉及本文所论"衰山"部分与1982年标点本保持一致,故仍以1982年标点本为准。
② 岳、岐、渎山,参见《史记》卷28《封禅书》,第1373页;吴岳,参见《汉书》卷28上《地理志上》,北京:中华书局,1962年标点本,第1547页;鸿冢,参见(清)顾祖禹:《读史方舆纪要》卷124《川渎异同一》,第5361页。
③ 《史记》卷28《封禅书》,第1372页。
④ 《汉书》卷25上《郊祀志上》,第1206页。
⑤ 田天《秦代山川祭祀格局研究》(《中国历史地理论丛》2011年第2辑)一文未深究此处。
⑥ 参见百衲本二十四史《汉书》卷25上《郊祀志上》,《四部丛刊》本,第12页A。
⑦ (清)张文虎:《校刊史记集解索隐正义札记》,北京:中华书局,1977年,第1页。
⑧ 参见百衲本《史记》卷28《封禅书》,《四部丛刊》本,第13页B。

襄山不殊,在今芮城北,与中条山相连'。是薄、襄一山也。"①此条可见后世对薄山即襄山说的充实。《史记正义》先言"衰音色眉反",为"衰"字释音;再引地志"《括地志》云:'薄山亦名衰山……一名条山,在陕州芮县城北十里。'此山西起雷山,东至吴阪,凡十名,以州县分之,多在蒲州"②,则又同意将薄山(衰山)与中条山联系起来。虽然《正义》以"今史文云'自华以西',未详也"③略做周旋,但很明显它与《索隐》配合,力图将薄(衰)、襄视为一山,将"薄山"地望指向山西的中条山脉。然而,如此则薄山与华山隔黄河且在华山之东北,与《封禅书》所言西部诸山在"华以西"不合。面对薄山即襄山说,颜师古力辟之,其注《汉书·郊祀志》"薄山"为:"说者云薄山在河东,一曰在潼关北十余里,而此志云自华以西者,则今阌乡之南山连延西出,并得华山之名。"④由此可见颜师古不满自应劭、郦道元以来的薄山即襄山说。

颜师古注《汉书》以薄山在华山西,此见其有"注不破史"原则,较为谨慎。另《汉书·扬雄传》载《河东赋》有"爪华蹈衰"⑤,苏林注:"衰,衰山也。"⑥是知两汉确有"衰山"一说。但以《汉书·郊祀志》为基础的薄山即襄山说影响越来越大,《江邻几杂志》载:

> 赵师民罢华原,过左冯,同登排云楼,指中条山,此所谓襄山。扬雄赋"爪华蹈襄"。检余靖初校《汉书》监本作"衰",驰介问之,云据《郊祀志》,"衰"字误之矣。⑦

此事表明北宋前期,在《汉书·扬雄传》或扬雄别集所录《河东赋》中,已出现将"蹈衰"改为"蹈襄"的情况。余靖校《汉书·扬雄传》虽然保留"爪华蹈衰",但他个人也以为《郊祀志》"襄山"为确,《扬雄传》"衰山"应为"襄

---

① 《史记》卷28《封禅书》,第1372页。
② 《史记》卷28《封禅书》,第1372—1373页。
③ 《史记》卷28《封禅书》,第1373页。
④ 《汉书》卷25上《郊祀志上》,第1207页。
⑤ 《汉书》卷87上《扬雄传上》,第3536页。
⑥ 《汉书》卷87上《扬雄传上》,第3537页。
⑦ (宋)江休复:《江邻几杂志》,《全宋笔记》第1编第5册,郑州:大象出版社,2003年,第163页。该故事围绕"襄""衰"二字展开,但后世刻书者未查其义,以致《稗海》、四库本等诸本俱有讹误。《全宋笔记》本据宝颜堂本、四库本改稗海本"爪华蹈襄"为"爪华蹈衰",误;而三本刻余靖语,俱以"襄"字代"衰"字,俱误。梁玉绳释"薄山"亦引此故事,其理解准确,但标点本《史记志疑》句读有误。参见(清)梁玉绳《史记志疑》,北京:中华书局,1981年,第802页。

山"。之后宋祁再校《汉书》,其出校语引赵师民故事,并说:

> 《郊祀志》云"自华以西,名山七,华山,薄山。薄山者,襄山也。"《史记·封禅书》却作"衺山",徐广云"薄(当作蒲,笔者按)阪县有衺山",则知二字纷错久矣。又,"衺"一本作"崤",萧该《音义》曰"该案,《说文》、《字林》并无'崤'字,未详其音,请俟来哲。"李善注《西京赋》引《河东赋》云"河灵矍踢,掌华蹈衺。"①

正是由于余靖、宋祁等校书规范,传本《汉书·扬雄传》得以保留"衺山"。然而,宋代另一处"衺山"即《史记·封禅书》"衺山"却无此幸运。

查两种较早宋本《史记》②,景祐监本"薄山"条正文为:"薄山者,衺山也",《集解》为"徐广曰,蒲陂(当作蒲阪,笔者按)县有衺山,或字误"③。南宋绍兴初杭州刻本该条正文为"薄山者,衺山也",《集解》为"徐广曰,蒲阪县有衺山,或字误也。"④而至南宋,黄善夫本《史记·封禅书》正文已改为"薄山者,襄山也"(此是该本与金陵书局即今日中华书局标点本不同之处),应是据《汉书·郊祀志》改;同时南宋娄机《班马字类》也未见"襄"、"衺"之别。此外,细心者还可以发现前引宋祁校语有《集解》徐广言"蒲阪县有衺山",与早期两宋本一致,而与黄善夫本(包括今日点校本)不同,黄本《集解》作"蒲阪县有襄山"⑤,这表明宋代时薄山即襄山说影响非常大,使刊刻者不仅将《封禅书》正文"衺山"改为"襄山",更将《集解》徐广所言"衺山"改为"襄山"。在明清流行的汲古阁本、南监本乃至武英殿本《史记·封禅书》中(含《集解》),"衺山"一律被改为"襄山",幸有清代学者据宋本发覆之。何焯指出:

> 薄山。襄山也。山下脱一者字。襄作衺。注同。从汲古。后人得小字宋本校正。独与扬雄《河东赋》合也。⑥

何焯所说小字宋本《史记》或为前引绍兴初杭州刻本。得益于宋本支

---

① 佚名:《汉书考正》,《续修四库全书》第265册,第129页。
② 参见安平秋:《〈史记〉版本述要》,《古籍整理与研究》1987年第1期。
③ 北宋景祐监本《史记》,台北:二十五史编刊馆,1957年,第9页A。
④ 绍兴初杭州刻本《史记》,北京:文学古籍刊行社,1955年,第739页。
⑤ 《史记》卷28《封禅书》,第1372页。
⑥ (清)何焯:《义门读书记》,北京:中华书局,1987年,第206页。

附录二 《封禅书》"衺山"补释　　285

持,何焯一反传统薄山即襄山说,进一步指出《汉书·郊祀志》"襄山"应为"衺山":

> 薄山者。襄山也。襄山。当从《史记》作衺山。扬雄《河东赋》。爪华蹈衺。①

何焯笃信薄山应为"衺山",甚至试图厘正《水经注》所征引薄山即襄山说②。之后,王念孙则从音韵角度释"爪华蹈衺",《河东赋》有"秦神下詟,跖魂负沴。河灵矍踢,爪华蹈衺",王氏详细论证"沴"字古音与"衺"同韵:

> 念孙案,衺与沴为韵,则作衺者是也。今当先审定沴字之音,则衺襄二字之孰是孰非,不辩而自明。案《秦风》蒹葭篇"宛在水中坻",毛传曰"坻,小渚也",坻与沴同字,故晋灼训沴为渚……然则"负沴"之"沴"古读若"坻",故与"衺"为韵。若改"衺"为"襄",则与"沴"字不协。余靖初校本作"衺",是也。萧该所见一本作"嶾"者,虽非正体,然加山作"嶾",则其字之本作"衺",明矣。《郊祀志》作"襄"者,传写误耳,未可引以为据。宋祁所引《封禅书》及《西京赋》注并作"衺",而今本皆作"襄",则又后人据《郊祀志》改之也。③

至此,王念孙在论证《扬雄传》"衺"字合理的基础上,不仅指出宋后诸本《史记·封禅书》以及《西京赋》注皆据《郊祀志》改"衺"为"襄"之误,更直接怀疑《郊祀志》"襄"字乃传抄之误④。

至晚清张文虎等刻金陵书局本,《史记》宋本难求,径据何焯之言改流传已久的"襄山"为"衺山":

---

① (清)何焯:《义门读书记》,第263页。
② 参见(清)沈炳巽《水经注集释订讹》卷4,景印《文渊阁四库全书》第574册,第74页。
③ (清)王念孙:《读书杂志》,第368页。
④ 应劭注"襄山在潼关北十余里"暗示《汉书》成书或即抄错为"襄山"。但"潼关"取代"函谷关"在汉魏之际,杜佑以为在初平二年至建安十六年之间,此段时间值应劭晚年,应氏能否及时将"潼关"用于《汉书》注殊为可疑;又检《汉书》应劭注,有"汉明帝改曰顺阳,在顺水之阳也"(《汉书》卷28上《地理志上》,第1564页),其称东汉其余诸帝皆不加"汉",而此处"明帝"冠之以"汉",更使人怀疑此"应劭注"或为魏晋人伪作。若此条"应劭注"为伪作,则通过其欲区分"明帝",可推知伪作当在魏明帝之后,这便为应劭注本《汉书·郊祀志》将"衺山"误抄为"襄山"赢得时间差。参见《通典》卷173《州郡三》,第4513页;闫平凡《杨守敬〈汉书二十三家注钞·应劭〉校补》,武汉大学硕士学位论文(中国古典文献学),2004年,第8页;《〈汉书二十三家注钞·应劭〉校补》,武汉大学硕士学位论文(中国古典文献学)2004年。

《义门读书记》云:"小字宋本《史记》作'衺'。"案:据《集解》、《正义》,是所据本作"衺山",今史本及《索引》本并作"襄",《水经·河水注》引此文亦作"襄",疑依《郊祀志》改。①

值得注意的是金陵书局本(中华书局标点本)虽改《封禅书》正文"襄山"为"衺山",一返早期宋本原貌,但并未厘正黄善夫本以来《集解》引徐广之言即"蒲阪县有襄山"。大概张文虎等既以《史记》正文"薄山"应为"衺山",再据后世误刻《集解》徐广言"蒲阪县有襄山,或字误也",恰又可反证徐广所见《史记》为"衺山",其义可通。其实据前引早期两种宋本,《集解》引徐广言为"蒲阪县有衺山",该句后"或字误"、"或字误也"可作两种解释。第一,"或字误"确实乃徐广所言,即他受薄山即襄山说影响,或参照《郊祀志》,或参考应劭注,认为《史记》"衺山"当为"襄山",故以"衺"字为误。第二,"或字误"或为宋人校语,即宋人受薄山即襄山说影响,以为《史记》正文及徐广所言"衺山"为误,如前引余靖便说"据《郊祀志》,'衺'字误之矣。"②总之,笔者以为据早期两宋本,《集解》应改通行至今的"蒲阪县有襄山"为"蒲阪县有衺山"③。

综上所述,可以发现:薄山即襄山说当源自《汉书·郊祀志》,它又为《史记索隐》(《汉书》应劭注、《水经注》)、《史记正义》等推波助澜,至少至南宋,它已影响到《史记·封禅书》刊刻;至明清,通行本《史记》竟皆改"衺山"为"襄山"④。幸有何焯、王念孙等人或结合宋本或通过训诂,为《史记·封禅书》与《汉书·扬雄传》中的"衺山"正名,最终张文虎定"薄山者,衺山也"⑤。于是,《史记·封禅书》"衺山"终于再次与《汉书·郊祀志》"襄山"

---

① (清)张文虎:《校刊史记集解索隐正义札记》,第350页。
② 景祐本《史记》、《汉书》以余靖为首点校。参见张玉春:《〈史记〉版本研究》,北京:商务印书馆,2001年,第108页。
③ 新近标点本《史记》修订版未厘正之,参见《史记》,北京:中华书局,2013年标点本,第1642页。
④ 据《史记会注考证校补》,宋明清三代有十种版本《史记》以"襄山"代"衺山"。参见水泽利忠:《史记会注考证校补》,台北:广文书局,1973年,第1358页。
⑤ 当然,有清一代薄山即襄山说影响依然很大,外加诸多学者不及见宋本,这让考订《史》、《汉》"襄山""衺山"颇为不易。如沈钦韩虽认为薄襄为二山,但坚持此二山相接,薄山还应在中条山脉。(沈钦韩《汉书疏证》卷18《郊祀志》,第520页。)姚鼐受通行本《史记·封禅书》"襄山"影响,试图否定宋人力保下来的《扬雄传》中的"衺山"。参见(清)姚鼐 选纂:《古文辞类纂》卷67《扬子云河东赋》,北京:中国书店,1986年,第1197页。梁玉绳所见《封禅书》为"薄山者,襄山也",但他仍努力坚持薄山在华山西,参见氏著:《史记志疑》,第802页。

并立。承前人尊重《史记》所言薄山（衰山）在"自华以西"，笔者认为薄山应为华山西部某山。从地理角度讲，《河东赋》所述乃汉成帝祭汾阴后土事，其行进路线有"横大河，凑汾阴"①，与武帝至汾阴路线相似，即在河西沿河北上至左冯翊夏阳再横渡至河东汾阴②；赋中"爪华蹈衰"与上文"涌渭跃泾"互文，旨在描述行进路上秦地神祇形态。如此，则薄山（衰山）在河西秦地似更为允当。

其实，驳三家注薄山（衰山）在河东中条山脉非常简单。检《正义》注"薄山者，衰山也"引《括地志》云：'薄山亦名衰山，一名寸棘山，一名渠山，一名雷首山，一名独头山，一名首阳山，一名吴山，一名条山，在陕州芮县城北十里。'③而《正义》注"舜耕历山"又引《括地志》云：'蒲州河东县雷首山，一名中条山，亦名历山，亦名首阳山，亦名蒲山，亦名襄山，亦名甘枣山，亦名猪山，亦名狗头山，亦名薄山，亦名吴山。此山西起雷首山，东至吴阪，凡十一名，随州县分之。历山南有舜井'"④。以上《正义》引《括地志》两条实皆针对中条山脉，该山所享名号颇为冗杂，综合两条名目，则薄山、衰山、襄山、蒲山皆属同一地望。《正义》注《封禅书》"衰山"引《括地志》条未提及"蒲山"，其若引注"舜耕历山"《括地志》条，则会出现：薄山（衰山）、襄山、蒲山同指一山。但《封禅书》在记录完包括"薄山"在内的一等名山后，下文"蒲山"又立于诸小山川⑤，"薄山"与"蒲山"显然为可区分之两山。《括地志》为晚出地志，其总括中条山脉诸山名本已驳杂，以之作为薄山即襄山说依据已颇可疑；而张守节两次引《括地志》关于同条山脉内容，分别注"薄山"、"历山"，竟不查据《括地志》可将《史记》"薄山"、"蒲山"混为一山，殊为不谨。此外，从《正义》引《括地志》注"舜耕历山"条可以发现，中条山一带正是传说中舜帝活动区域。"历山"即与"蒲山"同名，则"蒲山"得立于诸"小山川"，或因其有上古舜帝遗迹。

---

① 《汉书》卷87上《扬雄传上》，第3535页。
② 《汉书》卷6《武帝纪》，第183页。
③ 《史记》卷28《封禅书》，第1372—1373页。
④ 《史记》卷1《五帝本纪》，第33页。
⑤ 《史记》卷28《封禅书》，第1374页。

参考文献

一、传世文献

(汉)伏胜:《尚书大传》,《丛书集成初编》,上海:商务印书馆,1935—1937年。

(唐)陆德明:《经典释文》,上海:上海古籍出版社,1985年。

(宋)苏轼:《书传》,《三苏全书》,北京:语文出版社,2001年。

(宋)魏了翁:《尚书要义》,景印《文渊阁四库全书》第60册,台北:台湾商务印书馆,1986年。

(明)茅瑞征:《禹贡汇疏》,《续修四库全书》第54册,上海:上海古籍出版社,2002年。

(明)夏允彝:《禹贡古今合注》,《续修四库全书》第55册。

(明)张居正:《书经直解》,《四库全书存目丛书》经部第50册,济南:齐鲁书社,1997年。

(明)郑晓:《禹贡图说》,《续修四库全书》第54册。

(清)陈寿祺:《五经异义疏证》,上海:上海古籍出版社,2012年。

(清)段玉裁:《说文解字注》,上海:上海古籍出版社,1988年。

(清)郝懿行:《尔雅义疏》,上海:上海古籍出版社,1983年。

(清)胡渭:《禹贡锥指》,上海:上海古籍出版社,2006年。

(清)黄以周:《礼书通故》,北京:中华书局,2007年。

(清)纳兰性德编:《通志堂经解》,扬州:江苏广陵古籍刻印社,1993年。

(清)皮锡瑞:《今文尚书考证》,北京:中华书局,1989年。

(清)阮元:《十三经注疏》,杭州:浙江古籍出版社,1998年。

(清)孙诒让:《周礼正义》,北京:中华书局,1987年。

(汉)刘珍等撰,吴树平校注:《东观汉记校注》,郑州:中州古籍出版社,1987年。

参考文献

(晋)陈寿撰,赵幼文校笺:《三国志校笺》,成都:巴蜀书社,2001年。
(唐)杜佑撰,王文锦等点校:《通典》,北京:中华书局,1988年。
(唐)杜佑著,(日)长泽规矩也、尾崎康校订,韩昇译订:北宋版《通典》,上海:上海人民出版社,2008年。
(唐)李林甫:《唐六典》,北京:中华书局,1992年。
(唐)李肇:《唐国史补》,上海:古典文学出版社,1957年。
(唐)萧嵩:《大唐开元礼》,景印《文渊阁四库全书》第646册。
(唐)萧嵩:《大唐开元礼》,北京:民族出版社,2000年。
(宋)洪适:《隶释》,景印《文渊阁四库全书》第681册。
(宋)礼部太常寺纂修,(清)徐松辑:《中兴礼书》,《续修四库全书》第822册。
(宋)李焘:《续资治通鉴长编》,北京:中华书局,1979年。
(宋)李心传:《建炎以来系年要录》,北京:中华书局,1988年。
(宋)李心传:《建炎以来朝野杂记》,北京:中华书局,2000年。
(宋)欧阳修:《太常因革礼》,《续修四库全书》第821册。
(宋)司马光:《资治通鉴》,北京:中华书局,1956年。
(宋)宋敏求:《唐大诏令集》,北京:中华书局,2008年。
(宋)王溥:《唐会要》,上海:上海古籍出版社,2006年。
(宋)徐梦莘:《三朝北盟会编》,上海:上海古籍出版社,1987年。
(宋)岳珂编,王曾瑜校注:《鄂国金佗粹编续编校注》,北京:中华书局,1989年。
(宋)郑樵:《通志二十略》,北京:中华书局,1995年。
(元)马端临:《文献通考》,北京:中华书局,1986年。
(明)陈子龙等选辑:《明经世文编》,北京:中华书局,1962年。
(明)黄光升:《昭代典则》,《四库全书存目丛书》史部第12册。
(明)申时行等修:《明会典》,北京:中华书局,1989年。
(明)王圻:《续文献通考》,《四库全书存目丛书》子部第187册。
(明)杨士奇等编:《文渊阁书目》,景印《文渊阁四库全书》第675册。
(清)贺长龄:《清经世文编》,北京:中华书局,1992年。
(清)洪亮吉:《十六国疆域志》,北京:商务印书馆,1958年。
(清)嵇璜等:《钦定续通志》,杭州:浙江古籍出版社,1988年。

（清）钱大昕：《廿二史考异》，上海：上海古籍出版社，2004年。
（清）秦蕙田：《五礼通考》，景印《文渊阁四库全书》第135－141册。
（清）阮元：《广东通志·金石略》，广州：广东人民出版社，2011年。
（清）沈钦韩：《汉书疏证》，上海：上海古籍出版社，2006年。
（清）孙星衍等辑：《汉官六种》，北京：中华书局，1990年。
（清）王先谦：《汉书补注》，四部精要本，上海：上海古籍出版社，1993年。
（清）吴士鉴：《晋书斠注》，北京：中华书局，2008年。
（清）徐松：《登科记考》，北京：中华书局，1984年。
（清）张金吾：《金文最》，北京：中华书局，1990年。
二十五史，中华书局点校本（旧版）。
二十五史刊行委员会编：《二十五史补编》，北京：中华书局，1955年。
明官修：《明实录》，台北："中研院"历史语言研究所校印，1962年。
清官修：《清实录》，北京：中华书局，1985年。
新文丰出版公司编辑部编：《石刻史料新编》，台北：新文丰出版公司，1977－1986年。

（北魏）郦道元注，（清）杨守敬、熊会贞疏：《水经注疏》，南京：江苏古籍出版社，1989年。
（北魏）郦道元著，陈桥驿校证：《水经注校证》，北京：中华书局，2007年。
（北魏）杨衒之著，杨勇校笺：《洛阳伽蓝记校笺》，北京：中华书局，2006年。
（唐）李吉甫：《元和郡县图志》，北京：中华书局，1983年。
（宋）孟元老撰，伊永文笺注：《东京梦华录笺注》，北京：中华书局，2006年。
（宋）宋敏求：《长安志》，民国铅印本。
（宋）乐史：《太平寰宇记》，北京：中华书局，2007年。
（元）孛兰肹等著，赵万里校辑：《元一统志》，北京：中华书局，1966年。
（元）朱思本撰，（明）罗洪先、胡松增补：《广舆图》，《续修四库全书》第586册。
（明）曹学佺：《大明一统名胜志》，《四库全书存目丛书》史部第168册。
（明）程百二等：《方舆胜略》，《四库禁毁书丛刊》史部第21册，北京：北京出版社，1997－1998年。
（明）程道生：《舆地图考》，《四库禁毁书丛刊》史部第72册。
（明）傅梅：《嵩书》，《嵩岳文献丛刊》第1册，郑州：中州古籍出版社，

2003年。

(明)龚黄:《六岳登临志》,《续修四库全书》第721册。

(明)桂萼:《广舆图叙》,《四库全书存目丛书》史部第166册。

(明)何镗:《古今游名山记》,《续修四库全书》第736册。

(明)何出光:《北岳庙集》,《北京图书馆古籍珍本丛刊》第118册,北京:书目文献出版社,1988年。

(明)黄汴:《一统路程图记》,《四库全书存目丛书》史部第166册。

(明)黄仲昭:《八闽通志》,福州:福建人民出版社,1991年。

(明)李濂:《汴京遗迹志》,北京:中华书局,1999年。

(明)李贤等:《明一统志》,景印《文渊阁四库全书》第472—473册。

(明)刘文征:《滇志》,昆明:云南教育出版社,1991年。

(明)陆应阳撰,(清)蔡方炳增辑:《广舆记》,《四库全书存目丛书》史部第173册。

(明)潘光祖、李云翔:《汇辑舆图备考全书》,《四库禁毁书丛刊》史部第21册。

(明)汪子卿撰,周郢校证:《泰山志校证》,合肥:黄山书社,2006年。

(明)王士性:《王太初先生五岳游草》,《续修四库全书》第737册。

(明)吴国辅、沈定之:《今古舆地图》,《四库全书存目丛书》史部170册。

(明)徐弘祖:《徐霞客游记》,上海:上海古籍出版社,1982年。

(明)查志隆:《岱史》,《续修四库全书》第722册。

(明)张天复:《皇舆考》,《四库全书存目丛书》史部第166册。

(明)张天复撰,张元忭增补:《广皇舆考》,《四库禁毁书丛刊》史部第17册。

(明)张维新:《华岳全集》,《续修四库全书》第722册。

(明)朱国达等:《地图综要》,《四库禁毁书丛刊》史部第18册。

成化《山西通志》,《四库全书存目丛书》史部第174册。

正德《大同府志》,《四库全书存目丛书》史部第186册。

嘉靖《真定府志》,《四库全书存目丛书》史部第192册。

崇祯《东莞县志》,《广东历代方志集成》广州府部(二二),广州:岭南美术出版社,2009年。

(清)陈宏绪:《江城名迹》,景印《文渊阁四库全书》第588册。

(清)顾祖禹:《读史方舆纪要》,北京:中华书局,2005年。

(清)李元:《蜀水经》,《续修四库全书》第 728 册。
(清)杨一清:《水经注释》,景印《文渊阁四库全书》第 575 册。
(清)朱约淳:《阅史津逮》,《四库全书存目丛书》史部第 173 册。
顺治《恒岳志》,《四库全书存目丛书》史部第 236 册。
雍正《山西通志》,景印《文渊阁四库全书》第 548—549 册。
乾隆《江南通志》,景印《文渊阁四库全书》第 508 册。
《嘉庆重修一统志》,北京:中华书局,1986 年。
道光《华岳志》,《中华山水志丛刊》山志第 7 册,北京:线装书局,2005 年。
光绪《顺天府志》,北京:北京古籍出版社,1987 年。
《天一阁藏明代方志选刊》,上海:上海古籍书店,1982 年。
《中国方志丛书》,台北:成文出版社,1966—1985 年。
《天一阁藏明代方志选刊续编》,上海:上海书店,1990 年。
中华书局编辑部编:《宋元方志丛刊》,北京:中华书局,1990 年。
《日本藏中国罕见地方志丛刊》,北京:书目文献出版社,1992 年。
中国科学院图书馆选编:《稀见中国地方志汇刊》,北京:中国书店,1992 年。
《中国地方志集成》,江苏古籍出版社、上海书店、巴蜀书社,1991—2006 年。

(汉)桓宽著,王利器校注:《盐铁论校注》(增订本),天津:天津古籍出版社,1983 年。
(汉)刘向撰,向宗鲁校证:《说苑校证》,北京:中华书局,1987 年。
(汉)应劭撰,王利器校注:《风俗通义校注》,北京:中华书局,2010 年。
(晋)干宝撰,汪绍楹校注:《搜神记》,北京:中华书局,1979 年。
(晋)郭璞:《山海经传》,《丛书集成初编》本。
(晋)张华撰,范宁校正:《博物志校正》,北京:中华书局,1980 年。
(北魏)贾思勰著,缪启愉校释:《齐民要术校释》,北京:农业出版社,1982 年。
(隋)王通:《中说》,《丛书集成初编》本。
(唐)释道世撰,周叔迦、苏晋仁校注:《法苑珠林校注》,北京:中华书局,2003 年。

（唐）徐坚等：《初学记》，北京：中华书局，2004年。
（宋）陈淳：《北溪字义》，北京：中华书局，1983年。
（宋）程颢、程颐著，王孝鱼点校：《二程集》，北京：中华书局，2004年。
（宋）黄震：《黄氏日钞》，景印《文渊阁四库全书》第708册。
（宋）李昉等编：《太平广记》，北京：中华书局，1961年。
（宋）刘昌诗：《芦浦笔记》，北京：中华书局，1986年。
（宋）沈括撰，胡道静校注：《新校正梦溪笔谈》，北京：中华书局，1957年。
（宋）王钦若等编纂，周勋初等校订：《册府元龟》，南京：凤凰出版社，2006年。
（宋）章如愚辑：《群书考索》，扬州：广陵书社，2008年。
（宋）张师正：《括异志》，北京：中华书局，1996年。
（宋）真德秀：《文章正宗》，景印《文渊阁四库全书》第1355册。
（宋）朱熹：《朱子全书》，上海古籍出版社、安徽教育出版社，2002年。
（元）黄溍：《日损斋笔记》，《丛书集成初编》本。
（元）刘应李辑：《新编事文类聚翰墨全书》，《四库全书存目丛书》子部第169册。
（明）顾炎武著，陈垣校注：《日知录校注》，合肥：安徽大学出版社，2007年。
（明）丘濬：《大学衍义补》，北京：京华出版社，1999年。
（明）陶宗仪等编：《说郛三种》，上海：上海古籍出版社，1989年。
（明）张四维辑：《名公书判清明集》，北京：中华书局，1987年。
（明）朱国祯：《涌幢小品》，北京：中华书局，1959年。
（清）陈立撰，吴则虞点校：《白虎通疏证》，北京：中华书局，1994年。
（清）苏舆撰，钟哲点校：《春秋繁露义证》，北京：中华书局，1992年。
（清）汪荣宝撰，陈仲夫点校：《法言义疏》，北京：中华书局，1987年。
（清）王念孙：《读书杂志》，南京：江苏古籍出版社，1985年。
《诸子集成》，北京：中华书局，1954年。
《大正新修大藏经》，台北：新文丰出版公司，1983年。
明官修：《永乐大典》，北京：中华书局，1986年。
《道藏》，上海：上海书店，1988年。
《全宋笔记》第1—4编，郑州：大象出版社，2003—2008年。
（唐）白居易著，朱金城笺校：《白居易集笺校》，上海：上海古籍出版社，

1988年。
(唐)皇甫湜:《皇甫持正文集》,《四部丛刊》,上海:商务印书馆,1929年。
(唐)李邕:《李北海集》,景印《文渊阁四库全书》第1066册。
(唐)陆龟蒙:《甫里先生文集》,开封:河南大学出版社,1996年。
(唐)权德舆撰,郭广伟校点:《权德舆诗文集》,上海:上海古籍出版社,2008年。
(唐)许敬宗编,罗国威整理:《日藏弘仁本文馆词林校证》,北京:中华书局,2001年。
(宋)程俱:《北山小集》,《四部丛刊》本。
(宋)邓椿:《画继》,景印《文渊阁四库全书》第813册。
(宋)丁特起:《靖康孤臣泣血录》,《四库全书存目丛书》史部第44册。
(宋)范纯仁:《范忠宣公文集》,景印《文渊阁四库全书》第1104册。
(宋)韩元吉:《南涧甲乙稿》,《丛书集成新编》第63册,台北:新文丰出版公司,1985年。
(宋)胡宿:《文恭集》,《丛书集成新编》第60册。
(宋)计有功撰,王仲镛校笺:《唐诗纪事校笺》,北京:中华书局,2007年。
(宋)李昉等编:《文苑英华》,北京:中华书局,1966年。
(宋)李纲著,王瑞明点校:《李纲全集》,长沙:岳麓书社,2004年。
(宋)刘宰:《漫塘文集》,景印《文渊阁四库全书》第1170册。
(宋)刘挚撰,裴汝诚、陈晓平点校:《忠肃集》,北京:中华书局,2002年。
(宋)吕陶:《净德集》,《丛书集成新编》第61册。
(宋)吕颐浩:《忠穆集》,景印《文渊阁四库全书》第1131册。
(宋)吕祖谦:《历代制度详说》,黄灵庚、吴战垒主编:《吕祖谦全集》第9册,杭州:浙江古籍出版社,2008年。
(宋)慕容彦逢:《摛文堂集》,《丛书集成续编》第126册,台北:新文丰出版公司,1989年。
(宋)沈辽:《云巢编》,《沈氏三先生文集》,《四部丛刊》本。
(宋)宋祁:《景文集》,景印《文渊阁四库全书》第1088册。
(宋)苏轼等:《苏沈良方》,《丛书集成新编》第46册。
(宋)苏颂著,王同策等点校:《苏魏公文集》,北京:中华书局,1988年。
(宋)孙应时:《烛湖集》,景印《文渊阁四库全书》第1166册。

(宋)王迈:《臞轩集》,景印《文渊阁四库全书》第1178册。
(宋)王应麟:《四明文献集》,北京:中华书局,2010年。
(宋)王质:《雪山集》,《丛书集成新编》第63册。
(宋)文彦博:《文潞公文集》,《丛书集成续编》第125册。
(宋)吴泳:《鹤林集》,景印《文渊阁四库全书》第1176册。
(宋)吴自牧:《梦粱录》,清《学海类编》本。
(宋)熊禾:《勿轩集》,景印《文渊阁四库全书》第1188册。
(宋)杨亿:《武夷新集》,福州:福建人民出版社,2007年。
(宋)姚铉编,(清)许增校:《唐文粹》,杭州:浙江人民出版社,1986年。
(宋)余靖:《武溪集》,景印《文渊阁四库全书》第1089册。
(宋)张栻撰,邓洪波校点:《张栻集》,长沙:岳麓书社,2010年。
(宋)张舜民:《画墁集》,《丛书集成新编》第62册。
(宋)张孝祥著,徐鹏校点:《于湖居士文集》,上海:上海古籍出版社,
    1980年。
(宋)真德秀:《西山先生真文忠公文集》,《四部丛刊》本。
(宋)郑虎臣辑:《吴都文粹》,景印《文渊阁四库全书》第1358册。
(宋)周必大:《文忠集》,景印《文渊阁四库全书》第1147册。
(宋)周密:《癸辛杂识》,北京:中华书局,1988年。
(金)元好问:《元好问全集》,太原:山西人民出版社,1990年。
(元)郝经撰,秦雪清点校:《陵川集》,太原:山西古籍出版社,2006年。
(元)胡祇遹:《紫山大全集》,景印《文渊阁四库全书》第1196册。
(元)杨维桢:《东维子集》,景印《文渊阁四库全书》第1221册。
(明)倪岳:《青溪漫稿》,景印《文渊阁四库全书》第1251册。
(明)钱谷辑:《吴都文粹续集》,景印《文渊阁四库全书》第1385册。
(明)沈鲤:《亦玉堂稿》,景印《文渊阁四库全书》第1288册。
(明)王夫之:《楚辞通释》,上海:上海人民出版社,1975年。
(明)王世贞:《弇州四部稿》,景印《文渊阁四库全书》第1280—1281册。
(清)王崇简:《青箱堂文集》,《四库全书存目丛书》集部第203册。
(清)王士禛著,李毓芙等整理:《渔洋精华录集释》,上海:上海古籍出版社,
    1999年。

二、今人著作

北京图书馆出版社影印室编：《辽金元名人年谱》，北京：北京图书馆出版社，2005年。

曹婉如等编：《中国古代地图集（明代）》，北京：文物出版社，1995年。

常玉芝：《商代宗教祭祀》，北京：中国社会科学出版社，2010年。

陈梦家：《殷虚卜辞综述》，北京：中华书局，1988年。

陈奇猷：《韩非子集释》，上海：上海人民出版社，1974年。

陈尚君辑校：《全唐文补编》，北京：中华书局，2005年。

陈戍国：《秦汉礼制研究》，长沙：湖南教育出版社，1993年。

陈戍国：《魏晋南北朝礼制研究》，长沙：湖南教育出版社，1995年。

陈伟：《楚地出土战国简册十四种》，北京：经济科学出版社，2009年。

陈寅恪：《隋唐制度渊源略论稿》，北京：生活·读书·新知三联书店，2001年。

陈勇：《汉赵史论稿》，北京：商务印书馆，2009年。

陈垣编纂，陈智超、曾庆瑛校补：《道家金石略》，北京：文物出版社，1988年。

〔日〕川本芳昭：《魏晋南北朝時代の民族問題》，东京：汲古书院，1998年。

〔日〕岛邦男：《殷墟卜辞研究》，上海：上海古籍出版社，2006年。

丁煌：《汉唐道教论集》，北京：中华书局，2009年。

丁山：《古代神话与民族》，北京：商务印书馆，2005年。

方诗铭、王修龄：《古本竹书纪年辑证》，上海：上海古籍出版社，1981年。

傅增湘辑：《宋代蜀文辑存》，民国32年本。

甘怀真：《皇权、礼仪与经典诠释：中国古代政治史研究》，上海：华东师范大学出版社，2008年。

高文：《汉碑集释》，开封：河南大学出版社，1997年。

葛兆光：《屈服史及其他：六朝隋唐道教的思想史研究》，北京：生活·读书·新知三联书店，2003年。

顾颉刚：《顾颉刚选集》，天津：天津人民出版社，1988年。

顾颉刚：《史林杂识初编》，北京：中华书局，2005年。

顾颉刚、史念海：《中国疆域沿革史》，北京：商务印书馆，2009年。

Howard J. wechsler:*Offerings of Jade and Silk*:*Ritual and Symbol in the Legitimation of the Tang Dynasty*,Yale University Press,1985.

何清谷:《三辅黄图校释》,北京:中华书局,2005年。

《恒山志》标点组:《恒山志》,太原:山西人民出版社,1986年。

湖南省地方志编纂委员会编:《南岳志》,长沙:湖南人民出版社,1996年。

华学诚:《扬雄方言校释汇证》,北京:中华书局,2006年。

黄晖:《论衡校释》,北京:中华书局,1990年。

贾二强:《唐宋民间信仰》,福州:福建人民出版社,2002年。

蒋善国:《尚书综述》,上海:上海古籍出版社,1988年。

〔日〕金子修一著,肖圣中等译:《古代中国与皇帝祭祀》,上海:复旦大学出版社,2017年。

〔日〕久保田和男:《宋代开封研究》,上海:上海古籍出版社,2010年。

康乐:《从西郊到南郊》,台北:稻禾出版社,1995年。

赖永海主编:《中国佛教通史》,南京:江苏人民出版社,2010年。

雷闻:《郊庙之外——隋唐国家祭祀与宗教》,北京:生活·读书·新知三联书店,2009年。

雷云贵:《三晋石刻总目·朔州市卷》,太原:山西古籍出版社,2006年。

黎翔凤撰,梁运华整理:《管子校注》,北京:中华书局,2004年。

李锦绣:《唐代制度史略论稿》,北京:中国政法大学出版社,1998年。

李晋林、畅引婷:《山西古籍印刷出版史志》,北京:中央编译出版社,2000年。

李凭:《北魏平城时代》,上海:上海古籍出版社,2011年。

梁满仓:《汉唐间政治与文化探索》,贵阳:贵州人民出版社,2000年。

梁满仓:《魏晋南北朝五礼制度考论》,北京:社会科学文献出版社,2009年。

梁天锡:《宋代祠禄制度考实》,台北:学生书局,1978年。

廖平:《今古学考》,《中国现代学术经典·廖平 蒙文通卷》,石家庄:河北教育出版社,1996年。

林幹:《匈奴通史》,北京:人民出版社,1986年。

刘景纯:《城镇景观与文化:清代黄土高原地区城镇文化的地理学考察》,北京:中国社会科学出版社,2008年。

刘文典撰，冯逸、乔华点校：《淮南鸿烈集解》，北京：中华书局，1985年。
吕思勉：《秦汉史》，上海：上海古籍出版社，2005年。
缪文远：《战国策新校注》，成都：巴蜀书社，1998年。
彭勇：《明代北边防御体制研究》，北京：中央民族大学出版社，2009年。
皮庆生：《宋代民众祠神信仰研究》，上海：上海古籍出版社，2008年。
钱穆：《两汉经学今古文平议》，北京：商务印书馆，2001年。
卿希泰主编：《中国道教思想史》，北京：人民出版社，2009年。
曲阳县文物保管所：《古北岳遗存碑石录》，内部资料，2007年。
任爽主编：《十国典制考》，北京：中华书局，2004年。
邵懿辰撰、邵章续录：《增订四库简明目录标注》，上海：上海古籍出版社，1979年。
施和金：《北齐地理志》，北京：中华书局，2008年。
施蛰存：《北山金石录》，上海：华东师范大学出版社，2012年。
谭其骧主编：《清人文集地理类汇编》，杭州：浙江人民出版社，1988年。
唐代剑：《宋代道教管理制度研究》，北京：线装书局，2003年。
唐长孺：《魏晋南北朝史论丛》，北京：生活·读书·新知三联书店，1955年。
唐长孺：《魏晋南北朝隋唐史三论》，武汉：武汉大学出版社，1992年。
田昌五、安作璋：《秦汉史》，北京：人民出版社，2008年。
田天：《秦汉国家祭祀史稿》，北京：生活·读书·新知三联书店，2015年。
汪圣铎：《宋代政教关系研究》，北京：人民出版社，2010年。
王丽敏等编著：《北岳庙碑刻选注》，北京：中国文联出版社，2003年。
王利器：《新语校注》，北京：中华书局，1986年。
王明编：《太平经合校》，北京：中华书局，1960年。
王明：《抱朴子内篇校释》，北京：中华书局，1985年。
王怡辰：《东魏北齐的统治集团》，台北：文津出版社，2006年。
王永平：《道教与唐代社会》，北京：首都师范大学出版社，2002年。
王宗昱：《金元全真教石刻新编》，北京：北京大学出版社，2005年。
〔美〕巫鸿著，郑岩等译：《礼仪中的美术——巫鸿中国古代美术史文编》，北京：生活·读书·新知三联书店，2005年。
吴洪琳：《铁弗匈奴与夏国史研究》，北京：中国社会科学出版社，2011年。

吴则虞:《晏子春秋集释》,北京:中华书局,1982年。

邢义田:《天下一家:皇帝、官僚与社会》,北京:中华书局,2011年。

徐元诰撰,王树民、沈长云点校:《国语集解》,北京:中华书局,2002年。

薛增福、王丽敏主编:《曲阳北岳庙》,石家庄:河北美术出版社,2000年。

严耕望:《中国地方行政制度史》,上海:上海古籍出版社,2007年。

严耕望:《唐代交通图考》,上海:上海古籍出版社,2007年。

晏昌贵:《简帛数术与历史地理论集》,北京:商务印书馆,2010年。

杨华:《古礼新研》,北京:商务印书馆,2012年。

杨英:《祈望和谐——周秦两汉王朝祭礼的演进及其规律》,北京:商务印书馆,2009年。

姚孝遂主编:《殷墟甲骨刻辞类纂》,北京:中华书局,1989年。

叶涛:《泰山香社研究》,上海:上海古籍出版社,2009年。

郁贤皓:《唐刺史考全编》,合肥:安徽大学出版社,2000年。

袁珂:《山海经校译》,上海:上海古籍出版社,1985年。

曾枣庄、刘琳主编:《全宋文》360册,上海辞书出版社,安徽教育出版社,2006年。

詹鄞鑫:《神灵与祭祀》,南京:江苏古籍出版社,2000年。

詹鄞鑫:《华夏考》,北京:中华书局,2006年。

张江涛编著:《华山碑石》,西安:三秦出版社,1995年。

张金龙:《北魏政治史》,兰州:甘肃教育出版社,2008年。

张庆捷:《民族汇聚与文明互动——北朝社会的考古学观察》,北京:商务印书馆,2010年。

张文昌:《唐代礼典的编纂与传承:以〈大唐开元礼〉为中心》,台北:花木兰文化出版社,2008年。

赵超:《汉魏南北朝墓志汇编》,天津:天津古籍出版社,2008年。

郑炳林:《敦煌地理文书汇辑校注》,兰州:甘肃教育出版社,1989年。

钟敬文主编,郭必恒等著:《中国民俗史·汉魏卷》,北京:人民出版社,2008年。

周振鹤:《体国经野之道》,上海:上海书店出版社,2009年。

周振鹤:《长水声闻》,上海:复旦大学出版社,2010年。

三、今人论文

蔡宗宪:《南北朝交聘使节行进路线考》,《中国历史地理论丛》,2005年第4辑。

蔡宗宪:《淫祀、淫祠与祀典——汉唐间几个祠祀概念的历史考察》,《唐研究》,2007年第13卷。

陈晓云、陈立柱:《说"国必依山川"》,《史学月刊》,2005年第8期。

陈立柱、纪丹阳:《古代"衡山"地望与〈禹贡〉荆州范围综说》,《中国历史地理论丛》,2011年第3辑。

陈爽:《河阴之变考论》,《中国社会科学院历史研究所学刊》,2007年第4集。

邓烨:《北宋东京城市空间形态研究》,硕士学位论文(建筑学),清华大学,2004年。

段晓明:《华山西岳庙石牌坊石刻图像初步研究》,硕士学位论文(美术学),西安美术学院,2007年。

范正生:《大汶口陶符与将军崖岩画考释》,硕士学位论文(考古及博物馆学),山东大学,2008年。

高敏:《十六国时期的军镇制度》,《史学月刊》,1998年第1期。

高明士:《隋代的制礼作乐——隋代立国政策研究之二》,黄约瑟、刘健明编:《隋唐史论集》,香港:香港大学亚洲研究中心,1993年。

GilRaz: Daoist Sacred Geography , Early Chinese Religion: Part Two: The Period of Division (221—589 AD), ed. John Lagerwey and Lü Pengzhi (Leiden: Brill, 2010).

何九盈:《〈尔雅〉的年代和性质》,《语文研究》,1984年第2期。

何兹全:《崔浩之死》,《文史哲》,1993年第3期。

侯乃峰:《秦骃祷病玉版铭文集解》,《文博》,2005年第6期。

侯甬坚:《神山·奇山·英雄山——西岳华山历史文化蕴义的全程叩问》,《华中师范大学学报》(人文社会科学版),2014年第4期。

胡厚宣:《释殷代求年于四方和四方风的祭祀》,《复旦学报》(人文科学版),1956年第1期。

黄正建:《关于唐宋时期崔府君信仰的若干问题》,《唐研究》,2005年第11卷。

〔日〕吉川忠夫:《五岳と祭祀》,《ゼロ·ビットの世界》,东京:岩波书店,1991年。

姜亮夫:《秦诅楚文考释》,《兰州大学学报》(社会科学版),1980年第4期。

姜望来:《皇权象征与信仰竞争:刘宋、北魏对峙时期之嵩岳》,《魏晋南北朝隋唐史资料》,2015年第31辑。

〔日〕江上波夫:《匈奴的祭祀》,《日本学者研究中国史论著选译》,北京:中华书局,1993年。

焦继顺:《〈楚辞·九歌·河伯〉与"祭不越望"辨》,硕士学位论文(古代文学),东北师范大学,2007年。

〔韩〕金相范:《唐代祠庙政策的变化》,《宋史研究论丛》,2006年第7辑。

〔日〕金子修一:《皇帝祭祀的展开》,〔日〕沟口雄三等主编,孙歌等译:《中国的思维世界》,南京:江苏人民出版社,2006年。

景戎华:《明代弘治年间的北部边防》,《求是学刊》,1988年第1期。

〔日〕久保田和男:《关于北宋皇帝的行幸——以在首都空间的行幸为中心》,平田茂树等编:《宋代社会的空间与交流》,开封:河南大学出版社,2008年。

竺厥来:《天柱山辨识》,《安徽大学学报》,1984年第3期。

李斌成:《试论唐代的道教》,《山东师范大学学报》(社会科学版),1978年第6期;

李会智、马琴:《汾阳虞城村五岳庙五岳殿结构分析及时代考》,《文物世界》,2003年第5期。

李守清:《〈秦郡新考〉辨正》,《中南民族大学学报》(人文社会科学版),2002年第4期。

李宪堂:《九州、五岳与五服——战国人关于天下秩序的规划与设想》,《齐鲁学刊》,2013年第5期。

李学勤:《史密簋铭所记西周重要史实考》,《中国社会科学院研究生院学报》,1991年第2期。

李学勤:《秦玉牍索隐》,《故宫博物院院刊》,2000年第2期。

李学勤:《夏商周与山东》,《烟台大学学报》(哲学社会科学版),2002年第3期。

梁勇:《再论北岳恒山地望及其历史变迁》,《中国历史地理论丛》,2004第

2辑。

林鹏:《寻访御射碑记》,《文物春秋》,2001年第6期。

林云:《天亡簋"王祀于天室"新解》,《史学集刊》,1993年第3期。

刘云军:《两宋时期东岳祭祀与信仰》,博士学位论文(历史学),北京师范大学,2008年。

刘慧、陶莉:《关于宋代的泰山香会》,《民俗研究》,2004年第1期。

刘永生、商彤流:《汾阳北榆苑五岳庙调查简报》,《文物》,1991年第12期。

楼劲:《〈周礼〉与北魏开国建制》,《唐研究》,2007年第13卷。

罗远道:《清雍正初年卫所制度的大变革》,《中国历史博物馆馆刊》,1996年第1期。

罗君:《十六国匈奴政权特点》,《西南师范大学学报》(人文社会科学版),2004年第3期。

吕兴娟:《北岳庙建立飞石殿的年代及原因初考》,《文物春秋》,2005年第5期。

马晓林:《元代岳镇海渎祭祀考述》,《中国史研究》,2011年第4期。

牟发松:《十六国时期地方行政机构的军镇化》,《晋阳学刊》,1985年第6期。

牛敬飞:《从曲阳到浑源:北岳移祀过程补考》,《中国历史地理论丛》,2009年第4辑。

Paul W. Kroll: Verses from on High: the Ascent of T'ai Shan, T'oung Pao, Second Series, Vol. 69, Livr. 4/5, 1983, Published by: Brill.

Paul W. Kroll: Lexical Landscapes and Textual Mountains in the High T'ang, T'oung Pao, Second Series, Vol. 84, Fasc. 1/3, 1998, Published by: Brill.

彭裕商:《卜辞中的土河岳》,《古文字研究论文集》,成都:四川人民出版社,1982年。

齐仁达:《明清北岳祭祀地点转移之动态考察》,《史学月刊》,2009年第9期。

钱志熙:《论上古至秦汉时代的山水崇拜山川祭祀及其文化内涵》,《文史》,2000年第3辑。

屈万里:《岳义稽古》,《清华学报》(台北),1960年第2卷第1期。

〔日〕森鹿三:《晋·赵の北方進展と山川の祭祀》,《東洋史研究》,1935年第1卷1号。

〔日〕水越知:《宋代社会と祠廟信仰の展開—地域核としての祠廟の出現—》,《東洋史研究》,2002年第60卷4号。

孙建军:《明代中期宣大地区军事防务研究》,硕士学位论文(专门史),西北民族大学,2007年。

孙齐:《〈五岳真形图〉的成立——以南岳为中心的考察》,《第七届北京大学史学论坛论文集》,2011年。

唐晓峰:《五岳地理说》,《九州》,1997年第1辑。

唐晓峰:《卜辞"岳"之地望》,《九州》,2003年第3辑。

唐晓峰:《王都与岳域:一个中国古代王朝边疆都城的正统性问题》,《九州》,2007年第4辑。

〔日〕藤田高夫:《汉代元氏縣の山岳祭祀》,《关西大学文学论集》,1998年第48卷第2号。

Terry F. Kleeman: Mountain Deities in China: The Domestication of the Mountain God and the Subjugation of the Margins, Journal of the American Oriental Society, Vol. 114, No. 2, 1994, Published by: American Oriental Society.

田天:《东汉山川祭祀研究——以石刻史料为中心》,《中华文史论丛》,2011年第1期。

田天:《秦代山川祭祀格局研究》,《中国历史地理论丛》,2011年第2辑。

田天:《西汉山川祭祀格局考——五岳四渎的成立》,《文史》,2011年第2辑。

王宏北、树林娜:《辽代中京大定府述略》,《黑龙江民族丛刊》,2007年第6期。

王晖:《论周代天神性质与山岳崇拜》,《北京师范大学学报》(社会科学版),1999年第1期。

王蕊:《明代山西行都司建置研究》,硕士学位论文(历史地理学),陕西师范大学,2010年。

王元林等:《国家祭祀体系下的镇山格局考略》,《社会科学辑刊》,2011年第1期。

王颋:《宋、元代神灵"崔府君"及其演化》,《社会科学》,2007年第3期。

王曾瑜:《金代的开封城》,《史学月刊》,1998年第1期。

王子今:《〈封龙山颂〉及〈白石神君碑〉北岳考论》,《文物春秋》,2004年第4期。

魏斌:《国山禅礼前夜》,《文史》,2013年第2辑。

〔美〕魏克彬:《侯马与温县盟书中的"岳公"》,《文物》,2010年第10期。

Wilt L. Idema: The Pilgrimage to Taishan in the Dramatic Literature of the Thirteenth and Fourteenth Centuries, Chinese Literature: Essays, Articles, Reviews (CLEAR), Vol. 19, (Dec., 1997)

吴荣曾:《镇墓文中所见到的东汉道巫关系》,《文物》,1981年第3期。

毋有江:《北魏政区地理研究》,博士学位论文(历史地理学),复旦大学,2005年。

夏日新:《汉唐节日形态的演变》,牟发松主编:《社会与国家关系视野下的汉唐历史变迁》,上海:华东师范大学出版社,2006年。

辛德勇:《秦始皇三十六郡新考(下)》,《文史》,2006年第2辑。

邢义田:《月令与西汉政治——从尹湾集簿中的"以春令成户"说起》,《新史学》(台北),1998年第1期。

〔日〕须江隆:《唐宋期における祠廟の廟額・封號の下賜について》,《中國:社會と文化》1994年第9号。

〔日〕须江隆:《熙寧七年の詔—北宋神宗朝期の賜額・賜号—》,《东北大学东洋史论集》,2001年第8辑。

杨瑾:《晋北堡寨与明至清初边地社会变迁》,硕士学位论文(中国近现代史),山西大学,2010年。

杨俊峰:《五代南方王国的封神运动》,《汉学研究》(台北),2010年第2期。

杨振红:《月令与秦汉政治再探讨——兼论月令源流》,《历史研究》,2004年第3期。

殷宪:《盖天保墓砖铭考》,《晋阳学刊》,2008年第3期。

曾雄生:《北宋熙宁七年的天人之际——社会生态史的一个案例》,《南开学报》(哲学社会科学版),2008年第2期。

张冬冬:《崔府君故事流变论考》,硕士学位论文(中国古代文学),河北师范大学,2010年。

张鹤泉:《汉碑中所见东汉时期的山岳祭祀》,《河北学刊》,2011年第1期。
张继禹:《道教五岳配天思想简论》,《中国道教》,2009年5期。
张珣:《祀典与叙事——重探明清北岳移祀及其空间意象》,《汉学研究》(台北),2014年第1期。
张勋燎:《古器物所见"五岳真形图"与道教五岳真形符》,《南方民族考古》,1993年第5辑。
张肖马:《三星堆古蜀王国的山崇拜》,《考古与文物》,2010年第5期。
张兴兆:《魏晋南北朝津渡考》,《运城学院学报》,2008年第1期。
赵伟:《道教壁画五岳神祇图像谱系研究》,博士学位论文(美术学),中央美术学院,2007年。
周郢:《全真道与蒙元时期的五岳祀典》,刘凤鸣主编:《丘处机与全真道——丘处机与全真道国际学术研讨会论文集》,北京:中国文史出版社,2008年。
朱彦民:《殷卜辞中河、岳、土与先公关系考》,《中国古代社会高层论坛文集——纪念郑天挺先生诞辰一百一十周年》,北京:中华书局,2011年。
朱溢:《汉唐间官方山岳祭祀的变迁——以祭祀场所的考察为中心》,《东吴历史学报》,2006年第15期。
朱溢:《论唐代的山川封爵现象》,《新史学》(台北),2007年第4期。
朱玉龙:《南岳山所在方位考》,《江淮论坛》,1983年第4期。

后　记

　　本书是在我博士论文基础上完成的。在此感谢我的导师秦晖先生,以及参与博士论文答辩的干春松、张涛、张国刚、王晓毅等诸位老师,在后来的修改过程中,我才逐渐体会到他们的建议是那么重要。

　　这本小书是我第一本学术专著,虽然它距离我博士毕业已有七年时间,但我更愿意把它视作一本迟到的博论。因为每次修改过后,我都会后悔当年提交的论文是那么草率,拿到清华大学的博士学位是那么侥幸。现在真希望再借它参加一次答辩,或许可以及格吧。

　　在清华大学求学七年里,得益于历史系小而精的学术氛围,我可以随时向各个方向的老师请教,与他们的学生畅快交流。受葛兆光、张国刚、侯旭东、彭林等老师影响,我决定通代研究古代五岳祭祀,秦老师欣然同意。在硕士学习阶段,有了张佳佳师兄的点拨,我才能更快地熟悉传统文献,进入古代史研究大门。读博时,多蒙熟悉经学史的张涛师兄指点,我渐渐对经学及古代礼制产生了兴趣。写博士论文期间,我常与张景平、李硕、马楠、李毅婷等同学切磋观点、相互勉励。低年级的学友黄甜甜、刘丽等也为我学习先秦史提供了不少帮助。而今文章收笔,我们早已各奔东西。

　　如果说进入清华园随秦老师求学是我人生第一大幸事,那么幸运的起点则要从2001年我就读四川大学那刻开始。在那之前,我从未想过大学能如此包容、如此自由。受益于川大的完全学分制,我可以在法学、心理学、哲学等课堂上学习,正是这些当时看来有点不务正业的"神操作",大大充实了我的知识结构,时至今日我还能感受到它们的些许影响。我从愚钝的农村小子成长为致力于学术研究的史学青年,当然离不开川大诸位师长的开蒙解惑。毕业北上后,或逢细雨,檐外嘀嗒,耳边便常响起他们的腔调和板书声。

　　2012年我抱着对史念海、黄永年先生的敬仰之情到陕西师范大学历史文化学院工作,得到了商国君、周晓薇等诸位老师的指导。后来在生活中偶遇小劫,又得到学院内外诸多师友的关心与帮助。这本小书权当作我献给他们的一份礼物吧。

当然,书中的一切失误与瑕疵皆应由我负责。因论题涉及时段过长,一些相关论著或未经眼,亦请学界同仁及读者提示,以待补充。

最后还应感谢的是中华书局的齐浣心老师,她的辛苦劳动让本书行文变得更加规范。

牛敬飞

2019 年 4 月 10 日于陕师大长安校区